U0956308

致力于中国人的心灵成长与文化重建

立 品 图 书·自觉·觉他
www.tobebooks.net
出 品

The Contemporary Astrologer's Handbook:
An in-depth guide to interpreting
your horoscope

当代占星研究

[英] 苏·汤普金 SUE TOMPKINS 著
胡因梦 译

云南出版集团有限责任公司
云南人民出版社有限责任公司

The Contemporary Astrologer's Handbook: an in-depth guide to interpreting your horoscope
Copyright © Sue Tompkins 2006
First published in 2006 by Flare Publications
in conjunction with the London School of Astrology
BCM Planets, London WC1N 3XX, England, UK
www.flareuk.com and www.londonschoolofastrology.co.uk
Simplified Chinese translation copyright ©2010
by Lipin Publishing Company
ALL RIGHTS RESERVED

本书译文简体中文版由城邦文化事业股份有限公司（积木文化出版事业部）授权使用

目录

推荐序

开启你的占星地图
——探索生命的无限可能

“一个占星师面对星盘时，不是急着问自己我知道了什么或看到了什么，而是先提醒自己那些我所不知道的部分。一旦你明了自己的局限，你就知道要保持一种谦虚的态度来看星盘。”当我乍闻汤普金斯老师这么说时，有种醍醐灌顶的感受，长久以来困扰我的想法与限制，顿时豁然开朗。本书作者汤普金斯老师，算是我正式踏入心理占星学界的启蒙恩师，对于占星，她有着独到的见解。

汤普金斯老师于2000年创立伦敦占星学院，而我从伦敦占星学院开始，也陆续参加过许多不同学院的课程，其中许多老师都是汤普金斯老师的学生。从汤普金斯老师与承袭她教学风格的老师身上，我看到了相似的大师身影，他们在探讨星盘时，会尽量保持客观的态度，用丰富的占星符号原型来诠释星盘，保留更多的空间给当事人来演绎。同时，他们必须拥有丰富的符号认知，包含神话、心理、世俗各面向的充分了解，以利用这些知识替前来咨商的个案，开创出更多的可能性。

举例来说吧！太阳符号在占星学中不但暗示着心理上的自我意识和追求、父亲或男性伴侣，也可以是神话中克服挑战、建立自己神庙（荣耀）的阿波罗，或象征着国家领导者及物质上的黄金。所以，当你看到一个太阳金牛座的人时，你不会急着说："啊！这是一个爱钱的人。"因为这样说"是也不是！"（Yes and No！是汤普金斯老师的口头禅），因为他可能意识到自己是个重视物质的人，或将这个形象投射到父亲或男性伴侣身上，让他们表现出重视物质的态度；也可能透过物质累积来荣耀自己。当我明了这一点后，才理解为何在占星学院中，老师们不急于教你怎么推算流年，或告诉你土星在第八宫的人就是这种命，而是仔细带你探索行星、宫位、星座原型，让你对每种占星符号有踏实的认识，对每个人自身能够作的改变有足够的认知，对命运有谦卑的态度，然后才教授如何解读星盘中的种种可能。

华人占星学界长久以来，一直以宿命的观点在讨论占星，但如果我们能与汤普金斯老师一样，相信星盘会提供更多可能性，而自己可以用不同的视野来看待世界，或以谦卑的态度来面对那些我们无法掌握的一切，那么，汤普金斯老师将会带给你一个全新的占星世界。她的文字、思想与钻研占星超过30年的精髓，都将在这本《当代占星研究》中呈现出来。本书是伦敦占星学院的教科书，如今译为中文，相信对于未来提升华人在占星学界的表现会更有帮助。

在伦敦占星学院受业于汤普金斯老师与Melanie Reinhart老师，受惠最多的并非那些高深的解盘技巧、如何断定此人格局的论调，或不断以数据证实占星影响力的立场，而是大师们在诠释占星时的谦卑态度。这和东方命理界动辄自称大师，自认铁口直断的态度大相径庭。他们面对个案或讨论时，鼓励提醒我们去了解一个人潜在的发展可能——这就是人文占星学与心理占星学的基础精神，将星盘看做是一个种子袋或一张地图，这幅地图上不止一条路径，而我们随时都有不同的人生岔路可供选择。你准备好了吗？让我们一起跟随汤普金斯老师，通过占星符号来认识生命的种种可能。

鲁道夫（国际占星学院创办人）

2009 年 6 月 11 日于伦敦

推荐序

苏·汤普金斯：一位占星师的成长过程

《当代占星研究》这本由苏·汤普金斯女士撰述的专业论著，是伦敦占星学院的教科书，其于2006年甫一出版，就在国际间掀起畅销热潮，占星家鲁道夫从伦敦带至巴黎给我，让我有幸能拜读此书。2009年夏天，台湾积木文化出版中文繁体译本，我想对喜欢占星书的广大华文读者来说，绝对是值得引颈期待的好消息，也是占星界的一大盛事！

本书以工具书的方式撰述，内容针对占星学中“星座”“宫位”“相位”等三位一体的诸多概念有深入解释，不但为许多想进入占星世界、认识自身灵魂密码的读者打下扎实的“基本功”，更能帮助已入门的读者重新梳理占星知识。它提供像字典一样的查索功能，只要排出个人星盘，便可援引本书，和真实的生命作比对，让我们更深刻地“读人”。

作者苏·汤普金斯女士为拥有30年经验的资深占星学家、教师、咨商师、作家，以及自然疗法专家。她能成为一个优秀的占星师，其中很重要的原因是对人性的好奇。苏曾说过她从小内向，所以喜欢静静地“读人”！其曾祖母就对占星学很有兴趣，可惜在苏出生前就过世了！她的第一本启蒙书是早期的占星经典 *Linda Goodman's Sun Signs*（这本论著也是台湾很多占星师的启蒙书，包括我自己）。其后她参加 Jeff Mayo 老师的函授进修，并于 1979 年得到结业证书，日后也成为占星天后 Liz Greene 的门生。各位读者若有意追随苏·汤普金斯女士的脚步成为一位占星学家，也不妨参考这间位于伦敦，成立于 1973 年的占星函授学校，同时也是伦敦占星学院的姐妹学校。

The Mayo School of Astrology，

BCM Box 175. London WC1N 3XX. UK

E-mail：enquiries@mayoastrology.com

http：//www.mayoastrology.com

苏·汤普金斯女士和克里斯廷·塔特（Christine Tate）于 2000 年成立了伦敦占星学院（简称 LSA）这所众所瞩目的专业学府，更于 2003 年获颁英国占星协会查尔斯·哈维奖（Charles Harvey Award），肯定她在占星领域的杰出贡献，这是一种终生的荣誉。此外，苏·汤普金斯以自然疗法解决从占星命盘上发现的感情与生理问题，成功结合了两者的精髓，并于印度成立海外培训地。我目前也有意结合两者，进行相关的研究。

《当代占星研究》请到胡因梦小姐精译，因梦译占星书的译笔，早已打造出专业的光环，我在此衷心为好友庆贺。因梦和我同为辅仁大学同期同学，那时早上搭车经常看到这一位辅大校花，就这样结下缘分，不期然在往后的漫长人生道途上，我们的内在成长竟也朝同一个方向行进，这份细若游丝却绵延不尽的缘分，真是令人格外珍惜。本书作者将千人以上的咨商经验融入书中，还收录了与 Melanie Reinhart 合著的篇章,介绍凯龙星和涅索斯(Nessus,或称毒龙星)。我研究发现，命盘涅索斯合太阳九十冥王星，的确有毒龙星的特质，解盘时从毒龙星的方向去诠释，将会有极大的发现和震撼!

吴安兰

2009 年于台北

译者序

当代占星研究的多元面向

学习任何一门知识或技艺时最快的入门方式，就是先了解这个领域里贡献良多的大师们各有什么专长和心得。就生活在东方世界的占星学子而言，阅读卓然有成的占星家的著作，应该是最省时省力和省学费的方式了；这也是我自己长久以来的一种学习模式。

目前欧美占星学界有好几位值得关注的大师，譬如本书作者——苏·汤普金斯、合著本书的 Melanie Reinhart、伦敦心理占星学院创办人 Liz Greene 和已故的事业伙伴 Howard Sasportas，及其生前伴侣 Erin Sullivan，还有我从 2007 年开始为华文读者引介的史蒂芬·阿若优（Stephen Arroyo）。当然，目前仍活跃于美国的 Jeff Creen、Robert Hand、Alan Oken、Noel Tyle、Tracy Mark，或已故大师 Dane Rudhyar 及 C.E.O Carter，都曾慷慨无私地将其心得与全世界的读者分享。

从这些老师的著作中，我们学习到的不必然是占星学的专业技术，而更是这些研究者检视星盘时背后的哲学和心理学观点，或灵修体验、宗教信念及其他领域的学养，如此我们方能使占星学和更宏大的生命目的联结，而不至于局限在术数的窠臼中。从这个观点来比较这些老师的思想和诠释，我们会发现，苏·汤普金斯是其中较为倾向于结合心理占星学派与事件派的资深研究者。

回归传统，似乎是天体的海王星与天王星合相于摩羯座（1993 年）之后的发展趋势，原因是上世纪 70 年代后的心理学导向之占星学，已流于过度分析本命盘的心理内涵，而逐渐脱离了占星学与事件、国家、动物王国、健康、时尚、语源、化学元素及其他丰富外在现象之间的联结性。本书的诠释方向，很明显是企图涵盖心理层面及上述外在现象。

苏以平实幽默、老练专业而又略带嘲讽的文字风格，为一本原属于工具式的基本教科书，注入了丰富的人文底蕴和趣味。在第一章里，苏为读者解析了占星学背后的神秘学法则及哲学理念。宿命论与自由意志的悖论，几乎是每一个占星学的门外汉必定会提出的质疑，而苏以“生命地图”的概念，巧妙地消融了“宿命和自由意志”（Fate and Will）的两难之局，让读者从一种被定业“锁码”的无奈感中解脱出来，进而发掘本命盘所承诺的发展潜力和选择的可能性。

自第二章以降，苏逐一说明占星的基本要素——星座的元素特质、人格模式、行星和天文学、神话学、人格面向、能量、身体、外在事件、金属等各个生命层面之间的关系、行星落星座组合成的内在与外在意义、行星与行星相位所形成的复杂人格导向、宫位所代表生命领域里的人生剧情；月交点、凯龙星、人马星群及小行星，最后进入综合性的解析，以个案为例，作出内外兼具的平衡观察与诠释。预计在不久的将来，台湾积木文化将出版苏的另一本经典著作《占星相位研究》（*Aspects in Astrology*），我也应允将其翻译出来，因此读者在未来将有机会，更完整地看到苏在相位上的精辟心理剖析，请拭目以待。

总的来看，本书内涵的确有别于坊间可见的其他占星教材。我在翻译的过程中受惠良多，但愿近30万字的翻译心血，能够为有心深入占星学的读者们带来一些启发，让我们对自己、他人及世界，产生更豁达、更客观的认识。

胡因梦

2009年于台北

第一章　占星学的哲学背景

生命的意义比其他任何东西都更能为人带来健康。……占星学之所以重要，就在于它能证实人生的意义是可以诠释出来的。

——丹恩·鲁依尔

自从有文明以来，每个文化里都出现过某种形式的占星学。西洋占星学是在公元前数千年前出现的；它的根源是在现代的伊拉克、部分的叙利亚和土耳其一带。占星学的历史久远而复杂，其哲学背景甚至更复杂。

任何一个学习占星学一段时间的人，都会发现这门学问的确精准有效，于是就产生了一个问题："它的原理究竟是什么？"然后心底又会出现一些深层的疑问："我为什么会在这里？""上帝究竟是谁？"如同任何一个丰富而令人兴奋的学问一样，占星学也会使我们产生许多疑问和解答。遗憾的是，占星学的许多哲学分支课题无法在这里详加探讨，所以只好暂时搁置一旁。以下我要探讨的是一般性的哲学法则，也是我个人运用和观察占星学的基础。

宿命论和自由意志

占星师和未来将成为占星师的人都想克服一个难题——宿命论和自由意志的议题。如果占星学真的如此精确无误的话，是否意味着我们的人生是命定的？对我而言，这个问题的答案既非"是"，也非"不是"。毫无疑问的，我们必须为自己的人生及成败负起全责，而且某种程度上，也必须为自己周遭发生的事负责。我们身上发生的事及我们的行为举止，都可以从我们的星盘里看出种种端倪。星盘基本上就是一张有关生命潜能的地图，它就像是画了许多种子的图表，能够显示出我们将会成为的模样，或许观察宿命论和自由意志的方式，就是看一看这张星宫图里有些什么主题。现在，不妨将你诞生时的星宫图想象成卡拉哈里沙漠的地图，而我的则是英国伯明翰的地图。我们可以说卡拉哈里是你的命运所在地，伯明翰则是我的命运地盘，而我们的选择和潜力都大不相同。我的道路是高高低低的，地图里面还有运河及我可以时常去晃荡的商店，但我并不一定会去造访我地图里的所有地点；至于你的那张卡拉哈里沙漠地图，代表的则是其他的选择：乡间、游乐区等，你可以选择放牧、狩猎、聆听织布鸟的声音，或观赏眼前的大槐树。因此我们双方都有某种程度的自由意志，但我们的选择也都受到地图范围的局限。你可以说这份局限就是我们的宿命。

当然，一个人的星盘并不是存在于真空中；我们都受制于更大的命运——譬如我们国家的命运。同样的，我们国家的命运也受制于地球的命运。占星学提供了一个让我们观察这两种命运的机会，这么做会让我们增加自由意志运作的空间。政府、商业行为和各种事件，凡是有开端的东西，都可以呈现在星盘中。

大宇宙与小宇宙

从玄学、新时代和治疗系统的观点来看，宇宙万物本是一个整体，其中的每个部分都是相互依存的；事实上，过往的炼金术和今日的量子力学，都把这种观点视为核心精髓。这种观点又延伸出了许多旁支，因为宇宙万物如果是一个整体，而万物都是它的一部分的话，那么伤害其中的一小部分（即使是一只小蚂蚁），也意味着在伤害整体和我们自己。这种观点就是源自于大宇宙和小宇宙的关联性。换句话说，所有显化在大宇宙里的事物和事件，都能反映出每个人或小宇宙的内在。科学已经把大自然的一切事物化约成 118 种元素，因此每个人体内都包含了周遭的万物——所有的植物、动物、矿物和天体。

赫尔墨斯秘密教诲

炼金术是由赫尔墨斯 · 特利斯墨吉斯忒斯（Hermes Trismegistus）发展出来的哲学理念。如果他是一个人而非一群人，那么他存在的时间是公元前 1900 年左右，他一向被视为字母、天文学、数学、占星学和炼金术的鼻祖。他的秘密教诲只透露给一些来自远方、有诚意认真学习的学生，据说这所神秘的学院位于埃及境内。以“赫尔墨斯的方式密封”（hermetically sealed）这句话，就是在暗示其秘密教诲有多么神秘。他的教诲是由老师以口耳相传的方式传授给学生，一般称之为“凯巴莱恩密教”（Kybalion），其中有 7 个宇宙法则，透过占星学的执业过程，这些法则已经被证实是真实不虚的。

（一）唯心法则（The principle of mentalism）

这个法则可能是最不容易理解的，或许应该先搁置一旁。简而言之，这个法则指的是宇宙万物皆为“一切万有”（All That Is）唯心所造。这个法则涉及的是上主的无限性和永恒性，因此对大部分人而言是不可知的议题。

（二）上下一致法则（The principle of correspondence）

它指的是天上如是，人间亦然；也可以说内在如何，外在就如何。换句话说，在物质次元发生的事，源头乃是在心智和灵性次元。身体上的现象往往是源自于内心；它们反映出了彼此。刚才提到的大宇宙和小宇宙的概念，也是上下一致法则的例子之一，下文我们会更深入地探讨这个主题。

（三）能量振动法则（The principle of vibration）

这意味着没有任何事物是静止的，万事万物都在不断地变动。即使是地球——这个感觉上十分坚实的东西，也是不断绕着太阳和自己的轨道运转。哲学家和科学家自古以来一直在叙述相同的一件事：亚里士多德（公元前 384—公元前 322 年）曾说过，一切事物都在运动中，但我们一直忽略了这个事实；赫拉克利特（公元前 535—公元前 475 年）也曾主张，世界就像一条川流不息的河，因此你不可能两次都踏进同一条河中。所有的事物都在振动，或者说都有其振动频率，改变振动频率就能改变外在现象。最高振动频率的水就是蒸汽，振动频率最低的水则是冰；水借由频率的改变而呈现不同的形状。

（四）两极或二元法则（The principle of polarity or duality）

此法则是指一切事物都有对立面，而对立的两面本质上是相同的。以上和下、黑暗与光明的概念为例，事实上根本没有所谓的上，也没有所谓的下；它们是相对性的存在。这种二元法则也可以用在情绪层面，譬如爱与恨、喜悦和沮丧都是一体两面。

（五）周期循环法则（The principle of rhythm）

这个法则的意思是，万事万物皆有周期循环，譬如潮汐有退潮，也有涨潮。万物皆有出入和升降，也都会经历诞生、成长、毁坏和死亡；死亡既可以看成开端，也可以当成结尾。生命的周期循环有数千种，每一天的变化、每一次的呼吸，都算是一个循环。有的生命的周期循环只维持几秒钟，有的则维持数百万年。如果每个人都接受了这个可谓十分明显的真相，那么我们就得承认一切事物都会经历诞生、成长、毁坏和死亡，当然也包括地球在内。以目前的情况来看，地球或西方社会的演进的确已经到达中年，甚至是中晚年的阶段。我之所以会下这个结论，乃是因为观察到生命的速度一直在加快，特别是在城市里面。这有点像人老了经常会说时间过得太快，而到了临终阶段甚至过得更快，但是对孩子而言，事情进行的速度则似乎太缓慢了。

（六）因果法则（The principle of cause and effect）

这个法则指的是每个因都会造成一种果，每个果也都有它的因。万事万物都按照这个法则运行，因此并没有所谓的“巧合”（coincidence）。每个肇因都有许多层次，连那些看似意外的事件，也是由某种因素或多重因素造成的。因果法则也可以定义成“影响力法则”（The law of consequence），因为每个思想、行为或事件都会产生反弹力，即使是一闪而逝的念头，也会促成一些行动。所以我们的话语和行动无论多么琐碎，都会造成一些结果，影响到一些事情，而那些受到影响的事物，也会反过来影响其他的事物。每一个心念、情绪或生理反应，都会投射成外在的结果，而那股能量也会弹回到我们身上，就像回力棒一样。

在东方世界里，因果法则即是所谓的“业力”（karma），而且不只是显现在这一辈子里。按照逻辑推演下去，自然就产生了轮回转世的概念。许多占星师不一定相信轮回转世（我本人对这一点抱持开放态度），其实接受因果法则不代表必须相信轮回转世的概念。无论读者个人的信念是什么，我们现在都必须探讨一下轮回观。轮回观主张肉体只是一个载具，当肉体死亡时，灵魂会脱离肉体，然后获得重生。身体被视为一具让人活出灵魂使命的工具，每个人在每一世里都会收获过去世播下的种子，同时也会再度播下未来世将收成的种子。因此根据转世法则，我们的思想和行为总会反弹到我们身上，包括这一世及未来世，所以每时每刻我们都在创造此生的下一个阶段，以及未来的多生多世。虽然我们过去世的行为留下了一些遗产，而且带来了某种程度的局限（这种局限可以定义为我们的命运），但我们仍然可以改变未来的命运。虽然我们无法改变过去已经发生的事，但仍然可以改变面对眼前事件的态度，因为改变态度和想法，就能改变行为和命运。

（七）阴阳法则（The principle of gender）

这个法则指的是一切事物都有阴阳两面。阳的这一面是外向的、积极的和煽动的，阴的这一面则是向内的及带有接收性的——当然，这包括了身心灵三个层次。即使是和一个人交谈的过程，我们都可以看到其中的阴阳法则。说话的那一方表现的是阳性模式，聆听的那一方则表现出阴性模式。在占星学里面，火象和风象星座代表的是阳性法则，土象和水象星座代表的是阴性法则。在行星方面，太阳和火星显然带有阳性特质，月亮和金星则显然带有阴性特质。

进一步探讨上下一致法则

虽然我们是住在一个以太阳为中心的宇宙里，但由于地球自转的缘故，所以我们每天的活动好像是以地球为中心，太阳和所有的行星反而好像是绕着我们运转。虽然本命盘的绘制有时是以太阳为中心，但比较常见的绘制方式还是以人类经验的角度为准，因此往往描述成以地球为中心。

想象一下你正行走在地球上，四周没有任何建筑物阻挡你的视线。你脚下的土地就是你的地平线，因此你可以朝东看，也可以向西看；可以观赏日出，也可以观赏日落。吃中饭时太阳在你的头顶，黄昏时分太阳就消失了。请记住，你的地平线和别人的地平线是不一样的，除非他们和你站在同样的地点，而这就是我们观察一张星宫图的起点。此图的上方代表的是白昼，下方代表的则是夜晚。

人生地图：上下一致法则的着眼点

假设现在并没有下雨，那么一天之中最湿的时段是何时？答案是露水落在地面的清晨时分。白天里太阳高高挂在天上，制造了热和干的效应，而日落是一天之中最干的时刻。正午时分气温很热，但下午其实更热。同样的，气温在子夜过后是最冷的时段。一整年的情况也是如此：大致而言，春天比较潮湿，秋天比较干燥，夏天比较热，冬天则比较冷。其实每个人的人生也是大同小异：婴儿时期我们是最滋润的，随着年龄的增长我们变得越来越干，因此老年经常被描绘成秋季；这时叶子都干枯了，骨骼也开始脆化，皮肤则满布皱纹。

我们也可以把地、水、火、风、色彩和味道加进我们的人生地图里。譬如水很显然和蓝色有关，而咸味和蓝色的海水不是一向连在一块儿的吗？红色则代表火，在太阳的照射之下，果实会越来越甜，当洋葱或其他的蔬菜被炒熟时，也会变得很甜。我们的年纪越大，性格越刻薄，而苦涩的食物似乎和大地也比较接近。风元素往往和冷的感觉相关——如果我们的食物很烫，我们会吹吹它，让它凉一点。如果我们把牛奶放在空气里，它会变酸。（请参阅下图）当我们想让温度低一点的时候，会利用风扇、空调或电冰箱。月亮的变化周期也可以纳入这个图表中，而秋分和春分、夏至和冬至以及指南针，也可以包括进来。

请留意这个图表的目的是要帮助我们了解上下一致法则是怎么运作的——这是一张概略的人生地图，所以不该和本命盘混淆。在不同的文化里，元素和四季各有不同的版本，这个特定的图表和一般占星师及草药医师使用的模型不

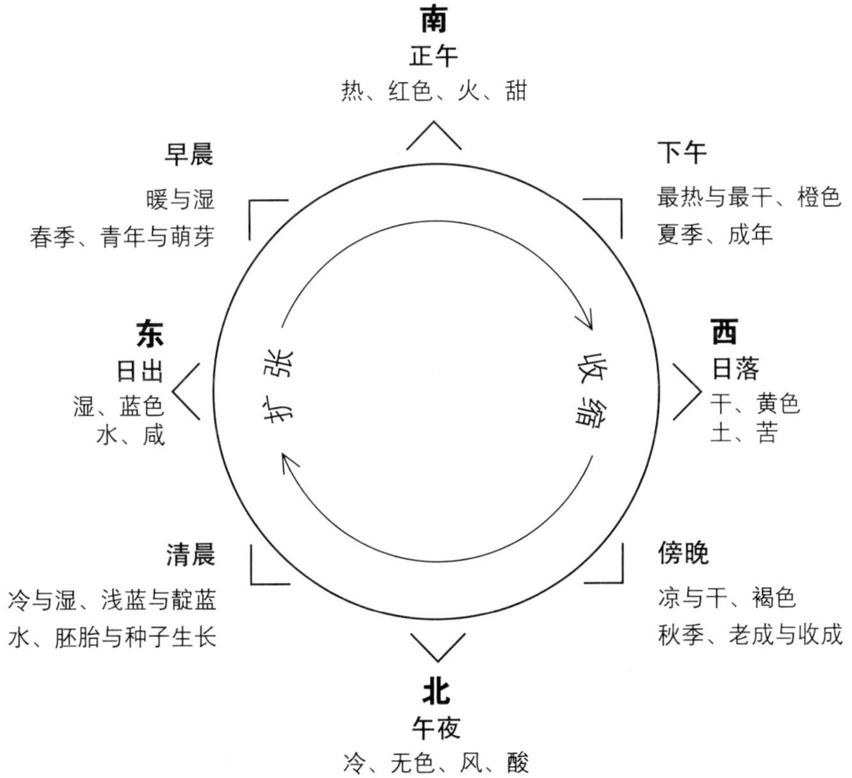

同，因为他们沿用的是柏拉图的概念，把风看成是暖和湿的元素。这个图表和我个人的经验比较吻合，它应该有历史的脉络，因为4世纪时的卓越医者菲尼斯蒂翁（Philistion）似乎特别偏爱它。但这不意味占星师都应该采用这个图表，或者初学者都应该了解它。我甚至无法信心满满地声称它是绝对正确的。它只是能将一天、一年或一生的概略状况反映出来，而且许多不相干的事情，似乎也可以透过它看出彼此的关联性。

炼金师和占星师一向采信上下一致法则，我怀疑是否有任何占星师不相信发炎现象和火星有关。的确，占星学本身就是一种研究上下一致法则的学问。研究上下的关联性最令人兴奋的是，它涉及的范围非常宽广。我愈来愈发现行星、星座和相位的确和某些动物有关。举个例子，鸟类大体而言和宝瓶座相关（请参阅 67 页），如果想更精确地研究每一种鸟类，就应该把十二星座也纳入考量：家禽可能和巨蟹座有关；天鹅、孔雀之类的鸟类则归狮子座管辖；譬如麻雀等小型鸟类，属于处女座管辖的范畴；此外，昆虫、爬虫类、花和大型动物，也可以用这种方式归类，甚至其他的事物也都可以用这种方式来观察，譬如当你看到新闻媒体有许多和警察相关的报道时，你就会发现天体有许多行星落在金牛座；高尔夫球选手则通常有强烈的摩羯座能量，或者有水星与土星的相位；欧洲人经常会在天王星推进时到澳大利亚去旅游。只要稍微研究一下，我们就会明白为什么某些活动或地方，总是和特定的象征符号相关。

你不需要走出屋外，只要观察世上的活动和天上的行星，就会了解万物之间的关联性。下一页的图，是 2000 年 6 月 28 日刊登于伦敦的报纸 *Metro* 上的头版消息。如果你仔细检视的话，会发现版面上方有一行建议读者关切新上映的电影《小鸡快跑》（*Chicken Run*）的消息；而英国网球选手蒂姆·亨曼（Tim Henman）的成绩表现则刊登在最后一页（**译注：Henman 这个名字之中的“Hen”是母鸡的意思**）；大厨奈杰尔·劳森（Nigella Lawson）在第 10 页也写了一篇有关鸡的文章。这些消息全都带有家禽的意味，看起来实在有点滑稽，然而观察宇宙运作的方式，每每都会有一种滑稽的感觉。此外，这份报纸头版的大标题是：“*Family Backs Danbo Suspect*”。Danbo 在法文里有个类似的字——Dindon——意思就是火鸡！这个标题里既提到了“家”也提到了“鸡”，因此任何一个占星师如果发现那一天的太阳、水星、金星、火星及南交点都落在巨蟹座（和家庭、食物及家禽有关的星座），是不会感到意外的。另一个和食物有关的星座是金牛座，而那一天月亮、木星和土星都落在这个星座上。观察入微的占星师可能会在头版的这一页发现更多的巨蟹座踪迹，如果他们愿意这么做的话。

所有的新闻报道无可避免地都能反映出当时天体的情况，甚至不必局限于新闻报道；即使是轻松的娱乐活动，也能反映出天体的情况。不论你选择哪一天来进行观察，无论你选择的是哪一种媒体（电视比较容易一些），都可能发现

FREE METRO

Wednesday, June 28, 2000　www.metro.co.uk

First review of Chicken Run
Page 3

Family backs Dando suspect

BY DAVID FISHER

[illegible]

Police inspect the wrecked car lying at the foot of the cliffs

Five survive as car falls 150ft down cliff

FIVE teenagers were injured but alive after their car fell 150ft down a cliff yesterday. Two girls and one boy were on the critical list in hospital last night. Two other boys have serious injuries.

The blue Ford Fiesta crashed over the cliff at a beauty spot called Sugar Loaf, a mile east of Beachy Head at Eastbourne, East Sussex at 4.45pm. The car landed bonnet-first on chalk boulders before skidding on its roof to the water edge.

The 17-year-old driver and four passengers were all thrown clear.

Witness Ian Stothron, 38, from Brighton, said: "The car seemed to come from nowhere. As it came down I could hear screaming. It was quite frightening."

NEWS

Mowlam under fire for attack on royals　Page 2

Labour MP criticises 'president Blair'　Page 2

Walters in credit card scams　Page 7

SPORT

Henman restores British pride　Back Page

PLUS

Nigella Lawson on fear and fowl　Page 10

The latest on the Internet in @ METRO　Page 17

WIN an exotic Tunisian holiday　Page 26

PUZZLES: 41 CITY: 43

当天的星体位置和发生的事件有关。不过当然，研究占星学最佳的方式还是观察自己的人生里发生的事，以及周遭人的生活情况。

虽然目前的科学不流行以经验性的方式进行观察，但以我个人的经验来看，只要我们能勤加检视自己观察到的事物，这仍是非常有效的学习方式。就以占星家兼炼金师帕拉塞尔苏斯（Paracelsus，1493—1541）为例，他是现代医学、生化学、药学、生理学之父；他的老师——也就是他的父亲威廉（Wilhelmus）。父亲教导他不要仰赖书籍或其他权威人物的意见，而是要直接观察大自然，从自己的主观经验来进行研究，他照办了。从他之后，人类的知识有了惊人的进展，但我们所知仍然有限，而且许多知识已经失传。威廉的建言从今日的角度来看，其真实性完全不逊于16世纪。从主观经验的角度去进行科学观察是正确的，因为任何事的发生都不是意外，正如荣格所言："在任何时刻诞生或成就的事，必定带有那个时刻的特质。"从各个不同的角度来观察和研究占星学，我们会有许多发现，而且相当有趣。

每个人看待世界的方式都不一样，诠释的方式也不相同。占星师的任务就是从更大的视野来理解事情，譬如从内在的、神秘的或灵魂的角度——有点像神职人员、萨满、心理治疗师的角度——来看这个世界。如果这听起来太玄的话，不妨把天宫图看成是一张生命地图，而占星师只是个解图者。地图可以让我们注意到以往忽略的事情，也能帮助我们看到自己与一切事物的关系，或者帮我们发现属于自己的道路。占星师的工作能让我们寻找人生方向的过程变得比较容易一些。这并不意味专业占星师应该告诉个案往哪个方向走，而是要帮助个案看到自己目前所处的状态为何。举个例子，布拉格斯太太去询问一位占星师有关她工作方面的事。她不喜欢目前的工作，因为她觉得上司太专制，令她很受不了。她说她觉得自己被压榨和受到威胁，因此希望占星师能告诉她是否该辞职、去找另外一份工作。当然，占星师会观察个案是否该找新的工作、自己当老板、改变工作跑道或是退休，而答案的确可以从天宫图里看出来，占星师甚至可能预测出将来会发生的事，不过当然，布拉格斯太太也应该为自己作决定。此外，事情也会因为我们有了觉知而改变——能量永远会随着想法的改变而起变化。

占星师的工作比较不是预测未来，而是诠释当下正在发生什么事。譬如布拉格斯太太的冥王星可能落在十宫，而天体的土星正和冥王星合相，这个相位能描绘出她目前的感觉和情况。十宫代表的是包括父母在内的权威人物，占星师很清楚这一点，所以会询问布拉格斯太太是否觉得目前的上司，很像她童年时期的某个权威人物，或者她对那个人的感觉和对现在上司的感觉很相似。布拉格斯太太的回答很可能是："你提出的这个问题真有意思，我的上司的确很像我的母亲一样令我害怕。我以前总觉得老是遭到她的批判。我现在的心情就像回到5岁时一样。"接着占星师就会告诉布拉格斯太太，她正在把早期的无能感投射到目前的情况上面。布拉格斯太太以前在面对母亲时总有一种无能的感觉，不过她现在已经不是小孩了，所以应该有能力坦然地面对上司。其实上天给了她一个机会，让她克服早期和母亲的问题。这次咨商之后，布拉格斯太太也许会以截然不同的角度来看自己的情况。她可能会发现若是不处理无能和被批判的感觉，未来仍旧会遇到相同的情况，毕竟我们总是带着自己的心理包袱在经验人生。虽然换工作和换上司也可能是非常妥当的处理方式，但更重要的是无论她的选择为何，都得带着更高的觉知去面对，而且她必须为自己作出决定，并为自己的决定负责。

同时还有一个问题要考量，那就是到底她的父母和上司是真的过于苛责她，还是她把对自己的批判投射到这两个权威人物身上了，但这样的探讨可能得留到下一次咨商再来进行。

依我看，占星师的工作就是去发现目前情况的内在真相是什么。占星学可以用各种方式增加我们的觉知，也可以让我们对各式各样的情况看得更清楚。为了达成这个目的，研究占星学的学生必须熟悉天宫图的基本语言——元素、星座、行星、宫位及相位。

第二章　元素与模式

人类的现象必须从宇宙的角度来进行思考。

——德日进

元素

自从化学周期表及118种元素被发现之后，“元素”这个词的复杂性已经远远超过地、水、火、风的概念。虽然如此，这四个基本元素仍然能提供基本的结构，以便我们观察大自然和人类的行为。

四元素代表四种基本的接收和消化外在刺激的方式。这四种方式可以总结成下面的诠释。

// 火元素代表的是让事情发生的驱力，或是证实及确立这股驱力的一种需求，以及赋予它意义的渴望。

// 土元素代表的是让内在驱力变成具体现实，以及想触摸和闻其味的渴望。

// 风元素代表的是沟通、定名和建立概念的驱力。

// 水元素代表的则是在情感层面产生联结的驱力，并且想要知道这份联结是否愉悦。

四元素是黄道的基本结构，因此能帮助我们了解十二星座的性质。每个人的天宫图都是由四元素及其特质组合成的，但某些星盘会强化或缺少其中的一些元素。了解元素和其代表的模式能使我们对星座有更深的认识，让我们更加了解整张天宫图。接下来的论述主要着眼在四元素象征的人类经验，以及从元素的强化或缺乏的情况来看出公司、国家及事件背后的真相。举个例子，代表意外事件的星盘里往往缺少土元素。

火象星座：牡羊座、狮子座、射手座

火能提供温暖和光明的感觉。由于火总是向上燃烧，所以火象星座也带有高昂、热切及充满信心的特质。火象人通常很享受生活，乐观开朗，甚至带有老虎般的活力。火象人即使遇到挫折，也会像火堆上暂时添了木材一样，没多久又再度炙热地燃烧起来。典型的火象人很少生闷气，但如果星盘里还有强烈的土元素和水元素，那么这些元素的湿气就会影响火的燃烧，而风元素却有煽风点火的效应。

火象星座通常比较有愿景，也有激励人的才能；每一个火象星座都会以自己的方式行动。牡羊座的驱力是成为拓荒者、战士，为目标奋斗的人；狮子座会以忠诚、高尚和重视声誉的特质来启发别人；射手座则会促使别人追求意义和成长，包括身心灵三个层面。因此，火元素的目的就是带领、启发和赋予别人信心，火象星座是正向和外向的，同时带有一种自发性。火元素也能促成事情，产生激励作用，所以典型火象人非常不喜欢消极被动的态度，而且会轻视只是“存在”（being）的人生观。火元素的速度通常很快，做事冲动，而且对事情完成时的状态有一种愿景。火象人能嗅到未来的可能性，深信自己的愿景会成为事实，并能说服别人相信事情终可达成。

过度发展的火元素往往因燃烧过度，而出现阶段性的瓦解。这类人有可能会过度耗损别人的精力，特别是那些实事求是类型的人，因为火象人热切的愿景很少能落实成行动，多半得靠别人来完成。

火元素比较偏向理想主义而非现实主义。这类人很不容易出现稳定、平衡、敏感、同理和细腻的特质，但必须检视星盘的其他部分。

土象星座：金牛座、处女座、摩羯座

我们的地球是滋养万物的地方，我们在上面种植各种东西，落实地活在其上，因此土象人显得比较可靠、足以被仰赖。这类人周到、实际和踏实,对责任、义务、谋生、照料身体等事情,觉得很自在。土象人懂得和物质世界的局限调和一致。他们了解金钱和财物的重要性,能够接受自己和他人对这些事物的仰仗。土元素关切的是真实的世界,不像火元素那么憧憬未来。每个土象星座都能接受眼前的现实和具体的事物。金牛座和摩羯座非常渴望生产出具体的东西,尤其是可以被看见和衡量的东西。土元素和物质相处得很和谐,若缺乏物质保障会没有安全感。处女座也带有这种特质,但因为它是变动星座,而且主宰行星是水星,所以是最不典型的土象星座,它比较带有风或“沙子”的特质。

土象星座关切的是经济和物质层面的安全保障。某些土象人很渴望拥有高品质的物质生活,有的却觉得拥有物质保障不一定非得致富。土象星座的物质需求比较起来不算太多,许多土象人只要有起码的经济基础,就觉得很舒服了。这类人的性格通常是稳定而平衡的。若无其事地说冷笑话,是这类人的特质之一。

如果星盘里的土元素过多,则可能会过度重视物质,不允许自己的物质保障受到威胁。这类人不太愿意冒险,即使改变已经是必要的事。最糟的情况是变得狭窄、过度谨慎、保守和传统,甚至会变成例行公事的奴隶。如果有火元素或带有热切特质的行星,就可以减轻上述倾向。

风象星座:双子座、天秤座、宝瓶座

风没有任何具体形状,它可以上下左右到处流动。风代表左右流通的活动,也象征风象人的平衡特质。所有的声音,包括说话和音乐,都必须仰赖风来传达,因为声音是借由能量振动而产生的。

火元素代表的是愿景,土元素是把愿景变成产物,风元素则负责将其告知所有人。风元素的任务也包括对生产出来的东西作出意义上的诠释,以及为事情提出计划和方案。

风元素被强化的人非常渴望与人沟通交流,因此关系对他们而言是最重要的。风象人由于不把情绪投注到关系里，所以具有高超的社交技巧；他们很懂得施与受的艺术，不会产生不必要的防卫性，也不容易被搅扰。风象人由于能冷静地观察事物，所以才能发展出社交技巧。风元素会增加理性和客观性，以及从长计议的能力。典型的风象人对你的观点会很感兴趣，也很愿意理解，但不一定会赞同你。没有一个风象星座和动物有关，这意味着这些星座是比较文明的。

风象人最佳的品质是优雅、富人道精神和彬彬有礼。他们能觉知别人的权力，也懂得公平待人；如果发展过度的话，则会变得过于理性、喜欢用脑、崇尚理论，而且不实际。风象人总是从某种公式和模式来看待人生，所以会把真实的生命经验化约成一种方程式。然而真实的世界和理论往往相距甚远，因此在最糟的情况下，风象人会变成理论和法则的奴隶，与外在的世界及自己的需求脱节。过多的风元素也会造成犹豫不决、焦虑和注意力不集中。

水象星座：巨蟹座、天蝎座、双鱼座

水元素可以变成各式各样的形状：川流不息的小溪、绵绵细雨、停滞不动的池塘或是惊涛骇浪。水显然是湿的，因此能净化、滋润或是把东西溶解掉；缺少了它，生命就不存在了。水没有固定形状，它会随着不同的容器改变形状和色彩，而且总是往低处流。

水象星座比较内向低调，它关切的是情绪的安全感和归属感。巨蟹座最关切的是提供归属感的家庭，天蝎座在意的是强烈的亲密关系，双鱼座则倾向于众生一体和灵性上的归属感。水必须置于杯中才觉得有规范：水象星座能反映和它在一起的所有事物。水象人很容易受环境影响，有融入的能力，而且十分敏感。他们会把周遭人的感觉、细微的心态和各种变化接收进来，然后加以消化吸收，再把不必要的东西排除掉。最糟的情况下，水象人会被洪水淹没，亦即无法抵抗周遭复杂细微的信息。由于这份敏感性，水象人显得格外脆弱、易感，继而变得过度自保和守密。大部分的水象星座都有一种表面平静、底部却暗潮汹涌的特质。如果运作良好，水会是最有同理心和善于回应的元素，这类人能够完全觉察到你的感受。但水元素如果太泛滥，就可能无法区分自己和他人的感觉，过于执著、依赖、不理性、喜欢操控，或是过度认同周遭发生的事。

元素的组合

了解了每个元素之后，就比较容易理解各种元素的组合会是什么情况。简而言之，火与土的组合可能缺乏细腻的觉知，但会显现出强大的动力，成为一个不畏艰险，能够将事情落实的理想主义者。火与风的组合往往是怀抱着伟大理论的理想主义者。火与水的组合则是真正具有创造力的人，不过情绪起伏很大。土与水的组合会带来滋养的能力和负责的态度，十分关切自己和他人的安全保障。土和风的组合带来的是枯燥和实际的特质，不过也有实事求是的智慧和幽默感。风与水的组合则会特别重视关系，对人性了如指掌。

缺乏某些元素

由于每张星盘里都有十二个星座，所以不可能真的缺少任何元素，但很可能没有行星落在特定的元素上，或者落在特定元素上的行星很少。如果有这种情况的话，缺少的那个元素的性格弱点就会变得十分明显，这意味着会从潜意识或缺乏觉知的状态去运作。这类人似乎无法控制和处理那个特定元素象征的性格特质，而那个元素通常会以负向的方式展现出来。举个例子，由于火元素代表的是直觉力，因此缺乏火元素的人可能带有负向的直觉。换句话说，他们总是预期不好的事会发生在自己身上，但缺乏火元素却有利于撰写犯罪或恐怖小说。

由于人类多半会全力朝着性格整合的方向发展，所以会试图转化缺少特定元素带来的问题。因此一个缺乏风元素的人，可能会选择星盘里风元素被强化的人做伴侣，或者可能成为图书管理员、咨商师，从别处寻找补偿。我们不但要考量落在特定元素上的行星有多少，而且要考量这颗行星落在哪里。假如我们有四颗行星落在水元素和第七宫里，却完全不带有水象人的特质，那么就意味着我们的伴侣可能会显现出水元素的特质。

在实际咨商时，我们会发现，元素的缺乏可能以各种方式显现出来，因此重点应该放在那些被强化的元素上。如果星盘里完全没有元素不平衡的情况，就不能透过元素来了解星盘。以下列出的是元素缺乏的心理状态和显现方式。

// 一般而言，缺少某种元素可能会令一个人无法掌控相关的能量。譬如缺少水元素的人比较无法掌控情感。缺少的那个元素，基本上会让一个人在相关领域的运作较为迟缓。

// 人们也可能在缺少的元素所代表的事物上，产生较为强烈的倾向——他们可能会从事和那个元素相关的行业。有时过度强化或过度不强化某个星座，显现出来的状态都差不多。

// 人们往往以幼稚和不成熟的方式，来展现缺乏的那个元素的特质。举例来说，缺乏土元素的人对裸露身体比较没有羞耻感，也比较觉察不到他们裸露出来的身体对别人造成的影响。

// 人们对自己缺乏的元素所象征的事物也可能特别敏感，容易被触动。譬如缺乏风元素的人可能会在意别人低估了他的智力，水元素不足的人则很怕别人说他不够敏感。

// 由于这份敏感性，人们往往会寻求补偿，因此缺少水元素的人可能会送花及贺卡给你，缺少风元素则喜欢搜集资历和书籍。

// 人们也可能在自己缺乏的元素所象征的事物上面，显现出轻视的特质，或是批判那个生命领域，对于在那个领域里表现得游刃有余的人，作出负面的诠释。因此，缺少风元素的人可能不喜欢知识分子；缺少水元素的人，会对那些太情绪化或太会取悦的人抱持怀疑态度；缺少土元素的人可能会指责别人太物化或是太虚荣；缺少火元素的人则可能不喜欢有赌徒性格的人，或那些凭运气就能过关的人。

构成元素缺乏的条件

在元素缺乏的条件上面，占星学并没有严格的规定。大部分的人都没有很明显元素不平衡的情况，因此在看盘时最好把注意力集中在被强化的元素上。你应该记住的重点是，行星落入的元素不可能是完全平衡的，而且外行星的元素通常都不是重点所在。譬如冥王星可能会在一个星座待 30 年之久，天王星和海王星会在一个星座待 7 年和 14 年，而木星和土星也不及个人行星来得重要。

相位和宫位的重要性

像其他的个人行星一样（尤其是太阳、月亮及上升点的主宰行星），上升点的星座元素也很重要，而天顶的元素则是可以被忽略的，因为它并不是一张星盘里的个人性要点。但一个人若是没有任何行星落在特定的元素上，而这个元素又恰好显现在上升点上，那么按照我的经验来看，此人反而能意识到缺乏此元素的问题，而会借由上升点的星座，将此元素的能量展现出来。如果一个人没有土象行星，但土象宫位里却挤进了许多行星，那么此人就会在他的职业活动里解决土元素缺乏的问题。如果天顶的元素在星盘的其他地方都找不到，也可能在职业上显现出这个元素的特质，玛丽莲·梦露就是一个很好的例子。玛丽莲除了凯龙星之外，没有任何一颗行星落在土象元素上，但她的天顶是落在金牛座，因此她的职业总是把焦点放在她的身体上面，甚至可以说她的身体就是她的名望所在，但她的心理状态却完全显现了土元素缺乏的情况。

没有行星落在火元素

缺少火元素会显现为缺乏动力和活力（不过得视太阳、火星和木星落在什么元素上），这类人对自己和人生也时常缺乏信赖感及自信心。缺少火元素的人很难像孩子一样相信，“事情终究会没问题的”。这类人的直觉多半带有负面倾向，总觉得不好的事将发生在自己身上，譬如遭到攻击、被抢劫、被谋杀，或是发生交通意外。他们也可能有迷信倾向，许多人因缺乏火元素而选择上教堂、找占星师或通灵者求教；他们以为一旦知道了最坏的情况是什么，就可以有所准备，而且多半不知道命运是操控在自己手上的。缺乏火元素的人比较适合简明易懂的协助方式，因此占星和塔罗咨商对他们都很有帮助，因为这些途径会令他们意识到更多的可能性。游戏和欢乐的情境也能帮助他们，因为火元素缺乏的人不太有能力“放下”。

没有行星落在土元素

土元素缺乏使人无法与金钱及物质联结，但也可能过于耽溺物质世界，而且对大自然有一种过度天真的激赏。这些人会对身体着迷，甚至有种想要展示的幼稚需求，譬如模特儿或那些穿着过于裸露、曲线毕露的人。经常参加天体营(le camp naturiste)的人，也可能缺少落在土元素的行星。疑心病(hypochondria)也是缺少土元素的显现方式之一，这类人经常怀疑自己得了不治之症，但真相可能只是忘了休息一下去吃午餐！缺少土元素也可能造成上瘾症，因为这类人不知道何时该停下来，也不懂得知足。如果星盘里的土星被强化的话，上瘾倾向就会减轻一些，但海王星却会强化这种倾向。这类人容易鲁莽、忘东忘西或是欠债。缺少土元素适合的治疗方式，通常是瑜伽、按摩、园艺或运动；只要能帮助这类人认清身体的治疗方式都很适合。

没有行星落在风元素

缺少风元素最大的问题，就是无法意会自己的行动或他人行动的意义。这类人也很难看到大局，而这势必会带来一些问题，因为顾全大局能帮助我们以实事求是的方式处理事情，令我们意识到自己和他人的需求。因此，缺少风元素的人很难与人合作或妥协，也很难以理性的方式采取行动，他们鲜少客观看待自己的问题，或容易耽溺在自己的痛苦之中。还有些人在面对陌生人和陌生情境时，会显现出焦虑的反应，或者很难作出必要的改变：他们会把事情想象得很糟，容易担忧或作出最糟的预言。但缺乏风元素并不意味智力不足或缺少思维能力（爱因斯坦就缺少风元素），而是在沟通和学习时比较缺乏信心，容易被别人的意见影响。缺少风元素的人通常很喜欢地图及能提供方向的事物，譬如心理学和占星学对他们就很有利，因为能增加客观性和实际的着眼点。

没有行星落在水元素

缺少水元素最大的困难就是不易消化感觉。缺少水元素的人之中，有一部分的人可能完全无法将别人和自己的感觉联结，甚至到达无同理心的程度。这类人觉得“情感”是令人痛苦的东西，所以会过度地将其压抑下来，原因是早期有创伤经验。他们并不是丧失了情感，而是无法以老练的方式和感觉相处，所以无法善加控制，这就像水龙头失灵一样，很难控制情绪的来去。缺少水元素也可能显现成超级敏感的特质：和爱人吵一架之后，就以为关系已经到达尽头，因此处理不好的水元素会带来易怒、防卫性强、情感容易受伤等倾向。这类人也可能阶段性地执著于某个人，感觉上好像被情绪淹没似的。缺少水元素的人往往以情绪化的方式表达自己的感觉，也容易被那些以天真的方式表达情感的人吸引。音乐和绘画这一类的艺术形式，都很有利于水元素缺乏的人，因为这能提供一个出口，让他们表达情感。他们也很适合从事和人相关的工作。

星座模式（性质）三分法

十二星座除了可以分成四种元素外，也可以依据模式、性质或特质区分为三组。

了解星座模式三分法，可以使我们对整张星盘有进一步的认识。这些星座在模式上如果有不平衡的情况，也能说明一个人将如何看待和处理冲突矛盾。由于人生本身就是冲突矛盾的，因此我们可以说星座的模式显现的是处理人生的方式。每一张星盘里都有十二星座，而大部分星盘的模式之间都有一种平衡性，不过有的也会显现出明显的偏重和缺乏。如果有这种情况的话，就是理解一张星盘的重点之一。据统计，大约有 40% 的星盘里带有 T 形相位（T-square，请参阅 302 页），但只有 5% 的星盘里会出现大十字（Grand Cross，请参阅 303 页）。理解 T 形相位和大十字，首先就是要检视这些相位落入的星座模式。

	火元素	土元素	风元素	水元素
创始星座	牡羊座	摩羯座	天秤座	巨蟹座
固定星座	狮子座	金牛座	宝瓶座	天蝎座
变动星座	射手座	处女座	双子座	双鱼座

创始星座：牡羊座、巨蟹座、天秤座、摩羯座

太阳进入每一个创始星座，都是南北半球四季的开端，因此创始星座的特质和开端、新的开始及改变有紧密的关系。但是分开来看，每一个创始星座的开创特质却比较不明显。牡羊座关切的当然是往前拓展，但巨蟹座却显得很害羞，天秤座则有犹豫不决的倾向。虽然如此，每一个创始星座仍然会在自己的领域里促成一些事情。创始（cardinal）这个词源自于拉丁文的 cardo，意思是生命的“枢纽”（hinges），因此创始星座关切的是生命的主要冲突和议题。冲突是指日常生活里有许多力量在拉扯着我们，因而产生了时间、兴趣、资源等各方面的冲突。

对许多人而言，生活的确像是多头马车一样，既要往前开创、做个先驱、实践自己要做的事（牡羊座），又要尊重别人的需求、与别人合作及结合（天秤座），还得在社会建立受人尊崇的地位、拥有事业成就（摩羯座），同时要照顾到家庭及父母的需求（巨蟹座）和要求，此外自己还要扮演父母的角色（巨蟹座和摩羯座）。

那些和创始星座十分相应的人，很容易把冲突当成是从外面来的力量，故而无法映照出内在的矛盾。他们的能量多半花在面对外在的挑战上，而且很想征服这些挑战。创始型的人不会因循成规，如果他们觉得不快乐，很快会去追求新的目标。他们十分有行动力，不怕卷起袖管开创事业，如果创始星座过于被强化的话，很容易制造危机。这类人的开创力、行动力和机会主义倾向，往往会带来巨大的驱力和活力，而且不喜欢受限制。他们不愿被别人或外在情况制约，喜欢发号施令，所以他们总是坐在驾驶座上面，即使还未学会开车。他们急于以自己的方式做自己想做的事，尤其是那些有 T 形相位的人，有大十字的人这种倾向甚至更明显一些，高度的竞争性会让他们反体制，反抗一般人做事的方式。这种不计一切要采取行动的人，通常不善于规划，很容易与人正面冲突。他们极需培养稳定平衡的心态，并且要接受自己和他人的局限。

创始星座

发展良好	**发展过度**	**发展不足**
有能力开创事情	永远都在开始新的计划，但很难完成	缺乏开创力需要人推一把
自动自发 以目标为导向	很难与人合作，因为这会改变原先的目标	因循成规（近于固定星座） 逃避挑战（近于变动星座）
善于处理危机	容易制造危机和麻烦	竭力避免危机
与当下联结	只关切眼前的议题	逃避真实生活

从身体健康的角度来看，创始星座和受疾病攻击及突发的疾病有关。如果突发的疾病没有妥当地照料，就等于在自我设限；身体这个有机体若是不能恢复健康、变得更强壮，便可能会死亡。在现代西方社会里，突发的疾病已经不太常见了，因为一出现病症，就会用抗生素将其压抑下来。

固定星座：金牛座、狮子座、天蝎座、宝瓶座

固定星座最大的特质就是执著：金牛座执著于物质世界，只相信具体的事物；狮子座执著于自尊；天蝎座执著于情感；宝瓶座执著于理念。

固定星座会带来毅力、稳定度、持续力和可靠性，而且比较有持久力。因为固定型的人能够忍受变动型和创始型的人所不能忍受的情境，因此比较有持久力。固定型的人适合与你长期相处，他们的专注能量比较像是拉马车的马而非赛马。但这类人的缺点是容易因循成规，停滞在某种情况里，他们不容易放下人、感觉、事情或概念，而且抗拒改变。这类星座有点像是一个季节的中段，譬如仲夏，这时春季早已过去而秋季还没有踪影。这个时段是建构期，目的是为创始星座开拓出来的东西奠定基础，所以这种能量是专注的、强烈的和持久的。固定型的人很善于维持和保有既定的地位，固定星座同时带有一种很难变动的特质，似乎往哪个方向移动都不太可能，那些由固定星座形成T形相位或大十字的人，往往显得特别顽固、果决、有毅力和不愿妥协。这类人最大的缺点就是相信强权就是公理，因此必须培养弹性。

从健康和身体的观点来看，固定星座和慢性病有关：这些长年发展出来的疾病，会让这类人的速度变得缓慢，而且似乎很难治愈，只有忍耐一途了。毒素会慢慢损害身体，令这些人必须承受痛苦。

固定星座

发展良好	发展过度	发展不足
果决而有毅力	顽固、缺乏伸缩性	缺乏力量和持久力
意志力强	意志力过强	缺乏意志力
坚定、值得信赖、忠诚	僵固、执拗、缺乏适应力	不坚定、优柔寡断
有坚持力 抗拒改变	因循成规 动弹不得	任何事都不能坚持
只要一发动，就有极大的动力	倾向于保存精力	随波逐流 （特别像是变动星座）

变动星座：双子座、处女座、射手座、双鱼座

变动星座等同于四季的尾声，如夏末秋初之际。这类人善于面对不确定的情况及目标的改变，他们能够面对变动和过渡期，随时准备应变。他们不期待事情能持久，有不安于室的倾向。

所有的变动星座都关切理念（双子座、处女座）或信仰（射手座、双鱼座）。这类人倾向于阅读、高谈阔论或是把人生哲学化，所以他们的挑战就是必须学习实际地过日子。变动星座在乎的是跟生命本身的关系，所以既不渴望权力，也不以目标为导向。虽然他们对付出承诺有点羞怯，但却是最容易相处的类型，而且不会跟随他人的脚步。这类人会停留在他们感兴趣的事情上面，否则就会不安于室地追求下一个目标。当他们面临冲突、不和谐及挑战时，往往会借由改变方向来逃避。如果这些星座形成了T形相位或大十字相位，通常很难建立目标，达成某些成就。这类有T形相位和大十字的人特别焦虑不安和缺乏耐力，他们若想有生产力，必须发展出自我纪律，并且要确定实际的目标。变动型的人缺乏追根究底的驱力和毅力（固定星座的特质），以及往上攀升的能力（创始星座的特质），但这类人很有适应各种情况的本能。变动星座有时也被称为“普通”（common）星座，这是因为一般人多半采取适应的方式来面对人生，不普

通的人则是要世界屈就于他们。

从健康的观点来看，这类星座最大的问题就是缺乏抵抗力。这类人会注意到风吹草动的讯息，每当要付出承诺和作决定时，都会有焦虑感。

变动星座

发展良好	发展过度	发展不足
适应性高	过于配合	无法配合和服从
可以和任何一种情境共处	太容易分心	
各种方向都能包容	不善于排除	
有调整能力	不需配合时却一味配合 应该坚持时却改变态度	不能调整和适应
好奇、喜欢搜寻	缺乏目标和方向	目标改变会觉得不舒服
	注意力分散、焦虑	狭窄

第三章　黄道十二星座

占星学现代化及建设性的运用方式，应该是转化和修正本命盘的能量模式，让最正向的表现得以施展出来。

——史蒂芬·阿若优

我们可以把黄道十二星座描述成“存在的方式”（way of being）或能量类型。大部分的人对自己的太阳星座都很熟悉，其实每颗行星的表现方式都会被它所落入的星座影响。同样的，每一个宫位的活动也会被它的宫头星座影响。

我们必须记住，星座并不像报纸里的太阳星座专栏或一般占星书籍所说的那么重要。行星、行星之间的关系及相位，在对本命盘的诠释上远比星座重要得多。星座就像是文字中的形容词，行星则像是名词。

象征与象形符号

每个星座都有其象征，譬如牡羊座的象征是公羊，金牛座的象征是公牛等。象征基本上是在传递概括或简洁的意义。如同行星一样，每个星座也有其符号图腾，它们能快速地传达每个星座的意义和相关内涵。各个社会运用的语言虽然有所不同，但是都有立即传达信息、使人一看就懂的标志，因此我们也可以像认路标一样地辨认占星学的象征与符号。

星座代表成长的不同阶段

星座也可以看成是一个人成长的不同阶段。举个例子，牡羊座代表的是开疆辟土的阶段，金牛座代表的是在土地上建构的阶段，双子座代表的是开始学习如何与邻居互动的阶段，巨蟹座则是成立家庭的阶段。我们可以按照黄道十二星座编出一套成长的故事，而每个星座都比上个星座的状态更复杂一些。在牡羊座的阶段里，我们的自我仍然处于稚嫩的未发育时期，但历经十二星座之后，我们已经认清了自己和他人、社会及整体宇宙的关系。当我们到达双鱼座的时候，灵性的面向就会发展出来。

另一个要注意的重点是星座的顺序。每个星座都会试图弥补上一个星座的缺失或发展过度的部分，所以会与上一个星座作出相对的反应。

星座的分类

星座可以按照其元素或表现方式来分类，也有以其他方式来区分星座的，譬如认识元素或表现形式的平衡与否，也是一种了解星盘的入门方式。

十二星座以四个为一组，恰好可以分成三大区块。第一个区块是由牡羊座、金牛座、双子座、巨蟹座所组成，它们关切的是人生的基本事物，或者可以说是生存的基本需求。接下来的狮子座、处女座、天秤座及天蝎座，则开始冒险投入社会，探索关系中的种种议题。最后的四个星座——射手座、摩羯座、宝瓶座及双鱼座，关切的则是集体和宇宙性事物，其中，双鱼座也和灵性的次元有关。有时一张星盘会强调这三组星座中的某一组，而这往往是理解整张星盘及个人的重要入手之处。举个例子，一个人的星盘里如果没有行星落在前四个星座（如果我们考量的是宫位，则要注意前四个宫位），那么此人就会把个人需求搁置一旁或完全忽略。如果星盘里没有任何行星落在后面四个星座或宫位，那么此人就会忽略人生或世界的宏观议题。但这个概念不需要太强调，因为还有其他因素需要考量，譬如被占据的宫位和被占据的星座有相同的属性（例如完全没有任何行星落在最后四个星座和最后四个宫位），这就显得很重要了。

身体的部位

由于一张星盘里十二星座都会出现，所以思考健康议题时，应该考量整张星盘，而不只是星座。大体而言，从星座来考量健康议题，要观察的除了太阳星座，还有六宫的宫头星座及上升点的星座，同时要留意土星的星座位置也代表身体比较脆弱的部位。

观察星座时必须考量的重点

认识星座可以帮助你诠释星盘里的行星和四交点，本书里与行星有关的“工具式”（Cook Book）解析部分，也可以在这方面提供一些参考。

由于坊间的一些占星书对太阳星座已经有许多讨论，所以本书不再强调这一部分。本书里描绘的太阳星座特质，比较侧重在我们努力想达成的状态，而非我们已经拥有的性格特质。

十二个星座都分布在整张星盘里，你可以从宫位和宫头星座，譬如金牛座或双子座，看到哪个生命领域最具有这些星座的特质。不要忘了宫头星座的主宰行星也能带给你许多信息（这部分的解释请参阅 331—332 页）。

♈	**牡羊座**	元素：火　表现模式：创始 主宰行星：火星

象征及符号

牡羊座的象征是一头公羊，也可以诠释成公羊的角和鼻子，或所谓的“破城槌”（battering ram）。牡羊座始于春季的第一天（北半球），象征一个新的开始。牡羊座管辖身体的头部，其符号同时也代表人的眉毛和鼻子。

星座特质

身为黄道第一个星座，牡羊座关切的是新的开端。这个星座最主要的心理特质是喜欢抢第一，容易受伤，天真而不造作。任何一颗行星落在牡羊座，都会被这种抢先和喜欢竞争的特质影响。除了喜欢抢先之外，在我的经验里，牡羊人似乎是最佳的模仿者：你拥有什么，牡羊人也想拥有。只要听到一个好想法，牡羊人很快会将其发扬光大，并因此而成名，就好像别人从未有过这个想法似的。牡羊人对自己的发现如同孩子般兴高采烈，他们意识不到无数人早已有过相同的认识。开拓者虽然有探究未知的勇气，但首度做某件事也意味着准备不周，难怪牡羊座一向和强烈、热切、不成熟、天真、冲动、鲁莽及不顾后果有关。这些特质同时也表现出年轻、活力充沛和开创精神，不过有时也会惹是生非，陷入困境。神话故事里的那些侠客英雄或骑着白马拯救落难女子的武士，多半都顶着牡羊座的光环。让我再补充一点，行星落入牡羊座既代表拯救者，也代表被拯救的对象，而且不一定是男人救女人。

牡羊座需要行动，作为一个以行动挂帅的星座，静待事情发生绝非它的风格，因此牡羊人总是勇往直前迎向人生。拥有特定的目标能够将这个星座最佳的一面显现出来，这意味着他们必须为某件事或某个人努力奋斗，至少得找点事做。牡羊人善于快速作决定或排解纷争，只要是带着追逐或征服成分的事，都很适合他们。反之，需要内省、自我质疑或妥协，则往往不是牡羊人擅长的。

牡羊座带有傲慢、冲动、不耐烦及不顾后果的特质，但这个星座的活力与热情很能鼓舞他人采取行动。落在牡羊座的任何一颗行星，都能激励整张星宫图的其他部分采取行动。从另一个角度来看，有强烈牡羊能量的人也可能极为自我中心和带有机会主义倾向，他们一意孤行的处事方式可能会导致反社会倾向，或是触犯到那些较为含蓄的人。牡羊人处置事情的态度既诚实又直接，他们从不绕圈子。有强烈牡羊倾向的人很难看见别人的观点，也不容易与人合作。这个星座最大的弱点是无法让自己从眼前的事物中抽离出来，似乎凡事都和他们的自我有关。

太阳或月亮落在牡羊座的人经常被指控为专横霸道，但这个星座并不真的对权力或领导地位感兴趣。牡羊人既不需要也不寻求他人的赞同、许可或合作，牡羊人只想以自己的方式做事；换句话说，他们不想被任何人或星盘里的任何能量干扰、拘束、羁绊。行星落在牡羊座成困难相位经常会带来一种挫败感，原因是这类人喜欢插嘴，而旁人或许不会以友善的方式回应这种任意干预的态度，甚至可能制止这种行为。牡羊人的这种强制态度多半源自于行动的需求，以及对他人缓慢步调的不耐烦。牡羊人不喜欢等别人作决定，或是花太多时间准备行动，因此他们不善于团队活动，总觉得别人的速度太慢。他们非常善于处理事情或完成手上的工作，但通常缺乏持久力。这个星座的目的是开创而不必然是完成。

这类人乐于见到挑战，如果有某种程度的准备，成功的概率将会提高许多。当他们面临障碍的时候，若是能了解结果总是得来不易，或许就能降低挫败感。由于火星主宰牡羊座，所以太阳或月亮落在牡羊座的人，经常会在事与愿违时大发牢骚。传统占星理论将这个星座的关键词定义为“我要”，这的确是很贴切的描述，不过“我立刻要”或许更精确一点。占星家约翰 · 亚历山大（John Alexander）很精确地观察出太阳落牡羊座的人时常觉得被抛弃或冷落，这是因为他们很难与人合作所导致的困境。举个例子，不妨想象一下某位牡羊人的同伴们很想去当地的中国餐馆吃晚饭，而此人却独独想吃墨西哥餐厅的外卖速食，结果当伙伴们离开他去吃酸辣汤和炒面时，他竟然觉得非常惊讶。这种被冷落的感觉同时也反映出牡羊人多么渴望投入眼前的活动，因此重点不是他被冷落了，而是他非常想插一脚。

大范围

历史上的一些善于侵略和殖民的国家，多半带有牡羊特质，英国就是其中的一个例子（必须同时参照摩羯座）。我曾经说过，从海外移民到英国的人，本命盘里往往有强烈的牡羊座倾向。在动物王国里，公羊以及那些为了交配而相互争斗的动物，都可以看成是牡羊类型。领域观强烈、作风鲁莽、胸前有红色羽毛的知更鸟，也带有牡羊特质。

色彩／品味／风格

代表“前进”的红色是典型的牡羊座色彩，但黑白两色也包括在内，因为深受这个星座影响的人，看事物的方式往往非黑即白。在品味方面，牡羊座喜欢强烈的风格，譬如爱穿色彩鲜艳的服装，偏好最时髦的发型或最短的迷你裙。牡羊人也喜欢戴帽子，即使是太阳或月亮移位进入牡羊座，也会让那些非牡羊型的人戴起帽子来。更精确地说，本命盘里的太阳与水星合相在牡羊座的人，尤其喜欢戴帽子。

身体的部位

牡羊座统辖的是人体的头部，它除了会造成与头部相关的一些失调症（头痛、偏头痛、脑震荡、脑神经痛）之外，还有许多与头部相关的词汇，都可以用来描述这个星座。牡羊法则可能会导致冲动和不顾后果，只有当这些人学会深思之后，成功才容易降临。简而言之，牡羊人必须学习思考，不懂得三思而行，往往令这些人遭到意外灾害，譬如可能伤到眼睛或头部。许多牡羊人都有高挺的鼻子和显眼的眉毛，或者脸部有伤疤。太阳落牡羊座的人，经常以他们的直接逼视他人而著称，比较害羞的类型则会在走路时避开人们的眼神。

行星落在牡羊座

行星落在牡羊座通常会加快速度，而且会以冲动、冒险、果决及勇敢的方式展现能量，但是与这颗行星相关的行动不一定能持久。勇敢大胆的特质也可以纳入与此行星相关的心理面向。任何一颗落在牡羊座的行星，都带有竞争倾向（请留意，土星落在牡羊座可能会害怕竞争，或者不敢抢先，但又怕无法抢先）。

宫头是牡羊座的宫位

在这个生命领域里，我们会显现出勇敢大胆的特质。我们会在这个领域里勇于开创，也可能带有竞争性，除了急于采取行动，也可能激励别人采取行动。这个生命领域促使我们说出：“我要做自己想做的事，而且是在我想要的时刻去做。”在这个领域里我们总是先行动后思考。举个例子，七宫宫头如果落在牡羊座，代表此人的伴侣或是对合伙关系的需求，会促使他采取行动。

♉	**金牛座**	元素：土　表现模式：固定 主宰行星：金星

象征及符号

金牛座的符号是一只公牛的头和角。公牛的形象是强而有力的：这种动物的行为相当迟缓，然而一旦被激怒，却力大无穷。公牛可以说是一座活生生的堡垒、城墙或拒马，因为它的体积庞大，力量惊人。被阉割的成熟公牛能够毫不费力地拖运最沉重的货物，同时它也是繁殖力强的动物。棒球队经常称自己为公牛（芝加哥公牛队），以显示队伍的力量和耐力。公牛也象征多产，某些人甚至把金牛座的符号看成是通往子宫的输卵管。

星座特质

如果牡羊座的任务是开创，那么金牛座的任务就是维持、扎根和累积。牡羊座渴望的是“作为”，金牛座则既不想做什么，也不想反思或推测。金牛座的本能只是“存在”以及“拥有”。金牛人追求的是生产与获取，然后继续保有他获得的东西，难怪这个星座会以占有欲著称。

金牛座是十二星座里最有耐力、最踏实的一个，也是最沉着、平静以及有耐性的星座：它就像是一棵橡树而非柳树。橡树不像柳树那么有伸缩性，但我们必须明白，靠在橡树上更令人觉得舒服，而你的确可以依靠那些星盘里有强烈金牛座倾向的人。金牛座若非顽强固执，就必定是果决和不屈不挠的，这只从容不迫的公牛如果不情愿，你很难拉动它、推动它或逼它做任何事。如果有一些重要行星落在金牛座（譬如火星），那么抗拒改变的倾向很可能导致蛮横的行为，特别是那些尚未学会以健康清明的方式满足欲望的人。任何一个农夫都能证实平日温驯的牛若是遭到压迫（压迫可以定义为不当的干扰），往往会变得有攻击性，不过大体而言，金牛座的攻击性还是比较被动的。

金牛座虽然不是最有想象力的星座，却被赐予了通情达理、实事求是的能力。如果有许多行星都落在金牛座，那么此人通常不会想改变生活方式，而且会在大部分的生命领域里追求稳定性和地位。他们的许多决定都源自于有意无意地渴望过宁静生活，以及强烈地想维护自我。金牛人的哲学就是要维持现状——最好是永远维持现状，或者至少得有细嚼慢咽的机会。如果星盘里的其他元素也有相同特质，那么金牛型的人是不会干预或过问他人之事的。同样的，他们也不喜欢受到别人的干扰。

实事求是及不喜欢纯理论性的事物，导致金牛人不会轻易相信无法看见或触摸到的事物。他们喜欢过简单的生活，在大部分的状况下都偏好俭朴自然。金牛人不善于应付复杂的人或复杂的情况，实事求是和踏实的作风，使得这类人不喜欢多余的包装。他们能一眼洞穿瞎扯的话语，而且颇能欣赏低俗的幽默。

金牛座关切的是生产及建构具体事物。“建构”无疑是任何一颗行星落在金牛座的关键词。这类人有能力缓慢而坚定地付出努力，这种踏实的作风终将带来一些财富。教育家并不是典型金牛人会扮演的角色，但若是有这个必要，他们通常会以简单明了、按部就班的方式教导别人。

金牛人也非常关切安全感及稳定性的议题。对星盘里金牛座被强化的人而言，家庭、食物及身体的安全保障等人生的基本事物，都是不能遭到危害的，因此他们不会轻易去做任何可能危及健康和物质保障的事。对那些喜欢自由和冒险的人来说，金牛人似乎太苦干和守旧了些。

基本上金牛人是冷静自制的，他们不容易被痛苦或快乐的情绪影响，这是因为他们有能力平静地接受一切发生的事，将其视为不可避免的结果。因此，金牛座比任何一个星座更接近自然。金牛人欣赏大自然的美、土地生产出来的食物和丰富的资源，这种倾向为人生和艺术带来了良好的协调感。自然界的韵律基本上是不变的，这或许是金牛人能够在大自然里泰然自若的另一个原因，他们能与自然联结，也包括和身体的需求及能力联结。这个星座不但踏实而感性，同时还有高度发展的知觉能力——特别是味觉、嗅觉和触觉。金牛座对形式和质感的敏锐知觉，十分有利于从事和织品有关的行业，同时也利于发展与触觉有关的技术，譬如按摩、芳香疗法或徒手疗法。建筑业、音乐、农业及园艺，都是金牛人适合从事的工作。凡是和嘴有关的事，金牛人也很擅长——唱歌和品尝食物，所以歌唱也是这类人适合从事的工作。某些金牛座被强化的人显现出的脆弱易感，可能会发展成对舒适和美好生活的上瘾倾向。金牛座也是有点自我耽溺和懒散的星座：这类人容易怠惰或停滞不前，他们善于保存精力而非应用精力。

双脚（或四足）踏实地站在地面上，而且拥有良好的协调感，使得金牛座成为黄道十二星座中最稳健清醒的星座之一。在情绪、性爱和愤怒的管理上面，这类人带有一种静默的抗拒心态，通常性欲被激起的速度比较缓慢，但是有相当程度的持久力。这个星座的踏实特质也促成了一种幽默感，但这类人的笑料多半源自于人性的某些基本特质。除非本命盘里有其他重要元素，否则金牛人的幽默通常是单纯而土味十足的。

坚强可能是这个星座的另一个关键特质。金牛人就像一头公牛那么坚决和稳定，能够安静地检视来到他面前的任何一股能量，因此，金牛人的力量足以镇定地面对焦虑、维护自我，但也可能阻碍成长和改变。

大范围

虽然射手座传统上与西班牙有关，但是我认为西班牙这个国家应该属于金牛座。这是透过个案研究及和归纳与西班牙有关的新闻而得到的结论，因为西班牙一向以斗牛著称。这个国家里有许多看似乡土的人，可是当你和他们熟识之后，却发现他们相当富有。家畜（尤其是公牛），包括猪在内的农场动物，也会令人联想起金牛座。换句话说，这些动物最终都成了人类的食物！请留意，警察也经常被称为“猪”（pigs），我认为这个行业与金牛座是有关联的，金牛座也可以用来象征巡警的沉重步伐。私家侦探则跟金牛座成对立相的天蝎座有关。爱尔兰是另一个与金牛座联结的国家，对于这个观点，我既无法否决也不能确认，不过由于这个国家田园风味十足，所以还算是合理的说法。

色彩／品味／风格

金牛座通常与清柔淡雅的自然色彩相关，譬如淡粉色、青色或蓝绿色。这类人也喜欢印花布料，而且品味较保守。无论金牛人喜欢何种色彩，通常他们都热爱织品，特别是触感舒适的布料，如丝绒或真丝。

身体的部位

金牛座统辖的是人体的颈部，也包括甲状腺和喉部在内。金牛人的颈部若不是修长而优美，就是粗粗壮壮的。金牛座也是一个与美好嗓音有关的星座。在健康上面，这类人的喉咙容易发炎，颈部容易僵硬疼痛。

行星落在金牛座

行星落在金牛座的运作速度往往比较缓慢、单纯和谨慎。金牛座为任何一颗行星带来了稳定及传统的特质，也会染上与金钱及美有关的色彩，至少和拥有的概念相关。

宫头是金牛座的宫位

在这个宫位里，我们会觉得钱要花得有价值。举个例子，某位女士二宫的宫头是金牛座，她告诉我，她只会在大减价时去买名设计师的服装！在金牛宫里我们会显得比较传统、踏实或自我保护，同时会展现出可靠和实事求是的特质。我们也会在这个领域里展现出占有欲。假如七宫宫头是金牛座，那么此人就会吸引占有欲强的伴侣，或者对伴侣产生强烈的占有欲。

♊	双子座	元素：风　表现模式：变动 主宰行星：水星

象征及符号

两条平行的直线被上下两道半弧衔接，就是双子座的符号，它也代表双重性。所谓的“东奔西跑”，颇能传神地描绘双子座的精神：这类人总是从某个地方或状态，移动到另一个地方或状态。

星座特质

双子座的法则就是联结。这个象征超级互联网的星座，十分关切人、地方及概念的串联，其目的就是沟通、交流和联想。双子座的工作是撷取资讯、加以调查分析，然后将其散布出去。与双子座对立的射手座考量的则是资讯的意义；另一个由水星主宰的处女座，负责的则是决定眼前的资讯是否有用，若是无用，它就会将其淘汰掉。双子座的任务仅仅在于搜集资讯和传播，因此双子人既是学者，也是八卦消息的散布者，这两者搜集了资讯之后，就会将其传递给对方。搜集与事实相关的资讯，必须有开放的态度，因此任何一种检查尺度都会阻碍这份自由性。基本上，太强烈的是非观念也会限制这类人的发展，难怪双子座一向被视为无道德观念的星座。那些有强烈双子倾向的人多半有敏捷的头脑，而且很有韧性，充满着好奇心。好奇心强可能是这个星座最显著的特质。

善于应变，富伸缩性和适应性，喜欢变化和多样性，导致双子人不断地追求各式各样的任务，而且尽可能以各种方式达成任务（不像前面的金牛座只喜欢以同样的方式做同样的事）。基于这个理由，双子人往往对生命抱持实验态度，凡事都不太认真，总是暂时停留在某种状态里。他们害怕付出承诺，对各种可能性皆抱持开放态度。

双子座和其他变动星座一样，都不是以目标为导向，因为目标暗示着长远的承诺，但双子人偏爱的却是短程旅行，而且非常喜欢在途中脱轨或节外生枝。双子座比其他任何一个星座都博杂，他的研究方向通常不专一，而且往往是因为一时兴起的决定。然而，人生最大的满足是来自于深刻的经验，细嚼慢咽才能品尝到真正的滋味；双子人的风格却是从一朵花跳到另一朵花，这种花蝴蝶般的存在方式不但会造成焦虑不安，而且会带来不满足感。基于这个理由，一个人的星盘如果强化了这个一知半解的星座，很容易导致缺憾感，即便当事者正热衷于眼前的某种活动。

双子人是卓越的经纪人，他们总是能把 A 与 B 连在一起，因此可以说是十分善于串联的星座。这类人不喜欢被排除于外，很急于参与，但又渴望能自由活动，随时有个出口，不至于过度受限或责任繁重。双子人是最佳的杂技师，他们不停地把玩着人、时间、地点和概念。

如果有许多行星落在双子座，通常会有语文才华。这类人热爱各种游戏，特别是打扑克牌。他们也喜欢骑脚踏车、打网球、溜直排轮，对各式各样的知识或讯息的交流都有兴趣。虽然本命盘很难衡量出一个人的智力，但是有强烈双子倾向的人通常是聪明的。

从最糟的角度来看，这个容易感到乏味的星座，可能会导致轻浮、匆忙、游移不定及善变。如果本命盘有强烈的土星倾向或有许多固定星座，那么这类特质就会减轻一些。双子座也会造成容易上当或多疑的性格，因为很难发展出深度。对一切事物抱持开放态度和无法筛检资讯，往往会变得很难作决定，因此典型的双子人容易显现三心二意的态度。如同古罗马的双面守门神（Janus）一样，双子座也能同时面对不同的方向。

从最佳的角度来看，有强烈双子倾向的人是多才多艺和善于应变的。这类人通常很时髦，能够领先潮流，善于社交应酬，显得十分忙碌。总之，双子座是个有趣的星座，行星落在双子座可能会追求新奇之事，也可能制造出能带来新奇事物的人。这个星座也跟年轻人有关，特别是那些渴望变化，但又不想在没有足够经验之下就付出承诺的年轻人。这类人如同小飞侠一般，终生都能保持年轻，尤其是星盘里有强烈双子座和射手座对立性的人，如果火元素强而土元素弱，就更容易有这种特质。

从第三宫和水星可以看出更明显的双子倾向，若是有许多行星落在双子座，也可以看出兄弟姐妹的特质以及此人与他们的关系。

大范围

昆虫界通常与双子座相关，尤其是会飞的昆虫、蛾类及蝴蝶。同时我也发现，当行星推进或离开落在双子座的火星时，往往和大黄蜂或蜜蜂之类会蜇人的昆虫产生关联。双子座也掌管猴族，而善于模仿的鸟类，譬如鹦鹉、乌鸦和仿声鸟，也都跟双子座的能量相关。伦敦这个变化多端的商业都会，多少世纪以来一直和双子座连在一起，威廉·勒利在 1666 年 9 月作出有关伦敦大火的预言，就是源自于看见了一个被火焚烧的木雕孪生像。

色彩／品味／风格

这是一个摩登又注重时尚的星座。与双子座的主宰行星水星相关的颜色是黄色——这个带有激励作用的色彩一向和沟通及心智活动有关，基于这个原因，以往的精神疗养院的墙壁都是漆成黄色。黄色是一种喜悦的能量，因此颇能代表朝着光明和快乐的方向改变的双子座。这类人喜欢直线条而非弯曲的线条。在品味方面，双子座很难被归类，他们喜欢各式各样的色彩与风格。

身体的部位

双子座主宰着肺、手臂和手，根据我的经验，它和四肢都有关系。一个人若是因为某种理由而行动有困难，这种情况可以从行星落在本命盘的三宫或双子座的相位看出端倪。双子座是一个紧张、容易担忧的星座，尤其是许多行星都落在这个星座的话，面对别人的期待，他们的这种倾向会更明显。水星类型的人及有强烈双子特质的人，很容易有抽烟的习惯（一开始只是想用双手来做些事)，或者比其他类型的人更不喜欢抽烟。这个星座的关键部位是呼吸系统。

行星落在双子座

双子座为任何一颗行星带来了轻松愉快的特质，几乎像是增添了空气似的。那颗行星不但会变得轻快而不严肃，同时也会变得难以捉摸，注意力分散。但土星是个例外，因为双子座会让土星过度专注的倾向变得分散一些。与土星相关的心理议题如果受到双子座的影响，会比较容易表达出来，我们会因此而渴望了解这颗行星代表的心理面向。双子座也和年轻人有关：假如金星或火星落在双子座，尤其是火星，那么此人和爱人的年纪便可能有明显差距。

宫头是双子座的宫位

宫头星座是双子座的宫位通常带有一种双重性：举个例子，落在七宫宫头代表有两次婚姻，落在六宫宫头代表有两份工作，落在四宫和十宫宫头则可能有两对父母。兄弟姐妹也会是这个宫位里的重要主题，而且此宫和上学的时段有关。与这个宫位相关的活动可能会比较多样化，此人也会以高度的好奇心，以及理性和知性的观点，来看待这个宫位的活动。

♋	**巨蟹座**	元素：水　表现模式：创始 主宰行星：月亮

象征及符号

巨蟹座的象征是一只螃蟹，其符号可以看成是螃蟹的一对钳子，以保护的姿态围成了一个圆圈。这个符号看起来也很像反转的69数字。螃蟹的硬壳是用来保护它柔软的身躯的，而巨蟹人也有这种倾向：外壳很硬，防卫性很强，但内在是柔软湿润的。这个符号也代表胸部（巨蟹座管辖的身体部位）和摇篮般的手臂。这两种意象都象征滋养及母性本质。

星座特质

巨蟹座强调的是家、家庭以及过去，这类人渴望安全感，有强烈的归属驱力。巨蟹座倾向十分明显的人通常热爱历史和古董。历史和家族都能带来一种延续感，拥有过去的历史令这类人产生一种情绪上的安全感，归属于一个家族也能提供安全感。巨蟹座能扮演家族里的重要角色，主要的任务就是抵挡外来的威胁。

虽然巨蟹座是一个创始星座，但是它处理事情的方式并不直截了当。就像螃蟹的动作一样，巨蟹人也倾向于旁敲侧击，拐弯抹角，他们是很善于此道的。当一个人需要某种程度的保护时，退缩到自己的壳里或绕道而行，都是有利的做法，但也可能因此而避开了那些应该面对的问题。如同螃蟹有一对巨大的钳子，能够牢牢地钳住某个东西，巨蟹型的人也会紧抓不放，显得相当执著。

拐弯抹角、绕道而行，往往是为了掩饰害羞和腼腆的本质，旁敲侧击总比直接面对要容易得多。那些有许多行星落在巨蟹座的人或许防卫性真的很强，但也有狡猾的一面。狡猾、保守的态度以及紧抓不放的特质，演变成了理财方面的技巧，或者可以说是“善于持家”。这类人的领域观，还伴随着积攒财物和吝啬的倾向。

巨蟹座一向以想象力、敏感性及同理心著称，它的能量是柔和而顺服的，不过防卫性也极强。巨蟹型的人不但想保护自己，也想保护他的家族，甚至他的国家，巨蟹人很可能变成爱国主义者。那些有强烈巨蟹倾向的人容易自认为遭受到威胁，他们会用各种方式来回应他感觉到的威胁，而反应的模式通常是易怒、阴郁和不悦。巨蟹座是个情绪化的星座，更正向的说法则是能够意识到情绪的变化。这类人对轻藐的态度（可能是想象出来的，也可能是真实的）十分敏感。

这个星座的保护倾向和同理特质，会令这类人产生滋养、照料和扮演母亲的冲动。落在巨蟹座的行星会展现出两种滋养方式，一是照料小孩，一是从事园艺方面的工作。巨蟹座也有强烈的筑巢习性，对巨蟹人而言，家是带来安全保障的终极场所，从落在巨蟹座的行星座落的宫位，可以看出一个人创造出家的感觉的生命领域。

如果说双子座象征的是孩童、青年人、天真、不惧怕恐怖的人生及健忘等特质，那么巨蟹座代表的就是母性。这类人永远能觉知到危险，而且从不轻忽眼前发生的事。由于螃蟹坚硬的外壳可以保护其脆弱的身体，因此有强烈巨蟹倾向的人脾气也相当乖戾，换句话说，他们可能会情绪化、悲观及带有负面倾向。但我们必须补充的是，幽默感仍然是巨蟹座的重要部分，因为欢笑能够增加归属感。阿尔道斯·赫胥黎（Aldous Huxley）的“圈内对圈外的敌意”理论（in-group/out-group），或许可以用来探讨巨蟹座和幽默感的本质。巨蟹人乐意为他所属的团体做任何事，他们的讽刺笑话通常都是针对圈外人，因此这类人可能很难适应外国人或外国事物。

“顽固”是这个星座的另一个关键词。就像是螃蟹的钳子一样，这个星座的顽固和执著倾向或许是十二星座里最强的。巨蟹人不容易放下过往的历史或家人，或者任何一个支持系统。巨蟹人不论多老都会执著于旧有的人、事、物，这种执著倾向会让他们产生强烈的占有欲、小题大做的态度，以及令人透不过气来的掌控性。

这个星座和良好的记忆有关，不过巨蟹人容易记得情绪而非事实，譬如 30 年前的某个假日曾经出现过的感觉。巨蟹座是个多愁善感的星座，如果有许多行星落在这个星座，则会有收藏和囤积的倾向。典型的巨蟹人不愿意忘怀过去，也不想让你忘掉过去，他们不但执著于你，不愿放下你，同时也希望你执著于他们。他们被需要的需求是十分强烈的，因为这能带来一种安全感。据统计显示，星盘里有强烈巨蟹座倾向的人，可能是最长寿的，因为这和顽强的议题有关。虽然癌症（根据我的经验）和巨蟹座有密切关系，但是有许多行星落在巨蟹座的读者无须为此惊慌，因为西方社会很少有人不受这个疾病波及。从你星盘里的巨蟹座落入的宫位，可以看出你可能会与癌症面对面的生命领域，以及何人可能罹患癌症。请注意，对甲壳类动物的研究统称为甲壳类动物学，而“癌症”这个疾病的名称很可能就是从螃蟹得来的，因为其能量和螃蟹一样顽强。拉丁文里的 cancer 真的意味着“螃蟹”（crab）。

大范围

拥有丰富历史和遗产的国家，通常和巨蟹座的能量相应，那些重视家族的国家，譬如苏格兰和意大利（黑手党）就是明显的例子。在动物王国里，这个星座和甲壳类动物有关，如螃蟹及其他的海底生物，但不包括鱼类。海龟及陆龟也受巨蟹座和摩羯座的两极对立性（土星落巨蟹座也包含在内）所影响。有关鸡的故事都是在行星通过巨蟹座的时候激发出来的。或许这个星座和金牛座一样，也和乳牛有关联。由于大象拥有良好的记忆及紧密的家族关系，所以也可能属于巨蟹座（至少和巨蟹座／摩羯座的两极性有关）。我的一个同类疗法个案，有四颗行星落在巨蟹座，适合他的处方竟然是最具有固着性的植物——铁线莲！

色彩／品味／风格

巨蟹座的颜色是白色、银色及珍珠色。巨蟹座被强化或上升点落在巨蟹座的人，给人的第一印象往往是他们的白色或淡色系服装，他们也喜欢自然的浅色调,服装的类型大多宽松而飘逸,选择的家具则是舒适柔软的。他们喜欢古董，而且品味比较传统。还有的人喜欢小装饰品，以及那些令人回忆起过往的东西。

身体的部位

胃、胆囊、部分的消化器官（不包括肠道）及胸部，都属于巨蟹座管辖的范围。上升点落巨蟹座或有重要行星落在这个星座的人，通常胸部都很大。巨蟹座的主宰行星月亮，可能会强化这个星座不耐湿冷及鼻黏膜容易发炎的倾向。这类人里面有一小部分走路很像螃蟹，原因是生理上有某些问题。

行星落在巨蟹座

任何一颗行星落在巨蟹座，都带有母性或滋养保护的特质，但必须观察是什么行星或宫位落在巨蟹座，才能决定这份滋养的特质是来自施方或受方。任何一颗行星落在巨蟹座——包括外行星，也包括宫头是巨蟹座的宫位——都能显现此人的母亲的经历，即使一般认为巨蟹座并不是最首要的代表母亲的象征。行星落巨蟹座不但能使我们了解我们的生母，而且可以说明我们成长过程中所有的照料者。

宫头是巨蟹座的宫位

这个宫位代表我们受到保护和滋养的生命领域。举个例子，八宫宫头如果是巨蟹座，意味着此人可能会照料别人的钱。六宫或十宫宫头如果落在巨蟹座，则代表此人的工作可能涉及给他人提供滋养、安全及保障。七宫宫头如果落在巨蟹座，往往会在一对一的关系里展现母性特质。如果是落在十一宫宫头，或许朋友们会提供家一般的安全感，或者我们会照料我们的朋友，而他们也喜欢照顾我们。

♌	狮子座	元素：火　表现模式：固定 主宰行星：太阳

象征及符号

狮子座的象征就是动物中的狮子，它雄伟、高尚、勇敢、受人尊崇。其实这个说法有点夸大，狮子虽然看似勇猛，其实专挑最弱小的动物进攻，而且是从背后攻击，公狮子甚至会去偷母狮子的猎物。这个星座符号则是象征着狮子的鬃毛和尾巴。

星座特质

神话故事里国王与王后的形象非常适用于狮子座，大猫的雄伟和骄傲也很能代表这个星座。狮子人性格最好的一点就是自尊自重，最糟的一点则是自大和高傲；国王只有在忠诚子民的拥戴下才能称王，因此获得别人的认可是狮子人最重要的心理特质，狮子座追求的一向是发掘出以何种方式才能使自我变得独特和重要。落在狮子座的行星可以描绘一个人如何获得地位感、赞美和瞩目的人格面向。受狮子座强烈影响的人，不可能甘于成为一名阿谀者，但成为舞台焦点也不可避免地会让他人扮演小角色。

贵族和权威人物通常拥有忠贞不贰的随从，因此狮子人也会吸引来一些攀龙附凤、善于奉承的追随者。狮子座最大的弱点就在于，太天真地相信自己为众人所瞩目。这类人相当虚荣，容易得意洋洋，而且众所皆知，神话里的贵族通常都偏袒自己人。这类人也会选择地位比他们低下的人联姻，或许这是为了突显他们的卓越性，但也许只是想浸淫在被奉承的氛围里。狮子也像大部分的猫类一样喜欢被抚摸。或许拥有忠贞的下属的确是必要的，因为有了他们才能解除被篡位的威胁。任何一个养过家猫的人（请留意，猫似乎强烈地受处女座影响）都知道，猫通常会找高高在上的有利地点来保护自己。同样的，狮子型的人也喜欢保持高昂状态，高昂不但意指社会地位，同时也带有乐观自信的味道。就像其他火象星座一样，狮子座也喜欢保持居高临下的姿态。

探讨狮子座时很难摆脱显要的形象。从最佳的角度来看，它代表的是一个有智慧而又仁慈的统治者，当然统治者也可能是专制的；同时，统治者也意味着凌驾于众人之上，而且是以纡尊降贵的态度面对那些地位较低的人。但是一个真正自信而成功的领袖，往往会以实事求是的态度面对自己的显赫地位，而且对自己或自己的地位都有十足的信心。能够关怀和觉知到他人，并且能启发他人，子民们才能沐浴在领袖的热情之中。只有在怀疑的压力下，狮子人才会因缺乏价值感而必须成为瞩目焦点。如果你很清楚自己是卓越的，就不需要别人一直给你肯定了。温暖、忠诚、慷慨及宽宏大量，是狮子人最重要的特质，他们不像巨蟹人那样容易积怨。他们就像所有的火象人一样，具有一种快活的本质，而且总是兴致高昂。这类人不容易被击倒或压制，他们的大方不只表现在刷信用卡，而是精神和行为上，这类人都是慷慨的。最佳情况下他们会展现出温暖宽大的胸怀。任何一项任务狮子人都能胜任，因此从各方面来看，他们都很适合扮演领导者的角色。或许他们并不很适合实际操作，但如果真的认同了某个人的能力，他们也很懂得委派合适的人去执行任务。掌权者必须拥有信心和热情，而且必须有正向态度，同时又能处理任何一个难题或缺失，包括真实的以及想象的。领袖必须忠于手上正进行的计划，而且必须激起他人的忠诚认同。

仔细观察一下你会发现，狮子人总是不停地在演出，很擅长虚张声势。这很像股市里的情况：当投资人对商品失去信心时，股价就会直直滑落。股价的涨跌不必然和真实情况有关，重点在于持股人对整个情况的看法，因此狮子人的伎俩就是维持住别人对他们的信心，或激发别人的信心，当然，他们更是最佳演员。狮子人的另一嗜好则是选择比较缺乏信心或能力的伙伴（也许是无意识的）——银行总裁绝不能让他的伙伴有机会对大众宣告国王没穿衣服，或是这家银行必须卖掉旗下的某个公司的股份。

这种善于表演和虚张声势的能力以及被认可的需求，使得狮子座成为娱乐业、尤其是表演事业最主要的星座。星盘里如果有显著的狮子座与双鱼座倾向，那么生活里最重要的活动就是演戏了。大体来说，狮子座是一个最具有创造力的星座，而创造意味着全心投入于眼前正在进行的事，狮子座的确有这方面的才华。

一个人如果有某种程度的自我价值感，那么落在狮子座的行星就能展现最佳的一面，如此才能把狮子座的慷慨和宽宏大量，以正向方式展露出来。有强烈狮子座倾向的人既需要被尊重，又喜欢发号施令。狮子人的自尊自重能带来适切的自豪，但反过来看，自豪也可能是他们的问题根源，害怕达不到自己的高标准，有时会让这类人举步不前，不敢尝试任何事情。狮子人最怕被人耻笑，而且不愿冒险被人当成傻瓜。如果有许多行星都落在狮子座，那么此人便可能自视过高，甚至有夸耀和自欺倾向。

大范围

在动物王国里，狮子座很显然象征着大型猫科动物（尤其是狮子），但也跟天鹅之类的高贵动物有关。孔雀也可能属于狮子座。我有一位好友于多塞特郡的斯沃尼奇（译注：Swanage 为英格兰贵族的度假胜地）建立了一个家，他有三颗行星落在狮子座，而且是在象征家的四宫里面。

色彩／品味／风格

这类人以他们的品味、外表或家为荣。他们可能喜爱鲜艳色彩（宝蓝色以及温暖、明亮、强烈的颜色），有时也喜欢穿戴得金光闪闪。他们通常会创造出鲜明的个人风格。但并不是每个狮子人都喜欢宏伟的家，不过即使是比较低调内向的类型，也渴望带给人深刻的印象。有时连土星落在狮子座也会带来拔尖出众的狮子座风格——这种人可能无意识地害怕被忽略。

身体的部位

心脏是跟狮子座有关的主要器官，但脊椎和上背部也和狮子座有关。由于狮子座极为关切自己的尊严和荣耀，而且必须是正直的，因此这个星座和背部有关并不奇怪。过度耽溺和奢侈的生活，往往是狮子人堕落的原因。他们就像大孩子一般，而且非常喜欢小孩，但自己的子嗣并不多。

行星落在狮子座

除了土星之外，其他落在狮子座的行星通常都渴望被关注和欣赏。它们可能以戏剧化、卖弄或信心十足的方式展现自己。举个例子，一个人的水星如果是落在狮子座，无疑的，此人对自己的意见通常非常有把握。金星或火星落在狮子座，则可能选择值得向人炫耀的伴侣，至少是足以自豪的对象。同样的，这类人也会努力使自己成为令伴侣骄傲的对象。

宫头是狮子座的宫位

宫头是狮子座的宫位会让一个人觉得活力十足，展露出最耀眼的光芒。这个宫位可能是精神和行为上最能展现慷慨特质的生命领域，自豪也可能是这个宫位里的活动经常出现的心理议题。这个宫位的活动，和主宰行星太阳落入的宫位及星座，往往有密切关联，所以也必须审视一番。

♍	处女座	元素：土　表现模式：变动 主宰行星：水星或其他小行星※

象征及符号

处女座的象征是一个纯洁的少女，穿着飘逸的袍子，手上拿着一束玉米穗。至于其符号到底代表什么，并没有定论，或许可以看成是玉米茎。在北纬地区，处女座时节乃是收成的阶段，这时的农作物已经成熟了，里面充满着营养素，因此农人会在此时将收成的作物分类，测出它们的重量。同样的，纯洁的少女也长大了，她已经出落得像个成熟女子，但如果她愿意的话，还是可以保有自己的独立性，她必须很仔细地拣选追求她的人。全谷类显然比加工后的谷类更富有营养，而纯洁的少女也具有未经指染的贞德。灶神及修女经常和这个星座连在一起，炉灶和家乃是古罗马社会的背景布幕，灶神和修女们负责的是确保罗马的圣火不灭，如果圣火灭了，罗马便可能遭受最恐怖的诅咒及厄运。因此我们可以说，灶神的处子们被委以重任，确保罗马这个城市能继续运转下去。

星座特质

处女座最关切的就是把麦子和外壳分开来，换句话说，它必须决定什么是有用的，什么是无用的，然后将无用的淘汰掉（其实负责淘汰的最后往往是天

※ 某些主要的小行星，如谷神星、灶神星、智神星及健康神星，也和处女座有关，甚至可能是处女座真正的主宰行星。在 345—346 页里，读者可以找到更多有关小行星的讯息。

蝎座，结果处女座总是消化不良），处女座人关切的是事物的运作方式，所以他们必须按顺序来选择什么必须立即完成，什么可以留待以后再完成。

如同水星掌管的另一个星座双子座一样，处女座也渴望获得资讯，但双子座希望掌握所有的资讯，而处女座只想要有用的讯息，因此处女座人有一种与生俱来的辨识力，以及按轻重缓急行事的才能。他们有过滤和拣选的本能。若想辨认X和Y的不同，决定什么是好的什么是坏的，就必须有评估和分析的能力，而处女座的主要才能就是评估和分析。处女座适合扮演任何一种与品质管理有关的角色。这个星座也会力求完美，如果无法达到完美，处女座就会确保事情能够生效和继续运作下去。处女座的问题就在于关切小节上的缺点，而忽视了整体的美。如同接下来的天秤座一样，处女座也可能因犹豫不决而动弹不得（基于某些理由，天秤座的这种倾向比较弱一些）。因犹豫而造成的焦虑，通常是出自于害怕事情会出错，或者万一作错了决定，缺点会更明显。一般的处女座人通常没什么显赫的成就，由于他们对大责重任或权势地位缺乏胃口，所以往往得迁就那些不愿苦干但比较有自信的上司的强势作风。

处女座的特质与前一个狮子座正好相反，因为处女座对夸示或炫耀感到很不好意思，而且能以百倍的速度立即看透虚张声势。处女座的角色在黄道众神殿里是必须服务，而且是沉着地服务。处女座人宁愿选择伪装的谦逊，也不愿卖弄或夸示。这类人多半很低调，渴望把事情做好，不愿夸张自负。处女座关切的是琐碎的事物，但处女座人成功的秘诀也就在于对细节的关注，以及总是能留意到他人忽略的事。基本上，处女座是非常有观察力的，但那些受处女座强烈影响的人也可能被细节捆绑，而见树不见林。处女座人由于不断地分析某个局部（或鸡蛋里挑骨头），故而错失了事物的要点及核心部分。处女座不但对外在世界吹毛求疵，同时也是最自我苛求的星座，然而它也是最谦逊不摆架子的星座。同样的，行星落在处女座也会被星盘里更外向的能量压缩，那些受这个星座强烈影响的人，往往是小心谨慎有所保留的，他们不关切权力和成就，时常怀着善意，展现出友好的态度。

处女座人或许不像狮子人那么有创造力，但是比狮子人更有技艺。这个星座一向与手艺和技艺有关，这点并不足为奇，因为大部分的技艺需要的特质，处女座人早就拥有了，包括刻苦磨炼技术的耐力、不断追求改善、有自我批判能力，能够看出什么是好的什么是坏的；处女座人有许多都成了木匠、钟表制造者或其他的艺匠。老处女以及小题大做的单身汉，也往往和处女座相关。阿加莎·克里斯蒂（Agatha Christie，1890—1976）小说里的两个人物，马普尔小姐和赫尔克里·波洛，就是代表处女座的不朽人物（阿加莎的太阳和上升点都落在处女座）。

身为十二星座之中比较独立的一个星座，处女座关切的另一个议题就是身体的健康（如果这个星座被强化了，也可能会时常怀疑自己有病）。这种倾向往往源自于不想依赖他人。处女座人喜欢服务别人，却很难接受别人的服务，而生病暗示着必须接受别人的服务。

许多描写太阳星座的书籍都提到处女座人爱整齐，其实他们往往相当不整齐（除非有强烈的天秤座倾向）。处女座和双鱼座这两个对立的星座都倾向于杂乱无章，但处女座对某些事物仍然会斤斤计较，而任何行星落在处女座，也都会显现出一丝不苟或小心翼翼的特质。处女座虽然是一个土象星座，但可能是最不带有土性的（更像是沙子），虽然如此，它关切的仍然是实际和富有生产力的存在方式。由于实事求是的作风，而且经常陷入琐事之中，因此处女座人在最佳情况下，很明白自己无法顾全所有的事物，故而必须考量什么才是最优先的选择（这会示现成列清单的习惯）。那些深受处女座影响的人极少强调整齐，但通常十分爱干净。

大范围

历史上，宠物一向是养来服侍主人的，因此像家猫和牧羊犬这类的宠物，特别与处女座相应。啮齿类动物，尤其是吃谷类的老鼠，无疑也跟处女座有关。由于处女座和六宫相关，所以通常用来代表小动物。瑞士一向有干净的形象，并且精于制造手表和布谷鸟自鸣钟，因此也是由处女座掌管的国家，越南显然是另一个例子。此外像迷你裙和迷你车这样的娇小形象，也和处女座有关。

色彩／品味／风格

与其他的土象星座一样，处女座在设计上偏爱简单利落的风格，服装方面也往往保持低调。处女座人虽然也喜欢色彩，但比较倾向于中性颜色。他们不喜欢太繁复的设计，通常偏好格子、细线条以及小圆点的花纹。他们喜爱天然材质，特别重视设计精美的日常用品，譬如厨房用具。

身体的部位

传统认为处女座和小肠有关（包括十二指肠、空肠、回肠），或许脾脏也包括在内。小肠的工作带有典型的处女座特质，因为它的任务是负责输送和吸收食物，方式是把大块的食物分解成小分子。在各器官中脾脏的功能一向受到争议，但医生大多认为它的作用主要是保护我们不受细菌感染和防止组织腐败。除了扮演让我们保持清洁的角色之外，脾脏一向不受医疗团队重视，这也是很典型的处女座特质。处女座人通常是细致娇弱的，却十分擅长养生保健，无疑的，这是因为处女座爱干净、懂得节制及挑剔，但是他们容易担忧的倾向，也可能损害健康。

行星落在处女座

任何一颗行星落在处女座，都会有某种程度的分辨、识别及评鉴的能力。那些星盘里有月亮或金星落在处女座的人，很可能会批判身边重要的人，而且会分析与这些人的关系。行星落在处女座也带有小气的心理特质。

宫头星座是处女座的宫位

这个宫位可能是当事者最容易展现批判性的领域，与这个宫位相关的活动，也会显现自我批判和低估自己的倾向。此人会在这个领域里寻求服务他人的机会。

♎	天秤座	元素：风　表现模式：创始 主宰行星：金星

……在老练的外交手腕底端，不难发现道德上的懦弱倾向和缺乏诚意。

当我们在观照阿佛洛狄忒的子女时……不禁发现泡沫乃是空谈的另一个名称，其特质之一，就是将自己轻柔地覆盖于水面，因此你不可能在水底发现它。

——伊莎贝尔·帕甘（Isabelle Pagan），

《从先驱到诗人》（*From Pioneer to Poet*）

象征及符号

天秤座的符号是一座天秤，这个象征很贴切，因为这个星座主要关切的就是平衡性的问题。北半球的太阳每一年都会在 9 月 22 日的秋分进入天秤座（南半球则是在春分），这个时节的昼夜是完全均等的。

星座特质

天秤座是黄道里唯一由无机物所象征的星座。缺乏动物性，意味着天秤座是一个非常文明的星座，这既是它的福分，也是它的诅咒。当一个人过度文明时，就得冒着丧失不文明的人性的危险，因为人性里的一些特质（譬如愤怒和忌妒）都是身而为人的重要部分。从另一个角度来看，天秤座的文明态度，正是一个开化社会达成和平与秩序的必要条件。受天秤座强烈影响的人，通常能够和任何人相处。

天秤这个象征同时也揭露了天秤座最主要的特质：衡量事物的轻重。公正性当然也包含在内，只有当我们仔细衡量相反的观点时，才能作出公正的决定。有能力妥协以及具备调解安抚的能力，也是天秤人的武器之一，或许没有任何一个星座有这么大的潜力，能够帮助团体成员达成协议。这个特殊的才能不但有利于外交领域，也可以用来帮助正在考虑分居或离婚中的婚姻伴侣。以服务和谦逊为导向的处女座比较缺乏自主性，因此可能制造出上下阶级的关系，而天秤座则矫正了这种不平衡的倾向，因为它关切的是平等与合伙关系，所以没有任何一方是居高位的。天秤座总是以平等的态度对待别人，而且是第一个展现出这种风范的星座。

天秤座是一个扮演桥梁角色的星座，除了有能力在人和国家之间搭起一座桥之外，现实世界里的桥和桥牌也都是由天秤座管辖。桥能够让事物联结，也让人们获得了本来无法取得的东西。天秤人善于玩桥牌，因为这种游戏必须有四个人才玩得起来，而且必须有策略和说服力。天秤人是长于谋略的，也善于操纵人及事件情况。天秤人会以各种不同的方式将底牌藏在袖子里，因为泄露底牌可能会破坏和谐的情境。

受天秤座强烈影响的人，经常发现自己很难处在祥和的状况里，尤其是太阳和上升点落在天秤座的人。他们遭遇的各种斗争，往往大过他们所能承担的，不过如果我们理解到，和事老需要战争才能达成调停的目的，就不会为这点感到惊讶了。同时天秤型的人也容易发出“这太不公平了”的哀号——这种着眼点也会用来正当化法庭里的诉讼或军事行动。

优雅是天秤座的另一个特质，我指的优雅是不费力就能表现出美、礼貌、典雅的举止、洗练的态度或魅力，这些特质可能会借由社交和体态展现出来。天秤座很懂分寸，由于其主宰行星是金星，所以这类人厌恶鄙俗、草率、粗野或鲁莽的作风。这个星座以懒散著称，这无疑是因为天秤人不喜欢弄脏他们的玉手——这个说法可以诠释成好几种层次。由于他们憎恨鄙俗和肮脏，所以可能会规避掉人生的一大部分，让别人去处理这些鄙俗之事。由于天秤座极为重视关系，而且是相当温馨又注重社交生活的人，所以天秤人很难面对关系里的冲突，以及更深刻的情绪或激情。许多占星学的学子都以为天秤座是一个爱的星座，其实不然。因为爱的感受是充满着骚动的，而天秤人真正关切的是关系的互动、相互作用、和谐性、调和性及妥协——这些都是婚姻的基石，所以婚姻关系才是天秤人最关切的事。

如同另一个由金星主宰的星座——金牛座——一样，天秤座也不喜欢让局面失去平衡而导致不和谐。天秤人非常渴望别人的赞同，深怕推翻了别人的看法会危及关系，事实上，这种倾向往往会造成反效果。不喜欢正面冲突就是天秤人经常陷入冲突的原因之一，这意味着当困难出现时他们通常不会去面对。问题一旦被藏到地毯下面，未解决的心理议题就会变得更严重。这类人在婚姻中会想尽办法保持和谐，但这么做等于没有敞开心胸相互交流，因为困难有时反而能增加双方的亲密性，以及对彼此的了解。

天秤座基本上不喜欢破坏任何事情，所以是个比较保守的星座。它的态度和品味都比较内敛。天秤座也重视秩序（因为秩序能带来和谐！）及平衡性。这个星座比处女座要整齐得多，后者比较关切清洁与否的问题。天秤座对秩序的热爱可以透过好几种方式表现：譬如天秤人不喜欢他的关系出现麻烦，也不喜欢事情或情况混淆不清。

一心一意追求和谐乃是天秤人的创造来源。即使一个天秤人没有成为艺术家，也会重视环境的美感。如果他们有音乐方面的爱好，比较会偏向曲调优美和谐的音乐。

有趣的是，天秤座的弱点也埋藏在追求公平和谐的需求之中，因为这会导致犹豫不决的倾向。不断的衡量会让这类人很难作决定，特别是如果过程里，无法觉知自己更深的真相，或自己真正想要的是什么。其实从某个角度来看，天秤人早已作了选择。他们的确知道自己要什么：他们要的就是和谐，以及最不会导致混乱的选择。换句话说，他们要的就是不作任何决定。如果一个人总是在衡量怎么选择才能带来最高的秩序、友谊、祥和及合作的可能性，是很容易变得犹豫不决的。天秤人渴望关系，因为他需要一个人站在天秤的另一端，一个能够回应他的观点、扮演共鸣板（sounding board）的人。然而无法坚持自己的观点、采取骑墙态度，也可能变得过于依赖（典型的天秤人既不喜欢自己作决定，也不喜欢单独一个人做任何事）或不诚恳。

天秤座很善于留给人良好的第一印象，因此适合在柜台服务，或者负责接待的工作（如果上升点落在天秤座的话，尤其会展现出这种特质），因为上升点在意的就是带给人的第一印象。与美容业有关的各种事物也和天秤座相关。

大范围

希腊一向被视为西方文明的摇篮，这是文明的天秤人最爱去的地方。在动物王国里，天秤座或许和那些观赏性的动物有关。传统占星学认为天秤座掌管的是蜥蜴这样的小爬虫类，这个论点我很难确定或否定。

色彩／品味／风格

天秤座被强化的人喜欢那些不会过时而无须经常改变的风格，因此他们热爱古典式的服装、装潢及音乐，和谐性一向是天秤人的品味重点。让我们再回到希腊是西方文明的摇篮这个概念：假设你在某个人家里看到许多希腊女神或男神的雕像，你几乎可以确定这家的主人星盘里一定有天秤座被强化的情况。

身体的部位

传统认为腰部和天秤座有关，因此这个星座掌管的是肾脏、肾上腺素及腰的下半部。在中医理论中，肾脏与一个人的恐惧情绪是相关的，而恐惧也是每当天秤人面对挑战时，往往都会出现的情绪。

行星落在天秤座

天秤座为任何一颗行星带来了精致的特质，追求平衡性也是这颗行星不可避免的议题。除了下降点及下降点的主宰行星之外，任何一颗行星落在天秤座，都可能是跟婚姻有关的元素，它如果不能描绘出婚姻伴侣的特质，就能描述这份关系本身。

宫头是天秤座的宫位

伴侣和伴侣议题都会受这个宫位影响。有时这个宫位也可以显示伴侣是在何处找到的，但金星、火星或第七宫的主宰行星的影响力更强烈一些。从宫头是天秤座的宫位，可以看出一个人最渴望与伙伴共事的生命领域。

♏	**天蝎座**	元素：水　表现模式：固定 主宰行星：冥王星（现代）或火星（传统）

从技术上来说，只有当水变成冰的时候才能被操控。

像天蝎座这样的冰山，显然很少揭露自己；它的大部分都潜伏在水里，珍藏了起来。

——马丁·弗里曼（Martin Freeman），

《如何诠释本命盘》（*How to Interpret a Birth Chart*）

象征及符号

天蝎座的象征是一只蝎子，这个生物激起了人们巨大的恐惧，但 1300 种蝎类之中，只有 20 种会危及人类。蝎子存在于地球的历史已经非常久远，各种类型的栖息地都可以发现它们。它们之中有许多同类可以好几个月不吃东西，而仍然能存活。它们喜欢昼伏夜出，总是待在和外界隔绝的阴暗角落里。这个星座的符号与处女座有点类似，但尾巴是一个朝外的箭头，似乎代表受威胁时，能够机警地立即蜇伤对方。除了蝎子之外，老鹰、凤凰及鸽子，都是它常见的象征符号，它们代表的是这个星座错综复杂的心理特质。

星座特质

天蝎座拥有巨大的力量，其力量源自于心理和情绪，但生理上也很强悍。天蝎人的力量埋藏在克己自制的能力和精力之中。那些受天蝎座强烈影响的人，很难接受自己或他人的弱点和不及之处。他们拒绝被任何人或情况操纵，这种倾向令他们变得不屈不挠、懂得自律，而且有强大的意志力。这些特质也解释了为什么天蝎座以治疗能力著称。据说天蝎人的力量也会令他们有高度的掌控性，但这种对他人的掌控性，往往能协助人度过危机、超越以往的能力和局限。

我们可以说天蝎人因危机而不断进步。如果说天秤人惧怕的是鄙俗的事物或推翻别人的看法，那么天蝎人拥有任何看法的理由，就是为了推翻别人。所以对天蝎型的人而言，所有的事都必须亲自阅历一番，包括人生的每个面向在内。从这个角度来看，天蝎人不畏惧、不退缩而又果敢。

天蝎座是个多彩多姿、热情、感受强烈的星座，毕竟，危机时刻是不容保持中立的。如果说天秤人总是逃避极端性，那么天蝎人则会沉湎在极端的状况里。由于其主宰行星是火星和冥王星，因此生存变成天蝎座的巨大议题，实不足为奇。在最糟的情况下，那些星盘里有强烈天蝎倾向的人，往往会为了生存而把每件事都变成一场战役，不论这场战役是否真的存在。他们很容易觉得受威胁，这些威胁或许是真的，也可能是想象出来的。这个星座的高度敏感性，使得这类人很容易觉得受迫害。从好的一面来看，他们有超越一般人之上的同理心，特别是对那些觉得受迫害或是有偏执狂的人，天蝎人是相当有慈悲心的，他们能够深刻地了解人类的情感以及种种的心理反应。

绝不从表面看事物，会导致怀疑的态度和某种程度的“犬儒主义”（cynicism，译注：认为世上没有白吃的午餐）。有强烈天蝎倾向的人最大的问题，就在于信赖与不信赖之间的冲突。他们必须偶尔放松一点，接受自己的过失，学习宽恕自己和他人，而且得学会分享。如同对面的金牛座一样，天蝎座也以占有欲著称，这类人很难接纳次要地位。天蝎座和牡羊座一样也喜欢抢先，不过他们在乎的比较是关系和性上面是否能领先。到达黄道的处女座阶段，少女就像怒放的鲜花一样可以被摘下来了；到达天秤座的阶段，婚姻和伴侣关系变成了焦点，因此接下来的天蝎座与性有关，的确是理所当然。实际上，许多受天蝎座强烈影响的人过的往往是独身生活。天蝎座一向和极端作风有关。

第八宫、土星、冥王星及凯龙星，都和死亡有关，但唯一能强烈意识到死亡或各种转化经验的，只有天蝎座。天蝎人和牡羊人一样也带有战士特质，这两个由火星主宰的星座最大的不同，就在于牡羊座比较直接和公开，天蝎座则是以较为隐秘的方式在运作。天蝎人虽然不惧怕死亡，却又非常关切生存议题，牡羊人则带着一种“鬼才在乎”的天真态度，因此很少思考被打败的可能性。或许某种程度上天蝎人已经与死亡和解，所以才会选择全神贯注地活着。他们可能会对危机上瘾，而且喜欢克服困难，获得真正的转化和蜕变，饱尝人生的高低起伏、活在剃刀边缘、拥有极端的经验，都是天蝎人可能阅历的生命内涵。感受痛苦，强烈地体验所有的事物，总比无感强得多。

天蝎座是水象星座中最善于保密的，同时也最了解如何瞒骗，进行秘密破坏和不动声色。受天蝎座强烈影响的人，可能会紧紧抓住自己的财物，也会抓住自己的情绪和痛苦不放，这个星座在情感上不易宽恕和妥协。如同所有的固定星座一样，执著也是这个顽强果决星座的重要元素。这里指的执著主要是针对痛苦、危机和戏剧化的反应而言，但天蝎人的内心不论酝酿着多么大的风暴，一般旁观者很难看得出来：天蝎人的情绪能量就像冰山一样，只有一小部分可以让你看到。

如果说天秤座是最善于妥协的星座，那么天蝎座就是最不肯妥协的星座，而狮子座则是最忠诚的星座。天蝎人很少展现出和善可亲的模样，不过他们的情感是诚恳的。如果有许多行星都落在天蝎座，那么此人往往具有洞察力和机警的觉知，而且他们相信自己感觉的程度大过风象型的天秤人。虽然天蝎人除了领域观之外，还带有不易宽恕、无情及不理性的特质，但忌妒或报复心并不是天蝎人所独有的，天蝎人只是不畏惧这一类的情绪，而且认为必须经历过这些情绪之后，才能真的蜕变。

由于喜欢探秘，因此天蝎人往往被神秘的事物吸引，如玄学、心理学、考古学或是带有侦察特质的事物。这个星座非常善于研究和探察。

大范围

这个星座与蝎子以及看似无害却会激起恐惧的生物有关。譬如蜘蛛和蚂蚁等节肢动物，也属于天蝎座管辖，此外还有老鹰、鸶、猎鹰、乌鸦和白嘴鸭、吸血和吃腐肉的动物（譬如血蛭和秃鹰），以及那些清理尸体和排泄物的动物，一般而言都和天蝎座有关。从类似的观点来看，日本人喜欢吃生鱼片及切腹的风俗，也和这个星座有关联。

色彩／品味／风格

天蝎人喜欢的是强烈的色彩、味道及品味，而非淡而无味的东西。他们欣赏的是强烈而大胆的言论。黑色及深红色（凝固之血的颜色！）也是他们喜爱的颜色。

身体的部位

天蝎座掌管的是排泄和生殖器官：包括直肠、膀胱和生殖器。若想保有健康，就不能累积情绪，对天蝎座被强化的人而言更是如此。

行星落在天蝎座

任何一颗行星落在天蝎座，都带有强烈、热情和隐秘的反应模式。不论这颗行星释放的是什么信息，都不容易透露给旁观者。天蝎座会增加深度，因此行星落在天蝎座可能与死亡或濒死经验有关，但必须看星盘里的其他元素是否支持这个结论。

宫头是天蝎座的宫位

在这个生命领域里，当事者会坚持或者被命运安排，去面对某种程度的热情与深度。此人很难在这个领域里轻松过日子。如果天蝎座是落在三宫、九宫或十一宫的宫头，那么此人很可能对心理学或玄学有兴趣，而且有研究才能。如果是落在关系宫位（三宫、五宫、七宫、八宫或十一宫），就会在关系里产生复杂的情绪干扰。

♐	**射手座**	元素：火　表现模式：变动 主宰行星：木星

象征及符号

射手座的象征符号是个半人半马的生物，手中拿着一把弓箭。其符号则是指向右上方的一支箭。射手座永远渴望向上发展——包括朝着天堂或上帝发展，或是超越此地和此刻。

星座的特质

如果说天蝎人总是深切地投入，而且对投入的人或事非常执著、充满着热情，那么射手型的人偏好的则是随兴地生活，因为他们需要空间和自由，以便自在地流浪、徘徊和探索。探索和寻找乃是射手座的关键议题，这类人永远渴望走得更远，得到进一步的发展。这个星座带有一种游牧民族或浪迹天涯的感觉，它可能是十二星座里兴趣最广泛的星座。

天蝎人对射手型的人散发的信心、乐观及信赖的态度，觉得相当难以理解。比较外向轻率的射手人，往往带有一种老虎般的特质，他们既活泼又爱喧闹，态度和反应都十分夸张。最佳的情况是这类人很懂得欢乐，有能力散播喜悦。由木星主宰又有赌徒倾向（往往会实践出来），射手型的人对过度严肃的生活感到极为厌烦，他们有胆识、精力充沛、富冒险精神，因此挫败感不会延续下去。他们总是能宽恕、慷慨而富有善意，遭受重大挫败之后，典型的射手人能够立即复原，重新开始。他们夸张的反应显示出射手座并不是最细致的星座。受射手座强烈影响的人，可能因缺乏细腻的觉知而展现出草率的作风；这个星座带有一种粗心大意和不懂得节制的特质。它的确可以和两种不同类型的牛仔连在一块儿：一是西部影片里最常见的那种敢于冒险的放牧者，另一种则是满口承诺却懒于实践的建筑工。DIY 商店里挤满了那些低估专业技术的业余者，他们充满着高昂的兴致，对手上的计划非常认同。只有射手型的人才会以为实现计划就像强力推销员宣称的那么简单。

诚实、开放、不虚伪以及正直，这类人同时也以饱受“口蹄疫”（foot and mouth diease）之苦著称。换句话说，这个星座还有另一个众所皆知的粗率习性——说话非常不懂得分寸。

如果说天蝎人关切的是“深度”，那么射手型的人则会被“幅度”吸引。广泛的兴趣和理解乃是射手座与生俱来的存在方式。射手座一向对大画面着迷，而且痛恨琐碎渺小的事物，包括那些令他们觉得小心眼或卑劣的人、事、物。射手座天生就能看见事情的核心精神，这个星座被强化的人通常能立即抓住某个议题的要旨，却不喜欢处理细节。射手座不喜欢任何一种局限，因为局限不利于探索。对射手座而言，最糟的一种局限就是变得“成熟”这个概念，因为那代表情感的约束、责任及义务。射手座和黄道带对面的双子座一样，都不喜欢长大成人。

射手座关切的是未来、成长及道德伦理。以未来为导向，可能会显现成对时尚和潮流的兴趣，或是喜欢赶时髦。此外，许多射手型的人也往往被新奇的事物吸引。和对面的双子座一样，这类人同样会一时兴起而短暂地对某件事感兴趣。他们关注未来的倾向，可能显现成对教育及青年人的关怀。这个星座同时也关注对与错的议题，被这个星座强烈影响的人，可能有爱说教和自我合理化倾向，不过大部分都会对正义、伦理及道德议题感兴趣。

以未来为导向以及能抓住事物的精髓，伴随着兴致高昂的特质，带给射手人教育、行销、旅行、政治及宗教方面的才能。最后这两种行业之所以适合这类人，是因为射手座代表黄道里比较认同社会、关怀社会运作方式的一个发展阶段。

射手型的人有非常活跃的心智，无论在生理上或心智上，他们都渴望行万里路。射手座是个与旅行有关的星座，这个星座也善于运动，不过这一点和我的经验并不符合（除非星盘里有显著的火星能量）。虽然如此，这个星座还是很善于行走。这类人喜欢开阔的空间，生理上和心智上都是如此。他们喜欢空旷、自由、敞亮的地方。在拥挤的地方或家里，他们会很不舒服。在各方面他们都喜欢光线明亮的感觉。情绪上，这类人也渴望拥有空间，不受约束。和其他的变动星座一样，他们也害怕付出承诺。

典型的射手人对当下不感兴趣，他们追求的是长远目标，认为眼前的事永远都是乏味的，故而选择予以忽略。在心理上，这类人把眼光放得很远，但是他们看得到远方却看不见近处。看不见近处会令一个人变得笨拙，所以这类人的确有小丑般的特质。

射手座的另一个笨拙的例子，就是对情感有关的事非常率性而天真。这可能是因为他们不想过度投入某个生命领域，免得被拉下来；这个星座会想尽办法停留在高处来看待其他人的、甚至是他们自己的动机，因此总像是处于陌生领域一般。他们的人生观令他们觉得别人担忧的事是微不足道、不值得烦恼的。从另一方面来看，射手这个星座也有夸张的倾向，所以星盘里有射手座落入的宫位，往往代表一个人把事情夸大的生命领域。如果说处女座和极微、迷你风格及小事情有关，那么射手座涵盖的就是大事情或“迷嬉（Maxi）风格”。

射手座或许也跟拖延有关。太阳落在射手座的人很难按时完工：他们太乐观地认为自己能胜任一切；约会时他们也经常迟到，而且时常把今日应该完成的事拖延到明天。基本上，受射手座强烈影响的人往往会过度放大自己，因为主宰行星木星带有一种扩张的本质。木星也带有崇高的本质，所以射手座是一个理想主义而非现实性的星座。即使是最内向的射手型人，也还是会兴高采烈地投入某件事，这种兴高采烈的特质既能带来启发性，也可能带给别人一种不妥当的感觉，端看旁观者抱持何种世界观，以及当时的情况是什么。

大范围

射手座的主宰行星是木星和海王星，它掌管马和大型的狗——被人们拿来赌博的动物——和随季节迁徙的动物，有一部分也跟这个星座相关。射手人很喜欢狩猎，所以这个星座也跟狩猎时带在身边的动物有关（猎狗和马），或许也包括那些被猎杀的动物。美国这个国家的诞生时间有点争议，但是它的辽阔空间、牛仔、自由女神像和多样化的宗教信仰，都不得不让人认为它除了太阳落巨蟹座之外，上升点很可能是落在射手座。

色彩／品味／风格

射手座比其他星座更喜欢抽象思考和伟大理论，因此某些射手型的人也喜欢抽象图案。射手座被强化的人，非常喜爱混杂的图案和冲突的色彩，有的外表甚至显得很滑稽。一小部分的人会穿着十分大胆。此外射手型的人也带有童子军和少女团员（Girl Guide）的特质。还有的人喜欢穿咔叽装！

身体的部位

臀部和大腿是由射手座掌管。某些人的这个部位显得十分脆弱（容易得坐骨神经痛、风湿痛及关节炎），还有的人这些部位显得硕大或特别有力。

行星落在射手座

任何一颗行星落在射手座都带有喜悦、兴致高昂和慷慨的特质，但是也带有夸张和过分的倾向。在最糟的情况下，射手座会为那颗特定的行星带来粗心大意、草率、缺乏纪律的心理特质。水星、火星甚至土星如果落在射手座，经常会以高傲、专横、甚至自我合理化的态度行事。

宫头是射手座的宫位

长途旅行、外国或外国人，往往会透过这个宫位呈现出来。如果射手座是落在四宫宫头，此人便可能到国外居住；落在八宫宫头，则可能到国外投资；落在十一宫宫头，可能很喜欢异国朋友，依此类推。或许因为木星是射手座的主宰行星，所以和射手宫位相关的活动通常都非常幸运，而这个生命领域也可能呈现出慷慨和夸大的特质。如果有这种情况，那么木星的相位和落入的位置，往往是阐明这种情况的关键。

♑	摩羯座	元素：土　表现模式：创始 主宰行星：土星

象征及符号

拉丁文里的 capricornus 指的是带角的山羊，其符号可以视为某种动物的脸和角。在北纬地带，每年当太阳进入摩羯座时，会到达离南方最远的一个点，这个时节的正午时分，太阳会高高挂在头顶上，通过这个点（冬至）之后，太阳就像山羊稳健的脚步一般，朝着天空越来越高地往上攀升。这个星座更古老的象征是神话里的海羊——一只头长得像山羊，尾部却像鱼的生物，或许摩羯座的符号包括了山羊和鱼尾巴。所谓太阳的“南门”（southern gate），一向被视为死人的灵魂的终极去处，而鱼的尾巴也暗示着一种消解作用。

星座特质

摩羯座会省思射手座的热切、不负责任、乐观主义及快活的特质，其方式是把更清醒负责的存在方式注入黄道的剧情中。如果说射手座的典型特质是不受约束和热爱各种类型的逾越方式，那么摩羯座就应该说是以自我克制著称了。

摩羯座是最关切社会结构、组织及基层干部的星座，因此它最能适应“建制”。这类人尊重长者、经验和一切经得起时间考验的事物。他们喜欢石头及岩石，有些人则会投入矿业、农业或挖路之类与地壳相关的工作，所以那些星盘里有强烈摩羯倾向的人非常热爱土地，这类人是坚忍不拔、从不脱轨、像岩石般稳定的人。这个星座的目的就是维护传统和权威性，而且愿意跟从传统和权威，也可能负责形塑社会的规范及准则。摩羯人有一种自我约束力，由于他们尊崇长者和经验，所以也善于服从。在领域观之外，通常他们也能接受阶级制度；除了服从比他们年长的人，这类人也会期待年青一辈的人臣服于他们。即使这类人的星盘里显现出对阶级制度的厌恶，而且不易服从规范，他们仍然能意识到阶级、身份和长幼尊卑的顺序。

除了以谨慎、自尊自重和勤劳著称之外，摩羯座可能是黄道十二星座中最世俗的一个。身为土象星座的摩羯座，关切的就是物质世界，而其由土星主宰，因此也关切现实和老化的历程。这些主题导致这类人十分在意年老时能否拥有物质保障，在经济上依赖别人，是他们相当憎恶的事。传统认为摩羯人老了之后反而看起来比较年轻，感觉上也比实际年龄小，但小时候却比同龄的孩子看起来老成。

当摩羯人达成了具体成果时是最舒服的时刻。太阳落在摩羯座的人往往有旺盛的企图心，但他们的企图心不像狮子座是为了夸示和成名，而是想成就能经得起时间考验的事业。摩羯人是高尚而不浮夸的。有耐性是他们的另一种特质，那些摩羯座被强化的人很少匆忙行事（除非火星的能量很强）。他们通常很高兴充当学徒。这个专注的星座也非常具组织力和规划能力，他们在时间上的规划能力对射手型的人而言简直难以理解，这里指的时间规划包括日常生活，也包括一生。由于有强烈的秩序感，所以对效率高、有组织力又懂得自制的摩羯人而言，管理他人是件很容易的事，不论是否扮演主管的角色，摩羯人都很善于掌理大局。他们不但懂得自制，也有能力治理人、事及环境，但行星落在这个星座并不一定会以专横或跋扈的方式做事。摩羯座的另一个议题就是尊重，他们尊重那些值得尊敬的人，而且不会轻易做出丧失尊严的事。摩羯人的行为有点正经八百（也可能有点生硬和老派），因为他们很想博得别人的敬重。摩羯人不论从事什么行业，都会做得很专业，某些行星落在这个有专业倾向的星座上，可能会对亲密关系造成一些困难。

观察山羊的特质，可以提醒我们这个星座的许多特性。山羊能适应各种气候，而且刻苦耐劳，容易养活，因为它什么东西都吃，尤其爱吃杂草。山羊往山顶攀登的时候，没有一步是不稳健的，而这会反映出摩羯人总是选择妥当、理性和谨慎的道路，山羊或许会从一个峭壁跳到另一个峭壁上，但方式仍然是谨慎小心的。那些有强烈摩羯倾向的人，就像山羊一般机灵地评估着各种情况，而且知道何处可以向上一跃。由克什米尔羊毛做成的克什米尔毛线，打从罗马帝国之前到现在，一向被视为奢华的织品。不论是克什米尔山羊或是牧场里养的山羊，通常都是很有经济价值的动物。

摩羯座的本质不但勤勉，而且是最关切工业生产的一个星座。在一个社会里，摩羯人往往有两种典型，一是带有斯巴达作风和自我否定倾向的低收入劳工，他们是许多社会的栋梁，或许可以说是社会的代罪羔羊，承载着整个社会的重担，创造出了它的财富，却无法获得公平的回报，甚至会变成国家的负担（在神话和真实生活里，山羊一向是拿来当成祭祖的牺牲品）。另一种类型，则是来自于社会的上层和中上层，他们可能是政府官员或是有大量土地的乡绅，而且家族可能好几代都是显要人士（这两种人都有漫长的家谱可以追溯）。后面这种有显赫历史的世家子弟，保存了社会的传统，而且内心里也固守这些传统，甚至可能形塑出一个社会的法律结构。

即使这个星座显得比较保守，但对玄学却十分感兴趣，主要是因为摩羯座关切所有掌理世界的原则和律法，而玄学基本上就是一种宇宙律法。

大范围

在国家方面，印度的种姓制度似乎和摩羯座的能量有部分是相应的。英国在 1066 年及 1801 年的天宫图里，都有太阳落在摩羯座。英国一向以它的阶级意识著称，约克郡和德比郡的无浆石墙形象，很能呼应摩羯座的特质。在动物王国里，山羊显然归摩羯座管辖，或许也包括骡子、驴子、骆驼及承载重物的兽类。那些带有蹄的动物，也是由摩羯座管辖。摩洛哥似乎特别具有摩羯座或土星特质，因为这个国家有许多驴子、骆驼、建筑物及阿特拉斯山（译注：在神话里，阿特拉斯 Atlas 因背叛众神而被罚以双肩扛天，所以代表负重担的人）。

身体的部位

这个星座与膝盖相关，由于其主宰行星是土星，所以也管辖皮肤、关节及整个骨架，这类人的皮肤问题通常源自不安全感和焦虑感。听觉也是由土星掌管，所以也可能是摩羯人的问题之一。那些有强烈摩羯倾向，特别是上升点落在摩羯座的人，通常脸部的棱角及骨骼都十分明显，牙齿要不是很好，就是有明显的问题（必须视相位来决定）。

色彩／品味／风格

这类人基于对天然材质的喜爱，往往会选择石头和木材作为建筑和房屋的材质。他们对形式、结构及岁月的重视，也表现在服装、音乐和品味上的传统倾向。他们偏好暗沉的大地色彩，如灰色、碳灰色、深蓝色，因为他们通常在都市里工作，或者必须注重专业形象。

行星落在摩羯座

任何一颗落在摩羯座的行星都会以谨慎、自制和压抑的方式表现出来，这颗行星也可以描述此人人生经验中的父亲。金星和火星如果落在这个星座，也许会在父亲身上投射虚构的崇高形象。他们和伴侣之间也很可能有年龄上的显著差异。

宫头是摩羯座的宫位

人们会以相当认真的态度面对这个生命领域，而且它会激发自制力和严格的态度。这个宫位通常与一个人经验到的父亲有关，而土星落入的宫位及相位，也能提供更多这方面的资讯。

♒	**宝瓶座**	元素：风　表现模式：固定 主宰行星：天王星（现代）或土星（传统）

象征及符号

宝瓶座的象征是一个拿着水瓮往下注水的人，更古早的形象则是一个女人单膝跪在地上，把瓮里的水往下倒；后来瓮里的水演变成了两道弯曲的线条，而成为宝瓶座的符号。太阳每年进入宝瓶座的时间是二月，这个月份罗马人会把事情暂时搁下，去清理他们的家以及附属的建筑物。拉丁文里 Februarius 的意思，真的就是“净化的月份”，因此施水者可以被诠释成把过往的一切洗干净、准备重新开始的人。这个形象的确很适合用来描绘极有前瞻性、思想进步而好改革的宝瓶座。那两道象征宝瓶座的弯曲线条，也可用来象征大海（一切生命的源头）、电波（宝瓶座一向和电或电子有关），还有地球的能量及磁场；水则往往被诠释成宇宙知识的来源，而且是应该传达给所有人的。全球性的网络最能代表宝瓶座精神。

星座的特质

宝瓶座最关切的就是自由和平等。如同另一个风象星座天秤座一样，宝瓶座也关切公平与否的问题。被摩羯人所拥戴或至少尊崇的阶级结构，对宝瓶人而言很显然不是公平或平等的理念。宝瓶座是属于街上一般大众——汤姆、迪克与哈利——的星座。宝瓶座的理想（请勿和太阳落宝瓶座的一般特质混淆）是相信人人皆有独特性，但也没有任何人是独特的。宝瓶人没时间崇拜英雄，也比较不崇拜名人。基本上，他们不喜欢任何阶级性或特权。

如同其他风象星座一样，宝瓶座也带有好奇的特质，或者说是一种“抽离的兴趣”，这个星座以客观性、全观能力和抽离的态度著称。其实宝瓶人深知真正的客观性是不存在的，但这个星座的确比其他星座更接近客观状态。宝瓶人同时也以理性、人道精神和富逻辑性著称：对典型的宝瓶人而言，如果一种律法（科学或社会的法则）能适用于一个人，就必定能适用于所有人；如果它能应用在人类身上，就应该能运用在动物王国里。在最佳情况下，宝瓶人拒绝接受国与国、人与人之间的疆界，包括种族主义、阶级区分、性别差异、性取向等。因此宝瓶人拥有进步和宽广的视野，但也可能和社会大众步调不一致，缺乏现实感。

宝瓶人抽离的态度对他们的重要关系人而言，也许是好消息，也许是坏消息：我们总希望朋友或爱人和我们的关系是全心全意的，无论如何我们都想要一个站在自己这一边的好伙伴，但宝瓶人却倾向于站在真理那一边。典型的宝瓶人善于洞察每个人的观点，如果他们觉得你的立场不完全正确，是不可能急切地去支持你的。典型的宝瓶人不认同血浓于水的概念，也不认同职责和义务，他们相信的是事物的原则，同时也有强烈的社会良知。宝瓶人的理想主义倾向代替了摩羯人的责任义务观念，而主张关系和组织都该奠基于自由抉择，以及人与人的合作意愿。那些星盘里有强烈宝瓶倾向的人，会竭尽所能地让这份理想成为现实。许多宝瓶人都秉持着教条主义，有点像当时苏联推动共产主义时，强迫人接受其共同合作的原则，即使那些人不甘愿或没兴趣。

宝瓶人对真相的关切很自然会导致直言不讳、说话欠缺技巧以及非常诚实，“求真”或许是更正确的字眼，因为要达到这一点，宝瓶人必须“独立行动”。

受这个星座强烈影响的人，通常是表里如一，说什么就是什么，至少在他说话的那段时间是如此。这个星座也往往有坚定的看法。在太阳星座占星学里，宝瓶座通常被贴上冷淡、疏离的标签，其实这类人很渴望诚恳待人。典型的宝瓶人对人非常感兴趣，他们喜欢研究人为何会有某种表现，同时也关怀整个人类。你可以把典型的宝瓶人丢到任何一个社交情况里，他们都会显得友善、开放，对眼前的人充满着兴趣。宝瓶人可能是十二星座里最友善的，但是在私人层面，他们喜欢的人并不多，只有少数人可以和他们保持深交。那些认为宝瓶人是冷淡疏离的人，可能察觉不到他们已经遭到宝瓶人的排拒了。典型宝瓶人眼中的自己是真实而诚恳的，他们绝不会假装喜欢你，也不会去追求一份他们不想开始的关系。

虽然如此，宝瓶座毕竟是个风象星座，因此还是需要人际关系的，但他们需要的是朋友而非家人。那个说“你无法选择家人，但是你可以选择朋友”的人，很可能就带有强烈的宝瓶倾向。伙伴关系和友谊——拥有一个知心的伙伴或朋友——对宝瓶人而言是很重要的事。他们经常被指控为一天到晚和老友腻在一起（cronyism［友谊］这个词起源于希腊文的 chronios，后者的意思是“长期的老友”）。许多宝瓶人虽然对人友善，却不会和每个人成为深交。这个星座或许是黄道里面最宽大，却又最没有包容力的星座。理智上，宝瓶人可能 100% 愿意和众生站在一起，情感上他们却排拒大部分的人。宝瓶人排拒他人有各种不同的理由，列在黑名单前面的几个理由，通常是不诚恳、势利、说话肤浅以及心胸狭窄。

宝瓶人也以反传统或不合乎正统著称，但那些和这个星座非常相应的人，很少是真正极端或喜欢革命的，除非星盘里还有强烈的天王星能量。宝瓶座本身并不喜欢改变，而且带有温和的性格，但比较外向的类型却会坚持己见和爱操控。内向型的人即使经常显现出温和的特质，也仍然可能顽强而自认无所不知。

宝瓶人带有一种独立精神和强烈的自主性，他们不容别人干预或告诉他们该如何思考和做事。受这个星座强烈影响的人，坚持每件事都要做主。他们可能对别人的说法很感兴趣，但最后仍然会独立判断。你也许喜欢或不喜欢某人或某事，但这并不会让你的宝瓶朋友产生和你一样的感受。他们在每件事上都相当独立，那些受这个星座强烈影响的人根本不在乎别人怎么想。他们不会选择取悦别人的生活方式，或者跨出青春期的反叛作风，更不会被时尚潮流所操纵。坚守自己的原则和评断，会让典型的宝瓶人看似傲慢自大，但其实他们只是更信赖自己的判断罢了。

宝瓶人和科学及科技相关，部分是因为他们关切的是自认为的进步，譬如他们会发明机器人来帮助人类变得更自由一点，不再需要去做一些麻痹头脑的工作；他们也渴望治疗人的疾病（事实上，机器往往使人被裁员，所以人们反而想重拾原来的工作，不论那份工作多么乏味无聊。此外，科学虽然发明了许多治疗疾病的方法，其实只是把病症压住了）。

大范围

许多有强烈宝瓶倾向的人都很喜欢大自然及野外生活。在动物王国里，宝瓶座绝对和鸟类有关，因为这类动物象征的是自由。不过另外有一种说法表示，会迁徙的鸟类，往往是借由对电磁场的侦测来找到正确方向。许多赏鸟人也多半有强烈的宝瓶倾向，当然其他如天文学家、占星家及航空业者（飞行员、空服员、航管人员等）这些被天空吸引的人，也受其影响。

色彩／品味／风格

这类人对现代或老旧的风格都很喜欢，而且会把两者混合在一起。他们排斥俗丽的东西，比较喜欢朴实的风格。铁蓝色（electric blue）、海蓝色、蓝绿色都是宝瓶座的颜色。有时他们也喜欢活泼的色彩。典型的宝瓶人喜欢的服装通常带有异国风，或带有强烈的个人风格。他们会把最新流行的服装，与老祖母丢在一旁的衣服，或是从牛津饥荒救济会里掏来的衣服搭配在一起。许多人都发现宝瓶人反映出一种半男半女的特质，这种特质也显现在神话里的天王乌拉诺斯（等同于宝瓶座的现代主宰行星——天王星）身上，因为他是个遭到阉割的神祇。

身体的部位

脚踝是宝瓶座主要掌管的部位，但也包括膝盖以下到脚部的小腿。如果说狮子座这个与宝瓶座对立的星座掌管的是心脏，那么宝瓶座主宰的就是整个循环系统。心脏病突发和中风，往往都是从腿部的血栓开始的。太阳落在宝瓶座是失势的位置（请参阅236—238页），因此它显然不是一个最有力量的星座。这个星座的主宰行星天王星似乎和神经系统有关，所以从这类人身上可以观察到一种紧张的特质。

行星落在宝瓶座

个人行星落在宝瓶座会显现出独立、非典型、非正统以及不依照正轨的态度。不论社会的其他人赞同与否，落在宝瓶座的行星往往会按照自己的方式行事。

宫头是宝瓶座的宫位

这个宫位通常会显现出朋友的重要性。举个例子，如果是落在七宫宫头，朋友就会变成终身伙伴，反之亦然。如果是落在三宫宫头，则可能结交一些笔友。

♓	双鱼座	元素：水　表现模式：变动 主宰行星：海王星（现代）或木星（传统）

象征及符号

双鱼座的符号是两条朝着相反方向游去的鱼。其实鱼在游的时候是没什么特定方向的，或许就像典型的双鱼人一样，他们必须选择往上游或是往下游。

星座特质

如果一个人经常使用“灵魂”“至乐”或“恩赐”之类的词汇，往往会在其星盘里显现出强烈的双鱼座倾向。许多人发现和双鱼座有关的特质及生命领域，都带有强烈的基督教色彩。基督徒把自己看成是“渔夫”，甚至用鱼作为他们的象征。自我牺牲或是救赎者、殉教及赎罪等概念，都是基督教的主要动机，也是分享鱼获、清洗耶稣的脚的故事来源。耶稣和犹太人或异邦人都能相融，包括妓女、乞丐、麻风病患及罪犯在内。同样的，在最高层次运作的双鱼人，也完全没有人与人的界限，他们不认为自己比那些精神病患、穷困的人、缺乏教育的人或那些下层阶级的罪犯要高等。双鱼座关切的是宇宙的整体性和普世性。虽然这种精神并不一定符合一般双鱼人的状态，但双鱼座在黄道的发展阶段，的确能教导我们宇宙万物的相依相生性。宇宙里的任何一个成员，怎么可能比其他的要高等呢？到了双鱼座的演化阶段，外在的元素就不再那么重要了（乞丐或麻风病患只是外在的标签罢了），真正重要的是心灵的发展。而心灵的发展可能（我用“可能”这个字眼，是因为它或许无法被证实）涉及因果律的平衡，包括过去世曾经发生过的事，以及此生早期发生的事。人的确可能借由治疗受苦的人及承担（而非展露）自己的痛苦，来平衡过往曾经做出的伤害。换句话说，就是要偿还过往的重大业债。双鱼座和十二宫也许和各种形式的奴役行为有关，而奴役和业债也有关联，因为当我们欠债时，便遭遇了讨债者的奴役。

星盘里的双鱼座特质就像水彩画的色彩一样，是彼此渗透的，因此很难说什么是纯粹的双鱼座特质。行星落在双鱼座也很容易被与其产生相位的行星所影响。双鱼座不但是十二星座里最出尘的一个星座，同时也是自我感最薄弱的。同样的，落在双鱼座的行星很少在星盘里占有主导地位，它们会被介入的行星能量牺牲掉。

如同其他的变动星座一样，双鱼座也害怕付出承诺。有强烈双鱼座倾向的人通常是难以捉摸的，他们痛恨被明确定位，因此，星盘里有双鱼座的部分，也不容易下定义、分类或阐明。理查德·伊德曼（Richard Ideman）这位已故的美国占星家，曾在演讲中把双鱼人描述成“不是我，不是此地，不是现在”。我认为这是对双鱼座能量最完美的总结。受双鱼座强烈影响的人，通常带有难以捉摸和充满着憧憬的特质，这类人一旦有了清晰的定义或达成了明确的目标，不知怎的就溜跑了或滑走了。

如果说宝瓶人对自己的观点非常确信，充满着定见，而且坚持要找到真相，那么双鱼人所抱持的态度却是，真相极少是表里如一的，它永远带来相反的一面。双鱼人的人生导向是拥抱而非排拒。双鱼人不喜欢下论断和寻求接纳的特质，既是他们的恩赐，也是他们的诅咒。从正面来看，他们的包容、接纳和体恤的能力，使得双鱼座成为黄道里面最有慈悲心和爱心的星座。就像对面的处女座一样，双鱼座也有谦逊和友善的倾向。自我感不强烈（或许可以说是自我感薄弱），意味着有强烈双鱼倾向的人非常脆弱易感。从负面的角度来看，星盘里有强烈双鱼倾向的人，不但可能缺乏定见，而且可能意志力薄弱、容易受人影响、被牵着走。

缺乏强而有力的身份认同，能够使人变成极佳的演员，因此典型的双鱼人是非常能屈能伸、容易进入角色的人，无我的特质也会让这类人愿意牺牲自己。那种无我和牺牲的特质，可以说是这个星座的正向体现，不过前提是必须带着觉知将这些特质活出来。基本上，把自己奉献给某件事或某个人，会把双鱼座最佳的一面带出来，但除非“他者”（指人或计划）能够让这类人找到目标而落实下来，否则他们便可能像鱼一样到处漂游。不过总的来说，双鱼人并不会太屈就，他们通常会逃避过多的责任、困难、粗糙的生活，以及令人生厌的事。双鱼座一向有点怠惰，因此双鱼人虽然意图良善，但是爱做梦和迷糊的特质，也可能阻止他们真的卷起袖管去帮助别人。此外，倾向于认同受害者，也会让双鱼人扮演戒毒治疗者的角色，或者是让自己变成了麻醉品的上瘾者。如果这类人的受害意识非常明显，那么不论他们在做什么，都会期待别人为他们完成这件事，或等着别人来营救他们。这是因为双鱼人一向对自己的弱点或不妥之处，没有良心不安的感觉。

这个星座的理想主义倾向远远大过于现实倾向。这并不代表双鱼座无法实事求是——这个星座包含了前面十一个星座的种子，所以什么能力都有——只是双鱼人很容易问自己：“现实有什么好？”渴望和憧憬是双鱼特质的一部分，失望、幻灭和自怜则是另外一部分。那些有强烈双鱼倾向的人，对于后院里是否藏有小精灵之类的事，是最能持开放心态的，甚至很乐意假装它们的确存在。对双鱼人而言，新奇的想法总是值得付出关注。身为变动星座，双鱼座的兴趣导向也比较具包容性，因此对那个有关精灵的问题，他们的反应往往是："我们怎么知道有或没有？"或者"我们有什么资格说它们不存在？"这个星座的开放态度既是其最大的本钱，也会让那些实际的人为其冠上容易受骗和稀里糊涂的罪名。但是那些批评双鱼人的人，也可能丧失从想象或幻想中获得真理及启悟的机会。

我们可以说，黄道十二星座都有其独特的创意，而双鱼人的确是其中的艺术家，因为艺术家就是把世界反映给我们的一面镜子。映照——一种把真相反映出来的能力——可能是双鱼人最大的长才。双鱼人的想象力也伴随着一种需要为某个情况或某人着迷的倾向，舞蹈、诗词这类艺术的形式是非常吸引双鱼人的，他们也可能具备这方面的才气，因为这两种艺术形式都带有自然流露和表达的特质。

大范围

在动物王国里，双鱼座显然掌管鱼类世界，可能也包括海里的哺乳类动物，如海豚、海狮及鲸鱼等。另外，其他的寄生动物或植物也可能受其管辖，至少有一部分是。我发现某些人的行星推进或移位入双鱼座时，往往会选择去古巴或阿拉伯国家度假，而我发现那些被阿拉伯国家吸引的西方人，星盘里则通常有强烈的双鱼座倾向或是十二宫被强化，尤其是跟火星形成相位。

色彩／品味／风格

双鱼人通常喜欢飘逸和舒适的风格，有时也没什么特定的品味。他们在服装和居家装潢上，并没有什么能特别加以描述的典型。某些情况下，这类人也喜欢豪华和异国风，如波希米亚风或都会型时尚。他们对鞋子有明显的收藏癖好（不一定会穿）。旁人经常发现这类人很难选到舒适的鞋子。浓密的头发也是他们的另一项特质。

身体的部位

双脚使我们的身体与大地联结，令我们与史前地貌的灵线※（Earth's ley lines）及其精微能量衔接，而脚通常是由双鱼座所掌管。从某个面向来看，我们的脚也是我们和灵性次元联结的部分。脚象征着谦卑，或者也可以看成是门徒为耶稣洗脚的心态。总之，脚代表的就是双鱼人脆弱的部分。缺乏自我感会让双鱼人特别容易罹患忧郁症，或对酒精和迷幻药物上瘾，然而就像本书不断提醒的，我们还是必须详细观察整张星盘才行，而双鱼座绝不是唯一代表这类问题的星座。

行星落在双鱼座

早先我曾经提到，落在双鱼座的行星很少是一张星盘里的主导能量，而且很容易受介入的其他行星影响。月亮和金星如果落在双鱼座，就会富有想象力和同理心；如果是火星和土星落在双鱼座，则可能失去具体方向。这个星座会减低行星的性魅力，但是会增强自由流动的感觉和浪漫感。

宫头是双鱼座的宫位

与这个宫位有关的活动，会唤起一个人的同理心与慈悲心。举个例子，五宫宫头如果是双鱼座，代表此人可能会同情孩子的遭遇，而有想要拯救他们的倾向。五宫也会显现出一个人创造力的表现模式，其方式可能是借由水彩画、戏剧、音乐，特别是舞蹈表现出来（当然整张星盘都必须加以研究）。如同行星落在双鱼座一样，宫头星座如果是双鱼座，这个生命领域里就会有某种程度的

※ 灵线，也称“能量线”“地脉”“灵脉”，是能量会聚点。汶川、海地，墨西哥地震的震中都发生在这些能量翻转点上。

牺牲或苦难，至少在这个领域里，此人的自我需求是没什么重要性的。

相互对立的六组星座

严格来说，黄道十二星座不太可能成为六组对立的星座，因为它们彼此是一个连贯的统一体。特定一组星座的任何一方，都无法在缺乏对立星座的相关特质下单独存在。举个例子，老师（射手座）如果缺少了学生（双子座），就无法教导什么了，所以每个星座都可以从对面的这个星座学到许多东西。同样的，一个星座的极端特质，也会受对面星座的影响而获得调节。有时一张星盘会特别显现出一种两极性，如果是这样，我们就必须格外留意，因为这种两极性代表两个星座之间的冲突性，但也代表了人格的某种强烈特质。

牡羊座与天秤座

这个组合代表的是竞争与合作的一体两面，也代表性别之争、战争与和平、我对应我们，以及社会化（天秤座）与反社会（牡羊座）行为。牡羊人坚持的是个人的选择和自主性，天秤人则重视双方的抉择、互惠的安排以及社会契约。牡羊人喜欢单独行动，天秤人喜欢与伙伴一同行动，而且是透过妥协和一致的看法而达成的。牡羊人追求的是自我实现，天秤人追求的是伙伴关系。牡羊人诚实、坦率、直言不讳，但注重社交技巧的天秤人却因为着重关系的和谐及策略，而可能察觉不到自己真正的感受，或是善于隐藏它们。牡羊人很直接，天秤人喜欢绕圈子。牡羊人会把他们的底牌摊在桌上（因而遭到战场上的挫败），善于谋略的天秤人却会把事情藏在心里。不喜欢遭到横阻或任何阻碍的牡羊人，一心只想获得自由、排除掉任何阻碍；天秤人最关切的则是秩序，包括社会及物质层面。牡羊人非常果决，天秤人喜欢留给他人作决定（天秤人可能相当犹豫不决、摇摆不定）。牡羊人因为热情而无法看见别人的观点，而且善于战斗。天秤人由于不太投入、试图扮演桥梁角色并达成协议或妥协，而往往规避掉危险。

天秤人考量的是公平、正义和责任义务的达成，牡羊人则喜欢保持坦诚，希望赶快把事情做成。牡羊人有操控倾向，天秤人很可能被操控。由于不够老练和天真，所以牡羊人勇于尝试新的事物，天秤人却由于不喜欢掀起波澜或太坚持自我，而只能兴奋地在一旁观望。牡羊人主动、积极，天秤人喜欢从容不迫地做事。

金牛座与天蝎座

这一对星座关切的是性、欲望及拥有权。其中的金牛座关注的是建构，天蝎座则渴望摧毁。两个星座都想掌握与金钱、财物及爱人有关的议题。两者对于人和资源都有占有欲，但金牛座比较倾向于累积东西，天蝎座则较关切情感层面的占有权，典型的天蝎人企图掌握那些在情感层面与他们有紧密关系的人。对金牛座的人而言，身体是享乐以及获得满足的来源，天蝎座对性行为的观点则是渴望在情感上和另一个人联结。如果说金牛座喜欢累积财物，那么天蝎座寻求的就是深刻的生命经验。一般的金牛人虽然享受大自然、占有欲强，但是也对食物、庇护所、性等基本需求容易感到满足；追求稳定性和熟悉感的金牛人，通常会平静地接纳眼前的事物，而且毫不置疑地在其上建构人生。反之，天蝎人的欲望则复杂得多，对他们而言，孤独的生活是无法带来幸福的。这类人很容易不满足，而且极为渴望拥有更多的人生经验（并加以分析一番），不论过程有多么痛苦。因此，天蝎人容易被不熟悉的事物引诱，即使这意味着摧毁既有的一切。金牛人可以教导天蝎人如何接纳、培养耐性，天蝎人则能引领金牛人活得更深刻，更有热情。

双子座与射手座

这两个星座都关切知识的搜集和传播，以及和教育及旅行有关的一切事物，这对星座的特质就像小飞侠彼得·潘一样。星盘里这两个星座的特质如果都很明显，那么此人的心理结构就可能带着强烈的不想长大的倾向。虽然两个星座都善于传播想法，但其中的双子座比较像是采访记者，射手座则像是广播员和出版家。射手人把自己看成是老师、传道者及提供建言的人，双子人则把自己当成学生。双子人搜集和分享事实，因为渴望知道所有的事而忽略了整体性，而且学得快，忘得也快。反之，射手人追求的则是宏观视野，而且能够记住议题的核心，却容易忽略细节。双子人喜欢拆解东西，以便研究它的运作方式；射手型的人追求的则是哲学理念，以及如何把东西组合在一起（即使它们彼此并不适合！）。双子人活在眼前这一刻,射手人则活在未来。双子人询问的是“为什么？”射手人质疑的则是“为什么不？”双子人兴趣非常博杂（通常针对眼前的事物),射手人则对远方的事物感兴趣。双子座是一个带有质疑倾向的星座，而且基本上缺乏道德感（道德会阻碍资讯的搜集），射手座关切的往往是教会、国家及道德议题。双子人热爱玩游戏和所有的戏法，射手人本身就像个滑稽的丑角。

巨蟹座与摩羯座

这两个星座与传统的父母角色有关。巨蟹座的本质里带有一种母性，摩羯座则带有父亲的特质。任何一颗落在巨蟹座与摩羯座的行星，往往都能显现出此人经验里的母亲和父亲。如果这两个星座在星盘里有明显的能量，那么此人与父母的关系，以及自己如何扮演父母的角色，就会是最重要的人生经验。巨蟹人懂得照料家人，因为他们觉得家能带来滋养和保护。摩羯人照料家，是因为他们认为对家人或是与土地有关的律法，都有一份责任。因此，这两个星座都和家以及国家的地位有关，而且两者在社会上都扮演维护和保存的角色。巨蟹座与海有关联，摩羯座则跟土地（尤其是地壳）关系密切。巨蟹人温和柔顺、情感流畅；摩羯人则显得冷硬，懂得遵守原则，而且喜欢管训那些不守规矩的人。巨蟹座和家及家庭有关,摩羯座则跟家所组成的社会有关。巨蟹人多愁善感，摩羯人实事求是。巨蟹人执著于过去，推崇长者及传统的摩羯人则关注眼前的事物，喜欢作未来的规划。巨蟹人喜欢回忆，摩羯人则会谨慎地前瞻。巨蟹人依赖心强，摩羯人不想依靠任何人，所以非常独立。

狮子座与宝瓶座

狮子座与宝瓶座涉及的是个人和集体的权威性。狮子座同时也代表艺术，宝瓶座则代表科学。如果这组具有强大意志力的星座在星盘里有明显的影响力，那么此人就很难接受他人或权威人物的建言。狮子人关切的是自我表现，宝瓶人关切的则是大团体能否自由地表现和自理。宝瓶人与科技有关，因此在最佳情况下，他们可以帮助人从疾病和艰苦的工作中解脱，不过代价是忽略个人性。狮子座是领袖、统治者和元首的星座，宝瓶座则跟一般大众有关。或者我们可以说，狮子座代表国王，宝瓶座关切的则是王国。这对星座带有核心部分（狮子座）以及边缘地带（宝瓶座）的意味。举个例子，狮子人喜欢投入眼前正在进行的事，宝瓶人则是抽离的旁观者。狮子座关切的是个人的独特性和荣耀，宝瓶座则倾向于排斥个人利益和名声，视其为对他人的损害。狮子座发展到极端会变成独裁，宝瓶座这一方如果发展到极端，也可能演变成一种个人显得毫无重要性的社会，当人们丧失自己的身份认同和重要性时，创造力（狮子座）也就遭到了打压。这两个星座都关切社会化的过程。狮子座是一个爱玩乐、创造和享受的星座，而玩乐一向能增强社交技巧。宝瓶座则是一个与朋友——或许可以称为玩伴——有关的星座。

处女座与双鱼座

这两个星座都关切服务议题。如果星盘里这两个星座被强化，那么此人的行为会带有谦逊、朴素及自我抹杀的特质。虽然如此，善于批判和分辨的处女座，在兴趣导向上的包容性是很低的；而双鱼座寻求的却是整体性与合一性，所以能够包容任何人及任何事。处女座善于批判，双鱼座善于接纳。处女座看见的是缺点，双鱼座则会忽略缺点。处女座非常入世，双鱼座非常出世。处女座人寻求的是一种状况里的现实，当他们认识眼前情况的特性时会有一种安全感。双鱼人则不喜欢任何形式的特性，而且会不顾一切逃避他所认为的局限，在现实层面有些漫不经心。处女座人喜欢把东西分类，虽然有时也会不整齐，却有能力将资讯理出头绪，而且做事很有效率，双鱼人则往往是杂乱无章的。处女座人有区分事物的才华，喜欢透过显微镜看人生；双鱼人关切的则是更大的整体，而且不在意特定的局部，因此喜欢透过望远镜看人生。处女座人关注的是如何保持身体的健康，但喜欢从各个局部去诊断及治疗；双鱼人关切的则是如何消融掉身体的局限，而且会从身心灵整体观来看待健康议题。处女座人追求的是正确答案，双鱼人认为正确的答案通常会误导入，而且难以捕捉（双鱼人认为一切事情都是相对的）。处女座人善于掌握物质材料，是很好的手艺人；双鱼人则是善于运用色彩的艺术家。处女座人喜欢研究学问，双鱼人则倾向于发挥想象力和亲自去经验。处女座人可能是谦卑的仆人，双鱼人则是臣服的倾向大过服务的意愿。

第四章　行星和其他重要星体

未知的必须借由更深的未知来获悉，隐晦的必须借由更隐晦的来明了。

——古老炼金术格言

西方大众或许是受了小报的影响，认为占星学主要谈的就是黄道十二星座，但真相绝非如此。把焦点集中在星座上面，就等于对礼物的包装付出过多关注，而礼物通常比外面的包装更重要！许多占星师的确喜欢用星座来诠释，也有许多是透过对太阳星座占星学的热衷，而进入到真正的占星学，其实正确地运用占星学的确无须求助于星座。当然星座还是有其重要性，但是被赋予的意义往往会在别的地方带来启示。占星学所有的象征符号里面，只有一个符号不可忽视，那就是行星，还有行星之间的关系以及它们的相位。行星提供的这些资料相当深奥，有许多专著都在探讨其中的议题，我们可能花一辈子时间研究行星的意义，但仍然有许多未发现的内涵。在过往，这个章节或许只需用一个简单的“行星”做标题就够了，但自从冥王星被降格为小行星之后，这样的标题便益发显得不妥当了，特别是太阳其实是颗恒星，而月球只是地球的一颗卫星罢了。

太阳 ☉

我们都是虫子，但我认为我是只会发光的虫子。

——丘吉尔

天文学

太阳是太阳系里的一颗恒星。它提供我们热力与光，让生命能够存活下去。

// 与地球的距离：大约 9300 万英里(1.5 亿公里),也可说是天文单位的 1 里。
// 直径：大约是 86.5 万英里（140 万公里），比地球大了 100 倍，比月球大了 400 倍；太阳真是巨大无比！
// 地球绕太阳一周是 365.25 天。

神话学

每一种文化里都有和太阳相关的神话。对古人而言，太阳是英雄的象征，因为每晚他都会消失不见，和自然里的某种力量搏斗一番，到了黎明才又英勇地返回。在希腊神话里，太阳与宙斯最引以为荣的爱子阿波罗有关。阿波罗的诞生相当艰困，他的母亲勒托是宙斯的另一个女人。周围的每个人都很惧怕宙斯善妒的妻子赫拉，如果他们帮助勒托生产，赫拉一定会被触怒的。后来勒托在一个名叫得洛斯的荒岛上准备生产，但因为赫拉阻止了助产的女神前来协助勒托，所以孩子生得非常辛苦。故事里描述阿波罗的诞生花了九天九夜的时间，最后还是他的双胞胎姐姐阿耳忒弥斯协助他出生的。阿波罗在那个月的第 7 天终于诞生在一棵棕榈树下。每当我们进行某件困难而不熟悉的事，或是努力想达成某件事的时候，我们就是在用这种英雄的模式做事（感觉上就像难产一般）。

阿波罗后来逐渐长大成人，虽然外表看上去很英俊，但在亲密关系的维持上却不怎么成功，这可能是因为他一开始就有些和女性相处的困难（他毕竟是父亲宙斯的儿子），或者说是人格不够深刻，追求爱人的方式就像看准了目标一箭射去的弓箭手似的。人一旦设定了目标，其他的生命领域必然会遭到忽略。

现代神话人物——好莱坞英雄

现代阿波罗可以在好莱坞的电影里看到，那些干净利落的美国男孩，如同超级英雄一般，总是能做出伟大的事来。他们看起来就像是漫画里的英雄人物，或是剪下来的纸人似的，一切都显得很表面化。他们通常是一个队伍里的巨星，而且是女人追逐的理想婚姻对象。他们通常不是同性恋者、丑人或矮子，不但绝不戴眼镜，而且不笨拙、不叛逆，也从不误入歧途。他们根本不像是真人，但总是能招引来英雄崇拜，而且是年轻人争相仿效的偶像。他们的性格毫无瑕疵（英雄一向是高尚的），永远能达成伟大的任务，譬如拯救人类的文明。这类电影通常会在观众没来得及看见英雄后续的发展时就结束了。

随着年纪的增长，有思想的成年人逐渐明白了人类情境的复杂性。我们开始意识到实事求是的价值，而且发现大部分的事情都是相对的，每一项决定都会带来特定的后果，人一旦成熟就无法确定任何事了。但好莱坞的英雄只有正反两个面向，而且永远能保持年轻，不过他们往往是诚恳、有原则的人。真正成熟的人不可避免地会被生活和犯过的错误玷污，因此英雄虽然获得了智慧、慈悲和成熟度（由其他行星提供的特质），可再也不是彻头彻尾的英雄了。英雄是年轻人必要的性格结构之一，是能够带来灵感和身份认同的一种自我形象。

自我和身份认同

太阳只是太空里无数的恒星之中的一个，它能够带来光与热，除此之外就没什么特别之处了。但是从另一方面来看，它显然是至关重要的，因为缺少了太阳，地球上就没有生命了。同样的，每个人都是无数人中的一分子，但每个人都觉得自己很重要，这是因为在西方文化里人人都以自我为中心，世界是绕着自己在运转的。亦即从地球上来看，太阳是绕着我们在转，而不是地球绕着太阳在转。印度占星学对太阳的观点与这种自我中心思想恰好相反，它认为太阳的本质是邪恶的，因为印度传统的世界观强调的是集体价值，因此把西方人对自我的过度执著，看成是损伤整体宇宙福祉的一种心灵垂死现象。

太阳虽然是星盘诠释上最简单的一种能量形式，但是要精确地定义太阳代表的个人性却相当困难。有时人们会将其描述成“自我”，但这要看“自我”的意义究竟是什么。如果以荣格下过的定义来诠释，自我应该是一个人的“全”我，那么太阳就不太符合这种诠释，因为全我显然和整张星盘都有关系，甚至还要借助星盘以外的东西来解释才够完整。不过太阳的确和自我、我们认为的自己以及我们的身份认同有关。其他的行星和太阳形成的相位（还有太阳落入的星座和宫位），都会影响我们认同自己的方式，以及我们对自己的看法。我们对自己是否有正向看法？我们的自我形象是否很差？我们真的有自我形象吗？这些问题都可以从太阳的相位看出来。太阳也许无法正确地描述我们是谁，因为这很难以固定不变的方式来诠释，不过太阳的确能说明我们渴望被看见的形象。我们会费尽心力去维护这个形象，因为那是我们引以为荣的。一个人往往会以太阳代表的特质为荣，也会沉湎在太阳带来的信息之中，因此十几岁的年轻人耽溺于英雄崇拜，是不足为怪的。

荣格（Carl Gustav Jung，1875—1961）和他的追随者采用“个体化”（individuate）这个词来描述成为一个独特存有的发展过程。基本上，如果一个人已经完成了个体化过程，那么他和其他人就截然不同了。按理说，太阳描述的就是个体化背后的那股趋力。

太阳不仅仅代表自我和身份认同。如同太阳维系住整个太阳系一样，在星盘里，它也扮演着一种整合的角色，就像交响乐团的指挥一样。太阳的符号看起来像是细胞里有个细胞核，因此它也代表我们整个存在的核心、人格的主要特质。

在一张星盘里，太阳描述的是我们在何处渴望被赏识，或者以何种方式被赏识。如果得不到赏识或是被赏识得不够，那么太阳掌管的心理面向，就无法超越渴望被瞩目的惯性模式。因此，太阳说明了我们在自我身份认同上的苦心追求。的确，在某种程度上，每当我们采用“我”这个字的时候，至少有一部分的心态是来自太阳。

生命、活力和意志力

在地球上太阳是一切生命的能源，它带给人活力和意志力，有点像神圣的光能这个概念。它在整张星盘里的能量，代表的是一个人的生命基本趋力。那些太阳能量比较强的人通常有能力享受人生，容易散发出光彩，因为他们十分有活力。不妨把某些人的太阳想象成一盏150瓦的灯泡，当他们走进屋里时，立即照亮了整间屋子，对比之下，其他人只是40瓦的灯泡罢了。当人们传达太阳的信息时，会觉得十分有活力，举个例子，你的太阳也许是落在三宫里，所以你在课堂里面感觉特别有能量。或者你的太阳是落在五宫里，那么你在派对里就会觉得格外有精力。太阳如果和星盘里的其他行星成重要相位，那么太阳就会带给那个星体力量及活力，就像天上的烈日提供光与热一样。被太阳触及（某个宫位或某颗行星）的任何一个元素，立即会变得光明和温暖，不论那是哪颗行星，聚光灯都会照在上面，于是它就被照亮了。相位（请参阅第五章）当然必须从两方面来看，因此触及到太阳的其他行星（譬如土星），也可能耗损太阳的能量和力量，如同墨镜把太阳强烈的光减弱了一般。

目标

太阳和人生最重要的事件及决定有关。基本上，它关切的是我们人生的使命和首要目标，它能道出我们内在灵魂的探索方向。很显然，整张星盘也都在述说我们的人生目的、任务及探索方向，但太阳在整张星盘里扮演了几乎像是主导的角色。其实不论是或不是主导趋力，它都是整张星盘的焦点所在。

目的、意图和方向

我们可以说太阳代表的是“我想要”（月亮代表的则是“我需要”），也可以说“这就是我的人生目的，我的意图，我的方向”或“我要在这里做我自己，我要在这里成为一个独特的人，而且是以自己的方式成为一个独立的人”。太阳象征的是环绕着自我在运转的那个部分，和太阳形成的相位描述的则是一个人能否接纳自己，能否以自我中心的方式存在（星盘的其他部分当然也有关系）。因此,太阳的相位强烈地影响一个人的自信心和自尊心,不过自信心也会起变化：不是增长，就是衰退。

英雄之旅

人生可以描述成一场英雄之旅，星盘里的太阳通常有权力决定以何种方式、在何处成为一名英雄，至少是以我们自己的方式去达成。太阳所在之处就是我们的核心特质，这个部分是一张星盘里最耀眼的地方。还未踏上英雄之旅以前，太阳描述的是我们心中的英雄形象，包括我们最崇拜的是谁，最想一争高下的是什么活动（这和我们幼年时的父亲形象有关），虽然我们无法全然意识到这其中的心理运作。从定义上来看，英雄代表的是一个毋庸置疑的高尚人物，英雄人物一向具有使命感，而且自力更生、绝不追随他人。这场英雄之旅不论多么复杂，多少带有以下特质。

// 英雄必须有人生的目的、任务、挑战和探索的方向。他们的任务不但是为自己而设的，也是对集体的一种贡献。成功地达成任务，可以为英雄带来某种程度的名望，斩获一小份的不朽。

// 为了达成任务，英雄必须离开安全熟悉的环境，而这是由月亮所象征的。他或她必须独自探究未知。

// 道途中一定会有许多障碍和胜利。基本上这项任务必须是艰巨的，而且无法确保成功。想象你正在观赏一出好莱坞电影，剧情的设计必须让英雄有失败的可能性，否则故事就不精彩了，还不如观赏粉刷好的墙壁如何变干算了！以天文学的角度来描述，英雄失败的可能性就和日食一样罕见。为了达成使命，天空仍然会暂时变黑，太阳还是必须消失，不过当然不是在白天。“日食”这个词源自希腊文，意思就是“失败、遭到遗弃或消失不见”。

// 道途上一定会出现协助的人，当然还有让任务变得更轻松或是更困难的敌手（这可以从太阳的相位看出来）。英雄为什么会吸引敌人，是个显明易懂的道理，因为当他们站在聚光灯下的时候，其他人不可避免地只有站在阴影里的份了。同样的，天空中的太阳既耀眼又炙热，因此其他的星体自然显得微不足道而暗淡；当太阳不见的时候，我们也看不见其他的星星了。

// 道途中也会出现一些引诱。提供诱惑的人通常是“坏人”，他们希望英雄丧失恩宠，选择捷径，这些诱惑都可以从我们的太阳相位看出来。如果英雄真的屈服于这些引诱而丧失了英雄最重要的元素——高尚的人格，那么英雄就换上了其他行星的能量、色彩与样貌，而不再是英雄了。

当然，高尚人格不但意味着诚实、正直，同时也代表完整及不分裂。太阳符号的那个圆圈，长久以来一直象征着完整。

父亲

星盘里的太阳一向能描述父亲，包括亲生父亲及成长过程中的父权式人物，至少它象征着一个人体会到的父亲。虽然如此，但整张星盘还有其他的元素，也都能描绘出双亲的状态。总之，太阳（以及土星）通常是代表父亲的基本要素，包括他的谋生方式在内。太阳落入的宫位则能显示父亲最重视的生命领域——甚至比星盘的案主还重要——因为这个生命领域会让父亲离开他的孩子。不过太阳落一宫的人可能会觉得他们才是父亲生命中最重要的部分。在某种程度上，孩子的注意力也会朝着那个方向发展，他或她从父亲那里学到这个生命领域是重要的，所以应该把注意力和焦点放在上面。如果说宫位代表的是父亲注意力的焦点，那么太阳的星座和相位就能说明父亲的人生发生了什么事，以及他是怎样的人。太阳的确可以被视为父亲的英雄之旅，以及是否真的达成了。由于一个人的一生中可能有好几个父权式人物，因此太阳往往能描述这几个人的某个特定面向，不论他们之间有多大差异，当然十宫和四宫宫头星座的主宰行星也能说明这件事。但父亲如果彻底消失了（这是经常可以见到的现象），那么他在一个人的心理层面和发展过程中的角色，往往是更重要的。此人会编织一套故事（或多或少以现实情况为基础），来解释父亲的缺席。

重要性

不论太阳能否描述父亲重视的生命领域，它通常代表我们自己重视的特质和领域。它落入的宫位则能描绘出我们关注的焦点。那个宫位可以显现出我们在何处、以何种方式、基于何种理由，引起旁人注意——这里指的是童年。与太阳相关的领域，是我们最能展现自己的地方。

丈夫以及生命中的男性

太阳（加上火星）不但能描绘出一个人的父亲，也能描述女人的重要伴侣、重要的男人以及一般男性。如果某位女士生命中没有男性伴侣，那么太阳代表的就是她的内在男性形象。理想上，女性应该可以活出内在的男性形象。自从女权运动出现之后，女人变得更独立自主，但占星学的这项观察仍然没有太大改变。

未来导向

太阳法则关切的是未来。它代表一个人的发展方向（别忘了阿波罗是个弓箭手），但月亮关切的却是过往的历史，以及我们的源头。

世俗或事件派占星学

由于太阳掌管着我们的太阳系，而且与成就、权力、名望、影响力及领导能力有关，所以太阳也代表一个国家的元首或组织的首脑。

金属

黄金，这是金属中最有价值、最有光泽的一种。它黄澄澄的颜色就像太阳本身。如同最伟大的英雄一样，黄金是不会褪色和生锈的，这些特质使得它变得如此有价值。黄金通常使人联想到永恒不朽，所以结成夫妇的男女才会交换黄金戒指来承诺永恒不变的爱。钻石也可能由太阳掌管，因为它也十分有价值，而且稀少和耀眼。水晶象征的自我，也属于太阳的管辖范围。

身体和活力

身体最重要的器官就是心脏。打从诞生的那一刻起，它就不停地工作，一直到我们死亡为止。它像是泵一样提供我们生命所需的能量。

我们的生命活力毫无疑问也是由太阳供给的。从奥秘占星学的角度来看，它和我们背后的神秘能源有关。这个能源使我们有本事自疗疾病，活化整个生命系统，这可能就是现代医学所谓的免疫系统的作用力。希腊神话也有支持这个观点的说法，因为阿波罗就是医疗之神阿斯克勒庇俄斯（Asclepius，他的神奇医疗技术高超到可以让死者复生）的父亲。太阳的圆圈符号一向代表完整和健康。“健康”（health）、“完整”（whole）以及“神圣”（holy），全都源于同样的英文字根 hal，为“健全”“完整”之意。

重新诠释太阳的意涵

太阳落入的宫位

太阳落入的宫位如果不是首要的生命领域，也是重要的生命领域之一。透过这个宫位里的活动，个人才能达成最高的成就，感受到最大的活力。如同前文曾经提到过的，孩子会在这个生命领域里首度得到别人的注意。举个例子，太阳如果是落在三宫，代表一个年轻人会在学校里因当班长而得到荣耀；太阳如果落在六宫，则代表一个孩子可能因生病而获得旁人的关注；如果一个人的太阳是落在六宫，而此人不幸中风了，那么这个宫位在此人的一生中都会持续保持着重要性。太阳落入的宫位也往往代表父亲关注的生命领域：落在六宫可能代表父亲永远在工作；落在十一宫代表父亲经常和伴侣外出或是为社区服务；落在十二宫则代表父亲隐藏在幕后等。如果一个宫位的主宰行星是太阳（宫头是狮子座），也会带来与太阳有关的重要信息。由太阳主宰的宫位以及太阳落入的宫位，彼此也有密切关系。

太阳落入的星座

太阳落入的星座通常代表一种形容词。让我们想象一下某人的太阳是落在天蝎座五宫，基本上，此人会觉得富创意的自我表现是生命很重要的展现，而且五宫象征的游戏也很重要。此人可能很喜欢去剧院看戏，落在天蝎座则代表他喜欢的是与生老病死或性有关的人生主题，他也可能喜欢歌剧或悲剧，但对于太过轻松或娱乐性过高的剧情则缺乏兴趣。太阳落五宫也会让人觉得小孩很重要，落在天蝎座则代表此人可能有掌控性很高的孩子，或者他喜欢掌控下一代（或其他人）。第三章将会提供许多资讯，以解释太阳星座的意义，但我们必须记住太阳比较无法描述你是什么样的人，它代表的是一个人的发展方向：此人想要变成的状态、人生目标和必须面对的挑战。

太阳的相位

太阳会活化星盘里与它有关的星体，为其带来力量。它会照亮那个星体。举个例子，如果太阳和火星有紧密相位，那么此人的体力、耐力就会增强，勇气和大胆的倾向也会被强化，而且可能变得冲动不顾后果。

月亮☽

他们毁了你，你的妈妈和爸爸。他们并不想这么做，但的确做了这档事。他们把弱点全部灌注给你，还特别为你添了一些额外的缺点。

——菲利普·拉金（Philip Larkin）（*This Be the Verse*）

天文学

虽然太阳的直径是月球的400倍，但是从地球上来看，日月的大小几乎一样。太阳的体积虽然大了许多，不过因为距离地球（9300万英里或1.5亿公里）比较遥远，所以看起来和月球大小相等。占星家通常会说日月的体积因大小相等，所以在星盘里的重要性也相同。由于这两个星球和我们的距离最近，所以会跟我们最关注的事物联结在一起，也因为它们的大小看起来相同，才可能出现日食，不过前提是必须具备气候条件。如果条件具足，太阳就会被月球完全覆盖。

// 与地球的距离：月球距离地球大约是23.9万英里或38.4万公里。

// 直径：大约是2160英里或3476公里，也就是地球的1/4大。

// 运转周期：月球每27.3天自转一周，这也是它大约绕地球一周的时间。由于时间的长短很接近，所以月球看上去似乎没什么变化。1959年，苏联一架不载人的太空船拍下了月球比较遥远的一面。10年之后，在1969

年的7月20日，太空人尼尔·阿姆斯特朗（Neil Armstrong）和巴兹·奥尔德林（Buzz Aldrin）登上了月球。

// 日光的7%反射出来变成了月光。即使是月圆，日光仍然比月光亮40万倍。

// 月球每个月在一个星座只会停留2.5天的时间。每日运转的速度大约是13度12分，或是两小时走1度。

神话学

每个文化里都有许多和月亮相关的神话。与月亮联结在一起的女神，通常关注的是生育、抚养小孩及耕种方面的问题。世界各地都有和月亮相关的节庆，举个例子，北半球的复活节就是定在春分后的第一个月圆之日（此即复活节会落在3月22日至4月25日之间的理由）。

希腊神话里和月亮联结在一起的女神如下：阿耳忒弥斯是与新月或满月联结的年轻女神，德墨忒耳是跟月圆有关的成熟女神，赫卡忒则是一位和月亏相关的智慧女神。阿耳忒弥斯就是希腊版本的罗马女神狄安娜。阿耳忒弥斯既是勒托和宙斯的女儿，也是阿波罗的双胞胎姐姐，据说她曾协助阿波罗诞生到人世（请参阅80页）。她不但是守护婴儿诞生的女神，也是保护年轻孩子的神祇。更特别的是，她是不受阿佛洛狄忒迷惑的三位女神之一（其他两位是赫斯提亚和雅典娜）。她同时也是处女之身的狩猎女神。她和凡人及天神都能友善共处，而且负责守护年轻女性和野生动物。她经常被描述成足蹬银色凉鞋飞舞过森林和草原，身后总是跟随着一群小仙女。基本上，阿耳忒弥斯的角色是管辖女性从女孩变为女人的蜕变过程，同时也协助男性长大成人。如果说德墨忒耳等于母亲的原型，那么阿耳忒弥斯就是独立而自主的少女。她一向被描绘成性情果敢暴烈，她的弟弟阿波罗（占星学里的太阳）则显现出高尚和英雄的特质。阿耳忒弥斯是一位捍卫贞操的女性，当猎人阿卡同偷看她沐浴时，她立即把这名猎人变成了一只鹿，这名猎人后来竟然被自己的猎犬撕成碎片吃了。根据荷马的说法，阿耳忒弥斯的母亲勒托曾遭到尼俄伯的羞辱，因为她有12个孩子，勒托只有两个。阿波罗为此杀掉了尼俄伯的6个儿子作为惩罚，阿耳忒弥斯也宰掉了她的6个女儿。从上述我们可以看出这些女神激烈的保护天性。

德墨忒耳这位掌管生育和农作物的月圆女神，象征的则是完全成熟的女性，希腊文的meter指的就是母亲，因此德墨忒耳（Demeter）也可以翻译成“大地之母”。与德墨忒耳相关的故事之中，最重要的一段就是她的女儿珀耳塞福涅被哈得斯绑架这件事。由于不知道女儿的下落，德墨忒耳感到非常沮丧，或许是因为太哀伤，竟然忘了照料大地，于是地上的一切生命都开始衰萎、死亡（象征着冬天），一直到春天来临，她才和珀耳塞福涅团圆。这则故事描述的是母性的力量，这股力量强大到凌驾于一切事物之上。假设阿耳忒弥斯代表的是少女，德墨忒耳象征的就是母亲，而月亏女神赫卡忒则跟更年期后的女性有关。她经常被描述成智慧女性，有三个头（有的说是三个狗头，或是一个头里既有狗，也有熊和马的头），因为有这么多的头，所以她无所不知，什么都能看见。代表生命十字路口的这位女神，四面八方的东西她都看得见，这位智慧女神可以在人们面临十字路口时提出忠告，而且上年纪总是一件令人恐惧的事，所以赫卡忒往往被视为令人恐惧的女巫。赫卡忒的智慧以及超自然力量，完全展现在哈得斯绑架珀耳塞福涅这件事上面，因为她是唯一知道这件事的人。后来她被封为冥府女神，作为协助德墨忒耳找到女儿的馈赏。身为冥府女神，赫卡忒负责的是确保死后的灵魂能安全抵达冥府。这三位和月亮联结在一起的希腊女神，显然关切的都是过渡时期的状态，赫卡忒关切的则是人生的末期和结束的时刻。

母亲与婴儿

月亮代表的是母亲及我们内在的那个婴儿。月亮的星座、宫位及相位，往往能生动地描述我们所体认到的母亲。它们不但代表生我们的这位女性，同时也象征后续的照料者，尤其是指导我们如何做女人和当母亲的教养者。我们心目中的母亲形象以及我们对母亲的体认，都极为重要。母亲不但是赐给我们生命的人，也是夺走我们生命的人，她提供我们无条件的爱、慰藉、安全保障以及牵制我们的方法，但也可能是摧毁或是吞吃婴儿的人。她可能是个令人感到窒息的人，有着女巫、蜘蛛或章鱼般的恐怖形象，她也可能是善于诱惑、性能量很强的女人，或一个有可能阉割男人的女性。另外还有一种形象则是无所不知、一切了然于心、不带有批判性的智慧女性。

童年期的照料者如果提供了情绪和生理上的滋养，便可能孕育出知足常乐、无忧无虑的成人。但如果养育出了问题，此人就会觉得空虚、不满足、缺乏安全感，而且会有各式各样的情绪问题，甚至生理上都会出现困难。身为占星家，我们都十分清楚，这个过程比童年生活造成某种人格类型的说法，还要复杂得多，因为一个人诞生下来就拥有了属于自己的本命盘，而这时童年尚未开始。总之，本命盘可以视为一个工具，帮助我们了解前世带来的印记，如何形成了成年后的行为模式。

其实单靠月亮就能描述一个人的母亲，是很夸张的说法，因为天顶和天底的星座及其主宰行星，加上落在十宫与四宫里的行星，都可以描述早期身边的照料者。即使是落在巨蟹座的任何一颗行星，也都能提供这方面的讯息。同时月亮也代表婴儿这方面的状况，因为月亮象征的是我们比较脆弱、依赖和需要照料的一面。我们的内在仍然有一个需要被照料的小婴儿。

行为与习性

和婴儿紧密相处过的人都知道，他们对“去”（Go！）这个字有强烈的感觉，而且即使是诞生下来才几个星期，也会对别人脸上灿烂的笑容产生反应。出生后头三个月他们就会对喜悦、憎恶、愤怒及哀伤的情绪起反应，而且也有能力表达这些情绪。婴儿生来就有这些情绪上的本能，因为和照料者的情感紧密联结，才能继续存活下去。不论童年出现的情绪机制是什么，月亮通常能描述一个人终身的情绪反应模式。婴儿很快就学会了何种信号才能使他们的需求得到满足，长大之后，他们的这些习性和肢体语言也会一直维持下去。星盘里任何一个重要的活动都能促成我们的行为模式，而月亮特别和行为的反应模式有关。这些反应不但是立即出现的，而且是自动化以及无法觉知的，因此几乎是一种本能。

需求、安全及保护

月亮可以道出我们的需求（这与带着觉知的渴望是不同的），其目的是获得安全保障。在某种程度上，我们会执著于和月亮相关的事物以获得安全感，这会带给我们一种扎根于世上的感觉。月亮描述的是我们接受保护以及保护他人的整体态度。但我们究竟是如何保护自己和他人的呢？其实月亮代表的是我们对特定情况的感觉（譬如我们是否认为那是一种危险的情况），以及我们会在这种情况里想什么和做什么，来确保自己和他人的安全。

每当我们感觉受威胁的时候，都会回到月亮的模式里。月亮代表的是能得到慰藉或熟悉感的事物，难怪在困难时刻，我们会回归到月亮的行为模式里。举些例子或许能帮助我们了解，譬如月亮落巨蟹座的人也许会回到母亲身边，月亮落双子座则可能去上课或开始阅读书籍。一个人的月亮如果和火星有紧密相位，则往往会在压力下变得易怒和控制不住情绪，即使平常似乎很能掌控自己的行为，这类人也可能卷起袖管投入新的计划。月亮和木星有紧密相位的人则会渴望提升自己、超越眼前的困境，或者会假装困难根本不存在，以扩大自己的视野。但月亮和土星有紧密相位的人，则会退缩到内心世界，把天窗钉上木条，守护住自己的资源。

情绪与感觉

我们的信念通常和我们的感觉有关，包括对自己和世界。如果我们对自己的感觉是正向的，就会反射出乐观愉悦的情绪；如果我们觉得愤怒或沮丧，也会把这些感觉反射给自己。基本上，月亮描述的就是我们的情绪。有的人会展现出各式各样的情绪状态，有的人则没有多大变化。我们的月亮能描绘出每天的心情起伏——可能会产生的情绪和理由，而我们对自己的感觉以及惯常的情绪状态，也会影响我们散发出去的磁场。更有甚者，我们发出去的信号连带也会影响别人对我们的感觉。从物理层面来看，月亮本身不发光，它只能反射太阳的光；同样的，从心理层面来看，月亮也会反射和映照出人与人之间的情绪变化。月亮是一个负责反馈的行星，因此我们的滋养能力也会反射成对自己或世界的感觉。如果我们对自己的感觉良好，就会有能力照料别人，但若是觉得烦厌，可能也不会有足够的条件超越自己的需求，月亮描述的就是我们的直觉感受。有一种诠释月亮的简单方法，尤其是月亮的相位，那就是以“对……敏感”这句话来思考。譬如月亮与火星有相位的人，可能对危机或不和谐状态特别敏感，月亮与天王星有相位的人，则会对局外人的处境特别敏感，并对遭到排拒格外有感觉。

过去的记忆和执著

和天底以及四宫一样，月亮也能描述我们的背景和传承，我们的种种源头。如果说太阳代表的是未来性，月亮关切的就是过往以及对过往的记忆，包括能够意识到和无法意识到的个人历史。月亮描绘的是把自己往回拉的行为模式，譬如对人、地方、事物或概念的执著。这样的感受和记忆可能会阻止我们向前进展，但它们的确也能提供安全感、归属感和熟悉感。人老了之后会觉得自己已经没有太多东西可以期待，所以会有一种回顾过往的需求，因此，月亮代表的心理状态不但在童年时期很活跃，在老年也是如此。

月亮与日常生活

当人们进入迟暮之年，会越来越在意家常小事，国家大事也变成与清理花园或准备午餐同等重要。月亮也带有这种意味，因为月亮关切的全是一些日常事物，不像太阳关切的是人生的重大决定，月亮描述的是我们以何种方式维护情绪和身体的福祉，不论我们的年纪多大，这份努力都得在日常生活里实践出来。

启动的原则

月亮就像是比赛一开始鸣枪施令的作用力，在占星学里，它主要扮演的是让事件发生的角色（新月、满月、月食，以及影响力较小的象限月［Quarter Moons］）。占星家会运用各种技巧，来推断国家或个人生命里的特定时刻所发生的事，其中一个方法就是研究行星的推进，看看这些行星和个人本命盘的要素有什么关系。月相的周期循环会让“等着要发生的事”真的发生。

家

月亮能描绘出我们对他人以及对日常情境的适应性，还有我们的家居生活。不过天底、与天底的相位、其主宰行星以及落入四宫的行星，往往更能适切地描述家的情况。虽然如此，月亮仍然是家的主要象征符号，特别是跟情绪及家的氛围相关的面向。家是提供安全感的地方，它就像是成年人的子宫，一个可以让我们退避的地方，同时它也能让我们的情绪和身体有个停泊之处。家是让我们再度出发完成太阳使命的基地，因此我们的月亮可以描绘出：

// 居家环境和装潢。

// 我们的生活方式（整洁还是凌乱）。

// 我们会住在何处（国外、拖车里、海边、教堂改装的建筑物，或是火车轨道旁等）。

// 我们喜欢的同居对象（以及我们对这些人的适应情况）。

女性法则

月亮和金星一样（甚至更显著些）代表女性以及生命里重要的照料者。在异性恋男士的星盘里，月亮几乎总是能描述他的女性伴侣，以及他与女性相处的经验。读者必须谨记在心的是，投射出来的能量比自己活出来的能量要更激烈、更生动，因此一个女人的月亮如果是落在狮子座，并不会展现喜欢出风头的作秀女王（drama queen）作风，但是一个男人的月亮如果落在狮子座，他的女伴却可能展现这样的特质。

公众和大众

月亮代表公众和大众的感觉。例如电视上的常客、成功政客之类的名人，通常都有显著的月亮能量（譬如月亮与上升点或天顶合相），因为他们的本领就在于能感受到观众的脉动，并且能产生贴切的反应。在事件占星学派里，月亮一向能描绘人的状态。

食物

月亮是本命盘里代表食物和饮食习惯的元素，虽然某些星座（金牛座和巨蟹座）也对食物很感兴趣。星盘里的月亮的确能描述：

// 广义的食物。如同我们已经了解的，月亮代表的是我们支持他人的方式，以及我们被支持所产生的感觉，还包括什么东西能滋养我们，什么是我们需要的反馈，以及自动给予他人的回应。同时它也代表我们诠释这些反馈的方式，其实我们引发的反应也会回过来造成我们自己的反应。

// 如何吃饭，在何时吃饭（进食快或慢、还是有规律的？喜欢吃大餐或者吃得很简单？会在生气时吃东西吗？）以及为什么会去吃东西。举个例子，有些人是为了得到情绪的慰藉而吃，有的人则发现焦虑会破坏他们的胃口。

// 吃些什么（甜的、辣的、咸的、素食，还是肉食）？

// 饮食失调（食欲减退或容易饥饿），以及治疗这些问题的方式和问题的起因。举个例子，月亮落摩羯座的人喜欢吃松脆的食物，落在双子座的人喜欢各式各样的食物，落射手座的人喜欢外国食物，落天蝎座的人喜欢吃鱼。如果月亮与火星有相位，则喜欢吃辛辣的东西，而且吃得很快。月亮与金星成紧密相位通常喜欢吃甜食，而且会有一位用甜食来抚慰小孩的母亲。

身体

月亮掌管潮汐的变化，由于我们的身体有 70% 的水，因此月亮与荷尔蒙及体液有关是不足为奇的，包括我们的淋巴系统、月经周期以及和怀孕生子有关的一切事物。月亮同时也掌管胃和乳房，当然巨蟹座在这方面无疑也很重要。月亮同时也显示出我们消化经验和食物的方式，因此在消化系统上扮演着重要角色，它和巨蟹座一样，也和记忆力有关。

金属

月亮和银有关——包括色彩和质地。银是一种稀有、昂贵及富有光泽的金属，虽然比黄金的价格要低一些。它很容易做成器皿，因为柔软度高，易于敲成薄片或做成银线。和月亮反射出太阳的光一样，银也是最能清晰映照东西的金属，基于这个理由，自古以来它就被制成镜子。数千年来它也一直是珠宝和装饰品的原料，20 世纪开始它更被利用来冲洗照片。铝是另一种和月亮有关的金属，有趣的是，某些研究者将铝和老年痴呆症作联结（痴呆症与记忆力的丧失有关，患者会回归到婴儿时期），而月亮一向和吸收法则、婴儿状态、接收性及反应联结在一起。铝也能代替银制成镜子，同时在照相技术上也用得着它。食物以及饮食都和月亮有关联；食物经常用铝箔纸来包裹，餐具也经常是铝制品，可能不锈钢也是由月亮掌管，而这是另一种会用来做餐具的金属。

传统上与月亮联结的事物

// 盛东西的容器：杯子、大锅（一种半月形器皿，可以用来炖煮药物）、高脚杯、集装箱、凿刀、箱子、棺材、架子、碗以及船。这些器具有许多都是以英文字母“c”开头的，而这个字母看起来就像是新月，缺口向上的话，就成了一个容器，也会让人联想到牛角面包。

// 镜子、珍珠及水本身，多半都是由月亮象征的，此外还有一切能反射的东西。当然海王星也可能管辖这些事物。月经周期、海洋和潮汐——这些不断变迁的现象就像月亮一样，会经历不同的变化阶段。

// 许多食物也和月亮有关，如牛奶、种子、蛋，以及由这些东西制成的食品。家居生活里的事物，所有与生产有关的活动以及受孕，还有承办酒席等，也都和月亮有关联。农业或是和孩子相关的滋养活动，也都跟月亮的作用力联结在一起。

// 许多动物都和月亮相关。象征母亲的动物或是令人联想起地母的动物，如熊和鲸鱼，都是由月亮代表的。其他像兔子之类的多产动物，也受月亮管辖。能够提供奶的哺乳类动物、角像半月一般的动物（鹿和某些放牧的家畜），以及外表能够变化的动物（变色龙），传统上都是由月亮代表的。由于猫能够在夜里清晰视物，所以也和月亮有关。

月亮入十二星座

月亮入牡羊座 ☽♈

行为模式

这类人典型的反应是迅捷、强烈、自发，也可能有喜欢插嘴的习惯。他们充满着热情，急于维护他人，能以闪电般的速度立即提供协助。他们对危险有一种直觉，每当有意外、创伤或悲剧发生，他们往往是第一个到现场的人。基本上，这类人在照料人这件事上带有一种竞争性，对于和自己有紧密关系的人，也有强烈的领域观，他们必须是最先采取行动的“母亲”。他们对自己渴望的事物有强大的热情，而且需立即获得满足。他们最主要的特质就是喜欢抢先进入某种情况。

才能

有领导才能，行动快速、独立自主，也可能是强而有力的鼓吹者。善于处理危机。

需求

这类人有强烈的行动需求。行动时不喜欢他人干预，也不喜欢受到约束。

滋养他人的方式

急于护卫他人，譬如为某个在医院里没获得妥善照料的人据理力争，或者你在餐厅里吃饭、送上来的食物有问题，而你不太好意思解决这个问题，这时他们会替你向服务员抱怨。

压力下的反应

不耐烦会是这类人在压力下的行为反应。他们对那些拒绝改善、缺乏行动力的人很没耐性。他们容易爆发情感火花，也很容易冷却下来，而且可能把所有的事都和他们的自我联结，因此很容易受伤。这类人动不动就生气，很急于满足别人的需求，经常假设（不贴切地）别人的需求和自己的一样——在危机时刻人们的反应的确大同小异，但是在日常情况下却十分不同。这类人强烈的母性倾向以及采取行动的渴望，有时会导致专断和爱操控的行为模式。他们必须主导一切，而且必须按自己的方式去做。他们在合作上有很大的困难，但如果星盘里的金星或天秤座被强化，就比较有合作的能力。

亲子关系

急于照料别人可能是这类人的特质之一，而这会显现成未准备好就已经有了小孩。他们童年时的照料者可能是独立而勇敢的，譬如父母之一是某个地方或某种情境里的先驱。他们的照料者带有卷起袖管向前迈进的信念，而且不会执著于琐碎的小事，有点像母鸟哺育下一代的情况：母鸟很快地飞回巢里把食物分配给小鸟们，然后又急着飞出去觅食，她们没时间闲荡。当然小鸟们也会争取母亲的注意。月亮入牡羊座有时也代表和母亲之间有竞争性或是有冲突，也可能与母亲的关系十分紧密，而且必须把她放在第一位。有时也代表双亲之一很善于缝纫，有许多才艺。

家居和饮食

这类人不喜欢夸张的家具、印花布，甚至窗帘，也不喜欢物品上有许多皱折。他们着重的是功能性而非舒适或美观。在大部分的事情上面，这类人都比较强调便利性。不论是房子、花园或办公室，他们都比较偏好容易打理的装修方式，而且会采用一些省时的装置。他们喜欢热食或辛辣的食物，也喜欢在食物里放点姜。他们偏好能迅速解决饥饿的快餐，甚至会在头一晚准备好明天要吃的东西，以便要吃的时候能立即上菜。

月亮入金牛座 ☽♉

行为模式

这类人的特质是稳健，实事求是，情绪平静，不太容易被激怒或心烦易乱。他们非常不喜欢改变，即使改变是必要的。他们保护自我的方式就是不慌不忙地做事。月亮在行为、情绪及感受上带来的多变性，似乎都无法适用于金牛座。“立即”绝非这个星座熟悉的词汇。我有一位学生的日月都落在金牛座，他每天走同样的路去上班，很显然，他从上学起就一直保持这种模式！这类人就像是一头慢慢反刍着食物的乳牛，除非行动是必要的，否则对周遭的事根本无动于衷。很明显地，这类人非常需要物质保障，而且往往能创造和吸引来可观的财富。金钱、食物及舒适的生活，对他们而言是最重要的。

才能

这类人的触觉非常发达。他们的五种感官都有高度的发展，但触觉以及对织品的鉴赏力通常是最强的。他们本能地知道必须仰赖物质世界，而且有一种与大地联结的感觉。在商业上，他们有敏锐的观察力，很善于投资和处理金钱、土地及资产。

需求

这类人必须拥有物质保障和舒适的生活，而且必须知道下一顿饭的钱是从哪儿来的。他们对大自然、动物及乡居生活的欣赏不会过度浪漫，能够借由园艺、与物质的接触、感官的享受来更新能量。他们非常喜欢性、按摩、买衣服、烹饪，尤其是吃东西。

滋养他人的方式

稳定地陪伴在一旁。实事求是、不愠不火，喜欢帮人按摩或提供食物。

压力下的反应

可能无法迅速改变或采取行动，也可能变得沉默不语、埋首于工作。他们的物质主义、保守倾向和懒散的特质，可能令他们变得毫无生气。有许多月亮落在金牛座的人因为无法忍受变动，也不愿放弃舒适的生活或房子，而一直待在不合适的关系里。他们渴望过宁静的日子，所以逃避可能带来冲突的言语沟通，不喜欢变动既是他们的恩赐，也是他们的诅咒。这类人有时就是无法理解别人在说些什么。他们的安全感是来自于眼前这个人的实际状况，而且可以十分有福气地忽略掉对方的不满意或焦躁情绪。

亲子关系

这个带有典型地母特质的月亮位置，可能会带来一位实际的母亲，她重视安全保障甚于其他任何议题。这位照料者总想为孩子提供稳定的生活，渴望化繁为简，逃避复杂的情绪纠结，也不想惹是生非。这样的父母或许会被孩子的高智商、冒险精神及探索的需求所威胁。

家居和饮食

这类人倾向于传统和保守的风格，偏好淡雅的色彩和天然材质，譬如木头。他们喜欢吃简单的食物，有的也喜欢浓郁的食物，但前提是不能花太多时间准备。这类人最不能忍受的就是追逐流行时尚。他们也可能喜欢淀粉类食物，如洋芋等。

这类人的新陈代谢通常比较缓慢，身体显得十分健朗，但仍然要看星盘里的其他元素而定。

月亮入双子座 ☽♊

行为模式

这类人的情绪和感觉都相当多变，适应性强，不安于室，善于应变。他们对别人的想法和感觉都很有兴趣，而且容易受外界影响。他们从外界得来的印象虽然不深刻，但却相当多元化，因此他们能感觉来自各方的意见角力。他们不但被外界的讯息吸引，而且内心里也有许多拉扯的力量。他们伶俐、轻快、活泼，加上有适应能力，所以身心都很忙碌。不论在家里、图书馆、书店或是上网吧，他们总是显得忙碌不堪。

才能

这类人有能力反应和调节不同的观点，因此可以成为优秀的作家或记者。他们对语言或各种语言都有直觉感受，通常也有模仿才华。他们的双手和眼睛的协调能力很强。

需求

喜欢随着情绪和机会多方面接触社会。这类人需要沟通交流，与人或书本里的文字对谈，充分的交流可以让他们从各方面进行思考，找出对自己最合适的答案。他们自己的情绪议题很渴望获得解释，其领域观往往伴随着对沉重情绪的厌恶。毋庸讳言，一定有人会被这些宇宙大小孩吸引，而提供他们一个落脚之处，但是月亮落在双子座的灵魂，还是比较喜欢那些能维持住他们的兴趣、令他们猜不透的人。这类人之中有的会从轻松的阅读中获得滋养，不断地改变场景和活动，也能更新他们的能量。除了心智上的追求之外，他们也会被无关紧要的事、新奇的经验及无聊的活动吸引。

滋养他人的方式

让事情变得比较轻松，聆听、交流以及对他人的话感兴趣。能觉知别人的需求，伸缩自如，愿意适应对方。

压力下的反应

往往会显现出注意力不集中的情况。他们很难付出承诺,不安于室,不可靠,犹豫不决。当外界的影响及内心里某些矛盾的面向获胜时，这类人的决定就会改变。他们会以分析自己的感觉作为自保的方式。总之，这类人会逃避真实的人生，方式是不断分析眼前的情况，乃至于根本没有真的在体验现实。

亲子关系

童年时这类人接收了许多复杂的信息，而建立起一种观念：他们必须取悦每一个人，不论感觉多么扭曲。这种早期灌输进来的信息，令他们觉得自己必须配合别人来获得安全保障。月亮落双子座的人是家庭里拣选出来适应大家的人。他们可能有两个母亲，或者与母亲的姐妹有密切关系，有时母亲也需要她的孩子听她说话。这类人的母亲也可能很难建立自己的观点，而以家中比较强硬的人的观点为依归。有时这个位置也代表母亲不断为家人的不同口味或不同的吃饭时间而忙东忙西。这类人的照料者也可能是爱说闲话的人。在他们的童年生活里，新闻会是很重要的一个环节，家里四处都看得见报纸，收音机永远是打开的，家人一直在看电视，或者邻居会来串门子聊天。他们的家中也往往会有双胞胎。

家居和饮食

这类人的家中到处都是书、杂志和信件。如果天底和四宫里也有许多行星，便可能有许多不断进进出出的访客。月亮落双子座也代表一个人有好几个家，他们对各式各样的食物都想尝试一下，而且喜欢实验不同的食谱。他们理想的餐饮应该是什么东西都有一点，有时也会吃电视速食餐和点心，一边吃东西，一边看报纸、杂志、玩字谜游戏，是这类人很典型的生活方式。

月亮入巨蟹座 ☽♋

行为模式

月亮落入巨蟹座，代表此人和自己及他人内心的那个脆弱、需要抚慰、好依赖的婴儿，有紧密的联结。他们本身也需要别人的滋养和保护。

才能

他们能体会到别人的感觉，而且直觉地知道该如何让别人安适和舒服，甚至连小狗小猫的脆弱易感，他们也都感受得到。这类人通常有高度的想象力，可以应用在艺术和文学的追求上。对往事的关注，令他们在历史和文化遗产上面特别有研究才能。他们也善于烹饪。

需求

这类人既渴望被照料，也渴望照料别人。情绪和家庭生活的安全感及归属感，是他们最重视的事，因此非常渴望有个安乐窝。

滋养他人的方式

照料别人的需求、做菜及做家事，是他们典型的滋养别人的方式。他们也可能让别人充当他们的母亲，自己则像个小婴儿一样地被照料。

压力下的反应

会展现出害羞和躲藏起来的倾向。执著于熟悉的事物、逃回家里找安全感，往往会阻碍他们向前进展。他们应该培养对过往经验的感受力，而非卡在其中。回到过去也暗示着回到老旧的创伤里，如果再伴随着良好的记忆力，就会令这类人容易生闷气。他们的沮丧可以推回到久远以前的创伤，而一般人可能早就把这些创伤忘掉了。动不动就生气、容易闷闷不乐之外，他们也有强烈的领域观。处在压力之下，月亮落巨蟹座的人会选择不与人沟通，缩回到自己阴郁的情绪里。他们也会展现出挑剔或嘟囔唠叨的特质，也可能有大婴儿般的次人格。有的人会压制别人的独立性，阻止别人往前进展。他们的照料者也可能有这样的特质。

亲子关系

这类人有共生式的亲子关系，这不意味他们的关系一定良好或快乐——必须观察整张星盘才能决定。这个月亮的位置代表的是亲子关系十分紧密。这类人对身边的照料者相当顺服，他们的母亲宁愿孩子不长大，因此他们内在的小婴儿长得非常结实是不足为怪的事。这类人的母亲与外祖母的关系，应该有值得研究的地方，事实上，这整个家族的女性都值得研究。这类人最主要的照料者本身，也可能在职业上扮演照料他人的角色（譬如开幼儿园，或者领养别人的孩子）。他们的母亲很难摆脱完美的“保姆”形象（总是陪伴在身边，温暖而善解人意），但是家庭生活里却埋藏着许多罪恶感或情绪敲诈的模式，特别是月亮和冥王星有相位的话。

家居和饮食

月亮入巨蟹座的人的家，可能是其他人或动物的避难所。这类人有许多喜欢住在水边，还有的会住在父母家里。食物和慰藉是他们家庭中非常重要的部分。蛋奶制品通常是他们的最爱。

月亮入狮子座 ☽♌

行为模式

月亮入狮子座的人会有夸大感觉的倾向，也喜欢得到别人的注目和欣赏，有强烈被认可和被感谢的需求，这些需求会演变成一种对赞美的良好反应。在最佳情况下，这类人的反应会是温暖、慷慨和宽宏大量的。月亮入狮子座的人，尤其是女性，通常会在一个组织里占有重要地位。男人的月亮如果落入狮子座，则可能和这种类型的女人结缘；不论是不是领导人物，他们都会展现出一种高尚的气度。他们有一种自我敬重感，不会轻易做出低下的事。

才能

星盘里有这个月亮位置的人，经常成为治疗师，或者会以各种方式启发别人：也许是他人行为上的指导者，或是扮演推广者的角色。典型的月亮入狮子座的人喜欢夸大他们的情绪，爱好多彩多姿的故事和英雄式的情节，因此娱乐业里总是充斥着这一类人。其中有许多人喜欢歌剧，在剧院工作令他们觉得非常自在，即使当个观众都很享受。

需求

他们渴望成为卓越的人，也许是拥有最漂亮的房子，成为父母最宠爱的孩子，或是拥有最聪慧的小孩。他们也渴望被人赏识、被人关注。如果经济情况许可，他们也喜欢出外游玩和享乐。

滋养他人的方式

给别人许多关注，鼓舞人，提升人们的信心。

压力下的反应

演化较低之人往往会有脆弱易感的倾向，这是源于自认为非常受人欢迎，或是渴望被夸赞。拼命想超越别人和无法放松的竞争性，也会制造出许多问题。如果月亮相位不佳，则会出现好炫耀、好自我表现的作秀女王作风。如果本命盘里有较多的自我抹杀倾向，那么上述的特质就会减轻一些。这类人渴望成为主角的心态，会让别人无法获得同等的关注，再加上操控性如果特别明显的话，就可能不断地想抢风头。

亲子关系

这个位置的月亮，暗示着父母很愿意让孩子发光发亮、给孩子信心。这类人会渴望父母以他们为荣，也希望孩子能令他们感到骄傲。在最佳情况下，他们的母亲应该是坚强、温暖、富有创造力的人。就像母狮子一样，温柔地用脚掌轻轻地拍着顽皮小狮子的脑袋，如果它们遭遇危险，会立刻勇猛地捍卫它们。这类人的母亲也渴望受人瞩目，因此，月亮落狮子座的人早已习惯对别人付出关注。有时这类人的母亲也可能给他们许多关注，因此他们一直期待着这样的注意力。有的母亲则喜欢炫耀她们的孩子，或者把他们往舞台上推。月亮入狮子座的人本身也可能扮演这样的父母角色，或者自己是接受的一方，不过这仍得检视整张星盘才能下判断。

家居和饮食

这类人喜欢拥有一个令其感觉荣耀的家。有的喜欢奢华风格，往往有室内布置的才华，他们的家可能色彩鲜艳，极富创意。他们在家里喜欢穿长裤，作风就像个监督国土的君王一般。我发现这类人没有特别偏好的食物。

月亮入处女座 ☽♍

行为模式

这并不是月亮最温暖的位置，也不会展现自发的强烈情绪或热情（除非星盘里有其他要素），不过这类人对他人的需求十分关注，可以很贴切地提供协助。这个月亮的位置会带来谦虚温和的态度，更明显的特质是乐于助人、常识丰富。这类人渴望服务他人，所以扮演上司的角色会感觉不太舒服，这可能是源自于容易担忧。神经紧张和容易感受到压力，导致这类人经常担心自己可能达不成任务。

才能

这类人的才能发挥在细节处理和掌握事物的精确性方面，辨识力和拣择能力也很强，因此是卓越的管理人才。

需求

渴望自己是有用的人。这类人即使厌恶自己的工作，最舒服的状态仍然是在工作或服务别人的时候。当他们勤奋地忙于工作时，通常觉得很舒服，所以他们绝不会坐在那里看电视，而是必须独立自主地完成手上的事情。他们也很需要保持情绪的宁静。

滋养他人的方式

照料他人，做一些落实的事情。他们对所有的细节、所有的任务都很重视。

压力下的反应

如果月亮有困难相位，就会造成喜欢找缺点、吹毛求疵和挑剔的特质。这类人可能带有自我牺牲倾向，总是做一些其他人不愿做的事。他们在关系中往往会过度分析情绪，喜欢批评对方。他们的自我批判和自我质疑倾向，也很难对自己做的事感到满意，即使别人没有在批评他们，他们也可能怀疑自己不够好。他们对自己的人生经常感到不满意，又没有足够的信心采取行动加以改善。低估自己的能力、贬低自己，也是经常会显现出来的倾向。他们必须学会面对挑战，而非设定一些轻易就能达成的目标。

亲子关系

这类人往往有家族遗传疾病，或源自于早期环境的疾病。他们的母亲也可能有病，或者不断忙着照料家人。他们的父母可能带有完美主义倾向，非常在乎邻居说了些什么，而且容易小题大做。有一位月亮落在处女座的女士告诉我，她十二岁的时候，有一天回家告知母亲她在公园里遭到了性骚扰，母亲的第一个反应就是把孩子带到浴室里拼命地刷洗她的身体！这类人的父母也可能好批评，或者他们本身喜欢批评自己的母亲或其他照料者。

家居和饮食

对女人而言，这个位置会带来独立自主的生活方式，由于对情感议题十分挑剔，而且喜欢按照自己的方式生活，所以往往会选择独居。有的人会一直追求完美的家庭生活，而且不可避免地感到失望，因为人生绝不是完美的。其中有许多人对自己居住的地方很不满意，而这会促使他们不断地改善居家环境，但也有人焦虑到不知该选择住哪里。他们也可能为了更高的理想而迟迟不作决定。如果整张星盘的变动星座很多，这个月亮的位置就会令人踌躇不前而失去许多东西。这类人也可能会挑食，譬如按照特定的饮食规划来吃东西，而且可能是素食者或不吸烟者，甚至一天要吞下一大把的维生素，不过前提是六宫的宫头必须是处女座，或者星盘里有其他强烈的处女座倾向。

月亮入处女座并不一定会让家变得一尘不染。有这个月亮位置的人喜欢别的生命领域甚于做家事,但还是有人会把家整理得干净整洁,而且认为这是重要的事。

月亮入天秤座 ☽♎

行为模式

这类人不喜欢粗糙鲁莽的态度。月亮的这个位置代表优雅、社交技巧、练达的态度和迷人的风采。他们不喜欢任何形式的不和谐，包括家居生活和所有的关系在内。有些人会想尽办法逃避任何形式的冲突，并掩饰社交上的窘态。

才能

有说服力及外交手腕，这个位置比较有利于中介和沟通协调的工作。他们可能是律师、批发商或中介，善于扮演顾客和制造商之间的协调角色，或排解冲突的中间人。他们有一种把人聚合在一起的能力，而且很喜欢做媒。

需求

他们非常需要伴侣关系，单独一人的生活令他们很不舒服，即使到商店买东西都希望有人陪伴，这种倾向是源于渴望透过另一个人来映照自己的状态。当然这种映照是双向的，他们也会反映对方的行为和需求。

滋养他人的方式

本能地知道如何说出贴切的话，而且可以从对方的角度看事情。他们基本上会赞同你的意见，即使是表达相反的立场，也会温和到让你愿意改变自己的观点。

压力下的反应

这类人的弱点就在于太需要社会的肯定。这个月亮的位置如同其他行星入天秤座一样，也会使人变得犹豫不决，不停地考量什么样的行动才能取悦别人。虽然这类人习惯扮演和事老的角色，但奇怪的是他们经常招惹别人生气，部分的原因出自于无法直接而真实地表达自己的感觉。这种努力取悦他人的倾向，往往造成谁也取悦不了的结果。虽然他们能展现贴切的行为举止，但不必然是诚恳而真实的，有时会表现出非常明显的奉承和阿谀态度。他们对不愉悦场面的厌恶，令他们必须维持和谐的氛围，这代表他们没有能力处理深刻的情绪和感受，包括自己的和别人的在内。

亲子关系

父母之中至少有一个照料者是有顺服和妥协倾向的，这会令月亮入天秤座的孩子乐于助人、友善及体恤。但从负面的角度来看，这位最主要的照料者也可能被视为不顾一切逃避挑战的人，这类人往往会为了保持和谐而付出巨大代价。家庭生活也可能有避免在孩子面前起冲突的惯性模式。这类人的母亲也许不是非常温暖、热情和爱表现的人（除非星盘里有其他要素），但通常能展现优雅和有教养的风范。她很少会制造冲突，即使伴侣不忠，也能表现得若无其事。她在孩子的眼里更像是父亲的妻子而非母亲，因为她把自己对关系的需求及伴侣的需求，看得比孩子更重要。

家居和饮食

这个月亮的位置带来的艺术感，能够把家布置得和谐美观。这类人对家、服装和艺术的品味都比较古典，而且喜欢整洁和秩序。他们爱吃甜食、经常量体重，非常关切体重问题。

月亮入天蝎座 ☽♏

行为模式

这类人渴望深刻地投入正在进行的事情和关系，他们会以热情和专注力回应人生。月亮落入的宫位里的活动，会让这类人产生深刻的感受，他们对家、土地及国家有强烈的占有欲和忠诚的爱。这个月亮的位置要不是令你觉得此人隐藏了内心最深的感受，就是令你对此人真正的感受没有任何怀疑。这类人在不同的情况下，往往会出现两种不同的行为模式：如果此人感觉很安全或性格比较外向、容易信任人，那么强烈的情绪和热情就会充分显现出来，此即月亮入天蝎座的“月圆型”人格，它也代表那些比较内向的人在安全私密环境里的行为模式。但是大部分的时候，这类人都会展现出守密、骄傲、热情和脆弱易感的特质。当他们处在一种谜样的隐秘状态时，感觉最安全舒适，其实这只是一种保护自己和他人的方式。他们会维护你的自信心，而且会期待你以同样的审慎态度回应他们。他们的情绪里带有一种自负的特质，有时会展现出报复心，譬如以不告诉你真相是什么来打击你，他们对人很难有信赖感。

才能

这个月亮的位置会带来情感上的老练特质，因此这类人十分了解一般人的行为和感受，而且不畏惧人生的挑战。他们的内在力量和观察力可以协助别人度过危机。

需求

这类人渴望亲密关系，特别是性方面的亲密接触。他们渴望热情地投入某件事或成就某种关系，但必须有安全感。他们对背叛和不忠的行为非常敏感，因此会强烈要求忠贞不贰地对待和隐私权。

滋养他人的方式

鼓舞对方，与其紧密联结。这类人很难对每一个人敞开心胸，因此当你成为他们敞开心胸的对象时，就会深深地被其吸引。当这类人感受到一种同盟的氛围时，才会愿意放下心防来与对方接近。

压力下的反应

他们很难释放负面感受，有些人在需求无法获得满足时，会展现出过度的占有欲、忌妒心及报复心态；有些人则会变成危机上瘾者，因为强烈的情绪令他们兴奋。这类人有时会刻意制造情绪上的波澜，如果星盘里有其他元素助长这种倾向，就会展现出爱恨交织的特质。他们可能把每件事都当成与他们的自我有关的事，因此缺乏客观性，除非有别的要素带来不同的影响。这类人非常精明、善于操纵，而且有强烈的自我保护和怀疑倾向。培养出信赖感，就能解决大部分的问题。

亲子关系

他们往往有童年创伤(可能是家人早逝)。有的人一出生或年纪很小的时候，母亲就经历了某种危机。这类人的照料者通常相当强悍、爱操控，甚至令人畏惧，其性格极少是和蔼、温吞的。这类人从家庭里深刻地领略了情绪敲诈的模式，他们的母亲往往是善妒的,或可能会激起别人的妒意。如果上升点又落在天蝎座，那么此人就会注意周遭所有的细节。

家居和饮食

他们在家里很需要保有自己的私密性。虽然渴望亲密关系，但还是有许多月亮落在这个位置的人偏好独居生活，至少有一部分时间是喜欢独处的。他们喜欢保有自己的一个小小的空间，家或许是他们可以躲藏起来的地方。有些人喜欢吃虾或生鱼之类的海鲜，因此这类人比较偏好日本料理。

月亮入射手座 ☽♐

行为模式

温暖、活泼，而且相当主动。这类人心胸开阔，富幽默感，正直坦率，带有一种狂放的特质。他们通常不太有技巧，甚至有些笨拙，包括自己的行为以及与他人的互动。月亮射手座的直觉感受是天地之外还有更大的世界，而这是超越理性思维的。他们对生命有与生俱来的信心，认为所有的事件背后都有意义和目的。

才能

有宏观能力，能激起别人的信心。喜欢向别人提供建议和教导别人，这类人的确有教育他人和传教的习惯。

需求

他们渴望空间和自由，在身心两个层面都有不断探索的渴求。他们需要很大的空间去寻找和探索生命的宏观议题，在心智上和情感上都渴望认识得更深刻。这个喜欢来去自如的月亮位置，往往会以逃避责任来保护自己。

滋养他人的方式

鼓励别人勇于冒险，以自己的乐观哲学鼓舞他人，或是鼓励人以宏观视野看待眼前的情况。他们滋养别人的方式是教人展翅飞翔，或是以戏耍的方式来放松别人的心情。

压力下的反应

这类人会被那些务实的人冠上过度天真或透过粉红镜片看世界的罪名。他们总是看到事情最好的一面而忽略了眼前计划的缺点，而且会过度高估自己和他人。不安于室、不够谨慎小心、过度自由放任，是经常出现的问题。他们总认为别处的草比较绿，而这会促成不断往前追求的作风。其中的某些人很难保持平静的心情,情绪起伏落差极大,特别是星盘里有其他元素助长这种倾向的话。这个月亮的位置使人联想起大型卷毛狗的举止。这类人的态度夸张，感觉也会夸大，甚至有歇斯底里倾向，特别会出现云霄飞车型的人。还有的会展现出好批判以及卫道士特质（如果还有其他相关要素）。

亲子关系

这类人的照料者情绪容易反应过度，家中通常有人很难保持平衡，父母之一也许有宗教信仰，或是对道德及政治议题有强烈的意见。童年时父母不断地追求社会地位、态度势利，也是常见的情况。有的情况是父母之一败掉了家产，他们若不是对金钱过于不在乎，就是有赌徒作风。

家居和饮食

这类人可能居住在国外一段时间，而且面对外国人、陌生人及陌生的情境，都觉得很自在，因为这些都代表学习和探索的机会。月亮落射手座的人可能会住在宗教建筑物旁边，譬如房子对面就是教会或寺庙，或是住家本身就是由教堂改装的，也有的人会住在和教育相关的环境里。他们喜欢宽敞的空间，而且喜欢吃外国食物，还有的会依照宗教信念和哲学观来吃东西。除非星盘里有其他的恋家倾向，否则月亮入射手座的人是不太喜欢家居生活的，因为他们的灵魂里有吉卜赛人和游牧民族倾向。总之，这类人不喜欢被约束。

月亮入摩羯座 ☽♑

行为模式

月亮落在这个不感情用事的星座上，会令行为显现出正当、严肃及高标准倾向。这类人非常需要被人尊敬和严肃看待，所以他们的行为很少会违背或摧毁别人对他们的敬重。其中有些人很渴望成为社会的中流砥柱。这类人对表达自己的感觉很谨慎，而且有点害羞，涉及男女之间的交流方面尤其如此。他们在情绪上会自我克制，典型的行为模式是自我抹杀、不浮夸。当他们掌握大局时感觉最舒服，而且对自己的才华抱持着实事求是的态度，所以不像其他更有野心的类型那么具备冲劲。

才能

他们有与生俱来的组织力和结构感，能够把任何事处理得井井有条，实事求是和掌握各种物质资源的能力是很明显的。这类人是天生的木匠、造船匠、牙医、雕塑家及建筑师。他们对土地和传统有强烈感受，这使得他们很善于处理和田园有关的事务。这个月亮的位置也和照料人及打理家务的职业有关。

需求

这类人渴望生产出一些具体的东西，建构出一些具体的事物，为社会带来贡献，不论方式多么卑微都能接受。他们渴望做出一些可以被衡量的事情，而且量要够大。他们也对老化的各个面向非常敏感，所以很渴望在老年时有物质方面的保障。

滋养他人的方式

负起责任义务。他们在事情出差错时会勇于负责，即使这个错误并不是他们犯下的。月亮落摩羯座的人对自己是很严苛的，他们滋养别人的方式，往往是卷起袖管落实地去做一些事，让一切变得井然有序，或是教导人实事求是地面对眼前的状况。

压力下的反应

可能会变得过度严肃、悲观、持负面的态度，把日常琐事都弄得很沉重。这类人的思维惯性是把人生看成一种沉重的负担，物化倾向和小气也可能是惯性模式之一。在情感有关的事情上所呈现出的拘谨害羞倾向，会导致他们过于投入工作及自我孤立的生活。他们必须学习以比较柔顺的方式过日子。他们也容易把别人的行为看成是幼稚或不成熟。

亲子关系

这类人早期的照料者强调的是成就的重要性。他们在童年时有匮乏或生活太俭约的感觉。这个位置代表早期家庭成员工作得非常辛苦，但又没有太多的钱。有时母亲会代替父亲的角色，必须在经济上支撑整个家庭，她通常会是职业妇女。如同金星落摩羯座一样，月亮落摩羯座的男性也经常被职业女性吸引。月亮落摩羯座显现出来的形象，是一个有责任感的照料者，但可能有点过于僵固。父母之一因为害怕犯错，所以会按照某种育儿的准则来带小孩，而照着书本来教育小孩，可能意味着为他们设定行为上的清楚规范，譬如要按时坐下来吃饭等。家人对守时这件事也非常在乎。如果星盘里的其他元素也强化了这种特质，那么月亮落摩羯座就可能代表儿时的教育方式是非常制式化的。这类人的父母也往往比一般人的父母年长一些。

家居和饮食

天底和天底的主宰行星一向是代表家的符号，但月亮入摩羯座通常有两种典型的意象：一是乡居式的家庭生活，带有一种斯巴达氛围，墙壁很可能是由干燥的石头筑成的；另外一个意象则是过着上等的优渥生活，但仍然保持低调而简约。任何一颗行星落在摩羯座，一般而言都不会显现出浮夸的作风。这类人比较喜欢像石头那样的天然材质。在烹饪方面，他们比较喜欢松脆的食物，而且不喜欢吃得太复杂。除非星盘里有其他元素的影响，否则这类人不会有自我耽溺的倾向。

月亮入宝瓶座 ☽♒

行为模式

这个位置是友善而喜欢社交的，虽然情绪里带着一种抽离性。这类人在情感上非常独立自主，有一种冷静和理性的特质，即使他们对人很好奇，却没有谈论自己感觉的需求，而且根本不信任感觉。这类人受到的教育通常强调独立性和情绪上的自主性。他们对人生抱持科学态度，倾向于追求真理或作出理性的决定。他们对宏观议题有一种直觉，所以不想卡在琐碎的情绪问题里面。他们十分同情整个人类的需求，非常重视社区改造，渴望改善人们的生活。有许多知名的月亮入宝瓶座人士，譬如黛安娜王妃、玛丽莲·梦露和乔治·贝斯特（译注：北爱尔兰著名足球运动员），都很享受社会大众给予他们的拥戴。在人际关系上，这类人觉得最舒服的就是友谊。有这个位置的男性似乎很需要女性的陪伴，有的则会跟女人形成柏拉图式的关系，很著名的一个例子就是约翰·列侬的月亮入宝瓶座，他的歌曲中展现出的某些情怀，完全反映了他的月亮位置，而且妻子大野洋子就是活生生的宝瓶座代表人物。很奇特的是，许多有这个月亮位置的欧洲男人，往往会被美国女人或美国文化吸引，这可能是因为美国这个国家的月亮就是落在宝瓶座。

才能

这类人大多有强烈的同情心、有利他主义倾向、思想进步、有人道精神，而且对解决问题十分有办法。他们在机械装置方面有修理和设计的才能，也有发明能力，常显现出对机器、电脑和科技的直观力及理解力。

需求

月亮落宝瓶座的人喜爱大自然和荒野生活。由于这类人需要概念和原理的支持，所以像占星学这类的学问，通常能带给他们很大的帮助。认清宇宙的运作模式，能带给他们深刻的慰藉。他们渴望空间和自由，尤其是家居生活和情感方面。

滋养他人的方式

他们会以抽离和非个人性的方式来了解你，而且能仔细而完整地聆听，很少会出现吃惊的表情。这个位置是不带批判性的。有的人则会帮助他人发展出独立性，以及思想和行动上的自主性。这类人关怀别人的方式，就是诚实地告诉你他们真正看见的东西。

压力下的反应

喜欢和机器相处大过于和人互动。在最糟的情况下，这类人会变得抽离、冷淡、无法和情绪联结，或是情绪的自主性可能发展到冷酷的地步。如果星盘里有其他元素的影响，则仍然会有温暖及和人亲密相处的能力。虽然如此，切断情绪上的联结也可能造成最极端的发展，譬如形成自闭症。他们也会显现出无所不知和专断的倾向。

亲子关系

这类人的父母也许会投入社区活动或是和改革有关的活动，譬如母亲在社会福利住房团体里的工作就是一个例子。父母之一也可能对朋友十分忠诚。这类人往往会有单亲母亲的情况。许多从公社里长大的孩子或是由一群人养大的小孩，都有这个位置的月亮。这种情况容易培养出独立性，但也缺乏情感上的回馈。他们的母亲可能像朋友一样公平地对待他们，所以不是传统的母亲类型。这类人很少会相信血浓于水。他们和家人的关系就像朋友一样，而且家人各自独立，不像是一个团结的小家庭。

家居和饮食

这类人喜欢敞亮的环境，最好窗户很大，或是住在大楼的顶层。他们喜欢独自生活，认为每个人都应该按照自己的标准来生活，各自做自己想做的事。如果经济许可，他们的家通常有电脑及最新的音响设备；屋里往往散落着此人自己的发明或各种机械装备，而且老式和新式的都混杂在一起。

月亮入双鱼座 ☽♓

行为模式

任何一颗落在双鱼座的行星都会被介入的其他行星所感染，因此月亮落双鱼座，在解释上有无限的可能性。这个月亮的位置显然是容易受外界影响的，而且它反映出的并不一定是当下情况的真相。这类人很少有清明的觉知，他们往往会按照自己的偏好来曲解事实，或是透过粉红镜片来看自己和他人。他们之所以会曲解事实，是因为这个月亮的位置有特别丰富的想象力。这类人对奇迹和神奇的事非常相信，而且认为什么事都可能发生。基本上，他们对灵性和浪漫之事有很深的需求，他们在情感上渴望被带到一种更高昂的境界，至少有一丝丝的可能性能暂时脱离当下的现实。他们强烈的逃避倾向是源于对现实世界的苦难过度敏感，因此想要摆脱痛苦，但实际上他们并不会这么去做，因为人生其实不像他们感受的那样，而且他们还是够灵敏的。这类人也有为他人牺牲的倾向，很容易替别人感到难过。他们自己也非常脆弱易感，容易嗅出别人的脆弱，投入他人的问题里面，可以逃避自己的两难之局。有的人很渴望被需要，甚至有收容流浪者和迷途者的习惯。这个月亮的位置很可能形成对迷失灵魂的上瘾倾向，或者他们本身容易自怨自艾，一直在寻找可以拯救他们的人，不过必须深入研究整张星盘才能下论断。这类人在放松和放下执著时，才觉得比较舒服自在。有这个月亮位置的人只要受到一点约束，都不会觉得舒服。

才能

这类人在慈悲心、同理及直觉性的理解上，有与生俱来的本能。他们的灵敏度是这么高，所以不难在他们身上发现某些通灵能力。他们也有反映他人的感觉的能力，因此可以变成卓越的咨商师和治疗者，有的也能成为好演员。这类人可以和不同背景的人相处，尤其是和社会边缘人相处时特别感到自在，还有的人可以和精神上有困扰或是有犯罪倾向的人自在地相处。他们往往也有艺术方面的才华，如绘画、舞蹈、戏剧、音乐及舞台剧的表演才能。

需求

这类人很需要别人的同情或扮演救赎者的角色。与神奇浪漫的事物接触，可以为他们的情绪带来一种幸福感。其中有的人很喜欢和人及环境融合；还有的则喜欢退回内心世界，以得到安全感。他们会以不付出承诺、维持出入的自由来保护自己。追求艺术和灵性的发展，他们才能获得滋养。

压力下的反应

容易受外界影响会导致这类人很难专注于眼前的情况，而且容易出现优柔寡断、糊涂、方向不清及缺乏自信的倾向。他们经常有逃避的行为，或是借由酒精和药物寻求慰藉。他们在关系中也可能出现相互拖累的情况，即使他们本身是清醒的，爱人也不一定能处在这种状态。他们也会有怠惰、无定见、容易受人影响的特质，月亮落双鱼座的人是很容易上当受骗的。如果星盘里还有其他元素的影响，就会令他们逃避困难及不舒服的情境，继而变得懒散和不诚实。另外，如果星盘里有其他的影响力，也可能让这些人变得自尊自重，有坚强的毅力。除非有明显的土星能量，否则这类人不容易有清楚的界限感。

亲子关系

母亲或其他照料者可能被这类人看成受害者，而成全了他们的救赎倾向，他们真的可能变成母亲的救赎者。有时他们的照料者也习惯于为别人牺牲，因此让他们学会扮演这样的角色，或者总是想避开这样的情况。这类人的母子关系通常没有清楚的界限，因此他们必须发展出情绪的界限感。他们通常很难与人分手。

家居和饮食

他们很渴望家能变成一个庇护所和闭关的地方。有的人很喜欢住在水边。他们喜欢家居环境里洋溢着波希米亚的氛围，所以对不整洁有某种程度的包容性。音乐通常是他们生命中的主题。我发现这类人没有特别偏好的食物，对各种口味的食物都勇于尝试。

月亮呈空相

在月亮离开它所落入的黄道星座之前，如果没有和任何行星形成主要相位（合相、对分相、四分相、三分相及六分相），我们就称之为“月亮呈空相”（The void of course moon）。有的占星家也会把十二分之五相及平行相（parallel，**译注：类似合相**）包含进来，这么一来月亮呈空相的概率就减低了。让我们先撇开这个受争议的论点不谈。其实月亮每两天半就会换到另一个星座，因此每隔两天半它就会呈现一次空相。在时辰占卜星盘（horary chart）里面，月亮呈空相具有很重要的意义，它代表“事情很难有成果”。但就是因为事情容易悬而未决，所以我们必须在日常层次上考量月亮呈空相的意义，同时也得思考它是否值得被考虑进来。

在推进法（transit 或译为推运）的层面上，月亮呈空相通常和错误的开始以及出差错有关。在月亮呈空相的时段里进行的采购，通常买的都是些无用或不正确的东西。同样的，在此时成立的企业或开展的事情，最后也会证实是费时或浪费钱走错了方向。最有名的例子就是 1993 年的英国国家赛马活动，由于那段时间月亮正呈空相，所以发生了许多意外事件。有的占星家会在这个时段里避免作任何决定或订任何约会，因为他们认为当时下的决定往往都是不实际的，而订下的任何约会也都可能出差错。大家一致的看法是，月亮呈空相的时段最好用来灵修，进行和物质次元无关的活动，譬如冥想、游戏或睡觉，这是一段适合“存在”而非“作为”的时间。

我绝对主张个案要开展重要的事业计划时，应该避开月亮呈空相的时段。为某个事件作决定而设定一张占卜星盘时，几乎所有的占星师都会避开月亮呈空相的时段。然而，我也确信如果是日常生活的层面，则不需要太担忧这个问题，因为我经常发现即使在月亮呈空相的时段里订下约会，最后那个约会也没出现什么问题，除非有其他的要素干扰了这项计划（譬如推进的土星和本命的水星成对分相)。无疑的，事情当然也可能在月亮呈空相时出一些差错，但即使月亮没有呈现空相，事情也可能出差错！另一个必须考量的观点是，即便月亮呈空相时作的决定最后证实是费时费力，我们仍然应该迎接其所带来的挑战和机会。某些传统占星师看到星盘里有月亮呈空相的情况时，往往会阻止当事人生小孩，我个人并没有看到明显的证据足以支持这种说法，或许我们必须更深入地加以研究才行。不过，即使这个观点最后证实是真实的，也必定会在星盘里找到足以支持这个观点的其他要素。

有一个非常著名的例子，那就是罗伯特·肯尼迪（Robert Kennedy）的本命盘里的确有月亮呈空相的情况。罗伯特是他父母 9 个孩子里的第 7 个小孩，也是约翰·肯尼迪的弟弟。当约翰·肯尼迪被选为总统时，罗伯特·肯尼迪也当上了司法部长而成为他哥哥的左右手。罗伯特花了许多年的时间才克服约翰被枪杀这件事，而且有好多年他都活在哥哥的阴影下。1964 年他被选为纽约州的参议员，后来在 1968 年的 6 月 5 日竞选民主党总统候选人时遭到暗杀。他当时极有可能成为美国总统，而且很努力地投入于选举，原本是主战派人士的他，后来却成了反越战的支持者，极力主张解决贫穷问题和人权议题。如果他没死的话，是极有可能变成美国总统的。罗伯特·肯尼迪的月亮和本命盘的太阳几乎成六分相，但由于这个相位正在出离（separating），因此他落在摩羯座 28 度 27 分的月亮尚未进入宝瓶座之前，并没有形成任何重要相位。他的这个呈空相的月亮是落在第十宫，这或许代表肯尼迪家族的宿命似乎就是要进入白宫，但月亮呈空相显示出的“事情很难有成果”这个说法，却印证了未进入白宫之前就被暗杀这件事。不过月亮呈空相并没有阻碍他生小孩：来自一个虔诚的天主教家庭，他总共生了 11 个小孩！

其他还有几个线索都能显示罗伯特的早逝。举个例子，他有 7 颗行星落在与死亡攸关的天蝎座，或是与北半球的冬季有关的摩羯座、宝瓶座及双鱼座。更明显的是火星几乎与下降点成正合相（许多被暗杀的名人都有火星落在下降点或七宫里），这显示出被攻击的可能性，而落在天蝎座则代表这种攻击是致命的。从罗伯特·肯尼迪的星盘看来，他可能很容易感觉受别人攻击，我们很难想象他如果真的变成总统，而且在这个职位上的时间比他的哥哥还要长，该如何面对心中的罪咎感和自我谴责。落在天顶的木星虽然看起来很美好，但由于它是落在摩羯座，所以能量是衰弱的，而且主宰着第八宫，并且和冥王星成对分相。这张星盘的确十分符合行星的显达（dignities）理论（请参阅 236 页），或许月亮落摩羯座的这个弱势（detriment）的位置，与月亮呈空相有相同的意义。

奇怪的是，印度的甘地夫人和罗伯特·肯尼迪一样也是被暗杀的，她同样也有月亮的空相，而且是落在摩羯座 28 度，和她本命盘里落在天蝎座的太阳形成正在出离的次和谐相。黛安娜王妃以及吉米·亨德里克斯（译注：Jimi Hendrix 是美国著名的一位英年早逝的黑人摇滚乐手，过世时年纪才 27 岁），都有月亮呈空相的情况。虽然如此，我还是认为不能单凭月亮的空相就断定一个人会早逝，星盘里的其他重要元素也得考量才行。也许本命盘里呈空相的月亮真正代表的是，一个人在人生里设定了某个目的，但基于某些理由，让这个目的很难有成果。这也许是一种空穴来风的想法，但你禁不住会认为这类人因为踏上自己选择的道路，而没有履行宇宙安排的宿命，

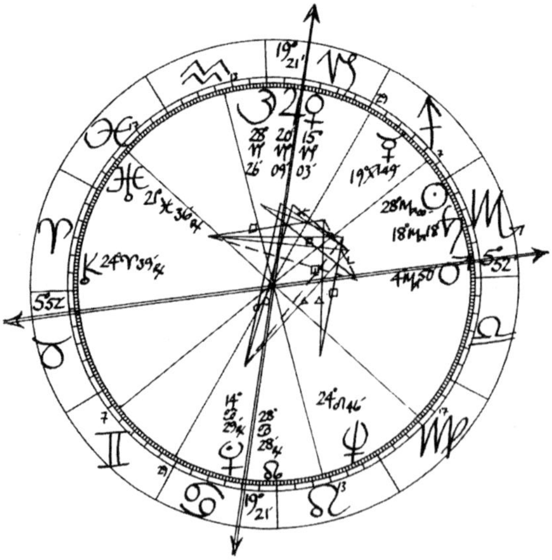

罗伯特·肯尼迪的命盘中有月亮呈空相的情况，观其政治际遇，验证了“事情很难有成果”的说法。

所以遭到了不幸。

水星 ☿

宁愿沉默不语，被当成傻瓜看，也不想轻易把话说尽，而丧失了质疑的可能性。

——亚伯拉罕·林肯

如果愚痴是一种恩赐，那么这个男孩追求的就是未经稀释的快乐。

——《泰晤士报》引用的校园报道

天文学

水星是跟太阳最接近的行星，而且距离不可能超过28度。这意味着在天宫图里水星和太阳可能落在同样的星座，或是落在太阳前面或后面的那个星座。水星和太阳很接近，也意味着你很难在日落或日出前看到水星。这颗行星既看不到月亮，也没有大气层，据估计，它的内部有70%都是金属。

// 和太阳的距离：大约是3600万英里（5790万公里）。水星的轨道不是正圆形，所以它的距离可以从最近点2800万英里（4500万公里），至最远点4300万英里（6900万公里）。

// 直径：约为3030英里（4878公里），它排在冥王星之后，是我们太阳系里最小的行星。

// 恒星周期（大约是绕太阳公转一周的时间）：88天。

// 逆行周期：每4个月左右，逆行20至24天。

神话学

希腊版本的水星就是天神赫尔墨斯，他是性爱冒险之神宙斯和仙女迈亚的私生子（一夜情的产物）。这是宙斯犯下的不忠行为之一，他善妒的妻子赫拉为此深感痛苦，赫尔墨斯的诞生可以说是宙斯罪行活生生的佐证。

赫尔墨斯生下来的第一天就偷走了哥哥阿波罗的一群牛（有些版本的说法是赫尔墨斯诞生下来 5 分钟之后，就偷走了这些牛），我们可以把这件事推演成赫尔墨斯感到无聊，所以喜欢恶作剧！为了不被人发现，赫尔墨斯把特大号的凉鞋倒过来绑在牛蹄上，使它们看起来好像是被带着往反方向走，他自己则穿上了由桃木枝和柳枝编成的大号凉鞋。

接着他又偷了 55 头小牡牛，从其中挑选了两头最肥的，然后机灵地用两根木棒摩擦生火把这两头小牛煮熟了，再把牛肉分成 12 块送给奥林匹斯山的 12 位天神。其他的小牛，他也如法炮制分给了众神。

他日落之前悄悄地爬回到自己的摇篮里，装作什么事都没发生的样子。但阿波罗还是运用他的神力发现了真相，于是把赫尔墨斯抓到父亲宙斯的面前接受惩罚。赫尔墨斯矢口否认了偷窃的事，不过宙斯仍然逼他招出了真相。这时赫尔墨斯必须以三寸不烂之舌说服宙斯，才脱得了身。宙斯被他高超的说话技巧说服，不但不觉得生气，反而对儿子的才华很感兴趣。他虽然惩罚了赫尔墨斯，最后还是派给他许多任务去执行。这则故事还有下文，但已经足以说明水星的特质——言行不一、善于欺骗、机灵、巧诈、消息灵通、有协商能力，而且有商业才华。当然那些被藏起来的小牛，代表的就是最早的绑架形式——把值钱的东西扣下来作为谈判的筹码。

水星的复杂面向

水星一方面可以用简单轻松的方式来诠释，但也可以用更复杂的方式来阐述，这种特性是所有行星中最明显的。从简单的角度来看，水星关切的是沟通、旅行及思考，还有在心智和物质次元上产生联结作用，但若想了解它更深的特质及和其相关的生命领域，就必须领略水星更复杂的面向，同时要参照任何一颗落在双子座（以及重要性比较小的处女座）的行星，落在三宫里的行星（以及三宫的主宰行星），还有这些行星坐落的星座、宫位及相位。

沟通

天宫图里的水星能够描述出：

// 我们思想的内容。也要考量水星落入的星座，举个例子，水星落在金牛座比较偏重金钱或饮食方面的考量，水星落射手座则会思考生命的意义，或是规划下一次出国的旅程。

// 我们谈话的内容。这也跟我们想些什么有关，譬如金钱、关系、政治、食物、上帝等。

// 我们沟通和谈话的方式。关于这点，水星的整个复杂内涵都必须加以检视，特别是与水星形成的相位。水星也可以描绘出我们的沟通方式，譬如嗓音是低沉的，还是高亢的？说话的声音很大，还是喜欢低语？有没有口吃，速度快或是慢？语调是不是带有愤怒，还是有嘲讽意味？很有礼貌或是提不起劲？会不会立即回复别人的信件？写的信是长篇大论，还是三言两语？信件的内容是否充满着机智、情感、想象力，还是据实以报？我们是怎么打电话的——喜欢打电话，还是不喜欢？会不会花一整天的时间打电话，还是会按下答录机不听电话，理由为何？

沟通和信息传递

占星学的诠释之所以如此困难，就在于每颗行星及象征符号都必须和其他的行星串联在一起。水星的诠释尤其困难，因为它扮演的是其他行星之间的中介角色。星盘里的水星代表的是我们把信息传达给其他行星的方式，它的作用比较像是灵魂的接线总机，负责把信息传达给人格的每一个面向，再把每一个面向的信息传送到外在世界。因此，水星不但能描述这些信息的内涵，更代表我们传达、接收、消化及处理这些信息的方式。

水星在关系中扮演的角色

信息的传达方式攸关它们被接收的方式，这提醒了我们水星在关系中的确扮演关键性的角色——所有的关系——因为关系里的一切问题都源自于沟通上的困难，包括无法有效地沟通，或者缺乏聆听及理解能力。

语言、觉知和理解力

宙斯命令赫尔墨斯去协助司命运的三位女神，教她们组成字母的结构，这一点很符合水星和语言文字之间的关系。水星扮演的角色和自我发展有关，因为缺少了语言文字，我们就无法产生意识活动。当我们知道某个东西叫什么的时候，就可以和这个东西对话或是和别人谈论有关这个东西的事，譬如孩子必须辨认什么是猫，成年人必须辨认出情绪上的羞耻、忌妒或哀伤等。我们一旦为事物冠上了名称，就对它产生了理解，有了理解之后，才能原谅自己和他人。清楚地理解一种情况，才能让我们往前迈进，难怪心理治疗经常被冠上“谈话治疗”（talking cure）的标签。赫尔墨斯有能力在凡人和神祇、上界与下界之间自由地出入，因此水星显然也能帮助我们探索潜意识。事实上，心智上的任何一种探究和质疑的作用力，都需要用到水星的能量。

心智的作用力

虽然我们很难透过星盘判断一个人的智力（智力是经由学习而发展出来的，

所以是一种水星的活动)，但水星的确可以说明我们的思考过程。从水星可以看出我们消化和处理资讯的方式，我们会根据自己独特的世界观（由星盘里的其他元素所代表）来进行这个活动。身为众神的信差，赫尔墨斯是唯一可以到处走动的天神，他可以和凡人交谈，也可以和众神交谈，而且他能够在神人之间传递信息。同样的，我们的心智活动也是不受限制的，我们的身体可能无法到达所有的地方，但头脑却办得到。

学校以及早期教育

三宫代表的是我们早期受教育的阶段，水星也有关联，不过三宫或许能更正确地描绘学校的真实环境，水星则能说明早期的学习过程以及和学校的关系。水星（落在三宫的行星、三宫宫头的主宰行星以及落在双子座的行星，也要一起观察）也可以正确地描绘出我们的兄弟姐妹的状况，譬如可能一个兄弟姐妹也没有；或者他们比较年长或年纪小一点，可能是男的或女的；我们也许容易和他们起争执，也可能负责把他们带大或是被他们带大；或者我们很崇拜他们，但也可能憎恶他们；兄弟姐妹之间也许有争斗、彼此妒忌等。从水星也可以看出兄弟姐妹的健康、工作或其他细节。

赫尔墨斯是太阳（父亲）和月亮（母亲）之间的信差，因此在受孕和生小孩的时段里水星变得很活跃，应该是理所当然的事。由于兄弟姐妹经常把父母的信息传递给其他的兄弟姐妹，所以水星才被视为太阳和月亮之间的信差。我们有时也把兄弟姐妹当成中间人，要他们向父母传达自己难以启齿的话，譬如“告诉老妈，我今天晚上不回来睡觉！”

交涉、协议及交易

星盘里的水星显示出一个人在交涉及达成协议上的才干，身为众神的信差，赫尔墨斯被委派的任务就是签订条约。以另一个观点来看，每当我们试图与某人或某件事达成共识时，也等于是在签订某种条约，而成功地签订条约或完成一笔交易，往往是在所有的参与者都欣然达成共识时。赫尔墨斯的第二个工作就是促进贸易。有趣的是，赫尔墨斯本来就是主掌利润的神祇(不论合不合法——水星的作用完全和道德无关)，他同时也是辩才无碍、掌管冒险游戏之神。水星在各式各样的交易、交换或是与中介有关的活动里，都扮演着主要的角色，这显然包括了旅行业、语言转译及其他的中介行业。在零售业里，批发商就是一种中介角色，因为他是制造商和消费者的中间人。同样的，商店老板也等于是制造商和消费者的中间人。买卖行为通常会涉及许多联络工作，当然也包括许多协商过程，而经商的艺术就是消除购买者的迟疑心态，其方式便是运用语言上的说服力和细微的观察来达到目的，难怪赫尔墨斯会被视为辩才无碍和理念之神。

运输及短途旅程

缺少了运输，商业行为就不可能达成，因为货物必须从甲地送到乙地。“传送”这个词以及“传播”这个概念，或许可以视为水星的重点。落在三宫的行星也许比水星更能贴切地描绘运输、短途旅行、兄弟姐妹及上学的阶段之类的事情，但水星在这方面也是重要的元素。任何一颗落在双子座的行星，加上三宫宫头的主宰行星，都能提供进一步的资讯。整个与水星相关的复杂元素都能阐述以下面向的意涵。

// 短途旅行，以及从甲地传送到乙地的所有面向。当然，这包含了身心之间的所有活动，而学校自然也是我们学会把事情串联起来的地方。

// 我们会去哪里？以及为什么要去？我们作短途旅行的目的是为了享乐，还是工作或其他理由？

// 我们会以何种方式旅行？是坐公车、汽车、火车，还是骑脚踏车？我们会绕远路，还是走捷径？什么因素会影响我们的选择？我们会时常旅行，还是喜欢待在家里？（请留意射手座和土星都可能跟火车有关。水星或双子座被强化往往喜欢骑脚踏车；海王星及水象星座被强化则代表喜欢搭船；月亮或巨蟹座被强化，可能偏爱开拖车出去度假。火星一向偏好快速，土星则比较缓慢谨慎，依此类推。）

水星逆行

如果太阳的运行速度比另一颗行星要快，而此行星从地球的角度来看似乎是向后走的，这时逆行的现象就出现了。水星每 4 个月就会以大约 3 星期的时间呈逆行状态。不知多久以前，占星师便开始将逆行的水星和各式各样的忧虑联结在一起，因为这段时间沟通可能会出错，譬如信件、电子邮件或其他信息的传递不顺利，或者安排的事情可能出差错，通常是因为线路交错而出现问题。这段时期展开的事情往往需要重新来过，因此这个阶段通常和误解、运输困难以及各式各样的混乱情况有关。

传统占星学对水星逆行的解释论点无疑有其可行之处，但是以我的观点来看，其实不需要太钻牛角尖，除非星盘里有其他支撑点，譬如水星出现许多困难相位或月亮呈现空相。事实上我们会发现，当水星逆行时事情还是会按照计划进行，而且暂时走偏了也不必看成是负向的事。在某种情况下，逆行的水星甚至是有用的，譬如与旧识重新有了联系。这段时间也可以用来回想一下自己说了些什么、想了什么，或者有什么该写而没写的东西，这是一段有利于重新来过和反省的时段。但是当我们想借由占卜盘来断定是否该开展事业时，可能还是要避免水星逆行的时段。在预测未来的工作上面，碰触到水星移位而改变方向的年份时，占星家通常会认为这是很重要的参考点，但我并不确定逆行的水星在本命盘里有多么大的重要性。

赫尔墨斯、旅行及运动鞋

除了输送物资和人之外，赫尔墨斯的第三个工作就是保护旅人的权益，譬如充当导游，在十字路口标明分界点和地标等，或是在岔路旁立起石头神像（希腊文称其为herma）。当我们面临人生的十字路口时，也必须使出抽离、从侧面思考及应变的水星能力。赫尔墨斯的角色更延伸至帮助亡灵过渡到阴间，这时他的名字就变成了“引灵者赫尔墨斯”（Hermes Psychopompos），而非天神赫尔墨斯了。借着宙斯馈赠的金缕鞋的神力，赫尔墨斯变成了众神之中速度最快的一位，没有一位天神能超过他的速度（我们脑子的运作速度也是最快的）。在现今特别重视水星的社会里，我们很容易把运动鞋和类似的软鞋，看成是现代版本的赫尔墨斯金缕鞋。水星人很喜欢这一类的鞋子，因为穿上它会让他们觉得来去自如，而且不会发出太多声响。水星人一向喜欢匿名行事，因为这样可以不必为任何后果负责。

偷窃和说谎

在某些版本的神话里，赫尔墨斯诞生后的第5分钟就懂得行窃了。偷窃以及早熟的行为通常和太早断奶有关，不过这里的奶指的不是真的奶，而是父母的养育方式（宙斯、迈亚及赫拉都不是陪伴在孩子身边的父母亲）。反社会行为通常就是源自于被父母排拒（尤其是母亲）的心理创伤，不过和父母疏远，特别是母亲，也可能是一种恩赐，因为可以培养出随机应变的能力，以及勇于尝试的实验精神。和母亲有紧密联结也许会抑制住这些倾向，于是实验的能力就受到约束了。

赫尔墨斯生下来不久就有小牛可玩，而且还利用小牛做成了里拉琴（lyre）和龟甲。当然，lyre这个词后来又逐渐演变成了liar（说谎者）这个词。因此，星盘里的水星也可以显示出我们说谎的方式、说谎的理由以及说谎的态度。水星关切的是信息的传播，但所有的信息一传播出去，都会变成“一半的真相”。事实也有可能造成误导，因为大部分的事实都不过是一些意见和故事罢了。也许所有的概念都是偷来的，而且极少是原创，因此水星的确描述出了我们一般所认为的偷窃，但也可以用比较具体的方式来思考偷窃的真实意涵。

青春

赫尔墨斯虽然喜欢偷窃、捉弄人，好嬉闹，但仍然赢得了众神的宠爱。他的应变能力、沟通技巧以及来去自如的行动力，都代表他是最有价值的盟友。他有无数次帮助众神脱离困境，而我们本身的清晰思考、应变力以及从侧面看事情的能力，也往往能帮助我们脱困。赫尔墨斯另外一个受欢迎的原因，可能是因为他对自己和人生都不太认真，他总是轻松有趣，洋溢着青春气息。同样的，我们对年轻人也比较会抱持宽大的胸怀，对年轻人犯的错也比较容易原谅。

水星和都市生活

占星家帕姆·泰勒（Pam Tyler）在那本不幸已经绝版的著作《水星》之中，早已观察到水星人很能适应都市生活。都市里发生的事实在太多了，而且每件事都不断在改变。人活在都市里等于是无名氏一般，可以自在地观察，而不必然会受到别人的观察。如同帕姆所指出的，水星的性格里带有偷窥狂倾向：间接地感受人生的激情，自我投入得不深，总是停留在经验的边缘地带。都市生活和水星的生活方式不外乎就是自由地出入、随时变换，以及在必要时找个托词搪塞一番。都市就是贸易基地，也是小偷最喜欢窝藏的地方。

21 世纪的水星

今日的社会显然就是水星的社会，不断有人拥进都市里生活，不断地出现年轻人、运输和教育方面的问题等现象，都足以证实上述所言不虚。再也没有比移动电话的发明更符合水星的特质了，同时我们也无可避免地联想到人类已经感觉乏味透顶，这导致了一种越来越被声音侵蚀的文化，而且制造出了更多的枯燥感，就如同人在吃东西时必须细嚼慢咽才能尝出滋味，生活亦然。摩登男女内在有一种总想保持年轻的冲动，同类疗法可能会把这种现象诠释成社会的发展已经进入梅毒（毁坏的）时代，而古代人治疗梅毒的方式，就是把汞（mercury）制成药剂。

金属

汞（又称水银）是跟水星有关的金属。虽然它被定义为金属，但其实是一种银色、无味、有重量，又带有高度污染性的物质，它在加热后会快速蒸发，但是在室温下却又会变成液体。它的原子量（atomic weight）比铅要重，且密度高到连最重的东西放在里面都会浮上来。“像帽商一样疯狂”（mad as a hatter）这句话，就是源自于帽商将硝酸银搓进布料里来保存帽子的故事。时间久了之后，吸进去的汞会导致人格的改变，其所引发的“帽商颤抖症”（hatter's shakes）也容易演变为神经紧张和早发性痴呆症。水星的符号看起来就有一点像戴着帽子的男人，而神话里的赫尔墨斯戴的也是一种旅行者的低顶宽檐帽。帽子的作用当然是保护我们不被太阳灼伤，而这两颗行星在天空里很少是距离遥远的。我观察到喜欢戴帽子的人的星盘里，这两颗行星都有紧密的合相，如果这个合相是落在牡羊座这个与头部有关的星座，那么此人一定喜欢戴帽子！

大部分的人补牙用的填充料都是由汞合金做成的，其中有50%是汞（其他的材料还有银、锡以及别的金属），近来大家已经知道这可能是毒性最强的非放射性金属，甚至有人担忧它的安全性，这份恐惧已经让好几个国家禁止使用这种材料。有许多疾病都和汞中毒有关，包括阿尔茨海默症、帕金森症、慢性疲劳症及多发性硬化症，这种金属会污染到神经系统——与水星有紧密关联的组织系统。这些疾病的症状中有一些和所谓的“疯狂帽商症”（mad hatter's disease）很相似，帕金森症患者也会出现类似的颤抖现象。

身体

由于神经系统扮演的角色，是将信息从大脑传递到身体的各个部位和器官，所以无疑的水星在这一层面扮演了重要角色。我们的肺部及呼吸器官也属于水星及双子座的管辖范围，包括手脚也是帮助我们从 A 到 B 的重要部分，所以水星也可以告诉我们有关四肢的情况。

赫尔墨斯的手上拿的是一根缠绕着两条蛇的权杖——大部分人认为一条代表女性，另一条代表男性——这根权杖后来变成了医疗行业的象征符号。之所以会形成这种现象，可能是因为这根权杖可以让赫尔墨斯拥有催眠的法力，或者因为赫尔墨斯与炼金术有关，而医学和药学的前身就是炼金术。不论历史的典故是什么，那两条蛇很显然代表的就是阴阳两种能量，它们缠绕的那根权杖则可以诠释成人体的脊椎。这两条蛇刚好绕了 7 圈，因此我们几乎可以确定这代表的就是 7 个脉轮——身体的电磁能量中枢。这根权杖也可以看成是 DNA 的双螺旋。

大范围

水星与落在双子座的行星以及第三宫（国家的命盘和其他的事件派星盘），都代表一个国家的语言文字和整个电信系统，包括邮政及电话服务。一个国家的学校、图书馆、对教育的态度及运输系统，也都跟水星的输送活动有关。由于水星关切的是贸易行为，因此从国家的天宫图里的水星，可以看出此国的贸易方式、对象和物品。

水星入十二星座

水星入牡羊座 ☿ ♈

水星落牡羊座的人不可避免地会觉得别人的思维速度太慢，他们喜欢直接切入重点——事物的核心，而不喜欢绕不必要的圈子，特别是太阳也落在牡羊座的话，这种倾向就会更明显。这个水星的位置是直截了当、不迂回行事的，这类人的思维快、说话也快，而且往往缺乏技巧。这类人有能力立即作决定，能快速找到问题的解答，缺点则是不容易看见别人的观点，也不懂得协商。他们可能立即下结论，为别人发言或作决定。在教室里或沟通交流的情境里，这类人总是等不及要提出答案，他们很想说出“我知道答案是什么”。他们也经常在书本上写下自己的想法，或者在句子底下画线和标明重点（在书本上留下他们个人的标记）。

水星入金牛座 ☿ ♉

思想清晰、能按部就班地学习或教导别人为其特质。他们有能力深入浅出地表达，以稳定、单纯、不慌不忙的方式传达讯息。他们会尽可能以视觉或逻辑的方式来呈现想法，或许是这个理由，所以水星落金牛座一向和塔罗牌有关，特别是太阳落在双子座，因为你可以亲眼看见生命的一些启示。这类人也可能对艺术感兴趣，或是倾向于思考金钱和物质方面的事，他们会在财务和土地上做许多进进出出的交易。他们通常有美好的嗓音，特别是水星和金星有重要相位的话。这类人下决定会比较缓慢，而且很难改变信念，在想法上相当执著。他们的电脑或其他工具很少被换掉，因为他们喜欢老机器带来的熟悉感。在沟通交流方面，这类人可能会显得不受他人的哀伤或快乐所影响，原因是金牛座有一种天生的淡定倾向。

水星入双子座 ☿ ♊

因为水星就是双子座的主宰行星，所以这个位置是强而有力的，代表此人会有敏捷的头脑，对新观念和实验抱持开放态度；虽然这些人缺乏贯彻的信念和毅力，但语言和心智上的敏捷反应却能带来补偿。这类人的意见不会受道德偏见所影响，比较容易被事实左右。他们很容易感到乏味，有能力在同一时间接收外来的各种刺激。这类人能言善道，永远在忙碌，急着从 A 转到 B，而讲话时喜欢手舞足蹈，而且总是一边走一般思考。他们各种书都喜欢阅读，任何人的话都有兴趣听。他们喜欢搜集各式各样的观点，对猜字谜和纸牌游戏十分有兴趣。

水星入巨蟹座 ☿ ♋

这类人喜欢把讯息记录下来，而且也有这种需求，因此这个水星的位置比较有利于写日记，当馆长。他们会将演讲录音下来，因为回来之后还可以重复播放，仔细地温习。通常他们对历史也很感兴趣。他们的记忆和触觉往往会联结在一起，有的水星落巨蟹座的人特别喜欢用手来感觉。有一位著名演员的水星和上升点合相（水星被强化的位置）落在巨蟹座，他因为喜欢摸女人的胸部（巨蟹座）而变得声名狼藉。这个水星的位置也利于当餐厅老板，因为水星的商业才华，加上巨蟹座的滋养能力以及和食物的关系，可以完全结合无间。这类人也渴望找到一个像母亲一样的人来倾吐心里的话，当然，许多水星落巨蟹座的人也可能扮演这样的聆听者角色，而且往往是专注和富同情心的。他们在接收和传达事实的时候，可能会受情绪影响，而且个人的主观感受也可能导致诠释事实时不够客观，甚至觉知不到这种倾向。

水星入狮子座 ☿ ♌

表达意见时信心十足，至少看起来很有信心，或者很善于虚张声势。这类人的自尊心会是学习上最大的障碍，因为他们很难承认自己是无知的。由于学习必须从底层开始，因此这类人表现出的“无所不知”倾向，令他们不容易谦虚地学东西，如果太阳是落在处女座或巨蟹座，困难就会减轻一些。这类人在表达事情时会加油添醋，显得很戏剧化，只要有观众，他们就会变成“晚餐后的主讲者”，如果星盘里还有其他类似的影响力，这种倾向就会更明显。主宰贸易的水星落在管辖银行的星座上，令这个位置的水星在银行业或金融业工作得很顺利。这类人虽然相当主观，但通常是忠诚的，他们不会在朋友背后说闲话。

水星入处女座 ☿ ♍

这是一个善于分析和质疑的水星位置，这类人很努力地想保持客观。他们会仔细地搜罗资讯，并且有分类和归纳的才能，所以知道如何让资讯变得有用。善于处理细节，令他们有能力不厌其烦地学习、分析和利用资讯，因此这是一个有利于专业训练的水星位置。这类人也往往对健康议题很感兴趣，而且渴望谈论和撰写这方面的文章。另外，他们也喜欢探讨和思考与工作有关的议题，不过他们对笨人很没耐性，但却能欣赏人生的荒谬性，继而发展出一种幽默感。

水星入天秤座 ☿ ♎

有能力对别人的意见和想法作出反应，因此这个水星的位置能对他人产生同理心。这类人非常清楚别人在想什么，虽然他们对自己的意见并不十分确定。能对别人的思想作出反应有利于这类人从事咨商工作。这个水星的位置在个人表达上会带来优雅的态度、高超的技巧，以及有办法以最友善的方式传达事情，这会令水星落天秤座的人深具说服力，但不一定是完全诚实的。这类人之中有的能同时赞成对立的两派意见，有的则会不停地衡量，很难下决定。这个位置有利于投入美容业的管理工作，也利于公关和外交领域。

水星入天蝎座 ☿ ♏

这个位置会带来简洁和机智的表达能力，能一针见血地把事情说清楚。这个位置十分有利于阴谋论者，因为他们对人性总是抱持着犬儒主义、阴暗或毫不退缩的诚实观点。他们对心理议题也很感兴趣——若不是在学术领域做研究，就是试图洞穿人们的行为举止，他们喜欢涉猎性、死亡、医药、玄学以及生命的各种神秘事物，虽然这个位置也暗示着沉默寡言——除非必要，否则不会透露内在的想法，但也有人只要一开口说话，就会显得非常热情而全神贯注。当他们展现出强烈的激情时，别人可能不太愿意与他们唱反调。这个水星的位置也代表心智充满着活力，当别人都熟睡时，他们还在读书或做研究。他们非常能理解唯心思想，而且善于表达，只要他们的心专注在某个事情上面，几乎没有无法理解的东西。他们和兄弟姐妹的关系里可能带有忌妒的成分，他们的四肢也可能相当有力量。

水星入射手座 ☿ ♐

这个水星的位置代表心胸开阔、喜欢享乐。这类人可能经常旅行，特别是星盘里还有其他因素支持这一点的话。这个水星的位置有利于从事旅游业、导游及长途驾驶的工作。这类人也有说故事的才能，虽然他们说出的故事可能不够精确或缺少细节，但这些奇闻逸事总是十分有趣，而且能引出背后的意义和目的。有这个水星位置的人具有宏观视野，容易掌握事物的重点，这类人似乎天生就该评论宗教、政治和哲学议题。射手座关切的是特定情况下的道德议题，因此这个水星位置也是相当带有批判性的，不过这类人也往往有开放的观念，愿意在证据未足之前先假设他人是无辜的。

水星入摩羯座 ☿♑

这类人有能力管束自己的思想，排除纷飞的杂念，全神贯注于手上的事情。他们的头脑相当有组织力和效率，所以非常有利于管理和任务的达成。有许多高尔夫球选手都有这个水星位置。同时他们也很适合做牙医和正骨医生。这类人在说话和听取资讯时非常谨慎小心，他们不喜欢在理由不充足的情况下随便开口。他们希望自己的想法能得到别人的尊重，而且不喜欢被当成傻瓜，他们甚至会去上发声学的课，以便能正确地说话和表达。他们深受父亲的想法和意见的影响。这个实事求是又踏实的水星位置，往往会带来保守的思想和说冷笑话的幽默感。

水星入宝瓶座 ☿♒

这个水星的位置会带来想法及意见上的独立性及客观性，这类人会聆听他人的观点，但不会全盘接受，他们也会质疑政治上的宣传和广告上的销售伎俩。他们只对眼睛看得见的真相感兴趣，每当他们听见某件事时，首先会提出的问题就是："这是真的吗？"许多有这个水星位置的人对人性及大自然都很感兴趣。他们的兴趣非常广泛，但也可能有无所不知的专断态度，而且不害怕与他人的意见相左，不论这种冲突是否恰当。典型的水星落宝瓶座的人，认为是什么就该说什么，如果他们告诉你"你看起很漂亮"，这绝对是他们真正想讲的话，"诚恳"是这个水星位置的重点。这类人的心胸是开放的，然而一旦作了决定，却很不容易改变。

水星入双鱼座 ☿♓

水星入双鱼座是它的失势位置，因为这类人的方向感很弱。他们很容易迷路，即使那个地点是他们十分熟悉的。这个水星的位置会带来敏感性和容易受影响的倾向，而且会导致误会和曲解事实。但这类人也有能力渗透到别人的头脑里，反映出对方真正的观点和想法。这是一个非常有同理心的水星位置，有的人甚至能远距离地体会到他人的心念。他们对声音及发音也很敏感，有模仿才华（许多善于模仿的谐星，都有这个位置的水星），特别是星盘里有强烈的双子座倾向。这类人也很重视经验性的学习方式。这个位置的水星和舞蹈或戏剧治疗有关，这类人可能会借由舞蹈或音乐与人交流。

金星♀

有魅力的人都善于掩饰，他们掩饰的其实是对他人赞美的依赖性。

——西里尔·康诺利（Cyril Connolly）

如果对自己的感觉很差，你就会反过来排斥别人。

——格拉费欧（S.A Grafio）

天文学

从史前时代开始，人们就发现金星是太阳和月亮之外最明亮的一颗星星。大约日出前 3 小时及日落后 3 小时，单凭肉眼就可以看见。它反射出 80% 的阳光，月亮则仅仅反射 7%，所以金星看起来比月亮明亮得多。事实上，月亮和地球的距离比金星近了 100 倍。金星通常被视为我们的姐妹行星，因为它的大小、质量和密度与地球十分相似。它的环境极为恶劣，温度很热（比水星还热），而且完全是干燥的。金星被旋转的浓云所遮盖，而这云层是由硫酸的水滴聚合成的，不但会积累热气，而且会造成酸雨。金星闪耀出的黄光，是数个世纪以来诗人们灵感的泉源，而造成黄光的就是这云层。据研究，它的外层大部分是由火山岩构成的，甚至还有活火山正在爆发。它外层的许多特征都是以女性为名，其轨道则是所有行星中最圆的（就像女性的身体一样），运转速度也是最慢的（反映出金星的懒散特质）。金星和天王星一样是由东向西运转（与其他行星不同），这意味着它的日出是在西方而非东方。从地球透过望远镜来看金星，你可以看见它的许多变化阶段与月亮很类似，当金星最接近地球时，会呈现出大而明亮的月牙形状，和地球距离最远的时候，则会变成银色的小圆盘状。金星也跟月亮一样与情感变化的历程有关，而且也会经历不同的阶段。

// 与太阳的距离：大约6700万英里（1.08亿公里）。

// 直径：7521英里（1.2104万公里），只比地球小了一点。

// 恒星周期（大约是绕太阳公转一周的时间）：225天。或许由于金星公转太阳一周最慢可以到243天，所以它没有磁场，这反映出与金星相关的被动心理特质。

// 逆行周期：一年不会超过43天，有的年份甚至完全没有逆行的情况。

神话学

罗马神话里的金星，就是巴比伦神话里的伊师塔（Ishtar，意为最闪亮的星星），也是北欧神话中的芙瑞亚（Freya），以及希腊神话中的阿佛洛狄忒（Aphrodite）。这颗行星的神话传说都和女性有关。司命运的三位女神派给阿佛洛狄忒的神圣任务就是做爱，以及鼓励别人做爱，所以她管辖的是一切生物的繁衍问题。有一次她犯了错，被正在织布的雅典娜逮到，于是她很大方地道了歉，从此以后就不再工作了，因此天宫图里的金星位置代表的是我们比较被动和懒散的生命领域。坊间有许多讲述阿佛洛狄忒生平的版本，其中，《荷马史诗》将她描述成宙斯和海洋仙子狄俄涅的女儿；另外一个比较受欢迎的是赫西俄德（Hesiod，希腊口传诗人）的版本，将她描述成从海中的一个贝壳里诞生出来的女神。据说乌拉诺斯的阳具被克罗诺斯去势后掉落大海产生了细细的泡沫，从泡沫中诞生出了阿佛洛狄忒，在这个版本的神话故事里，她是一个没有父母的女神。阿佛洛（Aphro）的意思就是泡沫，但也暗示着精子。从“阿佛洛狄忒”（Aphrodite）这个词，又延伸出了“春药”（aphrodisiac）这个词——能够激起和加强性欲的饮料或其他物质。阿佛洛狄忒似乎是从贝壳里诞生的，而许多海产（尤其是牡蛎）也往往被当成催情的食物。

陪伴在阿佛洛狄忒身旁的有白鸽、燕子及三位美德女神（或慈善女神）——由宙斯和海洋仙子欧律诺墨所生的三位美丽、满面笑容、善于舞蹈的女神，她们分别是阿格莱亚（代表光辉）、欧佛洛绪涅（代表喜悦），以及塔利亚（代表欢乐）。这三位女神永远彬彬有礼、温柔、优雅而迷人，她们为阿佛洛狄忒换衣服、沐浴、梳理头发，以及用香油替她按摩。她们无论走到哪里，都会带来和平与快乐，同时也将艺术、音乐、舞蹈及爱注入人们的生活中。

阿佛洛狄忒是众女神之中最美丽的一位，当她进入奥林匹斯山时，所有的天神都想和她结婚，因而招致其他女神的忌妒。为了阻止可能发生的问题，宙斯将她许配给有畸形足的冶炼之神赫淮斯托斯（罗马神话里的沃肯），因此这是一桩最丑的天神和最美的女神结合的婚姻。赫淮斯托斯长相丑陋、跛脚，而且脾气很坏，但手艺却无与伦比。罗伯特·格瑞夫斯（Robert Graves，1895—1985，英国诗人及小说家）告诉我们：“新铜器时代的每一种工具、武器或器皿都有魔力，因此当时的艺匠几乎像是魔法师一般。”赫淮斯托斯的冶炼室就在火山里头，这暗示着他不仅有力量，而且有令人窒息的激情。他利用他的神奇技艺为阿佛洛狄忒做了许多珠宝和首饰，其中最精致的一件就是由纯金打造带有魔法的腰带，这条腰带能确保所有的天神和男人都会禁不住地爱上穿戴它的人。已经美得无以复加的阿佛洛狄忒很少把这条腰带借给别人，也很少把它解下来。据说阿佛洛狄忒不太在意下嫁给赫淮斯托斯，某些版本认为，她相信这样就可以拥有外遇的自由。当然，赫淮斯托斯已经留意到她喜欢和别的对象调情，而且十分在意这件事，甚至设下了金网把全身赤裸的她和阿瑞斯困在里面，惹来其他天神在一旁看笑话。我们可以推测阿佛洛狄忒在赫淮斯托斯的丑陋外貌对比之下，可能会显得格外美丽。也许我们可以说这是一桩外在美与内在美、艺术和手艺结合成的婚姻，当然她很看重他送的这些首饰，许多女人也会为了经济利益而待在一桩婚姻中，这桩婚姻和大部分的婚姻一样是带有互补性的。另外一个理由是赫淮斯托斯真的认同阿佛洛狄忒的美；离开真正爱我们和赏识我们的人是很困难的事。

阿佛洛狄忒曾经有过无数次外遇，对象有天神也有凡人。她最著名、维持最长的一个情人就是阿瑞斯（火星)。赫淮斯托斯也带有火星特质，因为他的工作就是用火来冶炼东西，但阿瑞斯带有火星入牡羊座的特质，赫淮斯托斯则表现出火星入天蝎座的特质。阿佛洛狄忒和阿瑞斯生了三个孩子(她和狄俄尼索斯、阿多尼斯及其他天神也生了一些小孩)，但没有和赫淮斯托斯生下任何孩子。阿佛洛狄忒时常引发忌妒的情绪，有时是她自己的，有时是她和雅典娜以及赫拉竞争而产生的，这股情绪后来导致了特洛伊战争。竞争的情绪会使人不假思索地冲进外遇关系里，因为外遇的对象有其他人来争，会显得特别有吸引力。因此阿佛洛狄忒这位掌管种族繁衍的女神，势必也会有好竞争的行为模式。竞争会加快事情的速度，如果人们有时间冷却下来的话，就不会毫不迟疑地投入于任何关系了。

享受、声色之乐及快乐

我们享受人生以及快乐的能力，很少与我们的生命经验有关，大部分是由我们的天性所决定的。金星法则与我们对美、周遭世界及其内涵的鉴赏力有关。金星能显示出我们在何处及如何从人生中获得快乐，还有我们喜欢做什么事，而这些事之中有些东西能带给我们喜悦和快乐（木星也有这种特质)。金星的相位描述的则是我们面对别人施与的接纳度，以及对命运的接受性。金星的能量和基调，则代表我们是否容易被取悦（需同时参考月亮的适应性，以及木星的信心和乐观气质)。金星的位置也代表我们会采取何种行动来令他人快乐，像取悦（please)、令人愉悦（pleasing)，以及声色之乐（pleasure）这些字眼，都带有同样的词根，因此全是由金星掌管的。当你在考量金星的内涵时，不妨问问自己什么东西能带给你感官的享受，令你觉得兴奋，使你觉得早上起床是值得的?你金星的星座、宫位及相位可能无法完整地回答上述问题，但的确能提供一个好的着眼点。

金星的符号看起来像是一个有把手的镜子（阿佛洛狄忒也被描述成手上经常拿着一面镜子)，因此金星和月亮一样也象征着映照的活动。举个例子，人之所以会坠入情网，通常是因为对方也爱上了他。人与人之间的吸引力通常是双向的，很少有一份关系是某人单方面地喜欢另一个人，如果是这种情况，恐怕也很难维持长久。当我们令对方愉快的时候，自己也会感到愉悦。

阴性法则

如果说月亮描述的是母性的一面，那么金星代表的就是迷人的女子或未婚女子。在异性恋男子的星盘里，金星的能量会投射出去，因此代表的是他的女性情人。男人星盘里的月亮也象征他生命中的女性，不过他的月亮和金星既有可能彼此冲突，也可能是和谐的。最典型的一个例子，就是当一个男人娶了金星或月亮之中的任何一种类型的女性，往往会觉得少了另一种满足感，而会不由自主地去寻找其他特质的女人，继而发展出外遇。同性恋的男性则可能爱上太阳或火星型而非金星型的男人；女同性恋者则会被星盘里的月亮、金星或火星代表的女性所吸引。每一个人的五宫、七宫及其主宰行星，也暗示着关系上的选择。

施与法则

金星描述的是一个人施与的欲望和能力，包括时间、情感、金钱，或是这方面的阻碍。在施与的时候，别人的需求通常超越了自己的需求。金星也能说明我们在压力下的适应力，星盘里金星很强的人往往很容易让步。虽然施与通常是从想要表达爱的欲望中产生的，但也可能带有暧昧的动机，以金星的模式来看，让步是比较容易的事，因为我们很怕对立。我们宁愿保持被动也不想出击，或者太渴望受人欢迎，甚至会收买别人的善意。当然，除了施与之外，金星也很重视分享。当我们在检视金星的时候不妨问一问自己，分享对你而言是不是很容易？你会把自己的哪个面向或哪部分的财物与人分享，理由是什么？哪些东西比较容易拿出来分享，哪些比较困难？金星也和接受有关，包括接受别人的爱、帮助、时间或礼物。

在古代的希腊和中东一带，“才华”这个字是用来代表钱币或重量的。我们的才华、成就和金钱都属于金星管辖，这可能跟我们如何“花”出时间、精力、金钱及热情有关。我们贡献自己和爱这个世界的方式，往往是透过我们的才华来达成的，不论这份才华与艺术有没有关系。如果我们有园艺方面的才华，那么来到我们花园的陌生人，就会从我们种的花朵中获得愉悦。或者我们正在磨咖啡豆、煎培根肉，这时我们制造出的香气也能带给别人愉悦，虽然时间很短暂。如同博伦（Jean Shinoda Bolen，美国当代精神学家）所言，阿佛洛狄忒永远会去做令自己愉悦的事，同样的，我们磨咖啡豆或种花也不完全是为了取悦他人，磨咖啡豆或种花也是一种施与的方式，一种把愉悦和爱回馈给宇宙的行为。购买东西也一样，当我们买一件东西的时候，我们通常会认为这个东西是有价值的，如果我们买的是一袋面包，就表示我们对这袋面包有一份渴望，当我们付出钱而换来面包的时候，就是在分享与互惠。

给予和接受情感的方式

我们对金星描述的是和另一个人接近的感觉是什么，方式是什么，在爱和情感的给予和接受上容易与否。举个例子，金星与木星有相位的人会自在地展现情感，但金星与土星有相位的人则会比较谨慎小心，虽然在恰当的情况下也不吝于付出爱。金星与海王星有相位的人则会借由拯救你来表达爱，而金星与冥王星有相位的人可能会很快地形成深刻的亲密关系。当然，金星在整张星盘里呈现出的各种复杂相位，更能代表其完整的心理模式。

金星、爱及亲密性

爱有许多类型：性爱、友爱、精神之爱或母爱，它会让关系里带有强烈的喜欢、深情、温柔或忠贞的奉献，如果带有火星的成分，就会出现强烈的激情和欲望。金星代表爱的所有展现方式，特别是与浪漫爱情有关的各个面向，浪漫爱情也许不会带来性的接触，但通常带有性的色彩。金星代表的是性上面的被动吸引和分享的面向，不像火星的任务是追求和征服。金星和挑逗及前奏有关，火星则代表插入或穿透。

一般而言，金星象征的是广义的爱和享受，以及我们在社交互动上的态度，包括我们是不是派对动物，是善于社交还是反社交，甚至完全没有社交性。

金星和地球的大小相似，和我们的距离也十分接近，虽然不像月球那么近。这两颗行星和最贴近我们的感觉都有关。金星一向和亲密性联结在一起，而且不仅仅是亲密关系，因为艺术家分享他们内在的感受，所以它还可以很贴近我们的内心。

宇宙的调停者

和金星相关的心理状态可能导致战争，也可能带来和平。金星有一面代表的是对和谐及和平的渴望，还有达成愿望的能力。金星的模式使我们发现了双方可以赞同的点和相似性，在这个点上我们愿意取得平衡，乐于退让，这里面有一种与他人合作及回报的动力。这颗行星的法则就是合作，让所有的关系都能成功，继而有更大的潜力带来和平、平等及快乐。

文明化效应

一个人或社会越是文明化，越不可能制造战争或其他争执。彬彬有礼是金星明显的特质之一，也是一种文明行为，因为渴望被人爱戴和喜欢，会让人愿意磨去行为的棱角，所以粗鲁或不礼貌是反金星的举动，但礼貌客气的行为却会增加人与人之间的好感，降低不和谐，带来更大的和解机会。然而从另一面来看，礼节过多也会导致阳奉阴违及不诚恳，因此，讨好、过于甜美和奉承人的倾向，也是这颗行星可能会有的行为特质。

魅力攻势

火星的模式会让我们说出“我要我想要的东西”，金星的模式则会说出“我要你想要的东西”。但金星的法则并不必然是不自私的，事实上可能刚好相反。取悦他人也可以使我们得到自己想要的东西，展现迷人的魅力则能让事情进行得顺利，而施展魅力就是金星最明显的特质之一。取悦某人就是去讨那个人欢喜，让他为你神魂颠倒，换句话说，依照阿佛洛狄忒的作风，应该会使出浑身解数来抓住对方，甚至迷倒对方。“魅力”（charm）这个词原来的意思是“有魔力的咒语”，以前的人会用咒语或唱诵的方式让我们期待的事发生，就像阿佛洛狄忒的金腰带可以令别人坠入自己的情网一样。后来魅力这个词又演变成了阻挡邪恶势力、带来好运的护身符，于是才有了幸运手镯（charm bracelet）这个东西。

忌妒、竞争和自我评价

从星盘里，我们很难看出一个人的智力，也很难衡量情感的深度，但却可以判断一个人的动机和结果。简而言之，对另一个人产生热情的感觉，代表安全感一定会被动摇。当我们恋爱的时候，往往会感受到忌妒，而且很容易有不安全感，甚至可以说安全感会从窗户飞出去。例如，当我们所爱的人和另一位异性谈话，或是多看了那个人一眼，我们多少都会有被威胁的感觉，其程度的强弱端看我们对自己的感觉是否良好了。我们可以说不安感加上欲望就等于忌妒。金星（其星座、宫位以及和它形成的紧密相位）时常会影响我们的自我评价，特别是自己是否性感、有吸引力、值得被爱。如果我们觉得自己值得被爱或是有吸引力，就比较不会觉得受威胁，但如果不认为如此（也许是金星和土星或外行星成困难相位），则比较容易感觉被威胁，尤其是在强烈地执著于对方的情况下。因此，金星往往是冲突背后的肇因，就像阿佛洛狄忒无论走到哪里都会引起战争一样。冲突经常是源自于忌妒，不论起因是爱情、金钱或其他有价值的东西。它会发生在个人的身上，也可能导致一个国家发动战争。

金钱、自我价值和暴力

金星和二宫及其主宰行星都可以描述我们的价值观，因此和金钱也有关系，譬如我们花钱是不是很小气，还是会漏财。我们赚钱或花钱是否很容易？我们把钱花在什么东西上面？理由为何？（请留意，二宫往往更能显示我们赚钱和花钱的潜力）。什么东西会让我们觉得很美丽，或是觉得有高度的价值，而让我们愿意付出钱来？当我们在恋爱时，通常会觉得对方很有价值，而且觉得对方很美；当我们得到很高的酬劳时，也会觉得自己很有价值，甚至价值感会提升；当我们沮丧的时候，花钱则往往会提高我们的兴致，至少暂时是有效的。一个人在工作服务上的收费情况，也能使我们看出他对自己的评价。金星是跟平不平等有关的行星，如果我们的长相、收入以及吸引人的能力不够，就容易形成忌妒的感觉，继而带来冲突。阿佛洛狄忒很少把她的金腰带借给别人，甚至很少把它解下来，就是从一种必须居高临下的不平等观点所产生的心态。理查德·威尔金森（Richard Wilkinson）是美国一位研究社会流行病学的教授，他用了许多例子来说明一个国家不论多么富有，如果无法拉近贫富之间的距离，或是让社会的阶级差距变得太大，就一定会导致更多的暴力、疾病、忧郁症和功能失灵。根据威尔金森的说法，住在纽约哈林区的人比住在孟加拉的人，寿命要短得多，后者虽然更贫穷一些，但因为大家都没钱，所以仍然有一种平等的感觉。

吸引人的方式

金星可以描述我们的哪些特质是讨人喜欢的，而且通常不太费力就能获得赞赏。鸟类用的是歌唱，其他动物则是发出声响来吸引异性（金星也是音乐的象征符号之一），还有一些生物会用身体的羽毛、鲜艳的色彩或壮硕的身躯，来吸引交配的对象。金星代表的吸引力和鸟类求偶时的歌唱一样，因此当我们在研究自己的金星时，就必须问自己我们拥有什么别人会羡慕或渴望的条件，这可能包括我们的财物、吸引来的人、外表或性格。由于金星有反映的效应，所以某种程度也代表我们会被吸引的东西。我们的个人特点既能带给我们更多的价值感，也可能激起他人的忌妒和羡慕。

金星与磁力

金星除了能显示出我们吸引别人的方式之外，也可能掌管着物质界的磁力，它和天王星的关系可以提供一些理解的线索。我们了解到金星关切的是“吸引力法则”，天王星则跟排斥力有关。在神话里乌拉诺斯（译注：代表天王星）遭到他孩子的背叛就是一个例子，或许这两颗行星象征的就是正负两个磁极。

品味和价值观

金星和比较、衡量及作选择的能力有关，每当我们考量喜不喜欢某个东西时，就是从金星的位置出发的活动。换句话说，它促使我们考量谁或什么是我们最重视的，以及我们的品味是什么，选择是什么。就这点来说，我们的太阳星座影响的似乎着重于另一部分。我们的品味（选择的爱人或朋友，喜欢的服装或首饰，看上眼买下来的画，听的音乐），都能显示我们是什么样的人，所以知道自己重视的是什么，或明白地显示出自己重视的是什么，都是定义我们自己的方式。和我们打成一片的人，也往往能为我们是谁下定义。我们手臂挽着那个人，既可能提升也可能降低我们在别人眼中的价值。当我们爱上一个人的时候，或许那个人不会让我们变得更有价值，但我们的价值感的确会因此而增加。难怪太阳——与自我身份认同有关的行星——与天空里的金星是那么的接近，因为我们的身份认同、品味及价值观是连在一起的，自我与价值的关系紧密到会令我们依价值系统来生活。每当我们对自己的感觉很糟时，我们的行为就可能违背自己的价值观，或者当我们不得不穿上自己不喜欢的衣服，譬如穿上一件被亲戚淘汰而又和我们的风格十分相左的衣裳，那种感觉一定很不好。

金星的星座及相位可以道出我们的好恶倾向，在某种程度上，它能描述出我们认为美丽的事物。阿佛洛狄忒只许别人重视和仰慕她，如果对方忽视了她，就会遭到恐怖的惩罚，这或许提醒了我们一个线索，使我们了解外表和环境为何那么重要。那些住在荒废的区域或不雅的房子里的人，经常会抱怨四周的居住文化都被破坏了，墙壁上尽是一些涂鸦云云，但若他们是住在符合美感的房子里，自然不会产生这些抱怨。

金星与服装

我们选择的服装也和我们在美上面的敏感度有关。我们穿衣服是为了取悦自己，还是别人？不论答案是哪一种，金星的位置和相位都能代表我们对服装的感觉，也能描述我们对他人的穿着打扮有什么偏好。金星加上木星可能会过度打扮（衣服的色彩鲜艳、缝上荷叶边，喜欢最前卫的服装，打扮得很奢华），金星加上土星则会选择低调的服装（不显眼的色彩，天然材质，旧衣裳或传统服饰）。金星加上三王星的任何一颗行星，都可能跟着流行走，或是穿着十分前卫。

虚荣与贪婪

阿佛洛狄忒的镜子以及她好竞争的个性（“谁是世上最美的人？”）全都说明了她多么以自己的外表为荣。金星最主要的特质就是虚荣和自负，而且我们不要忘了，虚荣这个词本是源自于拉丁文的“空洞”，金星的行为里面也可能有过于耽溺及迎合的倾向。星盘里的金星势力如果非常猖獗，就容易被奉承的言语打动，也容易奉承别人。希特勒的太阳、水星和金星都落在金牛座，而上升点又是天秤座，所以他星盘里的金星是最重要的一颗行星；简而言之，贪婪是他最重要的驱力。根据史蒂芬·厄兰格（Steven Erlanger，美国资深记者）在《纽约时报》登载的一篇文章，说明希特勒其实积攒了巨大的财富，过着极为奢华的生活，而且非常享受财富带给他的奢华生活。他靠着《我的奋斗》这本自传赚进了 800 万马克，“自从他当上德国元首，直到 1945 年死亡为止，希特勒总共获得各方法人团体的 7 亿马克”。这原来是别人捐献给德国供社会发展之用的钱，但希特勒似乎可以无尽地享用这笔钱。

艺术和音乐

星盘里有许多部分都代表艺术和创造力（还有第五宫、落在天秤座和双鱼座的行星及海王星），但金星主要的贡献是和谐性，并不是说所有形式的音乐、艺术或创造活动都能带来和谐性，然而金星的位置及相位的确能显示这种特质。音乐及艺术本是给予和享受声色之乐的主要工具，歌曲也是一种表达爱的方式。

身体特征

金星会带来柔和、甜美及圆润的身体特征。如果能量很明显地和月亮结合在一起，便可能偏爱甜食。金星法则乃是累积、舒适、耽溺、奢华及轻松自在，它不喜欢任何粗糙或不和谐的事物，而且本质是被动的。

金属

金星的金属是铜。拉丁文里的“铜”（cuprum）源起于神话里阿佛洛狄忒第一次出现的塞浦路斯岛（Cyprus）。这种金属呈红色，富有光泽，很容易铸造和模塑，因为它富有延展性（与金星有关的东西都带有“给”[give] 的性质）。铜比银的导电能力稍差一点，但是在传热和导电上面的性质相当优良。发电工业运用了最大量的铜——不禁令人联想起乌拉诺斯的性器官被阉割后丢到海里，从其中又诞生出阿佛洛狄忒这件事。另外一个和金星及天王星有关的事，就是同类疗法治疗癫痫症（天王星最主要的失调症之一）的用药一向是铜。铜与金钱会结合在一起,是因为钱币的成分就是铜合金。许多青铜显然也包含铜的成分，它很广泛地应用于农药及水的净化，以及糖的检测中。警察拿的警棍过往被称为“铜棒”（coppor-stick），而警察的工作就是要维护社会的和谐。

身体

金星和静脉血及女性生殖器有关，从金星可以看出一个人是否会得性病。它为疾病带来的不良影响，就在于它过度耽溺的倾向（食物或性行为），而且会带来懒惰的习性。

金星入十二星座

金星和太阳的距离永远不会超过 48 度，这意味着它要不是和太阳落在同一个星座，就是落在太阳星座前后的两个星座之一。金星和水星一样，只凭它们落入的星座是很难推敲出完整意义的，除非那颗行星的位置有强烈的能量或其他理由。一个人的水星和金星落在同一星座，或是金星和太阳落在同一星座，通常比那些水星或金星落不同星座的人，更能和他们的太阳星座相应。以下的这个重点必须加以留意：金星的相位比它落入的星座更重要。以下内文中提到的“关系”指的是各种形式的关系，而不仅仅是浪漫的男女关系。

金星入牡羊座♀♈

这类人会形成关系的动机，有点像是神话里的白马武士拯救落难少女，但我们永远不知道金星落在牡羊座的这个人是武士，还是少女（性别的指示不包含在这个位置里）。某种程度的兴奋或危险，是这个位置的金星的爱情生活主题；竞争往往是另一个主题，许多金星落在这个位置的人，很容易在情感上出现竞争性。很快地坠入情网是经常出现的现象，如果金星和火星有相位，则更容易很快地爱上一个人，但随即又感到后悔。金星或火星如果落在彼此所主宰的星座上面，都算是弱势位置，不过金星的女性法则与牡羊座的阳性法则混合在一起，却会为这类人带来特殊的光芒。他们之中有许多人都很懂得魅力攻势，因此这是一个非常受人欢迎的金星位置（好莱坞著名巨星如乔治·克鲁尼、玛丽莲·梦露、桃乐丝·黛、奥黛丽·赫本，以及其他巨星）。这类人直接和看似天真的特质，非常有吸引力。异性恋男子也可能被那些看似天真的女性吸引，但后来却发现对方其实很难驾驭。

这个位置的金星也会带来不愿妥协和自我中心倾向，有的会散发出“如果你爱我，就该给我我想要的一切”、“如果你爱我，就该让我做我自己”的讯息。金星落牡羊座的人通常会从他们的伴侣那里获得许多礼物和惊喜，因为他们的爱人会努力将其放在第一位。

这类人喜欢快速地在情感上和经济上作决定，他们对人事物有强烈的好恶，而且在情感和金钱上的态度都很冲动。有的人则会在与品味有关的事物上展现强烈的风格，譬如服装的色彩大胆而鲜艳，或是风格戏剧化。这类人通常喜欢把头发剪得很短，裙子也穿得很短。这也是个有利于美发师的相位，特别是星盘里还有其他支持这个论点的要件。

金星入金牛座♀♉

金星落在这个星座等于回到了自己的家，因此会有明显的享受人生的能力。他们很喜欢过舒适的生活（美酒、美食、艺术和音乐）。有许多人会从简单的事物里得到快乐，譬如投入于大自然、园艺和乡村生活。他们有敏锐的触觉，对织品和各种事物的形式也很有鉴赏力。这是一个有利于织品业的金星位置，也有利于从事按摩和治疗工作。如果你想取悦一个金星落金牛座的人，不妨送给她或他一些味道好闻或触感很舒服的东西。在浪漫爱情方面，必须花些时间才能接近对方，因为金星落金牛座的人不喜欢被驱迫（如果是太阳落牡羊座，领会速度则会加快）。这类人会以美好的嗓音、触觉、感觉或身体引起别人的注意。其中有许多人很懂得穿衣的艺术，或是拥有线条优美的脖子。

落在这个位置的金星会带来持久的情感和关系，但仍然需要在关系里有亲密的身体接触，如果缺少了这层满足，可能会跟伴侣渐行渐远。即使如此，最后他们还是可能回归家庭，因为他们害怕改变，比较喜欢舒适的生活，而舒适的生活还是在家里面。金星落金牛座或许是它最物化的一个位置，这类人无疑很能欣赏你的身体和他们自己的身体，但他们更想知道你的银行和他们的银行里是否有存款。

这类人显示爱最典型的方式就是透过食物——这个有口欲滞留（orally fixated，译注：源自弗洛伊德的性心理发展口腔滞留期理论）倾向的金星位置，往往把食物和性联结在一起。这也是一个有利于积攒金钱的位置，其实所有的个人行星落金牛座都有这种潜力。这类人的钱通常是透过营造业、食品业或个人产业而获得的。

金星入双子座♀♊

金星落在这个位置的人，往往以敏捷的思维、谈话的技巧和不易捉摸引起他人注意。他们通常有语言才华以及对文学和诗的鉴赏力，唱歌或说话的嗓音也很吸引人。这是一个和“甜言蜜语”有关的金星位置，因此这类人很懂得让别人放松、有技巧地进行沟通，令人感觉愉悦和得体。他们美丽的外表和一双巧手，也可能是吸引人的特质之一。他们通常很重视语言和教育，而且很少会被他人的外表或金钱长期吸引。

这类人也喜欢调情，很轻易地就能同时吸引许多对象，也可能在同时间内作出各种承诺。虽然如此，他们还是会光说不练。换句话说，他们是不太能信赖的爱人，因为只喜欢一直挑逗和招惹你，却无法真心地落实下来。他们通常不想付出承诺，因为他们很清楚自己有多么容易感到乏味。有这个金星位置的人很喜欢和爱人或朋友玩游戏，在情感和社交上保持轻松愉快的关系。事实上，真的动情往往会浇熄他们的热情，空想或幻想才能令他们保持兴趣。他们在关系里最想要的就是交谈与沟通，某种程度上，他们也想找一个可以学习的对象。

金星落双子座代表社交上的技巧，这类人对所有的人都感兴趣，可以和各式各样的人相处，如果星盘里还有其他类似的要素，那么金星落双子座的人就是天生的花蝴蝶。这类人之中有许多对他人的浪漫爱情或社交圈很感兴趣，而且喜欢做媒。他们在艺术方面也有评比的才华。他们渴望和兄弟姐妹保持友爱的关系，或是想和伴侣发展出兄弟姐妹般的关系，但还是要看整张星盘才能下判断。

金星入巨蟹座 ♀ ♋

这类人凭着同情心、浪漫情怀、自在和温柔的特质，而引起别人注意。他们也可能像小孩一样需要被滋养和保护，或者会以保护和接纳的态度对待别人。金星落巨蟹座可以诠释成“有魅力的母亲”，这类人在各种关系里都喜欢扮演父母的角色。他们渴望筑一个安乐窝，而且会基于安全感的需求结婚成家。其中有些人永远不会像爱母亲那样去爱其他人。

如果他们被你吸引，便可能以旁敲侧击的迂回方式（或者驱使你也采取这种方式）拉进彼此的情感。这类人必须明白懦弱的心很难赢得爱。他们害怕受到伤害，所以不愿在情感方面冒险，而一旦投入一份关系，却会显现出黏着的倾向，要他们放下所爱之人是很不容易的事。有的人会对青梅竹马的恋人念念不忘，或者为早期的恋情单相思，还有的会跟长期交往的男、女朋友结婚。这个金星的位置不但会让人执著于过往的爱情关系，也会难以忘怀过往的一切。这种倾向会转化成对历史和古董的热爱，或是因为想保有某些回忆而特别珍惜老旧的东西。

在社交层面，这类人表达关怀的方式是帮助你适应眼前的环境，有时会借着与人分享幽默笑话，来加强彼此的联结和安全感。金星落巨蟹座的人也常会把钱花在美化家庭或购买土地上面，或透过房地产来生财（美国房地产大亨唐纳德·特朗普 Donald Trump 的金星就是落在这个位置）。

金星入狮子座♀♌

这类人喜欢被人追求或奉承，不喜欢被忽略。他们最糟的表现是明目张胆地夺取注意力，最佳的表现则是很能了解人是需要被注意的。他们知道爱和关注都能促进一个人的自信和自尊，因此很懂得如何吸引爱人及其他人，方式是把自己的聚光灯完全照在对方身上。有几个人能抗拒得了这样的殷勤对待呢？金星落狮子座的人会让注意力变成高瓦特电力，反之，他们自己也会得到许多关注。这类人就像大猫一样很善于抚慰别人，他们自己也喜欢被抚慰。这个金星的位置与温暖、慷慨及热情有关。他们若是能从外界获得温暖，而他们的伴侣也觉得他们很独特的话，便可能以忠贞和慷慨回报伴侣。如果星盘里还有其他类似的倾向，那么这个乐善好施的金星位置，也可能促使人在世上呈现出慷慨的态度。

不可避免的，这类人的情绪一定会被夸大或显得多彩多姿，因此这是一个有利于戏剧、歌剧及娱乐业的位置。这类人会被他人的外表、创意或魅力所吸引，因为这样的人可以带出来炫耀。他们可能把伴侣当成战利品，也渴望在物质和地位上胜过周遭的人，他们希望伴侣和财产都足以令他们自豪，有的则会被名人吸引。他们喜爱金银珠宝，尤其是特别珍贵的，也可能从珠宝上面获得财富，或是把钱花在珠宝上面。这个金星的位置也跟银行业有关。这类人特别爱小孩。

金星入处女座♀♍

以健全的神智、温和的态度、不爱炫耀的本质引起人注意（如果太阳落在狮子座，这种特质就比较不明显）。这类人会被那些遭到冷落的人吸引，因为留意细节，所以任何一个有潜力成为伴侣的人都不会被忽略。虽然如此，金星落处女座的人对关系议题还是有敏锐的辨识力，所以最后大部分的对象（人和物）都可能被淘汰掉了。这类人真正欣赏的是友善的态度，也会被那些认真工作的人吸引，不论那份工作有多么卑微。他们也可能以这种特质吸引别人，他们的伴侣或许也是透过工作结识的。

处女座是个独立自主的星座，即使投入一份关系，仍然拥有完整的自我。他们表达关爱的方式是仔细听你说话，满足你所有一时兴起的欲望，所以是很好的护理人才。不过他们也可能企图改造你，这意味着某种程度的分析和批判。

金星落处女座和各种品味上面的敏锐辨识力有关。这类人如果在艺术领域里工作，可以善用这份明辨美丑与价值的能力。这个位置也利于其他行业，因为他们知道该雇用什么人，该避开什么人。在品味方面，他们显得比较低调，不喜欢太夸张或炫耀的服饰，即使财力足够也是如此。支持慈善组织的二手货商店（charity shops）特别适合金星落处女座和双鱼座的人。这类人偏好天然材质的衣料，喜欢手工细腻、量身定做的服装。他们也特别爱护动物，影星碧姬·芭铎（Brigitte Bardot）就有这个位置的金星。由于这类人热爱他们的工作，在金钱方面也比较小心，所以通常在经济上很成功。那位说出“把便士顾好，英镑就不会出问题”（take care of the pennies and the pounds will take care of themselves）的人，或许就有金星落在处女座。

金星入天秤座 ♀ ♎

金星这个攸关于人际关系的行星，落在婚姻、伙伴及一对一的关系的星座上，是非常强而有力的位置。这使得我们立即领会这个位置的主题就是关系。这些人会被优雅、有教养以及志趣相投的人吸引，他们也往往以这些特质引起别人注意。粗鲁的行为通常是他们最排斥的，更重要的是他们喜欢有人陪伴，不喜欢独处。他们热爱婚姻生活，容易把婚姻理想化，也容易失望；由于他们太渴望与伴侣结合，也太渴求和谐，所以要如实看待对方是很困难的事。这类人爱他们的伴侣的概念甚于伴侣本身，因此一听到对方想结婚的风声就开始彷徨，也是不足为奇的事。

这类人多半有姣好的外表，容易被别人的肤浅美貌和友善态度吸引。天秤座是个犹豫不决的星座，因此金星落在这个位置上，代表此人在选择伴侣方面可能不易作决定。换一位更年轻的模特儿来代替老伴，很少是这类人的目标，但有时也会出现这样的结果，因为他们容易被那些对他们展现出高度兴趣的人引诱。

他们善于分享，希望关系里的每件事都能达成互惠目的。这意味着要他们在施与受上面作出决定和行动总是很困难。天秤座和金星都关切和平议题，这会带来妥协的能力和解决冲突的意愿。由于他们特别重视和谐、和平、良好的关系，因此相当有外交手腕及协商才能，也有治疗能力，懂得以得体的话语和方式来安抚人，但竭尽所能地避开冲突，也会使他们不去面对应该处理的问题，因此事到临头的时候，原先的意见差异往往已经演变成不可收拾的战争。

艺术、法律或音乐方面的喜好，可以让这类人和他们的伴侣结合在一起。

他们的伴侣也可能为他们的经济带来巨变，而且变好变坏都有可能。他们的经济来源也许是艺术工作或法律诉讼。

金星入天蝎座♀♏

金星入天蝎座是它弱势的位置，因为这个代表爱与和平的行星，落入了最激情、最不愿妥协的星座。这个星座的确和报复、憎恨以及几乎被冻结的深层情绪有关，难怪金星落天蝎座的人不会以轻松的态度进入一份关系，也无法轻松地离开一份关系。“如果我爱你，就甘愿为你死”是这类人的爱情纲领。虽然这个位置与最激情、最富占有欲的情感及行为有关，但这类人本身不一定有强烈的占有欲，反而可能激起对方的这些特质。他们的爱与竞争性往往同时产生，兄弟姐妹、朋友及爱人之间也经常出现竞争和纷扰。一般而言，这个金星的位置不容易学会分享，他们害怕别人偷走他们的爱人或值钱的东西。但也可能恰好相反，因为有的人显得特别慷慨，甚至因为这份特质而造成许多损失。行星落天蝎座一向有极端的表现。

这类人容易被复杂、神秘及深不可测的人吸引，他们本身也可能散发出表面平静而内在有强烈情感的一种吸引力。他们外在的状态往往不是内在的真相，喜欢尝禁果的倾向，也是吸引人的原因之一，他们的亲密关系可能出现某种程度的混乱和戏剧化情节。或许是因为受到冥王星的影响，所以这类人的关系经常带有禁忌成分。举个例子，他们可能为了种族、宗教、过往的情感纠葛、复杂的财务状况，或是为了同性恋议题及其他社会偏见，而不得不为自己的关系抗争。这类人最主要的困难也许就是不信赖。如果只有金星落在天蝎座，便可能太信赖自己的伴侣而受到严重伤害，但如果有许多行星都落在天蝎座，则可能像猫捉老鼠一般，永远在检视着爱人或密友。

品味方面，这个位置与各种形式的艺术有关，而且喜欢强烈的色彩。如果星盘里还其他要素的支持，这类人的钱财便可能与死亡的过程有关（照料重症病患，或是承办丧葬事宜），也可能透过遗产、保险、共同资产而获得金钱。

金星入射手座♀♐

这类人的乐观、良好的幽默感或是逍遥及观望态度，都十分吸引人。他们也可能借着异国风情引起别人注意，或者会特别留意带有异国风的事物。金星落射手座往往被慷慨、轻松、勇于冒险的态度吸引，但非常排斥狭隘平庸的生命态度，有的人则表现出充沛的活力（譬如美国黑人流行乐女歌手蒂娜·特纳 Tina Turner）。他们的伴侣或许来自教育界或不同的文化及信仰，因为这样的关系可以让他们探索世界、教育自己，但他们也可能因亲密关系而转变了原先的信仰。对这类人之中的某些人而言，与朋友或伴侣分享相同的道德价值，是很重要的事。这类人对爱情和经验都带着一种随他去的乐观态度，因此当爱情结束时，也绝不会闷闷不乐太久，人生和爱情在他们眼里都是一场冒险，当然也不是他们最终的目的。他们通常觉得未来比过去的吸引力更大一些。他们的好奇和喜欢找乐子的倾向很能感染别人，不过也很容易不安于室和感到乏味。在人际关系上，他们需要足够的自由和空间，有的人则渴望探索各式各样的关系，但很少有人能轻易付出承诺。幽默、勇于冒险、喜欢玩乐的他们，只要一感觉关系变得太沉重或紧张，就会想找个出口逃掉。他们对爱情有很高的理想，但24小时里面只有7小时与伴侣在一起，关系可能很难维持长久，而且他们总觉得围墙另一边的草比较绿一些。

如果他们的人生目标是教育他人，通常会以正向乐观的方式令学生觉得学习是有趣的。这类人本身也十分热爱学习，同时也有潜力爱上帝，被各式各样的宗教和哲学吸引。

这个位置在金钱上面是很大方的，如果还有其他要素的支持，则会在海外的经济投资上获利。

金星入摩羯座♀♑

有这个金星位置的女性可能显得很沉着，往往以高尚、泰然自若及专业素养引起别人注意，男性则会被典雅及高档次（high-market type）的女性吸引。在工作层面以及社交情况里，他们会被专业人士或是有效率的人吸引；他们喜欢懂得自制的人，他们自己也会以这种特质引来注意。金星落摩羯座的人会很认真地看待他们的关系，而且对爱情鲜少有幻觉，会付出极大的努力让关系顺利。他们的伴侣往往是透过事业活动认识的。这个金星的位置也代表爱人和自己的年龄差距很大，有这个金星位置的女性经常被年长的男人吸引，有点像是与父亲结婚的意味，因为她们在乎的是安全感和成就，不管双方的年龄是否有很大的差距，这类人之中有许多是基于地位和安全感受到而进入一份关系。他们本身会被得体的举止吸引，所以也会以得体的行为方式获得信赖；即使遭到革职而感觉非常不爽，他们也不会在众人面前使你难堪。在浪漫关系和各种社交情况里，他们都想展现高尚和受人敬重的态度，很少有人会耽溺在轻浮的行为模式里。如果金星的位置很显著（与上升点合相），那么金星落摩羯座就可能显现出无瑕的肌肤、整洁的牙齿及美好的骨骼构造。在公众场合里，这类人很懂得控制情绪，但往往也是“专业魅力施展者”（professional charmer）。摇滚乐（由摩羯座管辖！）或古典音乐领域里有许多这一类型的人，其他的音乐领域里也有这类人，理由是歌曲为爱情下了许多定义，借由歌曲人们经常探讨爱的现实面和痛苦，而这些都很符合土星类型的金星（译注：土星主宰摩羯座）。知名人物包括法兰克·辛纳屈、伊迪丝·派雅芙（Edith piaf）、猫王、罗比·威廉斯、艾丽西亚·基斯（Alicia Keys）、贾斯廷·汀布莱克（Justin Timberlake）、比约克（Bjork）、小甜甜布兰妮、多明哥，以及多莉·帕顿（Dolly Parton）。这个金星的位置也和那些买卖宝石、奇石或是制作珠宝的人有关。

金星入宝瓶座 ♀ ♒

大自然的美及朋友的陪伴最令这类人感到快乐。他们非常喜欢朋友，而且朋友往往会变成爱人，或让爱人变朋友，这两者之间没有明显的界限。他们会以令人耳目一新甚至怪异的作风吸引人，开放和友善的行为举止也很讨喜（他们也会被这种特质吸引），还有的人会以“酷酷”的作风受人欢迎（譬如早期好莱坞著名的老牌明星马琳·迪特里希 Marlene Dietrich）。

虽然这类人很友善，喜欢社交和宴会，但是在亲密关系上却倾向于保持距离。她们的追求者最后可能都会遭到排拒，或只是保持友善的距离，因此她们虽然喜欢朋友、也需要人陪伴，却往往成了独行侠。这类人的朋友或爱人可能来自各个阶层，他们可以不在乎阶级、收入、肤色或信仰。这类人偏爱那些与他们十分不同的普通人，或是某社交圈外的人，他们之间的关系总是带有一点反传统色彩。

所有落在宝瓶座的行星都带有独立特质，金星落宝瓶座可能代表独立的女性，或是被独立的女性吸引。这类人在选择伴侣及朋友上面，也不受家族、社会或友人的价值观影响。他们比较会被别人的内在而非外表吸引，尤其在意对方是否诚恳。他们会以主动展露兴趣的方式吸引对方。还有的人会觉得他们是在帮助对方成长和发展。他们也会对那些热衷于人道议题的人感兴趣。

他们很享受大自然，优美的风景（越开阔越好）通常能振奋他们的精神。他们很喜欢机械装置，愿意把钱花在上面，所以这类人的金钱通常是浪费在朋友、电器和科技用品上。

金星入双鱼座 ♀ ♓

这个金星的位置会让我们联想到公主、美人鱼、芭蕾舞者或电影明星。这是一个比较被动的位置，这类人只需要眨眨眼就能引起注意，不需要说太多话或做太多动作。有的人则容易被人引诱，而且对任何事都很开放，因此容易在关系里迷失自己。如同金星与海王星有紧密相位一样，他们也会在爱情关系里作出牺牲，或是把自己完全交出来，营造关系往往是他们逃避单调乏味生活的途径，这类人渴望或需要把自己献给某个东西或某个人。金星落双鱼座是强势的位置，但是它的被动、和善于诱惑的特质，以及容易与人合作的倾向，却间接促成了对女性的性别歧视。这类人的缺点就是不容易有果决的立场。

其中有些人很难在情感上付出承诺。他们不知道自己是否真的爱你，可能只是想沐浴在你对他们的爱之中，而付出承诺往往意味着没有其他的可能性了。他们渴望的其实是爱情一开始的浪漫和充满思慕的感觉，因此这个金星的位置一向和占有欲无关，也不喜欢被婚约捆绑。有的人比较喜欢柏拉图式的关系，也容易进入这种关系，这是因为他们会被精神性的爱或大爱吸引；性行为对他们而言可能太粗糙了些。如果星盘里还有其他相似的要素，便可能以看似缺乏安全感或郁郁不乐的气质引起别人关注，对方也会因为这样的特质而产生想要拯救的欲望。因此，反过来看，他们也会被懦弱及无法处理生活的人吸引。这其中也可能有上瘾的模式，可见他们的关系除了要处理界限问题之外，还要处理依赖性的问题，有时也会出现钱财方面的纠纷。

从好的一面来看，这类人可以借由容易亲近和善于接纳的本质来治疗别人。这个位置的金星也会热爱音乐和舞蹈，尤其是后者。所有的行星落在双鱼座都和脚部有关联，因此这类人往往会把钱花在鞋子上面，而且很喜欢足部按摩。

火星♂

认真的竞赛运动就是免除射击的战争。

——乔治·奥威尔（George Orwell）

暴力乃是文盲者的机警应答。

——萧伯纳

天文学

// 与太阳的距离：大约 1.42 亿英里（2.28 亿公里）。

// 直径：大约 4222 英里（6794 公里）。

// 恒星周期（大约是绕太阳公转一周的时间）：687 天。

// 逆行周期：每两年逆行 80 天左右。

// 卫星：火星有两颗卫星——阿萨夫·霍尔（Asaph Hall）于 1877 年所发现的戴莫斯（Deimos 代表恐慌）以及弗伯斯（Phobos 代表畏惧）这两颗卫星。

神话学

在罗马人的眼里战神有很高的地位，因为他是社区的保护者及防御者。他主宰着春天、生育、农业及战争。但希腊神话里的阿瑞斯却是一个声名很差的神，因为他不懂得控制自己，很容易被激怒。《荷马史诗》不断地把阿瑞斯描述成嗜血、愚蠢及对错不分的莽夫，他经常受伤、打败仗、发牢骚，却对自己的子民和孩子很忠诚。如果你知道他的双亲是谁，就不会为他的性格感到惊讶了——他的父亲就是到处留情，从奥林匹斯山投下霹雳闪电的宙斯，母亲则是善妒爱报复的赫拉。阿瑞斯的第一个老师是普里阿普斯（Priapus），他把舞蹈及战争的技巧教给了阿瑞斯，同时也是掌管园艺和葡萄酒园之神。他的名字后来延伸意义为“持续性勃起”（priapism），意思是勃起的阴茎因无法射精而痛苦。阿瑞斯没有妻子，但是和阿佛洛狄忒的关系却远近驰名，后者就是前文提到嫁给冶炼之神赫淮斯托斯的女神。阿瑞斯有许多小孩，包括和阿佛洛狄忒生下的 4 个孩子，他是唯一会采取行动保护他所关心的人和孩子的神。火星的驱动力会促使我们投入，虽然有时也会出现不当的干预，但绝不会袖手旁观。陪伴阿瑞斯上战场的通常是他的妹妹厄里斯（不和之神）以及她的儿子史特瑞夫，还有他自己的两个儿子戴莫斯和弗伯斯（畏惧与恐慌）。在战事里，阿瑞斯往往会选错边，他在特洛伊战争里对抗的是希腊人（他自己的族人），所以基本上等于是在对抗自己的最高利益。每当我们太轻易地被激怒时，就等于在对抗自己最高的利益，我们可能为自己带来严重的问题，也会让那些支持我们的人感到不悦。每当我们昂起头确立自己，或说出“我想要”的时候，我们就是在冒着被拒绝的危险，换句话说，我们会变得十分脆弱。

行动法则

火星代表的是热情、驱力与行动力，它为星盘里的其他元素注入燃料，促成了所有的行动。火星的星座及相位往往可以提供我们行动方面的信息：什么会促成行动以及我们会采取什么行动。

大胆出击与害怕受伤

火星主宰着黄道第一个星座——牡羊座。如同这个星座一样，火星也有一种开创的动力。每当我们首度做某件事，譬如发动一个活动或计划时，我们就有可能犯错而使自己出丑。火星如同希腊天神阿瑞斯一样，也是一个战神，但不一定是胜利之神，事实上他经常失败。只要我们有胆量去做一件事，便可能因失败或犯错而变得脆弱。星盘里的火星代表的是我们愿意冒险的领域，在这个领域里我们有胆量背离舆论、独自打拼。冒险精神可以为社会带来进步，若是没有人愿意冒险，社会就不会有进展了。我们的火星代表的就是我们会在何处、何时、以何种方式展现力量。每当我们大胆行动时，就等于是在摊牌，我们想要的东西这时很明显地表露了出来，因此也可能遭到否定。依照火星的模式，我们会说出“我想要”，但因为别人也可能说“不”，所以我们会变得很脆弱。

由于火星主宰男人的生殖器，因此不妨想象一下，男人的性器官裸露在外是很容易被斩掉的，这样我们就会明白火星的法则为什么与脆弱有关了。

耐力与勇气

我们大胆行动的能力，代表着我们的承受力和不怕出丑的勇气，所以火星往往能描述我们的耐力（生理及心理的）、勇气、持久力，以及在不完美的情况下是否能生存这件事。

自我确立法则

火星在神话里往往是为了他者而战，这是火星的驱力之中比较正向的表现，但我们也可能因此而涉入太深，最后变成为了自我和个人利益而战。基本上，我们的火星关切的就是以何种方式确立自己，或者哪个生命领域会使我们想确立自己。确立自己就是宣示我们的兴趣是什么，也代表在压力之下，可以用积极的方式维持住自己的立场。

坚持争取自己想要的东西，乃是火星生存及确立自己的一个重要面向。按照火星的模式，我们会以自己的方式进行这件事，而且准备不惜一战来获得它。人们在满足需求这方面有许多不同的态度：有的人会用眼泪攻势；有的会在幕后操纵；有的则会生闷气或争论不休；还有的人会认为自私是不对的（也许是火星和土星成困难相位），所以很难直接去争取什么东西；或者有些人是在竞争性很强的环境里长大的，所以早已学会用主动出击的方式生存；另外有些人（也许有明显的金星能量）则学会了魅力攻势。不论人们用的是什么生存伎俩，我们都可以借由火星的位置及相位来了解背后的心态，继而学会新的策略。

自我确立并不代表以粗鲁的方式对待别人，虽然错置的火星能量的确会导致此种结果，这是因为火星很容易被误用，所以才会如此声名狼藉。想成功自我确立，必须兼容并蓄地运用金星与火星的特质，因为想成功就必须懂得妥协和尊重别人的需求。如果从火星这方面来观察，通常比较容易发现我们为什么很难确立自己，这种困难很可能源自与火星成相位的行星，因为这颗行星的能量比火星更明显。另外还有一个原因，那就是我们渴望受人欢迎，想活出金星的能量；或者我们缺乏自信心，容易感到畏惧（土星）；也可能是觉得自己无能为力（土星与冥王星）；甚至认为退让比较吸引人，而且希望被当成好人（金星）等。

防卫、领域观和战争的起因

护卫我们的领土也是火星的性质之一，领土指的是我们的身体、孩子、朋友或国家。从火星可以看出我们想要护卫的生命领域，它同时也能描述什么样的人或情况会让我们感觉受威胁。很明显的，火星的目的就是要保护，但只有在个人或国家有太强烈的领域观或觉得遭受威胁时，才会形成问题。铁是跟火星有关的金属，有趣的是，研究者观察监狱里的年轻受刑人，发现缺少铁元素乃是直接导致攻击行为的原因。换句话说，当我们感到虚弱的时候，比较容易觉得不安而展现攻击性，而每当一个人或团体受其他的人或团体胁迫时，就会出现人与人、国与国之间的争端。

火星与罪行

如果说金星促使我们发现双方的共通点，那么火星法则就是驱动我们去关注相左及无法达成协议的部分。除了显示出我们在这几方面的困难之外，火星也代表太急于战斗的倾向，以及当别人没有在挑战我们时，仍然会产生这样的错觉。掌握不好的火星能量会导致攻击性和反社会行为，包括暴力犯罪在内的所有罪行，都和火星的冲动有关。以偷窃为例，虽然这是自私和不文明的行为，但的确需要某种程度的勇气才办得到，然而犯者是完全不尊重受害者的。偷窃的行为也暗示着小偷立即想要某个东西，但对获取这个东西缺乏耐性，他们无法透过努力或攒钱来获得它。

生存、竞争和运动

火星描述的是我们深层的渴望。为生存奋斗暗示着一心想活下去，所以火星和金星都可以视为享受人生的标志。火星会帮助我们存活下去，但也和所有形式的竞争有关，运动则是表达这份竞争性的良好媒介，因为透过运动我们可以和自己及他人竞赛。从这个角度来看，火星也可以视为通往卓越性的重要驱力。火星的相位、星座及宫位，往往显示出我们对竞争及它伪装成的各种形式，抱持着何种感觉。它同时可以描述一个人是否能承受失败。

精力

由于火星法则就是获取，因此它的能量如果很显著，就会为人格带来活力与兴致，但缺乏约束的话，则会变成一种蛮力，而虚弱的火星能量也暗示着缺乏动力或精力。尽管如此，火星还是与人格的形成有直接关联。我们的教育总强调人不该自私，实际上没有人喜欢当别人的垫脚石，而且我们根本不相信那些站在两派之间的人，更怀疑那些满口甜言蜜语的人，因为我们都渴望知道一个人的真正立场是什么。整体来看，人们重视的是个人有没有突出的风格，有没有魄力。只要火星的能量不失控，人类还是非常重视火星法则，因为它使人诚实，有能力完成事情。星盘里有明显的火星特质会增加一个人的火力，而且能解决缺少火元素造成的问题。

性

在性和浪漫爱情上面，火星代表的是追求、征服与插入。火星的星座和相位可以道出我们经验性的方式，它会显示出我们在性上面喜欢什么样的刺激，以及别人会认为我们有哪些特质足以引起他们的性欲。它也代表我们会以何种方式来满足需求，包括性和其他事物，或者阐明我们在追求自己想要的东西时，是困难还是容易。在一个女人的星盘里，火星和太阳代表的都是她内在的男性形象，特别是年轻男性的形象，这种形象往往反映出与她形成关系的男人的特质（包括浪漫爱情和其他关系）。同性恋男子则会被火星及太阳型的男人吸引。

对抗疾病和忧郁症

如果运作得宜，火星可以帮助我们对抗外界的压力，也能提供我们足够的精力去应付内在的压力。火星同时也代表与疾病对抗的能力，例如癌症这种疾病，我们经常听到罹癌的人提到赢了或输了他们的抗癌战争，对抗癌症是否有健康的态度，可以从星盘里的太阳和火星看出来。

得忧郁症往往有火星法则上面的问题，其成因可能是因为愤怒无法释放出来，所以转而向内攻击自己，也可能源自于无力感以及被压制的感觉。采取一些行动，因而发现自己并不是那么无助和无力，通常能帮助我们走出忧郁症。任何一位性治疗师都会建议，如果患者能够表达愤怒、怨恨以及所有的负面感觉，他们的性生活会变得比较美满，许多医学文献也都提到未表达出的愤怒，会产生性无能的症状。

生理特征

火星法则也掌管速度、锐利度和热度。火星的能量会使任何一个被它触及的行星及宫位加快速度，所以此人会迫不及待地表现那个领域的特质，也会在那个特定领域里变得冲动或积极。

金属

与火星相关的金属是铁，它可以用在与防卫性相关的事物上，譬如铁门、铁柜、铁甲、头盔等。基本上，铁是用来防御外在的东西刺穿进来，以往美国和苏联之间的所谓“铁幕”，代表的就是这两国中间的屏障。铁是一种很容易取得的金属，打从史前时代人类就一直用它来制造工具和武器，它富有伸缩性且坚硬，反应性也很高，容易腐蚀掉。但铁制成的东西很快会生锈，如果保护不当，没多久就被分解掉了，因此它虽然坚硬，但做成的东西相当容易毁损。火星是所有与铁有关的职业及工业的象征符号，特别是跟农业、建筑、战争、厨房或与手术用具相关的工业。古早以来火星就被称为红色星球，它的红色源于表层的氧化铁。那些头发呈红色或铁锈色的人，星盘里也往往有强烈的火星倾向，而且通常与上升点有重要相位。

身体

火星主宰着储存和制造热量的肌肉，也主宰男人的性器官。动脉血和这颗行星特别有关，身体里65%的铁都在红血球里。缺铁是最常见的营养素缺乏问题，而且会影响到吸氧量。在生理上及心理上，当我们感觉强壮的时候，都有一种呼吸顺畅的感觉，反之，觉得虚弱时则没有这种感受。

火星也代表各种手术、意外和伤害。意外通常是由错置的能量造成的，因此至少有一部分和火星法则有关（天王星则代表出乎意料和令人惊讶的事）。咬伤和咬的动作也属于火星管辖，烫伤、刀伤、擦伤及蚊虫叮咬，也都和火星有关。所有的发炎情况（心理及生理的），也都由火星管辖，包括扁桃体炎、结肠炎、肝炎及各种溃疡症。

大范围

再提醒一次，火星是所有发炎情况的促成者。在一个国家的星盘里，火星往往可以说明它的领域观和攻击性，陆军和所有的军事活动都受火星管辖。它也代表一个国家的青年人、犯罪活动及暴动。火星通常与右翼政治有关，因为它偏好竞争和企业发展。

火星入十二星座

火星入牡羊座♂ ♈

性格特质

火星落在自己的星座上面，会增添勇气、力量、胆识、热情，以及快速采取行动和作决定的能力。由于不害怕投入，所以这个位置的火星会为一张星盘带来领导潜力。这类人十分独立，喜欢以自己的方式做自己想做的事，他们也比较喜欢独立作业，因为别人的速度都太慢了！这类人缺乏策略，喜欢以直截了当、自动自发的方式做事，这个位置也有利于竞赛运动，譬如赛马或赛车等。他们的愤怒很容易被挑起，但很快就平息了，这个火星的位置带有侠客罗宾汉或红花侠（Scarlet Pimpernel）的特质。

压力下的反应

如果星盘里还有其他元素的影响，这类人就可能出现与挫败感有关的种种反应，而且会有不合作、强求、盛气凌人和轻率的举止。这类人一开始做事很有冲劲，但不一定会彻底完成，因为他们缺乏毅力，除非星盘里有其他的影响力。他们也可能过于喜欢争第一。这个火星的位置也经常遭到意外，特别是头部与脸部容易留下伤疤。

性

他们在性上面很直接，享受追求的整个过程，但是对长期的关系却不太感兴趣。对方一旦被追到手，起初的那股热情就像泄了气一般突然消失。这类人最佳的一面就是不怕率先采取行动，最糟的一面则是缺乏细腻的觉知。这类人会被精力充沛、胆大妄为的人吸引，而史蒂芬·阿若优也说过：这类人也会被穿制服的人吸引。

火星入金牛座♂♉

性格特质

这个实事求是而又实际的火星位置，会把物质的安全保障当成最重要的努力目标。这类人会为了拥有权而和你竞争，他们也可能在买东西时争先恐后，或在大减价时抢在你前面。他们积攒东西的倾向很强烈，而且渴望征服物质世界，至少不能被击垮。他们的果决力可能带来事业方面的成就。这个位置也利于营造业和农业，因为渴望看到努力有具体的成果。这类人以毫不退让的态度完成事情，而且会以踏实和毅力赢得日常的胜利。如果星盘里还有其他元素，便可能抗拒改变，要这类人改变，就像是在愤怒的公牛面前挥舞红旗一般。一味地要求别人退让和妥协，是他们令别人感到愤怒的主要性格特质。

压力下的反应

安全感遭到挑战或是被迫改变时，很容易产生愤怒。这是一个脾气很大的火星位置，原因是这类人通常会压抑和控制愤怒，所以一旦爆发就会变得很强烈。这类人相当顽固，有威吓别人的倾向，而且认同强权就是公理，但必须视整张星盘才能决定。这类人的脖子容易疼痛，这是源自于压抑下来的愤怒和未表现出来的性欲。有的人会故意或无目的地破坏东西来发泄愤怒，譬如摔盘子或砸碟子，就像“瓷器店里的脱缰公牛”（bull in a china shop）一般。从事件派占星学的角度来看，这个位置的火星可能会跟警察起冲突，或是遭到警察的威吓。他们也可能有反和平倾向。

性

这类人对自己的伴侣也有强烈的占有欲。阿若优曾经说过，火星落金牛座的男人很喜欢在关系里扮演提供者的角色，他们喜欢付账，认为这是男人应该做的事。这也是一个非常感性和性感的火星位置。在爱情或其他事情上，火星落金牛座都象征着耐力和精力。这类人的嗓音或脖子既可能是吸引人的部分，也可能是令人丧失兴趣的缺点所在。

火星入双子座♂♊

性格特质

随机应变是这类人最显著的特质，当他们被逼到死角时，总是能想出办法或借着说服力来脱身。在身体和眼睛的协调性方面，他们的反应是非常机敏的，所以擅长网球、足球及飞镖等运动。在沟通时，他们也会有竞争性，这种习性可能源自于必须在早餐桌上与兄弟姐妹抢着发言，或在人际交往间发生类似的情况；他们也喜欢辩论，有能力从相对的方向提出论点，很喜欢阅读报纸、杂志、玩字谜游戏等。他们也喜欢开车，有机械方面的才华。这个位置十分有利于新闻采访和营销方面的活动，也利于当机械师或计程车司机。他们每天进进出出，排满了短途行程。

压力下的反应

以争论和辩驳来压倒对方，会出现嘲讽和对立的话语。很容易和兄弟姐妹起冲突和竞争，而且容易遭到意外，譬如经常割伤或烧伤手。如果星盘里还有其他的影响力，那么手或四肢可能会开刀。有的人呼吸道容易感染。这个位置的火星也和蚊虫咬伤有关。

性

这类人对性有高度的好奇心，很想了解有关性的事，譬如人们在床上会跟伴侣做些什么，理由是什么？除了心智之外，身体上他们最感兴趣的部分是手。这类人会被年轻的异性吸引，或者此人的年轻外貌时常引起别人注意。他们也可能被聪明的人吸引，至少对方得能言善道，擅长写作、教学，或是有能力把雪卖给爱斯基摩人（译注：意指非常会做生意）。善于沟通、富语言才华，往往会引起这类人注意。有这个火星位置的人不喜欢沉重或一成不变的关系，但是如果对方带有轻松愉快的特质，关系就可以维持长久。

火星入巨蟹座♂♋

性格特质

火星落在失势的位置上面，会令这类人以绕圈子的方式去获得自己想要的东西。他们可能为了家族、传统及文化遗产而战，但仍然得视整张星盘而定；当他们的爱人遭到威胁时，他们会竭力保护对方。这是一个有强烈保护倾向的火星位置，但也可能在不当的情况下作出干预。他们经常为家而战，譬如争土地所有权，或是在婚姻崩溃之后与伴侣争夺房产，有的人在童年就经验了家族的不和谐，有的则是成年之后才经验到。在过往的某些文化和时代里，这类人的家时常被征召作为战争之用。他们主张为家园而战是一种爱国举动，他们也许会投入国防义勇军或地方自愿军。还有的人会为了财产的拥有权和家人起争执，同时，他们会花许多精力在家的改善上面。这是一个十分有利于 DIY 的位置。

压力下的反应

对威胁过于敏感，而造成过度维护自己，以及动不动就生气、容易被冒犯。

这类人未表达出来的愤怒，也可能导致他们经常生闷气。他们往往根据很小的证据就判定别人有恶意，而不直接的作风则会造成积怨。他们可能有胃酸过多或胃溃疡的问题，但这仍然得仔细观察整张星盘。他们对蛋以及奶蛋制品容易过敏。

性

在性上面这是一个反应灵敏的位置。是否感到安全、能不能创造安全的环境，是他们性关系中的重点。由于他们对忠贞的要求超越一般人，因此他们的伴侣每晚都得定时回家。未解决的愤怒、与母亲的竞争议题，或过早断奶带来的问题，都可能投射到亲密关系上面。在性方面的表现，对女人的胸部上瘾，或是被胸肌发达的男人吸引，都是这个位置常见的现象。

火星入狮子♂♌

性格特质

这个位置的火星跟勇气、骑士精神以及为荣耀而战有关。当这类人感受到他们的优越感（不论真实的或想象的）被质疑时，往往容易展现愤怒的情绪，因为他们厌恶被藐视，所以当他们的自尊心受伤时，很容易和别人起冲突。这个位置的火星有利于西洋棋、骑马射击、决斗、击剑等运动，特别是拳击比赛（无论是当观众、亲自参赛或成为参赛者的伙伴都很适合），他们会因为自己有运动本领而感到光荣。为了国王或国家而战，也和火星入狮子座有关，因此共和党和皇室都有这个位置的火星。

压力下的反应

这个像是挂了“大奖牌”的火星位置，带有炫耀、虚张声势及雷声大雨点小的特质。这类人可能因为太骄傲而不屑于表达愤怒，但其实很容易感觉受辱或遭到人身攻击，只要别人的语气里带有一点嘲讽意味，他们就可能记恨许久。由于火星是落在固定星座上面，所以他们不容易摆脱愤怒。我有一位朋友到现在还时常谈论很久以前遇到的一件事：某天她去市场购物，在某个水果摊挑水果时，那个摊贩很不客气地讽刺她说："亲爱的，这里又不是他妈的哈罗斯百货公司。"这句话令她到今天还时常挂在嘴巴上。

性

这类人会被富有创意和全心投入某件事的人所吸引。他们渴望自己的伴侣是值得自豪、足以向他人炫耀的人。如果你想让这类人印象深刻，不妨买最贵的戏票送给他们。假如你追求的是一位火星落狮子座的人，就必须让对方感觉他们是独特的，过于刻薄和小心眼往往会让这些人丧失兴趣。一般而言，他们会被戏剧化的情境和享乐的活动吸引。

火星入处女座♂♍

性格特质

这是一个有利于手艺人、木匠和工匠的位置，而且经常成为个中专家。这类人会被错误的运作方式和不周到的服务激怒。他们可能把精力发泄在改善眼前的情况，也可能为了小事而光火（甚至可能向小虫子或小宠物宣战）。他们的适应性、善于处理细节的能力，可以发展成科技方面的才能。火星落处女座使人联想到红十字会、开救护车、服兵役等概念。在工作时如果他们被指责做得不够完善，或是没有条件彻底完成工作，会很容易生气或动怒。

压力下的反应

这是一个吹毛求疵、易怒和唠叨的火星位置，但却不容易爆发成盛怒或类似的情绪，除非星盘里有别的影响力。这类人容易为自己或他人的不妥当表现而生气，也不易接受自己或他人的不完美之处，因为这会阻碍他们完成任何事情。大体而言，火星落处女座最佳的一面是做事积极、乐意提供协助。这类人有时会把自己的不满投射到他人身上，令对方觉得有一点小小的不完美就会被他们攻击。

性

以往的占星家对火星落处女座的人有一种性上面的陈腐看法：因为他们不喜欢性行为之后的肮脏感，所以会不断地清洗自己。这个说法虽然不完全正确，但这个位置的火星的确和计较及难以取悦有关。这类人凭着友善的态度、工作技术或良知而引起别人的注意，同时他们本身也会被带有这种特质的人吸引。火星落处女座的女性可能长得娇小玲珑，男性也可能对这种体型感兴趣。轻描淡写的说话态度会令他们产生兴趣，但这点仍然得仔细研究整张星盘才能决定。

火星入天秤座♂ ♎

性格特质

火星落在它弱势的位置，会因为自认遭到不公平待遇而与人起冲突。这类人会把精力发泄于导正不平衡的状况上，丘吉尔和撒切尔夫人都有这个位置的火星。这类人有能力为别人争公道，所以十分有利于法律业，或任何一种涉及评判、但又能带来和平及安抚力量的工作。这类人有的能够在任何情况下施展魅力，有的则非常善于获得他们想要的东西，譬如永远能面带微笑地应付他人的要求。他们很渴望与人合伙做事，包括一起去买东西或是进行其他的大计划。有时他们也会倾全力求得别人的赞同。失聪的打击乐手埃维琳·格兰妮（Evelin

Glennie）的艺术表现，或许可以称为“打出了和谐”，她的火星就是落在天秤座，与上升点合相。我见过许多鼓手的星盘里都有这个位置的火星。

压力下的反应

这类人要不是和自己的伴侣竞争，就是和别人竞争伴侣。他们会把愤怒投射到别人身上，认为自己才是公平的、合理的或爱好和平的一方，别人则是怀有敌意和强求的一方。这个火星的位置带有强烈的党派观念，而且好争论，内心不安，也不和谐，其理由是他们太容易从特定的面向去看事情，或是以太不实际的强势态度要求对方合作。他们必须更留意自己的情绪，才能为关系带来和平。

性

这类人很文明，不喜欢粗鄙和混乱的性行为，他们会被比较开放、令人愉悦的人吸引，当然，他们本身的这些特质也是吸引别人注意的原因。他们会积极地寻找伴侣，在性方面的议题上是直接而果断的，而且可能早婚或很早就有了固定的亲密关系。

火星入天蝎座♂♏

性格特质

火星落在自己的星座上是强而有力的位置。这类人会以最沉着隐秘的方式达成任务，他们很能掌控自己的精力和力量，绝不会以半调子的方式做任何事。他们喜欢秘密行动的特质十分有利于当谋略家。这类人有惊人的毅力，可以贯彻到底地执行任务，也能洞穿别人的心理状态，赢得所谓的“心理战”。他们喜欢把每块石头都翻起来看一看，研究一番。火星落天蝎座会为了忠贞的议题而不惜一战，对他们来说，背叛是很难被原谅的行为。

压力下的反应

不容易释放愤怒，有的人会因为情绪锁得很深，而且非常强烈，所以很难说粗话或将其爆发出来，也由于无法表达这些困难的情绪，所以不容易原谅或无法放下，因此外表上经常带着嘲讽，有爱报复的心态。

性

他们会被那些表面看似沉默平静、内在有强烈情绪的人吸引，至少对方得有某种程度的情绪深度，他们也会以这种特质吸引别人的注意。有这个火星位置的人往往有秘密性关系，也有能力洞穿他人的秘密，这个位置和激情及强烈的情感生活有关。一旦深刻地投入一份关系，他们就会变得十分善妒，而且会毫无理由地怀疑对方不忠。

火星入射手座♂♐

性格待质

这类人渴望对投入的计划抱持最深的信念，这个位置暗示着为某种信念而战，也可能对抗某种信念。他们可能代表自己的神向他人的神宣战，但也可能向自己的神宣战。有的人会到海外出征，或是在国外与人产生各种冲突。如果火星的位置有明显的能量，则可能有狂热的个人信仰，但不一定和宗教有关，因为也许只是容易在教育、政治或心灵议题上与人争辩。这个火星的位置是不安于室、喜欢冒险的，所以有利于旅行和户外运动，他们也很适合当男童子军或女童子军，或参加与健行有关的活动。这类人不喜欢被强加任何约束或责任。

压力下的反应

如果火星和其他行星成困难相位，则可能有自以为是或表现出正义之师的倾向。这个在政治上显得笨拙的火星位置，很容易产生“道德上的盛怒”反应。这也是个代表牛仔的火星位置，因为这类人往往有轻率和缺乏纪律的作风。不过当他们在骑马、过度伸张自我或到国外旅行时，很容易出意外。

性

这类人会被运动型或喜欢户外活动的人吸引，但也可能只是对异性的大腿和臀部特别感兴趣。有的人会被男性化的女人吸引，或是因为自己有这种特质而吸引别人注意。其中有些人会不断地更换性伴侣，将其视为探索和认识世界的一种方式。他们喜欢喧闹的特质，对那些比较细腻的人来说并不是很有吸引力。他们也可能在国外旅行时碰上不同文化的对象，而进行性上面的冒险。

火星入摩羯座♂♑

性格特质

火星入摩羯座是它的强势位置。火星受到土星主宰的星座的管束，带来了自我控制、自给自足和管理的能力。如果相位也很好，就会有责任意识、在工作上努力付出、注意力集中和懂得养精蓄锐。如果整张星盘还有其他元素的支持，则很适合从事与土地、矿石或石头有关的工作，其他像军事或需要运用力量的工作也很适合，还有的人喜欢练瑜伽。如果星盘里有别的和野心相关的元素，那么这个火星的位置就会带来最高的成就。这类人可能为权威者而战，也可能对抗权威者（也许是此人的父亲）。他们容易为他人的保守态度光火，或是为权威者的狡辩态度生气，也可能为传统和既定的习俗遭到威胁而动怒。

任何一个落在摩羯座的行星都带有阶级意识，所以这类人也可能产生被来自不同阶级的人威胁的感觉。

压力下的反应

这个带有僵硬的上唇（译注：英国常用的俚语，形容性格坚强克己）而又自给自足的人，往往会借着严厉、尊贵的外壳护卫自己，而且绝不轻易流露脆弱的一面。他们对父亲的愤怒如果不解决，便可能无意识地将其投射到权威人物身上，譬如工作上的顶头上司。如果火星与天王星有重要相位，那么此人或他们的父亲就有可能动换膝手术。

性

这类人的性与地位往往是联结在一起的。他们会不断地提升自己的地位或改善他人的地位。女人容易被年长的男人或父权式的男人吸引，或者被从事农业、矿业及带有斯巴达作风的人吸引；有时她们也会被那些俭朴、刚强、严厉的男性吸引，自己也可能以这种特质吸引别人。他们的关系经常有年龄方面的显著差异。权威人物或带有权威气质的人都可能吸引他们。在任何一种关系之中，掌控性都会是主要的议题。

火星入宝瓶座♂ ♒

性格特质

这类人具有真正独立自主的精神，而且会竭力维护自己的独特之处。他们很不喜欢和别人一样，可能为了反传统议题而抗争，但也可能对抗反传统的行为。有的人会被无法掌控及独立的作风威胁，因此这个位置的火星不一定是永远反传统的。这类人如果觉得自己或他人缺少了自由，便可能产生愤怒。这个位置有利于为某个团体抗争，不论这个团体是大或小，是本地的或国际的，如果社会上有一些成员遭到不公平待遇，他们也会感到愤怒，这样的不公平性会促使这类人采取行动。他们也会为朋友抗争，至少会卷起袖管去支持他们的友人。火星落入的星座往往可以描绘出一个人时常运用的工具：宝瓶座的工具通常是电脑及其他的高科技产品，这类人在电子或电器用品上有修理和研究才能，特别适合资讯工业。

压力下的反应

对不宽容的态度非常火大，但往往无法看到自己和他人的雷同之处。如同火星和天王星的相位一样，这个位置也有利于争取自由的工作。他们会坚持以自己的方式行事，如果不被允许的话，便可能被触怒。他们会认为他们有自由做自己想做的事，而且不能有任何约束。当他们生气时，会展现出冷淡、抽离和直率的态度。

性

这类人喜欢以开放、宽大和做实验的精神，来面对性这件事。他们的人生会促使他们在性方面经验到许多挣扎。有的人会把选择伴侣当成是一种反叛行动。他们的性关系以及朋友之间的复杂关系，往往会变成生命主题，譬如朋友变成了爱人，或爱人变成了朋友。他们的诚实、中肯、与众不同的作风十分吸引人，别人的这种特质也会引起他们注意。他们也有明显的抽离倾向，或是被科技领域里的人吸引。

火星入双鱼座♂♓

性格特质

这类人可能随波逐流，因此需要发展自制力和专注力，但必须视整张星盘才能决定。他们喜欢以不易被掌握来确立自我，其逃避倾向和爱幻想的特质，本质上是一种生存自保机制，就像在海藻里穿梭的鱼一样，也有点像那些会喷出墨汁的海底生物，具有一种伪装的本能。这个位置的火星没有什么攻击性，却可能为受害者争取权益，因为看到别人受苦会引发这类人的愤怒，所以这个火星的位置也有利于服务，以及把精力投注在艺术和神秘的议题上。这个位置也适合绘画和装潢布置（我见过许多星盘里有太阳与火星合相的人，父亲都是装潢师）。在运动方面，这个位置相当有利于游泳或其他的水上运动。

压力下的反应

这类人有些可能沦为酒精或药物上瘾者。这个位置的火星和酒后肇事有关，但也可能成为这种行为的受害者。这类人的愤怒不强烈，也不太执著，但容易对人或事情感到兴奋。

性

这类人对性非常敏感，喜欢在性上面扮演救赎者角色。这个位置的火星非常理想主义和浪漫，所以在性上面需要某种程度的神秘性、想象力和敏感的对待。这个位置十分有利于舞蹈或是在舞池里求爱。他们也可能有多次婚姻，或者性关系混乱，理由是渴望与人融合，甚至渴望有灵性上的终极合一经验。他们对别人的态度十分开放，很善于引诱以及被引诱。这个位置的火星缺乏明辨能力。

木星 ♃

正向态度也许无法解决所有的问题，

但却能打动许多人朝这个方向努力。

——赫姆·奥尔布赖特（Herm Albright），《波士顿环球报》

天文学

木星是继太阳之后，第 5 颗离地球最远的行星，也是我们太阳系里最大的行星。它比其他的行星要大两倍（太阳由于是恒星，所以不包括在内），而且比地球大了 318 倍。继太阳、月亮、金星之后，木星也被视为天空中最明亮的行星之一（有时火星比它更明亮）。它比最亮的恒星天狼星还要亮，而且经常被误认为恒星。它的自转速度很快（一圈不超过 10 小时），气候变化大，经常有暴风雨和狂风。它和土星、天王星、海王星一样，是个充满气体的行星，里面的主要成分是氦气和氢气。它的体积就像个大气球一般，反映出乐观的心态。1664 年科学家发现了木星上的大红斑（此地球还大），原来这是由逆时针方向朝上回旋的气团构成的。1980 年，美国航空及太空总署发现木星的外围有一道肉眼看不太清楚的环系。

// 与太阳的距离：约为 4.84 亿英里（7.78 亿公里）。

// 直径：从赤道的角度来看约为 8.88 万英里（14.28 万公里）。

// 恒星周期（大约是绕太阳公转一周的时间）：11.86 年。这代表木星在一个星座大约是一年的时间。

// 逆行周期：一年逆行 4 个月左右。

// 卫星：有 60 多颗，都是最近才发现的。它们的体积很小，而且许多都尚未命名。伽利略在 1610 年发现木星有 4 颗重要的卫星（伊俄 Io、欧罗巴 Europa、盖尼米德 Ganymeda 以及卡利斯托 Callisto，透过望远镜很容易看到它们，这几颗卫星以及其他的卫星都是按照宙斯的爱人命名的）。

神话学

克罗诺斯接受了父亲乌拉诺斯的警告，开始提防自己的儿子们将会篡位这件事，他决定等孩子一诞生就要把他们吞吃掉。宙斯的母亲瑞亚瞒着克罗诺斯，到克里特岛的一个洞穴里准备秘密地生下宙斯，并用婴儿的襁褓包了一块大石头交给克罗诺斯，以代替她生下的孩子，由此可知，宙斯打从一开始就很幸运地获得了保护，成为唯一没有被克罗诺斯吃掉的小孩。瑞亚把宙斯交给了一群仙女照料（克里特王的女儿们），每当宙斯哭闹时，这些仙女就开始敲打她们的盾牌制造出一些噪音，以免克罗诺斯听到哭声。后来宙斯靠着牛奶和蜂蜜长得非常健康。同样的，有明显木星能量的人通常也有宽裕的童年（包括物质、道德及精神层面），宙斯良好的童年基础为他带来了克服万难的信心。宙斯是靠着母山羊阿玛西雅的奶长大的，为了感念这头山羊，他赐给了它群星之中的一个位置，同时把山羊的一只角送给保护他的仙女们，因为这只角能不断地生出食物和酒，后来这只角变成了无尽资源的象征，而星盘里的木星也象征着富裕的资源。

宙斯成年后娶了墨提斯（代表智慧与远见）为妻。墨提斯给克罗诺斯一种药吃，令他把石头和宙斯的几个兄弟姐妹全吐了出来。墨提斯比所有的人和天神知道的事情都多，这使得宙斯开始畏惧她的法力，害怕她会过于强大而推翻他，所以后来也把她吞吃了。木星人往往有这种倾向：他们本身好像比所有的生命都要伟大，因此时常矮化别人，令他人失色。

宙斯和他的弟弟哈得斯及波塞冬瓜分了整个宇宙。波塞冬分到海洋与河流，哈得斯分到冥界，宙斯则分到了天界，因此有权力掌理诸神。这位天界的主宰具有好战特质：他曾经在奥林匹斯山顶投下了霹雳闪电（可以诠释成一种启蒙）。在事件占星学派里，木星掌管着居高临下的地位——山顶一向是宙斯最有利的位置，因为他可以看见下面发生的所有事情（木星有一种想看到全貌的冲动），而山顶也象征木星很难在情感层面落实下来。

宙斯的秘密恋情可以使我们看出与木星相关的一些心理状态。宙斯一直是不忠实的，他不断地从事各式各样的浪漫冒险活动，而且是一位伟大的演员，可以伪装成任何一种生物，譬如当他想引诱一只天鹅的时候，就可以化身成天鹅。每当他善妒的妻子赫拉怀疑他有出轨行为时，他永远有办法脱身。宙斯和他善妒的配偶象征的就是木星型的关系特质（尤其是木星和金星或火星有紧密相位，或落在七宫里）。身为风神或气息之神，木星可以无远弗届地散播它的精子，所以是一匹生了许多孩子的超级种马。同样的，星盘里的木星也代表一个人收获最多的领域。

乐观与幸运

木星落入的宫位通常代表我们比较幸运的生命领域，即使犯了错也能侥幸脱身，但也可能因为自不量力而遭到挫败。尽管如此，我们仍然可以在木星落入的生命领域里得到某种程度的保护。凡是被木星触及的行星、星座或宫位，通常不必费太大的力气事情就能成功。这可能是天时地利的缘故。总之，木星是一个和幸运有关的行星。木星所在之处会让我们觉得乐观自信，并且深信好事终将来临。这使得我联想起一则百万奖金问答题：事情的结果很顺利究竟是因为我们有这样的期待，还是因为以往的运气总是很好，所以才有信心？即使事情的结果不顺利，木星仍然能带来乐观心态，而且能立即恢复正常。小熊维尼的粉丝们应该都知道，跳跳虎想必有显著的木星特质，老灰驴则有强烈的土星特质。但木星也有它负向的一面，所以我们必须记住，错置的木星能量会带来让身边的人很难面对的问题：跳跳虎是很难相处的对象，可是他自己却活得逍遥自在！请留意，土星如果和木星形成重要相位，或是在星盘里有显著地位，便可以约束木星凡事过度发展的倾向。

慷慨、财富及充裕

木星触及的行星及宫位里的事物，会让一个人变得慷慨、仁慈和宽大，虽然在这个领域里我们也会对他人逞威风。木星使我们得到的比真正需要的更多，因此才有能力给予。木星和金钱没有直接的牵连，但却跟繁荣兴盛有关，而土星则跟贫穷有关。木星之所以让我们觉得富有，是因为我们和某个有价值的东西联结上了。木星赋予当事者游刃有余的特质，请记住，游刃有余的富足感是一种相对概念———一整碗米跟另一个人手上一小汤匙的米相比，显然是富足的。

信心、乐观，喜悦和赌博

木星造成信心和乐观的倾向，同时也跟喜悦及欢乐有关。受这颗行星强烈影响的人，通常是快活和充满幽默感的。一个乐观的人会愿意冒险，难怪木星一向和各种形式的赌博连在一起，但是也很容易在赛马场或赌场里太快作出判断，发生过度乐观、判决错误及考虑欠周的情况。

成长与扩张

木星落入的星座、宫位和形成的相位，代表的是我们寻求成长的方式和领域，同时也代表我们需要在那个领域里得到成长的空间。成长意味着向前进展，超越目前的局限；它也代表超越目前的情况，看见更远的愿景，并且认清其中的目的和各种可能性。这颗行星关切的一向是地平线那一边的事，一个和未来及远方有关的世界。

木星的身体特征就像个大气球似的那么轻盈、庞大，而且带着一股浮力。这颗行星和星盘里的任何元素联结在一起的时候，都会带来扩张和膨胀的效应。举例来说，木星与金星联结在一起会扩大社交圈，导致浪费的习气，也可能拥有许多爱人；火星和木星联结在一起则会增加竞争性、企业精神、战斗力，以及促进冒险精神（性和其他面向）；木星与土星联结在一起则会增强责任感。许多带有“超过”（over）和“以外”（extra）这类字首的英文单词，都暗示着木星的特质。

贪婪、不满足和探索的欲望

木星会促使我们们产生过多的欲求，期待更多的经验。木星的驱力就是贪婪，而贪婪往往会导致不满足，使我们觉得别处的月亮总是更圆一些。木星比较正向的面向则是渴望进一步探索，依照木星的模式，我们会自认为有权享有更多。知足常乐和探索的欲望通常是对立的，因为人在不满足和不安于室的时候，才会有探索的欲望。但这样的感觉还是很有用，若缺少了它就不会有成长和进步了。不满足会促使一个人寻找新的牧场，乐于冒险犯难，少了责任感和约束才可能自由行动。这类人不安于室和想要探险的冲动，也可能示现成旅行的动力，而且会有许多探险的形式，这一点我们可以从木星和其他行星的紧密相位看出来，特别是那些困难相位。如果木星和金星或火星联结在一起，就会借由关系来探险；如果和水星有关联，探索的方式就会比较知性；木星和海王星有关联，则会想探究心灵层面的议题。

空间与自由

受到约束会局限一个人的成长和伸展能力。木星主宰黄道里的射手座，这两个元素都不喜欢责任或任何一种形式的约束；可以说，木星的调子就是自由。与木星落入或主宰的宫位有关的生命领域，以及木星触及的行星，都渴望以宏大的方式表现自己，而且需要很大的空间来做这件事。

旅行和高等教育

木星的探索欲望和长途旅行有关，包括外在之旅和内在之旅。旅行和教育都能开拓心胸，特别是跟意义有关的教育，或是能促使我们进一步了解社会、带来成长的教育。至于长途旅行，首先要思考的是长途旅行的意义是什么。长途旅行似乎不可避免地意味着到国外去，但这里指的长途旅行更倾向于拓展视野和进一步地探索生命。

信念和意义的追寻

我们的信念某种程度上决定了自己能否成为有远见的人。木星倾向过于强烈的人——机会主义者、赌徒、乐观主义者或宣传家——往往相信任何可能性。若是缺乏对高层力量的信心或信仰——缺乏正向思想——那就什么事也不可能达成了。我们的木星和落入九宫里的行星，还有落在射手座的行星，都能道出我们在人生意义上的追寻情况。如果我们相信生命还有更大的意义和目的，人生就会有更多的喜悦，反之，人生则会变得暗淡无光。我们的宗教信仰和修持方式、人生哲学和道德律、政治理念，以及其他令我们执著的信念，全都由木星和第九宫掌管。木星除了代表我们会去寻找上帝的生命领域，同时也代表我们自己扮演上帝的生命领域，譬如人生顾问的角色。

木星和智慧

“智慧”这个词的词根带有“得知、提供讯息、指出、管理、率领及引导”的意思，因此，导游、传教士或人生顾问的角色，都需要用到智慧。作为一个有智慧的人，首先必须领略比眼前情况更宽广更深的意义。智慧就是有能力判断，但只有当一个人看到更大的画面时，才能做到这一点，它也必须具备土星的特质，因为里面也包含了责任意识和现实感。

木星与社会

木星在星盘里走一圈是 12 年，土星走一圈则是 29 年，它们代表的是个人在社会里的状况，这两颗行星的确和社会性有关。“宗教”这个词本是源自于拉丁文的 religio，意味着“绑在一起”（bind together）。宗教的确能够把人们绑在一起；但不同的信念会制造出各式各样的社群，因此不一定和宗教有关。社会是由人们共同的道德观所建立的，法律则奠基于是非观念。如果土星代表的是法律的执行，那么木星代表的就是法律底端的道德规范。

逃脱谋杀罪

不要以为木星一定代表良善和幸运，因为它也有恶质和可怕的一面。如同伊芙·杰克逊（Eve Jackson，英国女作家）所言，杀人魔王和罪犯往往有强烈的木星能量，某种程度上，连续杀人犯就是扮演上帝的角色，因为他们相信上帝给了他们权力去索取别人的命。事实上，土星才是借由自我纪律和自制力来规范人类的行星，不论这种规范是社会强加给我们的，还是自发性的。

虚伪、自我膨胀和浮夸

木星与政客、神职人员、营销人员以及各种事物的倡导者有关。这一类的行业都是奠基在信心上面的，例如，传教士不可能说上帝“也许”真的存在，他们总是说上帝“确实”存在；售货员不会说这台吸尘器“可能”是最好的，他会说这“肯定”是最好的一台吸尘器。因此，信心的阴影面就是怀疑。宙斯一向伪善和善长虚张声势，诚如杰克逊所说的：伪善本是木星的另一种特质。从字面上来看，“伪善”的意思就是冒充、假装、表面装出很有美德及良善的样子，每当我们在伪善和伪装时，总会展现出木星夸张的坚信态度或空泛的话语。依照木星的模式，我们会变得好大喜功，充满着伟大计划，容易自我膨胀。换句话说，我们常满怀骄傲、自大及产生不周全的妄想。有趣的是，高魁林夫妇（Gauguelins，法国占星学家）的研究也显示出木星和演员及政客有关，例如格伦达·杰克逊（Glenda Jackson）、罗纳德·里根（Ronald Reagan，1891—1989）、阿诺德·施瓦辛格、克林特·伊斯特伍德，都有显著的木星能量。

木星和战争

这颗行星和战争的关系也要考量进来。宙斯是一个好战之神（他是战神火星的父亲）。战争的开端往往是两个不同文化的人，为了宗教和资源的问题而起争执，因此认为这和木星的影响力有关，显然是理所当然的。此外，由于木星有夸大倾向，所以也有潜力使原本只是有点紧张的情况，演变为一发不可收拾的局面。

居高位之神

居高位的人通常有比较大的影响力和优渥的条件。如果木星是落在十一宫这个代表朋友的宫位，你就可能有居高位的友人。在天宫图里木星是跟社会有关的行星，所以它会促使一个人追求更高的地位。它也可能使一个人喜欢保护别人。如果它造成了太高的优越感，则可能使人以纡尊降贵的态度对待别人。换句话说，木星的能量如果太猖獗，就会导致傲慢和桀骜不驯。

奢侈倾向

与木星有关的负面特质中最常见的就是奢侈浪费，在这点上面，我们只要在字典里查询“奢侈”这个词，就能对这颗行星有深刻的感受了。根据 1996 年修订的《韦氏字典》，“奢侈”有以下几种意义。

// 超越正当范围之外的行为；偏离正常的方式、规范或历程。

// 一种狂野和放纵的状态，或者浪费到不负责任的程度；过度花费金钱；虚荣和不必要的开销；铺张；大量地；不合理；慷慨地给予；荒废；不顾后果。

// 一种耽溺而非必要的行为；奢华。

父母的兄弟姐妹

传统上木星是跟父母的兄弟（uncles）有关的行星，这一点可能和木星的保护特质有关。此外，木星也可能管辖父母的姐妹（aunts），不过这点还需要检验。这些人在家族里扮演的是教育下一代的角色，也可能为年青一代提供经济上的协助。木星之所以和父母的兄弟比较有关系，乃是因为过往的男人比女人更可能提供经济上的协助。我很感谢简·斯特拉瑟斯（Jane Struthers，英国占星家及手相家）指出了“uncle”这个词有俗称的当铺老板（由木星管辖的行业）的意涵。

身体

肝脏是身体里最大的器官，重量有2至4磅或1至2公斤。由于木星一向和“更大的利益”有关，因此肝脏的角色也是要替身体筛检出最有利的物质。肝脏比其他器官更有再生力，而排除体内药物与酒精的毒素，就是它众多的功能之一，换句话说，即使我们不照料身体，肝脏仍然能帮我们排除掉有害的毒素。它的另一种作用则是分解脂肪（脂肪的累积也可能与木星有关），使它成为有用的物质。木星带来的健康问题往往和过度的行为有关。木星的这种过度倾向会造成饮食过量、充血、过饱及过度生产，它同时也跟各种生长状态有关，譬如过度肥胖和癌症的形成。如果一个人的土星和个人行星有重要相位，身材就会倾向于消瘦，但木星如果和太阳、月亮、上升点或其主宰行星有关联，就可能导致肥胖。

金属

和木星相关的金属是锡，由于锡的延展性很高，所以会加在其他的金属中制成合金。锡最大的用途就是制造成东西的保护层，譬如利用它做成金属的外层，来保护金属不受腐蚀或被化学物质侵蚀。

木星的诠释

首先我们必须强调的是，木星的相位及宫位永远比星座重要。如果木星和上升点合相，或者木星在星盘里有明显的影响力，那么其星座就会显得比较重要。以下的诠释必须谨慎考量，因为读者本身也得发展出自己的思辨能力。举个例子，我确信教友派信徒（the Quakers）和宝瓶座的能量最相符，但实际的数据却显示这些人的木星经常落在宝瓶座。我的一个邻居就是教友派信徒，他的木星是落在射手座，但是和天王星形成了紧密的冲突相，落在十一宫里。

木星入十二星座

木星入牡羊座 ♃ ♈

如果这个位置的木星和上升点合相或是有明显的能量，就可能代表此人会不断地寻求别人的注意，而且有制造麻烦的潜力。木星为任何一张星盘增强了信心和热情，带有一种拓荒者和十字军东征的精神。他们喜欢大计划，而且欲望比自己能承担的要大上许多。那些比较缺乏信心的人往往会臣服于同辈的压力，而且会追随潮流，但信心足够的人则会开创潮流。这个位置的木星具有企业精神，有能力抓住机会，这类人既可能成为领袖，也可能成为制造麻烦和引领风潮的人，同时也十分适合当营销人员。他们有能力促销任何东西，包括宗教、政治或商品。他们对宗教及政治议题都有热切的兴趣，如果星盘里还有其他元素的支持，则有潜力成为这些领域里的领袖。

木星入金牛座 ♃ ♉

这个位置代表在经济或物质层面的好运，或者自认为如此。如果星盘里这个木星的能量很明显，或是有其他的正向影响，那么这类人甚至能毫不费力地吸引来财富。这个位置的木星很适合募款活动，但如果有困难相位的话，则可能显现出贪婪和自我耽溺倾向。不过木星落金牛座大体而言并不会贪得无厌。这类人往往抱持着“上帝会照顾一切”的哲学，他们很能欣赏大自然的美，享受生命美好的一面。这类人抱持着实事求是的人生哲学和淡定的态度，除非星盘里有其他影响力，否则不会有过度奔放的想象力。

木星入双子座 ♃ ♊

这个位置的木星意味着有广博的知识、爱好阅读、兴趣广泛。一般而言，这类人对自己的学习和沟通能力十分有把握，但木星落双子座是它弱势的位置，所以成就会减低，因为本质上带有不安于室、认知肤浅或兴趣太广的问题。他们经常来来去去，不断地与人沟通，而且总是安排了许多短程旅行。有的人会对教书感兴趣或准备教书的能力，特别是到海外教学。这也是一个有利于写作和出版的木星位置。在宗教方面，这类人认为所有的宗教讲的东西都差不多，因此很难把自己奉献给任何一个教会或教派。这是一个有利于比较或研究文学、政治及宗教的木星位置，它也跟学校、旅行、导游，以及得到多种学位有关。

木星入巨蟹座 ♃ ♋

木星落巨蟹座是它强势的位置，可能是因为这颗行星和星座都带有保护特质，这类人通常有强烈想要保护家庭、文化遗产或国家的倾向。有的人会把家变成有共同信仰的人的聚会所，他们的财富可能来自房地产或家族成员，特别是母亲这一边。这类人的文化、宗教或信仰也是从母亲那方面传承下来的（诸如信仰犹太教），或者他们信奉的宗教和母性法则有关。他们会从历史获得许多乐趣。这个位置的木星有利于烹饪和做家事，如果能量过于显著（例如与上升点合相），就会导致肥胖问题。

木星入狮子座 ♃ ♌

这是一个温暖、慷慨的木星位置，如果它在星盘里有明显的能量，就会带来自信心和领导能力。这类人比较欣赏壮观华丽的场面，喜欢以合乎时尚或讲排场的方式做事。他们能够从电影、剧场和社交应酬中获得快乐。他们的自大和无法屈居于高位者之下的倾向，会阻碍他们的宗教信仰。这类人之中信仰比较虔诚的喜欢依附所谓的“高教会派”（译注：High Church，指的是比较注重教义和仪式的教会），其中有的人在宗教仪式里觉得很自在，也会以自己的教会、学校或大学为荣，希望它们是最杰出的。这个位置有利于当学校或大学的董事及监事，或是教会领导人及地方议员。

木星入处女座 ♃ ♍

这是个有良知的木星位置，因为这类人有强烈的工作伦理，而且相信良好的服务是重要的。但他们也可能做得太多或是以工作为乐，或者远赴海外工作。处女座的“小”与木星的“大”交会在一起，可能会导致一个人企图消化太多琐碎的资讯，反倒被困住了。木星落在这个弱势位置上会让人见树不见林，或为了不值得费心的小事担忧。这类人偏好低调的宗教形式和修持方式，因此“卫理公会派”（Methodism）比较符合木星入处女座的特质。他们对政治或宗教往往抱持嘲讽或善于分辨的态度（以“上帝就在细节里”这句话闻名的作家福楼拜［Flaubert］，星盘里就有木星入牡羊座、落第六宫，而且宫头是处女座）。

木星入天秤座 ♃ ♎

这类人的探索和成长大部分是透过关系达成的。他们对婚姻或伙伴关系怀抱的乐观期待远超过实际经验，在真实的婚姻状态里他们可能会不安于室。他们在宗教、政治或哲学信念上容易出现犹豫不决的态度，此外，当他们认真考虑一份关系时，也会出现难以下决定的心态，因为他们总觉得还有更好的选择。这类人的婚姻和伴侣关系会强烈地受哲学、宗教或政治影响。道家思想对阴阳法则、和平及合作的重视，令他们觉得十分相应。他们喜欢旅行时有人陪伴，也可能透过旅游达人而认识旅行的乐趣。

木星入天蝎座 ♃ ♏

主宰“气息”的行星落到了代表“深度”的星座上面，代表这类人在高等教育或是与政治宗教有关的议题上，都渴望超越肤浅的教义和政治宣传。他们需要借由情感，深刻地投入自己的信仰，但是借上帝的概念来化解爱人的死亡带来的悲痛，似乎是很困难的事；将他们的性观念融合到教会或社会的性观点之中，也可能有些困难。他们的信心、意志力和决断力都很强，而且可以运用在与木星相关的领域里。他们也可能从投资、保险、遗产、赡养费或赋税中获利，但必须视星盘里其他的元素才能确定。他们也会对玄学、生死学及死后的世界感兴趣。

木星入射手座 ♃ ♐

木星落射手座是回到了自己的星座上，因此会带来某种程度的力量，也会增添乐观和快活的特质。这类人也喜欢旅游，对异国文化和不同宗教的修持都很感兴趣。他们相当重视教育，如果星盘里还有其他的支持力量，则有利于从事宗教教育的工作（譬如在教会学校里当老师）。他们很喜欢户外生活或是在假日里健行。如果木星的能量太显著，就会带来奢侈、粗心大意和凡事过度的倾向。

木星入摩羯座 ♃ ♑

这类人会有乐观与悲观、奢侈与吝啬之间的冲突矛盾，因为木星落入了失势的位置。他们不会轻易地冒险，而且非常有责任意识，懂得自尊自重。他们也懂得节约，不会轻易地浪费，而其财富往往来自于父亲，但也可能因为父亲而丧失金钱。他们童年的生活可能是贫穷的，老年却过得比较舒服。他们会夸大父亲的重要性，如果星盘里还有其他的影响力，父亲则可能是个遥不可及的人物。这个位置的木星带有保守气息，因为这类人对传统、阶级和建构有根本的信仰，有的人也可能过度尊崇权威。这个木星的位置使人对大地有一份感念。这个位置也有利于当地质学家、珠宝商，或是与原石有关的行业。

木星入宝瓶座 ♃ ♒

这类人以未来为导向、思想进步、崇尚改革，如果木星有明显的能量，就会相信人性之中善的力量。他们有广泛的社交圈，对自由、人道主义和民主精神有强烈的信念，很适合从事海外志愿者工作。在信仰及其他方面，这类人强调的是容忍和众生一体的概念，他们最大的问题是无法包容褊狭的态度。教友派信徒一向认为上帝就在每个人的心中，因此和这个位置的木星很相应。其他有许多采用“兄弟爱”或“教友”作为组织名称的教会,也和木星入宝瓶座有关。此外像“基督教科学派”（Christian Science）这个由不同信仰和教派的人组成的教会，也很符合木星落宝瓶座的特质。这类人很适合研究或教授科学、科技及航空方面的知识。

木星入双鱼座 ♃ ♓

木星落在自己的星座上会增加想象力，以及戏剧、音乐和艺术方面的才能。这类人容易脱离现实，对金钱不知如何处理，但相当有同情心，乐意行善，而且慷慨大方。虽然如此，我也经常看见这类人因他人的慷慨而得到许多利益！在信仰方面，他们会被心灵议题、神秘主义、新时代思想和不可知论吸引。旅行对这类人而言，是一种逃避的方式，例如航海、在岛上过悠闲的避世生活、禅修闭关，全是这个位置的木星象征的活动，他们也可能为了艺术、音乐或者只是为了享受而旅行。这个位置的木星让人渴望找到一个庇护所及隐遁之处。如果星盘里已经有扮演救赎者或受害者的倾向，则会因为木星落双鱼座而更被强化。

土星♄

我想我就是喜欢看事情的阴暗面。杯子里的水只有一半，杯口还是裂的。我的嘴唇刚刚才被割破，牙齿也被削掉了一颗。

——詹尼安·吉劳法罗（Janeane Garofalo）

天文学

土星是太阳系里的第二大行星，单凭肉眼就可以看到它，而且是古人最熟悉的一颗外行星。由于它的冰晶环系创造出了一种效果，所以一向被认为是很美的行星。伽利略在1610年透过望远镜看到了土星的真实情况，它的冰晶环系是由大小不一的冰块和岩石构成的，直径很宽，大约是18.5万英里（30万公里），但厚度很薄，只有0.6英里（1公里）左右。

// 与太阳的距离：8.86亿英里（14.27亿公里）。

// 直径：从它的赤道带来看大约是7.49万英里（12.0536万公里），因此大概是地球直径的9.4倍。研究者认为它扁平的形状是源自于它的快速旋转（自转一周10至11小时）以及上面的气体（氢气与氦气）。

// 恒星周期（大约是绕太阳公转一周的时间）：29.46年。这意味着土星在每个星座上会停留2.5年左右的时间，因此它一个月走1度，一年走12度。

// 逆行周期：一年逆行5个月左右。

- 卫星：大约有40颗卫星，这些卫星多半都很小。其中，泰坦卫星（Titan，直径大概是3200英里［5150公里］）比水星或冥王星都要大，土星的许多卫星都是绕着它的环系在旋转。它们能够帮助这个环系维持在原位，所以有时也被称为牧羊者卫星。

神话学

克罗诺斯将父亲乌拉诺斯去势之后，开创了一个新的王朝。他和他的兄弟姐妹（泰坦们），一起主宰着整个宇宙。后来他和他的妹妹大地女神瑞亚结成了夫妻，而且生了三个女儿——赫斯提亚、德墨忒耳及赫拉，还有三个儿子：哈得斯、波塞冬及宙斯（冥王星、海王星和木星）。一则神谕告诉克罗诺斯说，未来他的孩子们将取代他的地位，因此这些小孩一生下来克罗诺斯就将他们吞吃了，宙斯是唯一没有被吃掉的孩子。宙斯长大之后娶的第一个妻子墨提斯给了克罗诺斯一种药，使他吐出了宙斯的兄弟姐妹。这则故事的主旨就是，下一代的子孙终究会赶上我们的，年纪大的人必须小心不要压抑下一代，也不要阻碍他们的发展，或不让他们从错误中学会教训，子女本来就该超越我们的成就。这则故事道出了土星的主题，其中最主要的讯息就是要重视老化过程、人生的责任（克罗诺斯是兄弟姐妹之中唯一能面对父亲的人）、罪疚感（他阉割了自己的父亲），以及低自尊问题（他以为孩子们将篡夺他的地位，而且不够尊敬或爱他）。

土星的心理情结

土星为星盘带来了冷漠、沉重、迟缓、单调、干枯以及固定不变的特质。它的法则是收缩、控制、压抑、下定义及局限，这颗行星的特质里面似乎没有炫耀及浮夸的成分。

被土星触及的宫位、相位及星座，代表的是我们缺乏信心的生命领域，在其中我们会有一种“应该和必须”做得更好的感觉。如果一个人经常道歉，他就是在发出土星的声音。土星基本上描述的是我们的良知，亦即弗洛伊德所谓的“超我”(super ego)。许多占星家都指出，土星如同我们内在的一个严格的老师，不断地要我们做得更好、更努力。土星带来的是否定、延迟、制约、压抑、让事情的速度减缓，甚至会带来瘫痪，这是因为恐惧限制了我们的发展，而这可能会示现成身体上的疾病和外在世界的阻挠。也许土星造成的否定和制约，是为了让我们看看自己想要的东西是否能落实，正在做的事情能否生效。

现实法则

土星最重要的法则是考量现实性，这里指的现实性就是物质世界的底限，人生最冷酷的一面，例如我们每个人都得面对死亡这件事。若想对人生抱持实事求是的态度，首先必须接受它的局限，并且要意识到时间、资源和生命本身都不该浪费。当我们了解了某个情况的局限时，同时也要觉察自己和他人的局限，这样就能节省时间和资源，不会因企图达成无法完成的目标而浪费精力。如果一个人太认同土星的观点，他的负面态度就会阻碍他看到更多的可能性。举个例子，当我们得忧郁症时，所有的可能性全部变成了不可能。土星最佳的一面就是让我们变得谨慎小心，最糟的一面则是窄化我们的视野，缩小我们的范围。

疆界、制约、法则与规范

土星主宰着所有的疆界及各种局限，包括心理及生理的，来自自己或家庭的，顶头上司的或国家的。其他像是墙壁、篱笆和各种的藩篱，也都属于土星的范畴。此外像自我控制和自制力，也可以看成是为自己设定的界限。自发的或外来的约束力，为的是制止不文明和无法掌控的行为，而遵守规则则意味着臣服和自律。

父母或事业里的主管，都会为我们设下行为和时间上的界限。父母立下的法则本是为了保护小孩，使他们了解生活在现实世界里就是有许多制约和局限，可以说父母掌控我们，为的是要教导我们控制自己。换句话说，法则与规范的目的乃是要我们学会自制，在家庭和社会里为自己和他人带来一种保护作用。合约的签订也是为了保护当事双方不受到伤害，合约能够节省双方的时间，达到清楚的认知，让双方都知道自己的责任是什么，事情的局限在哪里。

父亲

土星是星盘里代表父亲的重要元素之一，但是根据我的经验，在西方社会里土星比较无法描述父亲本身，不过的确能说明他在何处学到了教训，何处是他足以教导别人的生命领域。土星也代表童年时的权威人物,所以也象征着母亲，因为她才是帮我们学会自律的主要角色。星盘里的土星如果能量很明显，往往可以让我们认识一个人在童年时受到的严格管教、身边的权威人物、物质上的匮乏及工作情况。它会让我们了解一个人的童年有多么辛苦(假如有明显的能量，或是与个人行星及四交点形成困难相位)。

恐惧和防卫性

过多的法则或规范会带来恐惧和焦虑。恐惧既能帮我们脱离危险，也可能限制住行为，粉碎创造力和自发性。土星是我们行动上的制约力，它既能抑制我们的冲动，也可能粉碎我们的自信心和行动力。但如果能成功地面对恐惧，便可能发展出信心和各种能力。

虽然痛苦和困难并不是完全由土星掌管（所有的行星都可能带来痛苦和快乐)，但星盘里的土星的确能描述一个人最恐惧和痛苦的生命领域，特别是在小时候。恐惧往往和痛苦将会来临的预感有关，让兔子和羚羊静止不动的就是恐惧——这种防卫策略能够保护这两种生物。痛苦真正的目的是要让一个人留意地觉察，继而拯救自己的生命。防卫性也能保护我们，当一个人的防卫性太低的时候，就会变得脆弱或整个暴露于外，而防卫性太高则会阻碍发展，令人缺乏冒险和享受生命的能力。一般而言，当我们觉得焦虑和畏惧时，就会渴望有稳固的结构和明确的界限，因为这样我们才觉得一切都在掌控之中。

时间

时间限制或时间不够，都会为我们的活动带来最大的制约。土星掌管一天中的所有时间，也掌管一生中的所有岁月。时间是地球最终极的界限，它带来了人生的结构和秩序，缺少了它，世界会变得混乱不堪。那些无法守时的人，显然有土星法则方面的问题。希腊文里的 chronos 就是英文里的“时间”，从它又延伸出“慢性的”（chronic）、“年代学”（chronology）、“年谱”（chronicle）、“精密计时表”（chronometer），以及其他与时间相关的名称。

土星与心理阴影面

土星的特质是沉重与缓慢。星盘里被土星触及的元素，都会有不够老练、阻挠及笨拙的特质。土星就像一头缓慢笨重的生物，令那些与它相关的生命领域变得不雅和困窘，特别是在童年。通常我们不会想让别人看见自己内在的这头笨重的生物，所以土星才会跟荣格所谓的“心理阴影层”有关——我们会企图掩盖潜意识的这个部分，但也往往丧失了对它的觉知。虽然如此，土星和所谓的“不见了的元素”一样，同样会让相关生命领域出现过度的弥补作用。

土星和品质保证

因为土星和害怕自己不够好或无法充分达成任务有关，所以与这颗行星联结在一起的心理状态，通常是强烈地想要改善或符合标准，如果不符合标准，就会有罪疚感，因此，土星带来了高标准和“良好”的行为准则。明显的土星能量可以让我们躲开牢狱之灾，因为它代表遵守社会规范的良知（有时是害怕受到惩罚)，而破坏了社会规范的结果往往是被监禁在最高的围墙后面，所有的行为都将受到监控。换句话说，破坏规范的结果就是被关在土星象征的监狱里，而监狱的形象的确可以帮助我们了解，这颗行星落入的生命领域的目标，因为具体的目标一旦确立，就是一种制约了。

成为权威

土星落入的宫位在年岁日久后会成为展现卓越能力的生命领域，所以土星落入的星座或宫位，也代表令我们成为权威人物的位置。土星关切的不是理论，而是借由经验扎实地学习。在我们年轻时，土星落入的生命领域会让我们遭到剥夺或不幸（包括宫位及相位)，我们会在其中经验到某种欠缺感，并且很难怪罪任何人，而是必须靠自己去发现和学习土星带来的功课，这通常需要花很长的时间来通过艰难的考验。土星让我们在年轻时做许多艰难的功课，但年长之后却可以把其中的经验教给别人。因此，土星落入的宫位或主宰的宫位，都会带给我们彻底的学习机会。由于我们必须通过重重考验才能学会其中的功课，所以就变成了个中的权威，好像炼金术将铅转化成黄金一般。铅代表的是我们早期的匮乏感、贫瘠感和不妥当感，黄金则是转化了这些问题之后的状态。

事业与工作

天顶、二宫、六宫及十宫里的行星和主宰行星，再加上土星，可以让我们看出自己谋生的方式，因为土星落入的生命领域会显示出纯熟的经验和适应力。

收获

和成熟及经验相关的概念就是“收获”，亦即种什么因就得什么果，除非我们播下种子，并且照料它们，否则不可能有任何收获。因此土星能确保我们种下的东西有收成——种什么就收成什么，不多也不少。土星使我们无法不劳而获，但只要花下了时间和努力，就会得到奖赏，因此土星和成果有关，不过也象征着被剥夺。由此而知，土星不一定代表吝啬，反而和因果律的精确性有关。

皮肤、骨骼及老化过程

皮肤为我们带来了第一道防线，它是让我们与外界隔离的一道藩篱。我们的骨架是身体最重要的结构，它使我们能直立，而且像个衣架一样让身体的其他部分得到支撑；我们的骨架会随着年纪而起变化，皮肤也是如此。事实上，我们完全可以从一个人的骨架和皱纹看出他的年龄。骨头是身体最硬的部分，也是最持久的部分——下葬后的身体所有的肌肉都分解掉了，但骨头仍然存在着。同样的，土星的模式也让我们渴望做出一些能持久、经得起时间考验的事情。土星也主宰着我们的牙齿，诸如年纪大了之后，我们的牙床会萎缩，牙根会暴露出来——牙齿真的会变得更长一些。

土星能描绘与老化过程相关的议题。年龄增长往往带来行动上的制约，当然，年龄太小也无法完成各式各样的任务，而年长之后，许多不可能完成的事都完成了，但也有许多事是无法再达成的。例如，80 多岁的人显然无法再翻越篱笆，或彻夜不眠地跳舞。听觉的障碍也与土星相关。土星造成的疾病通常和营养不良或贫穷导致的不足，以及与老化过程引起的其他面向有关，譬如因缺钙而造成骨骼硬化。“忧郁症”这个精神疾病里的“一般感冒”，完全和推进的土星形成的相位息息相关，因为它会把我们往下拉。本命盘里的土星如果和月亮、火星及木星成困难相位或合相，则经常会有明显的忧郁倾向。

其他的健康议题

也许是因为土星会带来心理上的否定倾向，因此土星落入的星座通常代表身体脆弱的部位。例如土星如果落在双鱼座，可能很难买到合适的鞋子，继而导致鸡眼或拇指发炎肿胀。太阳落在双鱼座和土星成困难相位，或是土星落在十二宫里，也有相似的情况。本命盘土星落入的星座或相位，也往往代表父亲的健康状态及他的一部分死因，譬如土星落牡羊座可能代表中风或脑溢血。

金属

和土星相关的金属是铅。这是最重、最不容易穿透的金属，它经常被用来做成防护的东西，是最没有延展性，最没有传导作用，也最没有伸缩性的金属。放射科的医生会用铅做成保护衣来保护他们不受 X 光的辐射污染。金属里面如果含有比铅更重的同位素，会随着时间逐渐变成铅，因此金属的年龄可以借由它的含铅量测出来。科学家也会利用铅来度量时间。早期的工业造成的疾病——铅中毒——一向被视为土星式疾病，因为它的症状是疲惫、头痛和忧郁。以往人们也会把铅加在汽油里，来减缓引擎的燃烧速度。

土星入十二星座

土星在每个星座大约停留两年半的时间，它落入的星座固然有其重要性，但相位和宫位更能说明一些事情。尽管如此，以下的内容仍然能带来一些有用的概念。如果土星是落在四交点上面，其星座就会变得比较重要。由于土星待在一个星座的时间很长，所以能够显示出集体意识发生了什么事。举个例子，当土星穿过双子座时，整体社会便可能共同探讨教育上面的标准和方法，或是探索语文、文法及文学方面的议题。这时运输系统也可能出差错，所以同样会被大众仔细地检讨一番。

土星入牡羊座 ♄ ♈

土星入牡羊座是它失势的位置，这或许是因为牡羊座的原始、天真及率直的特质，和土星的文明、压抑及成熟的特质是冲突的。这其中有一种前进与后退之间的矛盾，就像火星碰上土星时的挫败感一样，因为一只脚全力地踩油门，另一只脚却猛踩刹车。这个位置的土星描述的是跟竞争及勇气相关的人生课题，这类人在潜意识里或许害怕争先，另一方面又有点恐后。有一位女士的土星落在第九宫的牡羊座，与月亮成对分相，她申请参加一个高阶主管的训练课程，但遭到了拒绝，因为她缺乏高等学历。事实上，她的问题出在与母亲的竞争方面，当她领悟了这一点之后，又去申请了另一个更合适的课程，结果变得很成功，这个课程对她而言其实更实际一些。

土星入牡羊座的人在开始做任何事情的时候，都有一种保留态度，如果他们是第一个发言或采取行动的人，往往会有焦虑感，很怕别人批评他们太冲动、轻率或强求。这类人对自己的计划会抱持相反的期待，有的人很难往前迈进，有的则很怕遭到压制，故而以权威姿态保护自己。这个位置的土星在最佳的情况下也可能呈现出具有胆识和率性的特质。土星落牡羊座的人可以成为武打替身演员或战士，因为他们借由面对恐惧而变成了这方面的专家。这两个元素加在一起代表的是自制力和战斗力，因此很适合当军人或习武，这类人会以纪律、约束力来调整自己的攻击性和冲动。

土星入金牛座 ♄♉

在事件占星学派里，当土星推进金牛座的时候，通常不利于农业、陶艺或其他的金牛座行业。大体而言，在个人层面上，这个位置的土星一向和缓慢的经济成长有关。这类人通常有一种害怕贫穷的倾向，会很小心地处理财务，但仍然得参考整张星盘才能下论断。他们之中有的人来自于经济艰困的背景，不过相反的情况也经常出现。土星落金牛座的功课和生命中的“拥有权”相关，这类人可能觉得他们的选择很有限：要不是物质上面太匮乏，就是太丰裕，因而有一种被制约的感觉，其结果是终身都在做自己认为没有价值的事，因此他们会产生一种需求，想要正确地找出自己真正的价值——这可能就是土星落金牛座要学的功课。

还有的人害怕自己的生产力不够，这个位置的土星很渴望有具体成就。金牛座是一个沉闷的星座，土星又是个沉重的行星，两个元素组合在一起，会加重一个人的稳定度、耐力、现实感和目的性，因此这类人非常适合从事建筑、设计及营造业，因为他们有能力严格监控资源，并赋予它们结构和形式。这类人有的负责全国的食物分配，有的则管理他人的财产，因此这个位置和会计师及出纳有关，还有许多慈善家也有这个位置的土星。这类人也可能对占有金钱和花钱不谨慎怀着罪疚感，进而养成吝啬的习惯，所以他们通常能谨慎地处理金钱，无论是理财或是布施，都会抱持这种态度。他们的父亲也可能过度关切钱财议题，或是不敢过于享受。

土星入双子座 ♄ ♊

这类人对学习和沟通方面的议题很认真，可能会变成写作或知识领域里的权威，他们也很适合当新闻从业员、编辑或教育家。其中有的人会怀疑自己的表达能力，或者在说话和出版方面很怕被人误解。我的一位朋友的土星就是落在双子座，他宁愿用铅笔写字，这样就可以随时把写下的字擦掉。不过由于这些人会花许多时间避免误会，因此反而容易遭到误解，他们的困难就在于无法自然地沟通。他们之中有的人十分明白表达不清带来的危险，所以不愿说明自己的想法，但口头上的说明，有时才是最需要的。他们也可能在学龄阶段，怕自己赶不上学业表现良好的兄弟姐妹或同学，有的人则会在幼年失学，但也可能被送到最好的学校上学，而且父母都是老师。他们的原生家庭或许非常重视表达能力，经常玩拼字游戏，并且热爱文学。他们和兄弟姐妹的关系更是值得研究，他们的长兄或长姐对他们往往有很大的影响，或者他们必须照料年幼的弟妹，甚至父母的兄弟姐妹也可能在他们的生命里占有重要地位。他们在表达上的恐惧有时会示现成身体的障碍，譬如走路、说话或听力有困难。我认识的一位女士有先天性的畸形手臂，所以无法一边讲话一边打手势。这个位置的土星也可能带来“腕管综合症”(carpal tunnel syndrome)。

土星入巨蟹座 ♄ ♋

在土星穿过巨蟹座的时段里，整个社会都会开始思索父母的责任议题，尤其会评量管教和照料及理解之间的平衡。个人或社会如果有这个位置的土星，往往会透过辛勤工作来获得安全感，土星落巨蟹座的功课，就是关切安全和保护的议题，譬如过度保护或保护不周会有什么危险。这类人也会重视家庭责任的议题，认清家庭不只是对抗残酷世界的庇护所，同时也可能变得像监牢一样。在比较反传统的星盘里，这个位置的土星通常不太关注历史或家族议题。他们的原生家庭可能相当严格，家庭成员十分刻苦俭朴，父母非常有自制力，母亲的责任心很重，经常害怕失去家人或是为家人担忧。土星入巨蟹座暗示着强烈的家庭责任感，这类人之中有许多需要亲自照料年迈的双亲。这个星座和行星都带有防卫特质，因此很适合在安全部门或国防工业里工作，也包括陆、海、空三军的工作。那位曾说出“男人的家就是他的城堡”的人，很可能土星落在巨蟹座，因为这句话里带有强烈的家和家人的概念。基于这个理由，这类人也许会喜欢古堡式的家。如果星盘里还有其他的影响力，便可能在表达感受上抱持谨慎态度，而且很容易受伤。有的人会借由身体来掩饰这些脆弱的感觉，譬如到健身房锻炼肌肉。土星落巨蟹座也跟甲壳类、爬虫类，以及有坚硬外壳的两栖类动物有关，特别是落在掌管宠物的第六宫时。

土星入狮子座 ♄ ♌

土星落狮子座的人很怕注意力集中在他们身上，但也很怕被忽略（比较意识不到)。他们通常会低估自己的创造力。虽然站在舞台上会令他们觉得窘迫，不过其中还是有许多人擅长戏剧、文学创作或其他形式的自我表现。另外有些人则非常害怕失败，而“自大”可能是他们最糟的敌人，这意味着他们不愿冒险表现自己或暴露自己的真相。土星落狮子座的人必须找时间参加一些艺术创作的活动，并且要允许自己做些实验，享受其中的欢乐。他们经常以为别人在嘲笑他们,事实却刚好相反。这类人的父亲也可能有创造力,但不一定受人赏识。举个例子，某人的父亲是在古堡和类似的建筑物里做铺金箔工作的艺术家，但是他独特的技艺一生都被忽略了。如果星盘里还有其他代表权威性的元素，那么土星入狮子座就可能代表天生有领袖气质，而且最后真的会变成某个领域里的领袖。土星落狮子座的功课就是要变成权威，同时要接纳他人的权威性，这类人不太容易接受或臣服于父母、长官、权威人物设立的规范，即使是交通警察都可能令他们光火。他们有的会逃避成为权威人物,他们缺乏必要的信心，但其人生的功课就是要学会领导，接受领导者的位置，但又不至于变成独裁。基本上，他们必须相信别人对他们是有信心的，即使他们自己内心里并没有这种感觉。培养伸缩性是这个位置的土星必须学习的功课。同时，由于不敢自主，所以这类人往往得面对权威人物的专制作风，譬如碰上一个作风像权贵的上司。

土星入处女座 ♄ ♍

在土星通过处女座的那段时间里，整个社会都可能质疑或探讨哪一种工作的报酬比较好，或者国家在个人及社会的健康上该负多少责任。在个人层面，这个位置的土星有利于工商协会的工作，或是与工时记录有关的工作。许多有这个土星位置的人必须打卡上下班，或可能在医院、实验室里工作，也可能负起公共健康方面的责任。这类人很怕自己没有注意到工作的细节，没有妥当地完成工作，或者觉得自己在工作上是扮演“服役”（doing time）的角色。从正向的角度来看，这个土星的位置会使人认真对待工作，仔细地照料所有的工具，注意细节，有效率，做事精确而勤劳。如果土星和个人行星成紧张相位，则可能担忧和工作及健康有关的议题。这类人会被琐碎的小事困扰，很怕因自己的疏忽或迟到而遭到惩罚。因此土星落处女座的功课就是要考量服务的真谛，特别是如何服务他人又不至于丧失自主性。他们如果能把日常琐事当成仪式来处理，焦虑就会减轻。我们时常发现这类人的父亲是某种类型的艺匠，或是在服务业里工作，但是得到的报酬可能远远低于付出的努力。还有的人的父母真的被罚“劳役”。这类人的父亲也可能为了工作而完全忽略健康、家庭或其他生命领域。

土星入天秤座 ♄ ♎

土星入天秤座是它强势的位置，因为宇宙里掌管和执行法则的土星，落在最关切公平性及完整性的天秤座上面，这意味着可以发展出平衡的论点和公平的惩处，因此这个位置十分有利于和法律有关的各种工作，而且相当具有调停技巧。这个位置也有利于音乐（主宰和谐性的律法）和艺术。这类人适合投入公平交易、全球性发展，以及在国与国、家与家之间扮演桥梁角色，或在公司里充当管理阶层和员工之间的协调者。土星落天秤座的人也可能在作决定的过程里裹足不前，因为他们很怕自己会判断错误。他们对公平与否的议题非常看重，并能善用这份对公平性的责任意识，来确保每个人的声音都可以被听到。土星落天秤座最佳的一面就是了解合作才是成功的关键，而且对过程中的困难能够抱持实际的态度。土星落在这个位置会显现出亲密关系的一些现象，有的人觉得婚姻是一种负担，有的人害怕独自生活，有的则会晚婚，或是很年轻就嫁给一位年纪比较大的人。这类人必须在婚姻关系里学会保持平静，同时又能确立自己。我们可以说土星落在这个星座上，往往会在“妥协”的议题上遭到试炼，直接表现又懂得确立自己，是这类人必须学习的态度。他们之中有的会坚持不婚、只是同居，有的则刚好相反，不论现实剧情是什么，他们都得透过伴侣关系来认识施与受的真相，亦即每个人都有自己的观点和不同的需求。这类人容易遭到婚姻规范上面的考验，不忠的议题经常在婚姻过程里出现。

土星入天蝎座 ♄♏

当权威者警告你性是一种罪恶时，你就得立即领会：千万别跟权威者发生性关系。

——马特·格罗宁（Matt Groening）

这类人之中有的确实不易亲近，他们给人一种私生活必须严加保护的感觉。他们也可能害怕把权力和自主权交给别人，这也许是因为童年缺乏私密性或是曾遭受过背叛。还有的人会变成天蝎座相关领域里的权威，譬如成为医师、心理医师或玄学家，他们也有潜力成为情感议题的专家。虽然这类人很善于处理别人的危机，却很怕面对自己的危机。他们的内心也许有强烈的激情，但很难被看出来，因为他们善于控制情绪。他们如果真想拥有渴望已久的亲密关系，就必须和人分享内心的私密感受。这类人有能力划定清楚的界限，这一点倒是十分有利于治疗工作，也有利于在世上求生存。在他们的童年剧情里，可能有性或死亡方面的好奇心遭到压制的情况，譬如家里只要有人谈到父亲的死亡，就会遭到其他人的抵触。有这个土星位置的人，必须以艰难的方式探索性以及和性有关的事，因为原生家庭也许认为性是不能探讨的议题。这类人也可能在性上面吸引年长的伴侣。土星落天蝎座显然跟所谓“好色的老头”（dirty old man）有关，这里指的不是这类人本身，而是他们会将这种感觉投射到别人身上（请参阅355页）。他们的危机意识也可能促使他们从事保险业，为他人处理共同资产或涉及法人团体的资产，他们也可能成为死亡方面（真实的或情感上的）的权威。

土星入射手座 ♄♐

这个位置的土星有质疑倾向。这类人很怕变得太乐观或太相信人，他们也怕生命缺乏深层意义，但又不容易有真正的信仰。这是因为他们或许来自宗教背景严格的家庭，其结果是他们可能从质疑的一端去运作，也可能以轻信的态度面对宗教、政治、道德或任何一种情况里的信仰。不论早期的信念是什么，他们通常会依循严格的道德和伦理模式，如果违反了这个模式，就会有罪疚感。他们也有自以为是的倾向，并且会因为他人的道德缺失而批判对方。如果星盘里有其他元素支持，那么这个位置的土星就可能有学术上面的成就——生命会让他们证实自己是聪明的、有教养的、富有智慧的。这个位置的确有利于当任何一种类型的老师,因为他们对学术议题很感兴趣,也喜欢研究科学或数学法则。土星要学习的功课就是信赖，包括如何面对危机，如何探索这个世界，并且要去觉察冒险行为中的危机。这是一个十分有利于旅行的土星位置——或许也跟工作有关，特别是到那些未经探索或开发的地区工作。这类人可能透过双亲之一学会信赖命运。这个位置的土星也代表父亲爱赌博或永远在外旅行，当然还有其他的可能性。这个位置也有作长期规划的才能，如果星盘里还有其他要素的支持，就会拥有喜剧才华。

土星入摩羯座 ♄♑

土星落在自己主宰的星座，暗示着纪律、义务、顺从及责任意识。这类人很小就必须负起相当程度的责任，或者父母之一有这种倾向。他们往往跟父亲很接近或者很认同他，而他的年纪或许比别的父亲要大一些，其人生可能都献给了工作或义务的达成。传统是这类人生活中相当重要的部分，有的人会觉得必须符合传统，有的则会反抗传统。经常出现的情况是，原生家庭居住的村落或城市很保守，而他们可能喜欢或不喜欢这种情况，通常他们会随着年龄增长越来越回归传统。这类人明显地想达成某些具体成就，也渴望掌控人生，他们希望被人尊重以及被认真看待，而且对自己的名声地位过度在意。这个位置的土星很怕失败，因此守规矩、不敢犯错是这类人必然会有的倾向。他们之中有的会不计一切想要成功，如果达不到预期的成果，就会批判自己，他们对自己或别人都抱持太高的期望。他们的成就来得比较迟，但终究会到来。那些地位较低的人往往会变得越来越阴郁，年纪轻的人则不可避免地会吸引来严厉的主管或上司。从好的一面来看，这个位置的土星会增强毅力和克服困难的能力，如果星盘里还有其他要素的支持，便可能成为管理方面的长才。他们除了有强烈的责任意识，喜欢秩序之外，通常也很有效率、耐性及奉献精神。他们很怕在物质上依赖别人，所以生活通常很节俭。土星落在自己的星座上和强硬的防御性有关，包括墙壁在内。柏林围墙就是在土星和木星合相落入摩羯座时建造的，当土星再度回归到原来的摩羯座位置，与海王星（消融作用）合相的时候，柏林围墙就倒塌了。

土星入宝瓶座 ♄ ♒

当土星推进宝瓶座时，整个社会要学习的功课就是接纳选择另类生活方式的人，或是作风不同的人。土星落宝瓶座的人早期很可能因为与众不同，而有一种被打击的感觉，这类人的心里有一种恐惧，害怕自己是个异乡人或无法融入人群中，但同时又厌恶和大家一样，所以很想以原创的方式表现自己。他们的人生既要活出自己的独特性，又要学习做个正常人，而这门功课通常是落在与朋友的关系上。这类人不信任那些太友善的人，也怕侵犯到别人，学习信赖那些新颖和进步的观点，是他们人生的主题。他们必须以负责的态度促进改革，而且要积极地打破社会藩篱。这类人也会跟那些被社会排除在外的人合作，有的则会成为科技领域的权威。这个土星的位置暗示着强烈的社会责任感，但又对团体不太信任，不过仍然会为团体的进步负起责任，无论这个团体是大是小，正式或非正式。这个位置的土星也代表可以和老一辈的人结成朋友，而且渴望和权威人物友善地互动。有时这个位置也代表父亲和伴侣永远在外面活动，很少待在家里，因而造成了这类人对团体的不信任。

土星入双鱼座 ♄ ♓

这个土星的位置没有什么疆界感。这类人渴望打破加诸在他们身上的规范和局限，他们不太有自制力，很想逃脱一切规范，而且缺乏时间观念。他们对那些要求很高或尺度很严的生命领域不感兴趣，因此土星和双鱼座的结合，通常会带来艺术和灵性上面的才能，如果整张星盘也都暗示着这种倾向的话。基本上，这类人对心灵议题抱持开放态度，又有点害怕太过于开放，或者被吸进一个无法掌控的状态里，虽然如此，他们还是会花时间静坐。这也是个有利于音乐的土星位置。许多格外杰出的演员都有土星落在双鱼座，这可能是因为缺乏疆界感，使得他们容易进入角色的精神内涵。有时这种薄弱的疆界感也会令他们容易被操控，而做出对自己不利的事；他们也经常为自己不该负责的事感到内疚。土星落双鱼座要学的功课涉及牺牲、接纳和谦卑，他们似乎必须负责清除各式各样的障碍。他们也可能害怕混乱或失控。这类人的父母之一可能是受害者（譬如有酒瘾），或是无法处理生活而必须靠他们来照料，如果还有其他的元素，那么父亲很可能懦弱或消失不见了。这个土星的位置有时也代表容易酒精中毒。

三王星（天王星、海王星、冥王星）

7 颗个人行星（包括太阳和月亮）一向为人所熟知，而且是肉眼可见的，它们总是能提供足够的象征意义来反映人类的经验。但自上个世纪起，这方面有了显著的变化。20世纪的人类目睹了电话的发明、太空旅行及科技上的巨大进展，此外，电的发明和相关的省时电器产品，也改变了人们的日常生活，而社会及医药上的变革也非常巨大——单单避孕药就创造出性行为上面的革命。所谓的发达国家的生活，比以往所有的时代都要更困难、复杂和刺激，而且正以不断增加的速度持续进展。像威廉·勒力这样的占星家，在17世纪时的确能作出精确的预测，因为那时的可能性不多，而且道德约束也比较重——那时能够发生的事就那么多，因此人们对世界的看法差异不大。

在勒力的时代里，个案并不被鼓励以自主性和自由意志独立思考，占星师的工作只是要告诉个案他的命运为何。但今日的占星师在看一张儿童的星盘时，甚至无法想象她或他20年后将从事什么行业。此外，占星师的哲学立场也有了改变，现在的许多占星师都主张人的命运是可以克服和转化的。过去200年里发生的这些革命性改变，完全可以从三王星——天王星、海王星、冥王星（分别在1781、1846、1930年被发现）——相关的特质反映出来。此外温室效应以及亚洲的经济扩张现象，无疑地也可以透过三王星描绘出来。或许还有一些尚未被发现的星体，也能说明目前的一些现象。

天王星♅

> 科技把世界变成了一个不需要亲身经验的地方。
>
> ——马克斯·弗里施（Max Frisch）

发现的始末

天王星是在1781年3月13日被音乐家和业余天文学家威廉·赫歇尔（William Herschel）于巴斯（Bath，英国英格兰西南部城市）发现的。当天晚上大约10到11点之间，他通过一台7.2英尺的望远镜看到了这颗行星。当时天王星正位于 24 度左右的双子座。早在 16 世纪时，这颗行星就被许多人观察过（肉眼可以模糊地看到它），不过那时的人都把它归类为恒星。天王星窄窄的环系是在 20 世纪 70 年代才被发现的，在天文学上，这颗行星一向充满着令人惊讶的特质。在占星学里面，天王星也是颗与众不同的星体，它的物质结构相当特别，也很令人惊奇，因为它的轴线倾斜得相当厉害，旋转的顶部看起来就像是在侧面似的。由于这个倾斜度，所以太阳直射它南北两极的时间各自有 42 年（地球的时间）。天王星是颗充满气体的行星，主要是由氢气和氦气构成的，科学家认为它的内部没有热源，但是有非常强的磁场。它的大气里充满着甲烷，和阳光融合在一起便形成了蓝绿的色彩，这种色彩就是宝瓶座的颜色。“旅行者二号”宇宙飞船（voyager No.2）观察到天王星会放射出一种紫外线，于是给了它一个“电子辉光”（electroglow）的名称。

天文学

// 与太阳的距离：17.8 亿英里（28.7 公里）。

// 直径：32300 英里（52000 公里），比地球大了 14 倍多。

// 恒星周期（大约是绕太阳公转一周的时间）：天王星在每个星座上停留 7 年的时间，因此绕黄道一圈是 84 年。

// 逆行周期：每一年逆行 5 个月左右。

// 卫星：天王星至少有 27 颗卫星，名称大多依莎士比亚剧里的角色命名，但艾瑞尔（Ariel）和乌姆伯里厄尔（Umbriel）却是从亚历山大 · 蒲柏（Alexander Pope，1688—1774，英国启蒙时代诗人及散文家）那儿得来的灵感。它的 5 颗主要卫星泰坦尼亚（Titania）、米兰达（Miranda）、奥伯龙（Oberon）、艾瑞尔以及乌姆伯里厄尔——比其他的卫星都要大许多。泰坦尼亚和奥伯龙是在 1787 年被赫歇尔发现的，艾瑞尔和乌姆伯里厄尔是在 1851 年被威廉 · 拉塞尔（William Lessell，1799—1880，英国天文学家）

发现的，米兰达则是在 1948 年被杰拉德·柯伊伯（Gerard Kuiper）发现。1986 年，“旅行者二号”发现天王星的环系里还隐藏着 10 颗卫星。目前仍有许多卫星和小卫星一直在被发现中。

神话学

根据赫西俄德的版本，万物未出现之前，世界是一片空无，希腊人称之为“混沌”（Chaos）。后来混沌生下了盖亚（大地），盖亚又生了许多小孩，其中第一个诞生出来的就是天空——乌拉诺斯（天王星），接着盖亚又生出了高山和大海。因为天空遥不可及，所以天王星代表的是一种心理上的疏远状态。乌拉诺斯后来娶盖亚为妻而开始紧紧地覆盖住她，他们成了奥林匹斯山众神的父母及祖父母，因此天王星也象征着祖父母。他们的子女包括独眼巨人基克洛普斯三兄弟——布戎忒斯（雷声）、斯忒佩斯（闪电）及阿格斯（霹雳）——他们都只有一只眼睛，长在前额的中央，另外还有 12 位泰坦神祇以及 3 位百臂巨人（各自有 50 个头，100 只手臂）。天王星一向涉及突变和反常的情况，在神话里，突变的发生与近亲交配或乱伦有关（乌拉诺斯和他的母亲盖亚就是乱伦关系），这意味着不该跨越的疆界被跨越了，至少从希腊社会的文明观点来看是如此的。天王星的确有一种想跨越疆界的冲动，以现代角度来看，基因改良和复制技术就是跨越大自然疆界的一个例子。玛丽·雪莱（Mary Shelley，1797—1851，英国小说家）的《科学怪人》（*Frankenstein*），或许就是与天王星有关的一部历久不衰的小说，里面蕴涵着必须谨慎运用科学的警讯。

总之，星盘里的天王星描述的就是我们与众不同之处，包括心理的、生理的或是人生抉择的层面。让我们再回到刚才的神话故事：乌拉诺斯觉得他的孩子们长得很丑，于是把他们放逐到塔耳塔洛斯这个在地心深处的地方。据说掉落的铁砧 9 天的时间还到达不了那里。有的版本将塔耳塔洛斯描述成盖亚的子宫，有的则说是她的肠子，因此乌拉诺斯等于又把他的孩子们推回到她的体内。

不论故事是怎么说的，总之盖亚因为失去小孩而很不快乐，起初她一直为这些孩子被囚禁而哀痛不已，后来开始感到愤怒，于是计划要报复乌拉诺斯。她创造出了一种燧石，制造成一把巨大的镰刀，然后把儿子克罗诺斯和他的兄弟们找来执行报复计划。其中只有克罗诺斯（土星）这名最年轻的泰坦神愿意协助盖亚，于是盖亚给了他那把镰刀。当乌拉诺斯正要接近盖亚的时候，克罗诺斯立即出现，割掉了他的性器官，然后将它丢到海里。这个性器官的血洒落在大地上，孕育出了三位复仇女神，从海水的泡沫和乌拉诺斯性器官的精子里，又诞生出了阿佛洛狄忒。

性格特质

在集体意识层面，天王星和新观念的诞生有关，这些新观念带来的革命性改变，规模往往大到令人惊讶的程度。天王星促进了新的发明以及科技上的新发现和进步，帮助社会上的人节省时间、摆脱单调的工作和被奴役的情况。但困难不可避免地也会发生，因为天王星的冲动是不顾伦理或情绪反弹的，它只管科技的进步。这颗行星的行动是以完全不民主的方式在运作，而且非常顽固和专断。天王星的能量是所有行星里最不合作的，这颗带有独裁倾向的行星如果能量太明显，便可能导致别扭、专横及狂热倾向。在今日的世界里，像复制技术和基因工程之类的科技，都是源自天王星的驱力。人们一开始会被天王星带来的科技吓到（譬如避孕药、电脑、网络等），它不但为社会带来改革，也把许多人打入冷宫，毕竟世上有 2/3 的人连电话都没有，更何况是电脑终端机了。

天王星与土星

在英文里这两颗行星的名字几乎是彼此的变形词（anagram），奇怪的是，与天王星有关的事物最后往往都会变成土星的状态。今日令社会感到惊讶的现象，明日很可能会因体制化而被人们视为理所当然。叛逆的年轻人在 10 或 20 年之后，也可能变得相当保守。诚如尼克 · 科勒斯特姆（Nick Kollerstrom，英国天文学家）所言，因为先有铅的出现，铀（与天王星相关的金属）的时代才来临，而由于同位素比铅要重（如同铀一样），所以才能转化成铅（跟土星相关的金属）。一种矿的年龄越老，含铅量就越高，而铀的成分也就越低。

反叛

在集体和个人层面上，天王星要挑战的就是已经变得贫乏、一成不变和僵滞的事物，它的信息是反体制和对抗保守的作风。天王星一向展现了突破规范和跨越疆界的力量，它会挑战现状，脱离旧有的事物和传统，因为从它的角度来看，执著于过去只会阻碍进步。如果一个人被天王星的驱力所影响，就会渴望脱离他的家族、国家或其他权威。所有的外行星都会挑战土星的建构，虽然方式各有不同。以天王星来说，它挑战的对象就是权威、传统、现状及时间本身。天王星与解放及自由有关，土星则跟掌控及安全保障有关，这两种观念是很难并存的。

叛乱、厌恶、革命

革命这个词的意思就是推翻，它暗示着回到原先的位置上面，虽然这种状态经常被诠释成不合作主义。的确，“叛乱”（revolt）这个词的意思就是不忠实，或是不服从掌权的人，而社会上的某些人不可避免地会被天王星带来的巨大改变所波及。革命背后的动机通常是厌恶（乌拉诺斯对他畸形的孩子们的观感）、反感，甚至是某种状态已经令人恶心到必须立即被改变的地步。

藐视、割除、排拒

在神话里头，天王星也是跟各种类型的割除有关的行星，包括某种必须切割掉的状况，包括外科的切除手术在内。举例来说，某位女士的星盘里有月亮落在金牛座，与天王星成对分相。她告诉我，她的母亲（月亮）很早就把她的甲状腺切除了，而她的火星——与手术有关的行星，也跟这两颗行星成90度角。

天王星的另一种运作方式则是让一个人脱离自己的感觉，和家或社会疏远，这类人有时会被社会或他人排拒，而决定远离人群，天王星就像乌拉诺斯对待孩子的态度一样也带有排拒的成分。不论是真的或是错觉，受天王星影响的人经常觉得自己被冷落，所以会赌气地离开。与这类情绪相关的经验大多是排斥、疏远、失和及孤立，特别是当天王星与个人行星或四交点成紧密相位时。

藐视，极端厌恶、磁力

艾丽斯 · 默多克（Iris Murdoch，1919—1999，英国作家及哲学家）在他的《光荣的败北》（*A Fairly Honourable Defeat*）这本小说里指出了一个观点，他认为爱的反面不一定是恨而是藐视，这显然就是天王星最主要的情绪之一，这也让我们了解到金星和天王星之间互补却不相容的关系。藐视某个人就是瞧不起对方，甚至认为对方差劲到使我们不想和他有任何关系，这种情绪时常在年轻人身上出现，因为他们必须有这样的情绪，才能确保自己的独立性。他们经常觉得长辈的价值观和品味格外令人生厌，所以尽量和他们保持距离。也许我们会把乌拉诺斯驱逐自己的孩子这件事，诠释成借此来成就他们的独立性，不论如何解释，乌拉诺斯的确是“藐视行为”（contemptuous behaviour）的先例。藐视这个词也经常被用在法律圈子，譬如对法庭或立法团体里的权威不尊重，其结果往往是被冠上“藐视法庭”的罪行。

天王星和金星似乎都象征着磁力，包括情感和身体两个层面。金星掌管的是吸引力法则，就像两个磁极相互吸引那样；天王星掌管的则是排斥法则，也就是相同的磁极碰在一块儿的状态，难怪天王星是跟电力或电子有关的行星。

分手与破裂

如同铀及原子分裂的概念一样，天王星也是一个和破裂（split）有关的行星，譬如一段关系的破裂，所以如果一段关系出现了彻底的决裂，通常也涉及天王星。今日的家庭往往有非常复杂的结构，而天王星就是与继父或继母有关的象征符号。举个例子，天王星如果是落在四宫或十宫里，代表有继父或继母；落在五宫里则代表有继子；落在三宫里，则可能有同父异母（或同母异父）的兄弟姐妹。

如果说土星与“刹车”(brake)有关,那么天王星掌管的就是“破碎”(break)，包括破碎的陶器以及破碎的家庭。在健康方面，如果土星也涉及进来的话，便可能和破碎的骨头有关。天王人的口头禅可能会是“饶了我吧！”(give me a break)，换句话说就是“破个例让我免了吧”！

被社会排斥、驱逐、流放

天王星被发现的那个阶段，世界的许多地区都发生了社会和政治上的巨大变革：法国那时正卷入大革命，美国才刚刚独立，英国则因为工业革命而吸引了成千上万的贫民从乡间移居到城市。一个以犯罪方式谋生的下层阶级也正在形成，因此监狱里充满犯人，而放逐犯人的构想就此生根。

天王星与澳大利亚

个人或一群人被社会放逐这件事也是非常天王星的现象，此外，个人主动地移民，也是天王星象征的一种情况。英国的大规模集体流放，是在18世纪天王星被发现后不久出现的，英国和爱尔兰放逐了16.5万人到当时欧洲人所不了解的异乡，也就是现在的澳大利亚。从英国人的角度来看，那时的人被送往澳大利亚，的确很像沦落到神话故事里的塔耳塔洛斯，神话里铁钻以9天的时间还掉落不了的塔耳塔洛斯，那些英国老则花了 9 个月的时间才到达澳大利亚。在我看来，澳大利亚和天王星的能量十分相应，不但因为它早期的白人拓荒者大多是被出生地排拒的一群人（他们反过来也排拒澳大利亚当地的原住民），同时也因为澳大利亚有非常开阔的天空，人口多数又落户在大陆的边缘地带。此外，它内陆的人口非常稀少，而大陆本身也跟其他洲的距离很远，同时它也是地球上铀的蕴含量最大的地区。而且按照我的经验，欧洲人经常在天王星推进本命盘形成重要相位时，突然决定去澳大利亚旅行。

独立的渴望

和排拒有关的心理状态就是一心一意想要独立。独立意味着不依赖任何权威，也不仰赖任何人或物而生存。从这个角度来看，独立的本身就带有排他性，同时也蕴涵着一种优越感和抽离性，所以才会显现出冷漠的姿态。如果发展得太极端，便可能演变成反家庭、反社会，甚至反生命的倾向，而且这颗行星本来就是由许多小生态系统组成的大生态系统。

与众不同和脱轨

天王星促成的独立性也会导致相反的行动，它会促成一种反方向、反其道而行的活动。比较传统的人会把这种坚持走自己的路看成是脱轨行为，从某种程度来说的确是如此。“脱轨”其实只意味着走上了另类道路（alternative path），因此这个词带有负面意义是有些奇怪的。所有的脱轨形式基本上都受到了天王星的影响，只要是与众不同的事，都可以感受到这颗行星的影响力。

前面加上“不”或“非”的词首

词首是“un”（“不”或“非”）的英文词，会把原先的词义变成相反的意思，例如寻常（usual）与不寻常（unusual）。凡带有“un”词首的词，都和天王星的能量相符，譬如不寻常（unusual）、不依循传统（unconventional）、不能被预料（unpredictable）、不在意料之内（unexpected）、不合作（unco-operative）以及其他的词。另外带有“anti”（这个词首含有“反”的意思）及“ir”（这个首含有“不能”的意思）的词，也都跟天王星有关。

生理特征

天王星是以闪电般的速度运作的，与其相关的生理特质往往是快速、冰冷和紧张，它也带有突发和无法预料的特征，而这通常会被体验成震惊。从美学的观点来看天王星，通常和天蓝、土耳其蓝以及蓝绿色相联结。不规则和断裂的线条也是天王星的特征之一。各种的爆炸、闪电、闪光或是突然中断的韵律，都和天王星有关联。在事件占星学派方面，我们要留意的是天王星的行动往往会造成极端的现象，这颗行星很少出现半吊子的情况。

身体

各种形式的突变和畸形都属于天王星的特质，身体的某个部分起而反抗其他部分（癌症），也是天王星的现象之一。当外科医生决定把病人的某个部位切除时，同样也是天王星展现影响力之时。

任何一种类型的破裂都是天王星现象，例如，骨头破裂或血管破裂，痉挛、抽筋或震动也属于天王星的现象之一。此外，所有的意外事件也跟天王星及火星的能量有关，因为“意外”的本质就是无法被预料。

金属

铀（uranium）是在1789年被马丁·克拉普若斯（Martin Klaproth，1743—1817，德国化学家）发现的，他就是以天王星（Uranus）为依据替这个金属取了名字。铀和锡一样，可以在大部分的岩石、动物及海水里发现。虽然铀的分布很广，但很少有高度浓缩的情况，所以在经济上并没有太大的生产价值。澳大利亚和加拿大都有大量的铀矿，因此这两个国家是最主要的铀料供应国。铀的密度很大也很重，提炼之后会呈现银白色，它带有微弱的放射性，而且和所有的放射性同位素一样，时间久了就会衰退。有人认为它是地心最主要的热能来源。它的原子序数是 92，这也许有可能是和天王星相关的象征数字。构成铀的某一种同位素可以被分裂，这种分裂作用（所谓的原子分裂）能够制造出核能。

天王星的诠释

天王星的相位、宫位及主宰行星，比天王星落入的星座重要得多，因为天王星在每个星座上大约停留 7 年，因此对集体的冲击往往大于个人。虽然如此，天王星落入的星座，还是能够为整张星盘的其他元素带来明确的讯息，譬如天王星落在天秤座可以诠释成离婚，但星盘里的其他元素也必须倾向于此种结果才能下定论。

天王星入十二星座

天王星入牡羊座 ♅♈

上回推进的时段：1927/28 至 1934/35

下回推进的时段：2010/11 至 2018/19

在这些时段里人们会追求新的刺激，也会产生激烈的改变。可能会发生的事大多与独立的渴求、加快速度、不顾后果以及极端的不服从有关。天王星入牡羊座造成了所谓的“咆哮的 20 年代”（*Roaring Twenties*）和汽车的生产，第一次横跨大西洋的飞行、汽车及电器装置带来的独立性和新奇的生活方式，也是在那个阶段里产生的现象。在西方世界，那个阶段也是女人开始抽烟、饮酒、剪短头发、投票以及在没有监护人的陪伴下外出约会的年代。

天王星入金牛座 ♅♉

上回推进的时段：1934/35 至 1941/42

这是一个由顽强、果决和实际的创新能力组合成的时段，天王星入金牛座代表经济上的改变和价值观的变化。上一次天王星入金牛座时，世界正从大萧条慢慢复原，但旋即又发生了第二次世界大战，许多人都丧失了原先拥有的土地和财产，人们除了身体以及确保身体的安全之外，没有任何拥有物可以仰赖或保障了，但在这种奋力谋生的情况下，人们却同时拥有了摆脱物质束缚的机会。在财富和土地方面，不论是意外得来的或设计好的，大家都在朝着更公平的游戏规则去发展。许多西方国家因为生产自己的粮食，在那时反而变得更独立自主。

天王星入双子座 ♅♊

上回推进的时段：1941/42 至 1948/49

这个天王星的位置象征的是新的教育方式，及新一代的自由思想者，许多人开始选择辍学或唾弃学位，以往无法受大学教育的人，这时也有了公平的求学机会。在上个推进的时段里，英国辍学的人数大大增加。天王星加上双子座，带来了革命、激进的新观念、新科技及快速的沟通方式。双子座是跟二元性联结在一起的星座，上一次天王星推进双子座时，英国政府要求女性把裙子的长度改短以节省布料，因此到处有人把裙子剪成两半。许多的国家也都在分裂，因而导致和朋友及家人分离或沟通中断，这种现象一部分是由战争引起的，例如，德国分裂成东德和西德，朝鲜半岛分裂成了朝鲜和韩国，印度则分成印度和巴基斯坦，南爱尔兰也变成爱尔兰共和国，而正式与北爱尔兰分裂；其他的几个国家也开始独立，例如印度、斯里兰卡、缅甸等，因此这个推进的时段和内战、兄弟反目有关，美国独立战争和内战都是在天王星推进双子座时发生的。

天王星入巨蟹座 ♅♋

上回推进的时段：1948/49 至 1955/56

天王星上次推进巨蟹座时孵化出了女权运动。这个世代的人渴望及早远离家庭，女人则开始质疑她们扮演的母亲和家庭主妇角色，于是朝着解放和摆脱家庭的方向发展。这时的日常生活也开始改变，家庭破裂成了常见的现象，而且一整代人都捐弃了家庭的价值。不再受家务事捆绑，变成了每日的实际状况，因为家家开始采用洗碗机或洗衣机。欧洲这时也开始探讨如何组成一个贸易大家族，欧洲共同市场就是从这个概念产生的。

天王星入狮子座 ♅♌

上回推进的时段：1955/56 至 1961/62

这两个顽固的元素结合在一起，和艺术领域的革命以及娱乐方式的改革有关，银行业也起了变化。在这个阶段里，勇于夸张、敢作敢为和爱现的人站上了舞台的中央，和闪电有关的创新发明，也成为关注的焦点。在最近的推进时段里，世界开始出现锐舞（rave）这种东西，其他如激光和电视也成了工业化社会普遍运用的科技产品。“波普艺术”鲜艳的色彩和丰富的想象力，也被介绍到世界各地。此外，天王星入狮子座也代表人们开始想做自己的事情，而不再追随别人的领导。领袖人物这时发现他们的主导地位出乎意料地降低了，在上一次推进时段里，达赖喇嘛逃离了西藏，还有许多领袖人物遭到暗杀和自然猝死。年轻的英雄人物反而在这个时段里崭露头角，而且人们首度完成了重要的太空旅行——人类开始感觉所有的事都可能发生，并且对这些成就感到光荣；年轻人为了追求荣耀而参加越战及其他战争。

天王星入处女座 ♅♍

上回推进的时段：1961/62 至 1968/69

这两个元素的组合与医药方面的突破、商会活动的改变及工作方式的改善有关。小型而新颖的电器、电子及工艺设计产品开始进入市场，人类也在这个阶段开始接纳另类医疗和净化地球的观念。上个推进的时段里冥王星和天王星合相入处女座（请参阅 233 页），那个阶段里的农业方式出现了明显的改变，驱虫剂和杀虫剂遭到人们的反对，而“昆虫”也意外地引起了关注，如“披头士合唱团”（译注：Beatles 原意为小甲虫）、巴迪 · 霍利（Buddy Holly）的“蟋蟀乐团”（Crickets），此外，杀虫剂也被用在越战里。雷切尔 · 卡森（Rachel Carson，1907—1964，美国生物学家及自然文学家）的《寂静的春天》（*Silent Spring*）也在这时出版，带来了深远的影响力。她发现地球所有的生物几乎都受到杀虫剂的污染，于是提出了误用这些药剂的危险性，并呼吁人类应该改变对大自然的观点和对待方式。这时人们也开始意识到吸烟对健康的损害，而开始把抽烟看成是一种反叛行为，不再是“酷”的作风。

天王星入天秤座 ♅♎

上回推进的时段：1968/69 至 1974/75

这两个元素的组合，与法律契约及法律制度的改变有关，人们在这个阶段开始意识到，社会先天带有的不公平性会导致动荡不安。单就英国而言，那个阶段总共推动了《薪资平等法案》、《种族关系法案》、《性别歧视法案》及死刑的废除。当时人际关系的运作方式起了很大的变化，离婚率也升高了，《离婚改革法案》在英国被表决通过，而导致夫妇更容易离婚分手。

天王星入天蝎座 ♅♏

上回推进的时段：1974/75 至 1981

这两个元素的组合，呈现出天王星令人震惊的观念、火星的暴力倾向、天蝎座对夸张剧情的偏好，而造成了一些现象。极端的行为和爆发的愤怒，是这个阶段里经常有的情况！在上个推进的时段里，英国出现了前所未有的轰炸、围攻及谋杀事件，包括约克郡著名的连续杀人案（译注：名为彼得·萨特克里夫的杀人犯因为连续谋害13名女性，而被判20个无期徒刑，至今仍关在英国的监狱里）。同时还出现了许多种族暴动和怪异的天气：1975年6月的大雪，500年来最严重的干旱，以及200多年来最热的夏季（1976年）。天王星加上天蝎座这个组合，也跟死亡、性及法人融资方面的问题被揭露有关。“被约会的对象强暴”（date rape）这个词汇，在1975年首次列在犯罪记录里。朋克音乐则是在1976年开始流行的。这个阶段也出现了“另类”喜剧。

天王星入射手座 ♅♐

最近一回推进的时段：1981至1988

这两个热爱自由的元素加在一起，代表的是去一个不寻常的地方进行令人兴奋的旅行，这个位置的天王星偏爱成长和创新（也可能带来冲撞和瓦解），而且涉及各种形式的运输方式。在上个推进的时段里，因为假日旅游的人数激增，所以空中交通的次数变得非常频繁。但旅行也可能是在头脑里发生的，所以上个时段里也出现了网络、微软视窗系统、手机及电子游戏，不过这些现象是在天王星进入宝瓶座时才变得普遍化。由于英国和阿根廷的战争，英国社会才开始认识福克兰群岛这个偏远地带。天王星一向和改变以及对改变的抗拒有关，这颗热爱自由的行星落在逍遥自在的星座上面，代表的是人类会在政治、宗教或哲学领域里，为了信仰自由而争执不休。当天王星上一次进入射手座的时候，戈尔巴乔夫把开放的概念带进了苏维埃的政策里，而造成诸多改变，包括言论自由在内。

天王星入摩羯座 ♅♑

最近一回推进的时段：1988 至 1995/96

可参考海王星入摩羯座，因为这两颗行星在 20 世纪 90 年代初期形成了合相（1993 年成正合相）。

这两个元素的组合，显现出了冷漠、坚硬和反通货膨胀的倾向，而且比较偏向右翼政治，也出现了管理劳工的需求，但天王星也促成了相反的情况，譬如开始渴望改革政府和君主制度。在上个推进的时段里，所有的“建制”（Establishment）都遭到威胁，原本经得起时间考验、可以一直被信赖的机构，这时经历了急遽的改变，而某些看似最安全的公司和组织，变得不堪一击。20 世纪 90 年代初期出现了一段景气衰退现象，但是一些不被看好的公司或中小企业却纷纷冒出头。这时南非的纳尔逊 · 曼德拉从监狱里出来，后来当选总统。许多有规模的公司开始大量裁员，从那时起人们就不再期待终身待在同样的工作里。此外，人类也目睹了冷战的结束、苏联的解体及柏林墙的倒塌，在过往，这些都被认为是不可能发生的事。

天王星入宝瓶座 ♅♒

上回推进的时段：1912 至 1919

最近一回推进的时段：1995/96 至 2003

这两个元素的组合带来了科技上的巨大进展，同时也导致一些需要运用更进步科技的事件，譬如 1997 年 5 月出现了第一例禽流感病例，那次的禽流感和 1918 年造成 5000 万人（1/5 的世界人口）死亡的流感很类似，那时天王星已经进入宝瓶座。这类事件令我们认清人类在面对大自然的力量时，是非常渺小无能的，特别是涉及天王星的力量。以前网络虽然已经出现了一段时间，但天王星穿过宝瓶座时才令更多人开始上网，社会各式各样的成员找到了追求自由的力量。最近一回推进的时段里，虚拟宠物（cyberpets）及多利（第一只克隆羊）诞生了。

天王星入双鱼座 ♅♓

上回推进的时段：1919/20 至 1927

最近一回推进的时段：2003 至 2010/11

这两个元素的组合，带有一种闪亮和欢庆的感觉，相当有利于溜冰和冰上舞蹈，以及其他创造性艺术。在航运、渔业和海洋世界里也出现了明显的变化，电影工业则产生了令人惊讶的改变。药物和酒精方面也是一样，1919 年，当天王星进入双鱼座时，美国开始禁酒，但酒精的销售量却增加了。最近一回推进的时段里，人们注意到英国有更多的人纵情于酒精，经常拥进酒馆里畅饮。20 世纪 20 年代当天王星进入双鱼座时，开始出现有声电影，最近一回的推进时段里，则有许多别具一格的电影意外地在影展中获奖。此外，海王星也在这个时段进入宝瓶座，这两颗行星都有利于电影、电视和摄影科技的发展及改进。无疑地，数码摄影或任何一种与数码有关的科技，也都跟天王星入双鱼座有关。

海王星♆

如果我们放弃了浪漫爱情，就等于把天空变成了天花板。

——乔治 · 梅瑞狄斯（George Meredith）

如同亚瑟 · 克拉克（Arthur C. Clarke）观察到的："称我们这颗行星为地球实在不妥，因为它大部分是海洋"。地球几乎有 3/4 的面积都是海洋……

——詹姆斯 · 洛夫洛克（James Lovelock）

发现的过程

1846 年海王星被发现的时候曾出现过一些困扰。一开始人们犯了一些错误（海王星曾经被误认为天王星，后来又消失踪影一段时间，而且在报纸上闹了很大的丑闻），1612 年，伽利略观察到了这颗行星，并将其判定为木星的卫星。200 多年后，有人观察到比天王星更远的位置还有一颗行星，似乎跟影响天王星脱离原来路径的引力有关。剑桥大学的约翰 · 库奇 · 亚当斯（John Couch Adams，1819—1892，英国数学家及天文学家）独立作出了对海王星位置的预测，一年后，法国的厄尔班 · 勒维耶（Urbain Le Verrier，1811—1877，法国数学家）用数学方法计算出海王星的正确位置。他们两位都不知道对方也在做同样的工作，但同时也都急需一台望远镜，以及一位能确实找到这个天体的位置的天文学家。亚当斯后来把他的观察报告送到皇家天文学者乔治 · 艾里（George Airy，1801—1892，英国数学家及天文学家）那里，但艾里并不当一回事，所以未曾进一步调查。根据卡洛兰 · 赫歇尔（Caroline Herschel，1750—1848，德裔英国天文学家）的说法，上文提及的另一位观察家勒维耶在法国的上司，也不太看重他的观察，不过他还是说服柏林观察站的约翰 · 戈特弗里德 · 加勒（Johann Gottfried Galle，1812—1910，德国天文学家）追踪这颗行星的位置，后来在海因里希 · 达赫斯特（Heinrich d'Arrest，1822—1875，普鲁士天文学家）的协助下，终于找到了与原来位置十分接近的海王星。因此海王星是在 1846 年 9 月 23 日那天，当它与土星合相在 26 度的宝瓶座时，被正式发现的。这个成就是透过数学成功地测出行星的位置，也为天文学带来了突破性的发展，同时证实了牛顿的万有引力法则。但法国的报纸却指责英国窃取了这项功劳，而英国的报纸同样也谴责法国，所以演成一桩丑闻。经过一番波折之后，勒维耶和亚当斯共同被认定是海王星的发现者。至于天王星，在它没有被冠上神话专用的名称之前，也曾经有过好几个不同的称谓。

天文学

海王星是太阳系里的第 4 大行星，但却是 4 颗充满气体的行星之中最小的一个。它通常被视为太阳之外的第 8 颗行星，不过每 248 年当冥王星进入海王星的轨道形成交错的情况时（大约是 20 年。上一次发生这种情况是 1979 至 1999 年），海王星就会变成最远的一颗外行星。海王星有 5 个环系（1989 年被“旅行者二号”发现），其中有 3 个沿用了加勒、勒维耶及亚当斯的名字。这些环系有的狭窄，有的很宽，有的扩散，亚当斯是最外围的环系，它有三道圆弧分别被命名为自由、平等及友爱。海王星的环境里时常有风和暴风，四季和气温的变化都很大，它是由冰冻的甲烷构成的，所以才会发出蓝光。它有许多特征十分明显（譬如像地球一样大的黑点），但也经常变换形状，甚至会消失踪影。

// 与太阳的距离：约为 27.93 亿英里（44.96 亿公里）。

// 直径：大约是 30775 英里（49526 公里），有地球的 4 倍大。

// 恒星周期（大约是绕太阳公转一周的时间）：164.8 年。这代表海王星在每个星座大约停留 14 年。

// 逆行周期：每年大约逆行 5 个月。

// 卫星：已知的有 13 颗，最大的卫星特里同（Triton），是在 1846 年被威廉·拉塞尔发现的，它的体积大约是地球的 2/3，地质十分活跃（例如它会喷出冰泉），而且环境里多水，甚至可能有生命。这颗卫星之所以特别，有许多理由，其中之一是以反方向在移动，其他的卫星（都是以海中的神命名的）体积则小了许多，它们分别是涅瑞伊得（Nereid，1949 年荷兰天文学家杰拉德·柯伊伯发现）、塔拉提雅（Talatea）、迪斯比纳（Despina）、奈雅德（Naiad）、拉瑞莎（Larissa）、普罗帝欧斯（Proteus）、塔拉撒（Thalassa，1989年被“旅行者二号”发现），另外还有5颗非常小的卫星都尚未命名，分别是在2002及2003年发现的。

神话学

宙斯、哈得斯和波塞冬这三兄弟在父亲克罗诺斯被去势之后，透过抽签而分别主宰天界、海洋及冥界，其中，波塞冬不但掌管海洋，同时还掌管湖泊及河流。他的领土已经十分广大，但仍然与其他的神祇争夺城市和陆地，但如同海水无法长时间淹没陆地一样，他也经常战败。天宫图里的海王星，同样也代表我们永不知足的饥渴倾向。就像海洋以及我们的情绪一般，波塞冬的愤怒是很难控制的，当事情不如他愿的时候，往往会利用洪水和旱灾来报复。因此，每当海王星与其他行星形成紧密相位时，很可能带来严重的水灾，譬如2005年，海王星与火星成冲突相位时（还有其他要素也在起作用），卡特里娜飓风就带来了巨大的灾害。波塞冬手上拿的三叉戟是拿来捕鱼的，但也经常用来制造海上风暴、指挥海上的生物、制造喷泉或地震（他是地震之神），这个三叉戟也和许多宗教有关，它代表基督教的三位一体。

有一段时期，宙斯和波塞冬都想娶美丽的海神忒提斯（Thetis）为妻，但是他们从普罗米修斯那里得知她的儿子将会比父亲更伟大，于是这两个追求者后来都放弃了忒提斯。波塞冬将他的注意力转向了另一位海神安菲特里忒（Amphitrite），但她觉得他没有品味，所以逃开了，波塞冬像大海淹没土地似的紧紧尾随她不放，甚至还强暴了她，后来波塞冬还是娶了安菲特里忒，不过是透过戴尔菲尼斯（Delphinus）说情才和解的。波塞冬与妻子安菲特里忒一同掌理着他们的王国，后者的责任可能是管辖海洋生物。波塞冬和宙斯一样有许多婚外情，而且生了许多怪物孩子：他和安菲特里忒生下的孩子，就是半个鱼身的特里同，他和德墨忒耳生下了神马俄里翁（Orion），和美杜莎（Medusa）则生下了飞马。

木星与海王星共同主宰双鱼座，如同神话里的兄弟们，这两颗行星也有许多相似之处，它们和人类不断在追寻的“意义”及各种“过度”的行为有关，同时也跟波塞冬创造出来的马产生关联。

海王星及大海

神话里的波塞冬主要象征的是大海，因为它无边无际、难以捉摸，而且其广大无边及危险经常是被低估的。

疆界的消融

天王星与海王星都会挑战土星的疆界观。水没有固定的形状或边界，但力量却大得惊人，因此凡是被海王星触及的事物，都会被消融掉或侵蚀掉，或者无法有明确的定义。想象一下你在一张纸上用碳笔或铅笔画下一道线（这道线是由土星代表的），那么海王星的作用力就像是用潮湿的手指擦抹这道线，而使它变得模糊不清。

无我的行星

由于海王星有侵蚀疆界的作用，所以它触及的生命领域会带来一种众生一体的感觉。人我之分会消除，万物结成了一体，这种神秘性本是生命的基调。海王星会让一个人丧失自我，与神圣的源头融合，但是在个人层次上却可能带来一些困扰。除非此人已是大彻大悟的灵魂，否则多少会在这空无一物的世界里感到迷失和焦虑，因为当一切的定义都消失的时候，除了一些感受和觉知，剩下的便只有“空无”了。与众生合一会让自我以及个人性消失，就像是穿过浓雾一般，很容易迷路或掉到大海里，但那些住在海里的生物却不会迷失，因为它们是借着其他的知觉来寻找方向的。

慈悲心与敏感性

在一个没有人我之分的世界里，你自然会成为有慈悲心的人，因为阻碍我们同理他人的疆界不见了。我们不再需要去揣摩别人的感觉，因为我们就处在这种感觉里面。海王星落入的宫位及它主宰的宫位(宫头星座是双鱼座的宫位)，会在施与受上面显现出特别强的悲悯心。透过海王星的位置和相位，我们会认同那些受害者，其结果可能是变成受害者，也可能成为救赎者。我们会在那些生命领域里为别人的痛苦感到难过，继而产生同情心。我们也可能以为自己是体恤又慈悲的人，事实上有很大一部分是自怜。譬如海王星如果是落在第五宫，我们就可能对受苦的小孩特别有同情心，而且想要拯救他们，或者我们会对那些挣扎奋斗的艺术家特别同情；海王星如果是落在第十宫，则可能同情父母或上司，或者他们会同情我们。

与海王星联结的行星及生命领域，往往会出现过度敏感的特质，它会让一个人变得过于细致，而无法面对日常生活的粗糙、痛苦和鄙俗，因此某些带有强烈海王星倾向的人，很难面对真实的世界。被海王星触及的行星往往带有逃避倾向，譬如金星与海王星有相位的人，可能会借由对浪漫爱情的幻想来逃避；水星与海王星有相位的人，则会借由阅读和带有启发性的交谈来逃避；太阳与海王星有相位的人，可能会借由幻想自己是别人来逃避现实，依此类推。

超越与逃避

最佳的情况下海王星会促使我们超越一般的现实，提升我们的心灵，与更奥妙的次元联结。真正的神秘主义者既能活在世间，也不会逃避自己不喜欢的事物。真正有神秘倾向的人是不会刻意逃避不舒适情况的，这也许是因为他们已经培养出了更精微的觉知，能够洞察到比眼前物质现实更深的实相，而且能瞥见背后的运作力量，看到更完整的画面，这类人就像威廉·布莱克（William

Blake，1757—1827，英国诗人及画家）所说的：“从一粒沙看到整个宇宙。”但问题就出在一个人真的能具备这么精微的觉知吗？或许那也只是一种幻觉罢了。事实上，海王星一向和各种形式的幻觉有关。

我们同时要记住，海王星带来的感觉也很像饮酒之后的状态。我们饮酒可能有好几种理由，但它最大的作用就是几杯黄汤下肚之后，一切事情好像都没什么大不了了，白天的工作带来的压力，往往在酒精的影响之下彻底消失。

海王星最喜欢的逃避和麻醉方式，便是饮酒、嗑药、看电影和电视。嗑药的目的是为了麻醉痛苦，让一个人可以从惯常的意识状态进入另类意识状态。迷幻药比酒精更容易扭曲一个人的时空感，使他们觉得不再受到制约。处在这种状态中，所有的规范感都消失了，而一旦去除了时间、空间、法则和规范，什么可能性都会出现，犹如活在梦境和想象世界里似的；但现实世界如果缺少了土星带来的结构和规范——时间、空间和疆界感，就什么事也办不成了。

电影、音乐和艺术

所有的外行星都和集体性的议题有关，也涉及各种类型的时尚。以海王星来说，它代表的时尚通常是展现在电影、艺术、舞蹈和音乐上。海王星不是一颗和个人感受有关的行星，它象征的是社会集体的渴望，而且有一种想要把它们创造出来的需求，这时就得靠艺术家了，因为艺术家能够将社会集体的幻想、梦想和渴求变成物质形式，而将这些东西变成物质形式之后，幻想的成分就会降低，而更能够落实在现实层面。当海王星缓慢地推进各个星座时，往往能定义出什么东西或什么人将变成受人崇拜的对象。

看电视或电影都是逃避粗糙现实世界的方式，也是一种经验世界的方式，只不过在形式上是一种麻醉——我们可以坐在舒适的沙发椅上观赏世界的暴力场面。如果我们本身是艺术家，也可以借由这些工具来启发别人，而观众则可以透过观赏剧情来忘掉自己，或是借由音乐来升华自己。音乐的确能激起各式各样的感觉，电影和电视节目的制作人一向善于利用音乐的效果，这使人不禁联想起伯纳德·赫尔曼（Bernard Hermann，1911—1975，美国作曲家）在希区柯克电影里的配乐。

大部分的艺术形式也可以达成宣传目的，例如政党、广告商或报纸想要宣扬的理念，都可以借由音乐来达成。同样地，与其说报纸是在报道消息，不如说是在制造一般人喜欢看的故事。基本上，报纸花了许多时间制造丑闻，借此来影响一个国家的道德意识。如同报纸上的故事和肥皂剧一样，海王星也和许多虚构的故事有关联，虚构的故事不只是扯一些小谎而已，它是从根本上扭曲一则故事的来源，以便让其中最核心的真理不致遭到忽略，这类故事的道德训诫是借由满足人心的形式而传递出来，里面同时包括了恐怖的剧情及良善的成分。在接触这类故事的时候，我们会发现若是按照不同的方式来发展，最终面临的将会是怎样的结果，就像我们的梦境一样，虚构的故事能够预先排演出真实的生命历程。

海王星一向是以潜伏和带来不满足的方式在运作，而且从不直接地进行一件事，它总是以诱导、扭曲和包抄的方式进行。只要是海王星涉及的领域，都会有一种事情被泡在水里的感觉，当事者也很像站在岸边看着洪水涨潮，对不断往上攀升的水面束手无策。

媒体和广告

报纸和出版界都会运用到海王星和其他行星的能量：木星一向与出版及广播有关，水星则跟写作有关，今日的电视和电影大多和天王星的科技产生关联，金星是所有创造艺术的驱动力，海王星则是广告和媒体业最主要的象征符号。广告业者总有办法让某项产品看起来比实际上更美好，他们懂得以最佳的形式来呈现产品，因此广告几乎可以看成一种观念的宣导形式，虽然它推销的并不是政治理念。广告会宣称，如果用了某种乳液皱纹就会消失；用了某种品牌的洗衣粉，我们的衣服就会白得发亮；男人如果用了对的刮胡刀，就会像阿多尼斯（译注：Adonis是希腊神话里的美男子）一样。因此，真相会被扭曲到完全认不出来为止，不过当然，再白的衣服也会逐渐变成灰色，皱纹则是老化不可避免的现象，而且鲜有几人能够像好莱坞的英俊小生一样，况且如果真的变成那样，我们也未必喜欢。有趣的是，广告业、电影及媒体打从一开始，就把事情扭曲成令人信以为真的状况，所以人人都希望自己像电影明星那么好看，甚至渴望脸上没有任何皱纹。杰夫·梅奥（Jeff Mayo 1921—1998，英国天文学家）认为海王星的首要作用就是"改善得更精致"（refine），我们很容易发现这是相当正确的说法，因为当一个东西被精致化之后，就会脱离原先的源头，它的棱棱角角都被去除了，最后的成品可能比原先的状态更令人喜爱，但也会变得虚假失真。我们把事物精致化的目的，就是为了让它们看起来更完美，更合乎理想。

海王星另一个关键词是"缓解"（palliation），当医生无法治疗病人的疾病时，就会开出一些药来缓解他的症状。但缓解这个词的真正意思是"盖住"，当问题被盖住之后，人的防卫性通常会降低，问题也不再显得那么严重，就好像被洗白或涂掉了似的。人类需要某种程度的缓解，才能面对生活里的各种令人厌恶的事情。我们借着听音乐、看电影、享受美酒，来纾解日常生活的压力，这有点像癌症末期的病患靠着吗啡止痛，逃避将要死亡的事实。

海王星的现实面

如果我们从土星的观点来看世界，那么海王星毫无疑问地和谎言有关。抹掉了时空的限制，所有的事情都会失去清楚的界限，而变成一种"相对"（relative）的状况。借由海王星的影响，我们会对所谓的真或不真、对或错这类观念，产生一种更融通的理解，我们会发现没有任何事如表面那么绝对，一切都是虚幻不实的。海王星在任何一个地方都很自在，除了物质世界之外，它在干燥和界限分明的世界里是很不舒服的。在海王星的次元里，二加二似乎不等于四。依照土星的模式，我们看到的一张桌子就是一张桌子，但依照海王星的模式，这张桌子可能会变成隐形的，但我们却可能觉知到这张桌子的气场！

失落、向往和牺牲

如同我们已经体认到的，海王星代表的是集体意识的渴望，同时也跟个人的渴望有关，尤其是当我们还未充分珍惜一个东西之前就失去了它。举个例子，如果一个人的海王星是跟天底合相，便可能在一生下来就离开了他的国家，但长大之后却非常渴望回到原来的家园。太阳与海王星形成相位的人，通常会想找到像父亲一样的人来倚靠，因为小时候父亲可能消失不见了，或是没时间照料他们。土星与海王星有相位的人也会渴望找到一位父亲，或是找到一个能提供对错标准的具体结构。

前面提到杰夫·梅奥认为海王星主要的作用是精致化，不过莉斯·格林（译注：Liz Greene 为伦敦心理占星学院院长，欧美卓越的女性占星家之一）却认为海王星的法则主要是“救赎”（redemption）。redeem 这个词的意思就是“偿清债务”。从今日的角度来看，它指的是把暂时典当出去的东西以指定的钱数赎回，也就是还债或作出一些补偿。譬如，我们以前可能把一件事做得很糟，但我们被告知可以做点别的事来加以弥补，这意味着重新恢复我们的声誉和荣耀。只要是被海王星触及的部分，我们都会有一种被淹没的感觉，而且非常渴望把那件事做好，令情况得到补偿或救赎，我们宁愿以牺牲奉献来摆脱快要被淹死的感觉，但这种感觉不容易被清楚地意识到，因为它和集体意识有关。海王星推进任何一个星座，往往能显示出整体社会特别同情的某一群人，而且会对他们作出一些弥补。

冥王星通常被视为“柯伊伯带”（译注：kuiper belt，指太阳系在海王星轨道外侧的黄道带附近、天体密集的中空圆盘状区域）的星体，而非太阳系的行星，海王星则是太阳系里距离太阳最远的行星。同样地，当我们年纪渐长之后，就会越来越脱离太阳象征的英雄崇拜阶段，我们不再把自己想象成黄金一般的人物，而开始察觉自己晦暗的一面。犯错在某些人的眼里是一种罪过，但这就是成熟和成为完人必须付出的代价，因此，年纪越大，身上的毒素就越多，感觉上也越来越不完整，所以我们渴望被洗涤，回归原来的清白状态。救赎就是被宽恕、得到恩宠、变得神圣、内心获得和解，人们会在生命的晚期，以各式各样的方式寻求救赎，有的人也会把死亡看成是救赎的工具。根据基督教的观点，犯下罪行会让我们切断和上主的关系，不过当然，圣经故事告诉我们耶稣钉上十字架为人类带来了救赎，使我们再度与上主合一。如果我们真的获得了救赎，那么原先的情况就是一种被奴役的状态，因此救赎似乎也暗示着把奴隶赎出来，让他获得自由。所以毫无疑问地，海王星也象征着把奴隶释放出来，而海王星主宰的第十二宫，传统上就是代表奴隶的宫位，这颗行星也和那些祖先是奴隶的人有关联。与冥王星一样，海王星也跟黑人文化或白人的蓄奴文化有关，因此，2005 年 8 月卡特里娜飓风带来的洪水，淹没了美国新奥尔良市的黑人社区以及周边的区域，并不是一个意外。

海王星与放弃

有关海王星的预测可以写一整本书，所以在此无须赘言，虽然如此，我们还是值得留意海王星推进时对人类造成的影响。除了理想化、失落和困惑之外，在这个时段里人们也会以各种方式放弃掉许多东西，人们将不再醉心于现实世界的事物，野心和自我需求也会降低（如果这时年纪还轻，可能会出现一些困难）。在这个阶段里，世俗的事物好像不再那么重要了，换句话说，人们会更臣服于死亡，而且更愿意思索曾经犯下的错误该如何补偿。这个阶段的另一个关键词是“辞去”（resignation）——譬如真的会辞职或卸下某些责任，这是因为海王星会消融我们的力量，所以我们必须向它投降，否则情况会让我们觉得自己是在逆势而行。不论发生了什么事，海王星的目的都是要让我们脱离物质世界，朝着灵性或出世的方向发展。

对物质世界的影响

海王星触及的事物都会带来暧昧不明的特质，它会让我们变得更敏感更细致，而且会带来困惑。这颗行星和不真实以及超现实有关，它主宰着我们对现实的感受，所以也有彻底改变现实的力量。

金属及元素

月亮、巨蟹座、天蝎座及双鱼座，和海王星共同主宰着海洋。海王星象征着雾和气，也主宰各种人工合成的产品，譬如塑胶。带有放射性的镎，是在1940年时，借由缓慢移动的中子冲击铀元素而制造出来的，那时镎被视为一种纯人工合成的元素，之后才被发现是存在于铀矿里面的天然元素，虽然量很少。

身体

海王星和各种类型的中毒以及寄生菌的感染有关，也跟长期潜伏的慢性疾病有关。

海王星的诠释

海王星的相位、落入的宫位以及主宰的宫位，都比它落入的星座重要。这是因为这颗行星会在一个星座待14年的时间，因此对集体的冲击比个人要大得多，不过它仍然可以为星盘带来一些解说。有个个案是，阿加莎·克里斯蒂的海王星是落在双子座，这一点很明确地说明了她在童年时，为何经常幻想自己有无形的兄弟姐妹。但海王星落双子座也会影响这14年里出生的任何一个人，因此它之所以能解释克里斯蒂的情况，是因为她的海王星和落在三宫里的金星形成了紧密的挣扎相，而且与冥王星成合相，而冥王星又是她三宫头的主宰行星。

请留意，推进的天王星与海王星在 20 世纪 80 年代至 90 年代之间交错了许多年，因此当我们考量任何一颗外行星推进的情况时，也必须检查那个阶段其他外行星的情况。

海王星入十二星座

海王星入狮子座♆♌

上一回推进的时段：1914/16 至 1928/29

这是一个对舞蹈、戏剧及各种创作艺术有利的时段，也是热衷于自我宣扬的阶段。第一次世界大战就是在这时爆发的，各国都在幻想着胜利的荣耀。这时上电影院看电影变成了大众趋之若鹜的事，人们开始以自己崇拜的电影明星为典范。各大片场带动了电影事业，塞缪尔·戈尔德温（Samuel Goldwyn，1879—1974，美国电影制作人）创立了米高梅片场，后来合并为 MGM 这个以狮子为商标的著名电影公司。在英国，BBC 被赋予了皇家特许的播放权。海王星加上狮子座带有一种金光闪闪、充满着气泡的盛大及狂欢感，这个阶段人们陷入严重的自欺状态，大家都相信电影里的情节可以在现实里成真。人们由于过度张扬而变得毫无储蓄。狮子座是跟银行业有关的星座，而 1929 年 10 月 24 日的黑色星期四出现了股市崩盘以及后续的大萧条（海王星进入处女座的阶段），也多半源自海王星加上狮子座造成的浮夸、虚幻和投机心态。不过这个阶段里也出现了对儿童的同情心，许多国家开始减少童工的雇用（包括美国）。那个阶段里也有许多穷人致富的现象（当然也存在着相反的情况），例如可可·香奈儿（Coco Chanel）从最贫贱的基础，突然如流星一般闪现出耀人的光芒；另一位来自佐治亚州的穷苦农民，也在 1888 年创立了可口可乐企业，后来在 1919 年以 2500 万美元卖给了别的财团。

海王星入处女座♆ ♍

最近一回推进的时段：1928/29 至 1942/43

这是最主要的象征大萧条的海王星位置，因为几百万人在这个阶段里失去（海王星）了工作（处女座）。甘地在这时开始教导印度人辛勤工作和谦卑的生活方式有利于精神修持，大萧条必然产生的贫苦艰困以及把纯洁的生活理想化，都是源自海王星落在弱势的星座位置，而这也直接导致第二次世界大战和纳粹的兴起，以及世界其他地区的种族歧视政策（南非）。小国家（处女座）在这个阶段似乎特别受到波及，因为它的疆界无法抵挡强势邻国的侵略：这时波兰遭到了德国的侵略，芬兰则被苏联侵略。海王星掌管的是化学及药物，而处女座最关切的是身体的维护，所以这两个元素的组合，使人类发明了许多新药物。最近一回推进的时段里，LSD 迷幻药和青霉素被生产出来，美国的禁酒令也解除了，社会因此而赚进一大笔钱。在这个阶段里，所有的微小事物都得到了进一步的发展，例如原子分裂技术就是在这时发现的。20 世纪 30 年代末期，美国建立了最低工资制，为那些没有经济力量的“小人物”带来了一些利益。这时制作的电影，连片名也都反映出了“小”这个主题，《白雪公主和七矮人》、《小妇人》、《弱小男子》、《人鼠之间》以及全片充满着细节的《飘》（*Gone With the Wind*）。这个阶段十分有利于艺术表现和技艺的改善。

海王星入天秤座♆ ♎

最近一回推进的时段：1942/43 至 1955/57

这两个元素的组合，与渴望和平及平等的社会有关，这种感觉的确像是上个推进时段的主题，但是第二次世界大战以及往后的几年里，这种趋向逐渐减弱下来。在英国，由克莱门特 · 阿特利（Clement Atlee）主导的“战后劳工内阁”，创造了国家健康服务、福利国和工业国有化的机制，背后的理念就是要打造一个更平等的社会。在美国，民主党总统亨利·杜鲁门构想出充分就业计划、国民住宅及公平交易政策。在世界舞台上，人们普遍怀着一种幻想出来的和平感，但内心其实是不安的；梦想拥有和谐的生活，使得人们开始将关系浪漫化，结果却是梦想破灭。这种期待公平和公正的倾向在婚姻关系里最为明显，因为大战期间女人一直在掌理国家，因此当男人回返家园之后，她们也不可能扮演次要角色；而离婚受非难的现象这时也减轻了，海王星入天秤座的这一代人，率先主张理想的关系不一定需要婚姻契约。在这个阶段里，电影界也出现了好几对幕前幕后都是亲密伴侣的明星，如亨佛莱·鲍嘉与劳伦·白考尔，凯瑟琳·赫本与斯宾塞·屈塞。

海王星入天蝎座♆♏

最近一回推进的时段：1955/57 至 1970

这颗行星和这个星座都热爱神秘，因此它们的组合代表玄学和神秘学大行其道。最近一次推进的时段里，出现了许多性丑闻、间谍故事和阴谋理论，间谍电影这时也大受欢迎，尤其是间谍和性的组合，如詹姆斯·邦德系列电影。英国在 20 世纪 60 年代的首相是哈罗德·威尔逊（Harold Wilson），他被指控为 KGB（苏联国家安全委员会）的卧底间谍，这个事件里充斥着真实与想象的 M15 阴谋计划。在美国，约翰·肯尼迪、马丁·路德·金及玛丽莲·梦露的死亡，引起了许多臆测和阴谋理论，尤其是年轻人的圈子里，不断有人谴责政府进行秘密计划，而且在越战上面扯了许多谎。这个阶段迷幻药和性爱开始结合在一起，形成普遍的风潮。美国在 1960 年、英国在 1961 年开始准许人们使用避孕药，因此社会对性的态度更开放了。这时性爱、迷幻药及摇滚乐成为人们最热衷的事，同时英国也废除死刑，放宽同性恋方面的规范。这个时期古巴的导弹危机以及核子潜艇的制造，也导致了核武战争一触即发的危险。由于天蝎座的主宰行星是冥王星，因此行星落在天蝎座，似乎有利于黑人文化的崛起，当时民权运动在美国热烈展开，起因是罗莎·帕克斯（Rosa Parks）拒绝让位给公车上的一名白人乘客；在英国，哈罗德·威尔逊拒绝了南非少数白人领袖的要求，从而促成罗德西亚（译注：1980 年更名为津巴布韦）这个小国的诞生。

海王星入射手座♆♐

最近一回的推进时段：1970 至 1984（1981 年天王星也进入射手座）

在这个阶段里，社会有一部分的人非常渴望远走他乡，当时出现的一些电影也反映出人们渴望探险的梦想，例如《外星人》、《星球大战》以及《第三类接触》。外太空议题经常出现在真实的新闻报道里，而且太空探测和登陆月球的壮举也陆续完成。长途旅行在这时成了许多人的梦想，人们开始到异国旅行，去探索这个世界。海王星落在射手座，让事情变得快速、过度，让人们喜好新奇、爱做堂·吉诃德式的大梦、崇尚异国风（这个阶段出现了许多作风大胆怪异的朋克乐团如性手枪乐团［Sex Pistols］、冲撞乐团［The Clash］，及朋克运动），越是带有异国风味，越受人们欢迎。海王星落射手座代表渴望自由，渴望社会能更随性自在，排斥权威、法则和各种规范。在最近一回推进的时段里，戈尔巴乔夫为苏联的政治、经济和社会带来了改革与开放。赋予人生更深的意义和目的，在信仰上更开放和独立自主，也都跟这个推进的位置有关。20 世纪 70 年代出现了许多宗教狂热组织和现象。音乐剧《万世巨星》（*Jesus Christ Superstar*）掀起了一阵风潮。高等教育上的文化变迁也在这时出现，例如开放式大学在英国诞生，不论以往的教育基础如何，目前的生活情况如何，人人都可以到这类大学去学习。

海王星入摩羯座♆♑

最近一回的推进时段：1984 至 1998

（1988 年天王星也进入了摩羯座，1993 年这两颗行星形成了合相）

这个时段与年资、父权及传统的理想化有关。这时共产主义进入了尾声，许多建制纷纷瓦解，尤其是柏林墙的倒塌，老式的独裁作风和独裁政权逐渐势微，过往看似一成不变的组织、公司和社会规范，或一些如直布罗陀岩石那么坚固的体制，这时都开始动摇。但这种情况也让人们渴望回归稳固的传统，以及能禁得起时间考验的事物。举个例子，占星学在这时重拾传统观点，而逐渐脱离原先的心理学导向。人们开始珍惜古老的建筑物，并展现出对现代建筑的厌恶。罗纳德·里根这位属于共和党的 69 岁美国总统候选人，也在这时入主白宫，英国的保守派政府开始掌政。这时出产的电影如《金池塘》(*On Golden Pond*)、《以父之名》，都反映了上述的主题，其他如《辛德勒名单》、《悲惨世界》、《拯救大兵瑞恩》，也都反映了摩羯座代表的严峻现实。当海王星进入摩羯座的时段里，政府可能会开始控制迷幻药和酒精的使用。

海王星入宝瓶座♆ ♒

上一回推进的时段：1834 至 1847/48

最近一回推进的时段：1998 至 2011/12

海王星入宝瓶座与天王星落双鱼座的意思相似。天王星与海王星结合起来的能量，为摄影、电影制作以及多媒体领域带来了革新，这也是一个有利于独立制片和运用特效的时段。社会大众开始享用数字电视和数字影音系统，其他像手机、MP3、摄影机以及电脑科技产品，也都大量地出现在市场上。数码摄影机令一般大众开始自以为是摄影方面的专家。有趣的是，“摄影”(photography)这个词是在 1839 年首度被威廉·赫歇尔启用，而那时海王星正进入宝瓶座。在这个阶段里，社会大众在自己所知甚微的领域里，纷纷变成了专家，甚至成为知名人物。当他们被问及要如何利用他们的人生时，这些年轻人的回答大多是渴望成名，他们并不企图做出任何卓越的事，但却认为有权力被视为独特的人，原因是他们能够呼吸。实况转播的才艺竞赛节目的泛滥，令那些在歌唱、舞蹈或其他技艺上真正有才华的竞赛者，无法借着社会大众的鉴赏力被拣选出来，而那些所谓的专业裁判的意见早已不被重视，所以也无法决定这些参赛者的命运。把平庸理想化或是颂扬一致性，也可以借由农作物的基因改良反映出来：在基因改良工程的领域里，各式各样的植物最后都变成了同一物种，因此个体性、独立性和多样性在这个领域是没有地位的；同样的，政治法令的修订，也导致了人与人之间的差异性完全被抹掉。但这个推进的时段也和更开放的法律有关，这使得人们有更多机会可以活出自己，同时人们也更有机会选择自己想要的生活方式。举个例子，英国在这时将大麻列为毒性较低的迷幻药物，而且饮酒方面的法律也更开放了，同性恋者则可以正式结为婚姻伙伴。另外，药物的研究上面也有新的突破和发现，麻醉药就是在 1840 年至 1841 年被发现的。今日我们很可能借由基因工程和其他科技来发现新的药物。未来人类在超感能力(Extra Sensory Perception，简称 ESP)、催眠、另类医疗及另类意识状态的研究上面，也会有更精确的检测方法。

海王星入双鱼座♆♓

上一回推进的时段：1847/48 至 1861/62

下一回推进的时段：2011/12 至 2025/26

灵性主义（spiritualism）就是在上一回推进的时段里，如野火燎原般地传播开来的。海王星落双鱼座当然有利于通灵能力的发展，因此在下一回推进的时段里，一般大众可能对心灵议题、精微能量和能量医疗（譬如同类疗法）了解得越来越深，也可能对不幸的人更有慈悲心，但却对世俗或金融事物十分不利。舞蹈、音乐、水彩画以及各种自由表达的艺术形式，在下个推进的时段里都可能有更卓越的表现，那将会是一段有利于艺术家的时段，当然许多假艺术家也可能在这时冒出头来。

冥王星♇

必须有两个人才能造成腐化——腐化者以及被腐化者。

——马歇尔·蒙博托·塞塞·塞科（Marshal Mobutu Sese Seko）

发现的历程

珀西瓦尔·罗威尔（Percival Lowell，1855—1916，天文学家）早在1905年就认为海王星的轨道以外还有一颗行星（X行星），他在1916年过世之前一直在寻找这颗行星的位置。后来位于亚利桑那州弗拉格斯塔夫（Flagstaff）的罗威尔观测站，于1930年2月18日下午4点正式发现了冥王星，发现者是一名观测站的助手，克劳德·汤博（Claude Tombaugh，生于1906年2月4日）。冥王星当时被测量到的经度位置是在巨蟹座18度，这个度数经常和冥王星的议题产生关系。有些天文学家屡次质疑，冥王星究竟是不是罗威尔发现的X行星，因为它的体积小到几乎不像是罗威尔要找的那个星体。无论如何，冥王星的发现向世人正式宣布是在1930年3月13日那天，奇特的是，3月13日就是罗威尔的生日，也是天王星被发现的日子。

冥王星被发现的整个过程的确非常符合冥王星的风格，虽然它早已被怀疑是存在的，却历经了许多年才正式露面，甚至必须等罗威尔过世之后才被发现，罗威尔对冥王星的存在怀有一种执迷式的信心。环绕着这颗行星的尽是一些谜样的信息。巧合的是，冥王星被发现的阶段，也正是人们开始对深度心理学感兴趣的阶段。这也是法西斯主义和纳粹主义在欧洲兴起的时段。那时美国正值禁酒时期，黑道因而兴起。人类在那个阶段已经懂得分裂原子，并制造出原子弹。人类一向擅长互相残杀，战争也一向是人生的真相之一，但人类开始有能力歼灭地球上所有的生物，却是在冥王星被发现之后。

冥王星这个称谓是从几千个名字之中挑选出来的，命名者为牛津的一名11

岁女孩维尼西娅·伯尼（Venetia Burney，她的外祖父就是替火星的两颗卫星取名为戴莫斯和弗伯斯的科学家）。罗威尔观测站里的职员之所以会取冥王星这个名字，可能因为它和神话有关联，因为冥王星非常遥远，而且光线微弱，因此以冥府的主宰者为名似乎很恰当。另外还有一个理由，Pluto 这个词的头两个字母刚好是 Percival Lowell 的起首字母。

天文学

如果说木星的形状看起来像个大气球，那么冥王星就像个高尔夫球那么小（但密度很高）。它的运行轨道相当古怪，虽然它是最遥远的星体，而且是太阳和地球平均距离的 40 倍，但是它在 248 年的周期中大约有 20 年比海王星更接近太阳。上一回发生这个现象是在 1979 年 1 月 21 日至 1999 年 2 月 11 日。它古怪的地方还包括以反方向运转，而且轨道特别长，甚至倾斜了 17.2 度左右。这些特征令某些天文学家和占星家提出了一种观点，认为冥王星或许是体积比较大的小行星而非一般行星，然而什么才是行星，到目前为止尚未有明确的定义。最可能的结论是，冥王星是“柯伊伯带”里面的星体（超越海王星的星体），而非太阳系里的一员。

2006 年 8 月 24 日，冥王星从行星降级为最新被归类的“矮行星”（dwarf planet），以它的体积大小来看，降级是完全合理的。“国际天文联会”在布拉格集会时，将谷神星（Ceres）从最大的小行星升级为矮行星，谷神星与冥王星之间的这层新的关系，似乎很类似希腊神话里的德墨忒耳与哈得斯的关系（请参照下文的神话学论述）。以往被称为 UB313 星体（或是一般所谓的“齐娜”Xena，于 2005 年 1 月 5 日被发现），也加入了矮行星的行列，2006 年 9 月 13 日它被命名为厄里斯（战神阿瑞斯的妹妹，所谓的“不和之神”）。在希腊神话里，厄里斯有一个无法无天的女儿黛丝蒙尼亚，于是此星体的卫星就被赋予了这个名称。往后显然还会有更多的星体加入矮行星的行列，读者如果想知道这方面的最新发展，可以上 www.iau.org 网站查询。

// 与太阳的距离：一般大约是 36.7 亿英里（59 亿公里），但由于冥王星的运行方式很古怪，所以和太阳的距离有很大的变化，可以从 46 亿英里（75 亿公里），降至 27 亿英里（44 亿公里）。

// 直径：冥王星比月亮还要小，大约是 1430 英里（2300 公里）。因为它的体积这么小，而且比月亮要远 1200 倍，所以只能透过最高倍数的望远镜才看得到。

// 恒星周期（大约是绕太阳公转一周的时间）：运转一周是 247.7 年左右，但因为它的运行方式很不规律，所以也可能在一个星座停留 10 到 30 年的时间不等。

// 逆行周期：每年逆行 5 个月。

// 卫星：冥王星只有一颗卫星卡戎，它是在 1978 年 6 月 22 日被詹姆斯·克里斯蒂（James W.Christy）发现的。在希腊神话里，卡戎是在冥河斯提克斯河（Styx）以及阿克戎河（Acheron）上引渡亡灵前往冥府的神祇。卡戎的直径只有冥王星的一半——大约 727 英里（1172 公里）。

神话学

克罗诺斯被他的三个儿子宙斯、哈得斯以及波塞冬推翻之后，宇宙就被三个儿子瓜分了。宙斯掌理的是天界，波塞冬掌理的是海洋，哈得斯与珀耳塞福涅共同掌理冥界。哈得斯不但是死亡之神，也是富饶之神，他也等同罗马人眼中的冥王，意思就是“富足之神”。他之所以富有，是因为珍贵的矿物、金属和有机物都埋藏在地底下，他也因为渡引亡灵而致富。他的名字经常被翻译成 Dis，这个词在拉丁文里就是“富有”的意思。有趣的是，冥王星代表的心理状态往往和开头是 dis 的词相关，譬如“排放”（discharge）或是“解散”（dismiss）

就是很好的例子：它们的意思都是释放、除去或摆脱。即使是“距离”（distance）这个词，也意味着两个东西之间的空间，当一个东西十分遥远的时候，我们势必很难得到它，于是它就变得非常有价值了。

再回到神话上面，我们知道冥界是亡灵等待审判的地方，其中的英雄们会被送往极乐世界，作恶多端者则会堕落到地府塔耳塔洛斯，他们无法逃脱地府，因为有一只叫做刻耳柏洛斯的冥府守门犬（地狱之犬）总是挡在门口。哈得斯带着一个由独眼巨人馈赠给他的隐形头盔，所以他在地府里大部分的时间都是隐形的，偶尔才会上到地面来，由于他代表的是最终的死亡，所以极少被看见。基本上，他永远处在暗处。有趣的是，“哈得斯”（Hades）在英文里就是“暗处”（shade）的变形词。在心理层面，冥王星一向与个人以及集体的阴影层相关，这个心理面向埋藏着个人和社会无意识深处的阴暗事物。神话里的人物连提都不敢提哈得斯的名字，生怕一提到它就会引起他的注意，所以哈得斯的隐形术已经高到无人敢提及他的名字的地步。

在神话里，哈得斯最著名的一次上到地面的举动，就是绑架了侄女珀耳塞福涅。哈得斯很想娶珀耳塞福涅（宙斯和德墨忒耳的女儿），但德墨忒耳拒绝让哈得斯成为她女儿的丈夫。有一回当珀耳塞福涅外出采花时，哈得斯安排了一朵美丽的水仙花展现在这位少女面前，当她正准备要摘花时，大地突然裂开了，这时哈得斯驾着战车冒出地面掳走了她。在所有的帮派电影里，那些帮派首脑之所以能成功，大都是靠政府里一些腐败官僚的协助，因此宙斯等于是协助哈得斯绑架女儿的共犯。

珀耳塞福涅到了地府之后吃了一颗石榴——象征着多产或是冬天——就因为这个举动，所以她跟哈得斯结下了不解之缘。后来她同意一年花 2/3 的时间和母亲德墨忒耳在一起，另外 1/3 的时间则必须待在冥界和哈得斯相处，这可以诠释成一年中之中有 1/3 是冬天，另外 2/3 是春季和夏季。珀耳塞福涅和哈得斯没有生下任何小孩，这反映出冬季是无法生出果实的。

生存本能和老练世故

哈得斯与珀耳塞福涅的神话故事真正的寓意是，珀耳塞福涅必须长大成人和丧失她原有的天真无邪特质，天真无邪既代表无可责难的行为，也代表对罪恶的无知。哈得斯之所以能生存，就是因为他具有一种现实的智慧，很懂得如何把眼前的情况操弄成自己想要的结果。在冥王星的眼里，天真无邪是种可疑的美德，是必须被牺牲掉的，如果你想在真实的世界里存活下去的话。冥王星代表的是阅历丰厚、经验老到及尝禁果的欲望，冥王星的特质就是能觉知到诱惑，懂得以精明的知识来洞察埋藏在文明底端的东西。如果说天真无邪的人往往是脆弱易感而无能的，那么在现实社会阅历很深的人就不易上当受骗了，这类人能够看到眼前的真相。难怪冥王星会跟深度心理学及玄学相关——这两种学问都是要看到事物底端的真相。受冥王星强烈影响的人很少对人性抱持幻觉，但是太善于揭露生命的阴暗面，也会导致偏执狂（永远看到事情最糟的一面）和残酷倾向（不计一切生存下去）。总之，冥王星最佳的一面就是让我们变得精明老练，帮助我们有能力活下去。

集体意识的阴影面

三颗外行星运行的速度都很慢，所以它们代表的是社会集体的潮流和时尚。数个世代以来流行或过时的各种趋势造成了许多代沟，冥王星通常能描绘出一个社会在什么阶段对何事着迷，或者渴望把什么东西淘汰掉。人们之所以会着迷，往往是因为整个社会未充分意识到某些集体遗产，因此当冥王星推进时，就会把集体意识里面埋藏的东西揭露出来。土星通常会造成“个人”的心理阴影问题（个人的无意识活动），冥王星则代表“集体意识”里的阴影面（整个世代压抑下来的心理问题）。随着冥王星缓慢地通过某个星座，我们可以看见人类成员中有哪些会遭到审判，或是有丑闻被揭露出来。个人星盘里的冥王星——不论能量明显与否——描述的是她或他在集体命运的旋涡里将受到何种程度的波及。

冥王星与大自然

冥王星似乎想提醒我们有关大自然的律法，特别是跟生、死、毁坏及更新有关的律法。冥王星提醒我们文明的行为不过是表面的虚饰，深埋在底层的其实就是各种动物、植物和矿物的生死轮回，而人类本是动物的一员，与动物共享相同的本能与直觉。冥王星是偏向生存，而不必然偏向文明的，从冥王星的角度来看，社会过度文明化会使人脱离真正的生物本能，但其实我们都是受自然律法约束的动物，例如，我们都会死亡、衰败，而且我们都得不断地排除体内的废物。人类和野生动物一样皆有生存本能，如果生存所需的食物、居所、工作及其他条件匮乏了，我们的行为反而会变得更像动物，更不文明。

生存、压抑和淘汰

冥王星有时被形容成火星的“高八度状态”(higher octave)。如同火星一样，冥王星主要考量的也是生存问题。一个人或生物能够生存下去，往往得牺牲掉他者。如果说火星这颗个人行星关切的是个人的生存议题，那么冥王星关切的就是生物集体的生存议题，这意味着有时得牺牲掉个人以及少数人。火星的生存伎俩是战斗，冥王星的作风则是压抑或排除。冥王星最佳的特质就是净化和清除，因此它会促使那些不和谐、有毒或有害的东西暴露出来，包括社会或个人在内。那些物质层面或心理层面的毒素，通常是埋藏或压抑已久的东西，我们之所以把这些问题压抑下来,乃是为了生存自保(孩子会把童年创伤压抑下来，不去觉知)，因为我们无法面对（或觉得自己无法面对）某些“禁忌”议题，或者羞于承认某些不堪的经验，但是到了某个阶段，这些被压抑下来的问题还是必须像驱魔一样地被逐赶出去。为了存活下去，也为了个人的成长与发展，这些东西都必须曝光，不过冥王星的淘汰和排除过程是非常缓慢的。冥王星也代表极大的紧张突然释放出来，譬如火山爆发、性高潮、婴儿从母亲的子宫内挤压出来，或是将粪便排出体外。生存必须仰赖毒素的排除，因此冥王星会让不可避免的危机或结局出现在眼前。它和各式各样的清除及爆发有关，如皮肤上长疖子、火山爆发或是家族秘史被揭露，这些都不是愉快的事，却往往能带来宣泄、净化和解放。在更新的状态未出现之前，事情的爆发或许是必要的，因为有毒的及具有破坏性的东西，都必须先清除掉。

冥王星与公道

公道与冥王星这两个词很难并存，因为冥王星经常带来不可思议又令人惊骇的蹂躏。不论如何，冥王星的角色似乎就是要我们以耐性承受一个或许多世代传下来的罪孽。社会之所以不认为冥王星和公道有关，是因为上一代的罪行不该由下一代承担，况且下一代的人对上一代的罪行往往一无所知。许多与战争有关的恐怖攻击或许和上述的说法有关，不过我还是选择“酞胺哌啶酮”（thalidomide）这种西药作为例子。酞胺哌啶酮是在 20 世纪 50 年代末首次被用来当镇静剂，因为它看似非常安全，所以被医生拿来纾解孕妇的失眠和反胃问题，结果发现畸形儿就是这种药物造成的，因为这些孩子的母亲在怀孕的头三个月都服用了它。据估计，世界上大约有 1 万至 2 万个婴儿，因为受到这种药物的影响而一生下来就有严重的残疾，许多孩子甚至没有手臂或腿。因此冥王星的公道更像是一种报应。以酞胺哌啶酮为例，冥王星除了带来令人惊骇的事件之外，同时也让一整代人变得更精明，更有能力预防进一步的损害。冥王星的功能就是确保社会净化其行为。

禁忌与禁令

冥王星的关键字“禁忌”（taboo），最初是由美国占星家理查德 · 伊德曼所提出。这个词的确可以总结冥王星涉及的事物。“禁忌”的定义如下：

一、禁止或不准许，置于社会禁令之下。

二、既是神圣又是被禁止的（在波利尼西亚及南太平洋群岛一带）。

三、源自社会或其他的传统禁令。

四、宗教仪式上的限制或禁令，特别是那些被视为神圣或不洁的事情。

// 语源学：在 18 世纪时，由汤加（Tongan）语言的 tapu 传过来的。

// 词源：1996 年发行的《韦氏词典》修正版。

某个东西一旦被禁止或压抑下来，往往会造成更难以解决的冥王星活动。举例来说，美国下了禁酒令之后，人们并没有停止饮酒，酒精的销售及消费反而变成了地下活动。据估计，当时纽约市一个地方就出现了 10 万个地下酒吧，也由于酒的禁止，犯罪组织（典型的冥王星活动）大幅地增加，帮派分子越来越富有，而且为了控制酒的贩售和其他的卖淫和赌博活动，他们彼此之间的械斗变得更激烈，所以走私酒类以及警察的腐化，也以史无前例的速度增长。这一切都是源自酒的销售被禁止，或是因压抑而造成了反弹。

虐待、耻辱及困窘

每一个世代和文化对禁忌议题都有不同的看法，在个人星盘以及和其相关的集体面向上，冥王星坐落的位置代表的是个人家族历史里发生过的禁忌活动，一些被扫到地毯下面的往事。如果冥王星和个人行星呈现困难相位，则代表一个人可能遭受虐待，或是家族成员里有精神疾患。冥王星通常暗示着虐待、精神疾患和某种程度的死亡，以及某种方式的性表现。受虐者通常会觉得羞耻，虽然他们并没有做错任何事，因此冥王星最重要的情绪的就是耻辱和窘迫感。任何一种形式的虐他行为，大多是源自早期受虐经验被压抑下来。冥王星负向的一面多半源自能量的压抑，正向的一面则源自把压抑下来的东西带到表面。

如果我们不经意地透露了某些不该被透露的东西，或是行为失礼时，我们都会觉得窘迫。人在这种时刻最常说出的话就是：“我恨不得死掉算了！”或“我希望大地能裂开，把我一口吞下去。”后面这句话听起来很像珀耳塞福涅被绑架到地府时的感觉。这种毫无遮蔽的暴露感，是冥王星带来的典型感受。

在神话世界里，哈得斯一向被指控为强奸者或绑架者。冥王星的确是强奸的象征符号，但我们不该只是从性的面向去思考这个词的意涵。“强奸”这个词的真正意思就是用暴力来取得，在强奸的情况下是没有商榷或协议空间的。个人星盘里的冥王星位置，往往能描绘出一个人被外来势力侵害的情况（不一定是任何人的错）。举个例子，冥王星落在第四宫，代表一个人在童年时可能被迫脱离原先的文化背景，移植到一个截然不同的环境里。

冥王星与死亡

土星和冥王星都涉及死亡，但土星比较跟无可避免的老化过程及死亡有关，冥王星象征的死亡则带有一种禁忌意味，例如谋杀、自杀或堕胎。冥王星也跟公民权被剥夺有关，譬如丧失了投票权，或被禁止在自己的社区里做某些事。

冥王星与性

性高潮时的能量释放，通常被视为冥王星的特性之一，但冥王星在性里面扮演的角色通常和某个文化或时代里的禁忌有关，这里面当然包括性侵犯，因为这也是一种权力的误用。像哈得斯这样的加害者因为自觉无能，所以会选择弱小的被害者来加以侵害。冥王星同时也代表能够带来解放，故而可以被接纳的性行为，这一类的性行为非常符合大自然的律法，而且其中的感觉是诚实的，况且是两个成年人彼此同意的行为，但却跟特定的社会或时代的保守态度不合，因此嫖妓或同性之间的性行为也包含在内。一般而言，冥王星代表的性是不被社会认可的，而且是无法生下子嗣的。

冥王星与无可挽回

冥王星也跟无可挽回的情况有关。哈得斯是一个没有同情心的神祇，因为任何生灵一旦进入他的地府就不可能离开了，况且他对所有的恳求都听而不闻。冥王星似乎特别关切那些无法再撤回的情况，那些情况是无法改变、不能逆转和难以修复的。钚（plutonium）本身也带有这种特质，钚的同位素可能得花 2.4 万年才会毁坏；同样的，原子弹在广岛爆发带来的灾害，也不可能一笔勾销。

药物的压制

冥王星负责把埋藏在地底下的物质储存起来，同时也代表将这些东西揭露出来的过程。自从冥王星被发现之后，最有效的药物一直被创造出来，但同类疗法和其他疗法的医者一向主张，这些强效药物根本无法治疗疾病，充其量只是将症状压抑下来罢了。某个世代里出现的疾病看似被摧毁或消除了，但一两个世代之后又会以不同且更危险的形式再度出现。也可以说，小时候罹患的疾病看似被消除了，其实问题还埋藏在体内。

冥王星和精神疾患

冥王星是精神疾患最主要的象征符号。处在精神病的状态里，患者几乎是被冥王星相关的元素所占据，譬如会出现偏执倾向或被害妄想症（典型的冥王星感受）。当然还得有其他的要素同时在起作用，譬如土星——这个为意识和潜意识提供屏障的行星，在这种情况下的作用力往往是微弱的。

冥王星与残疾

星盘里的冥王星及凯龙星（请参阅 338 页），是跟残疾最相关的两个星体，但是和眼盲或耳聋的关系比较小。另外还有一个可能性，那就是冥王星不一定和残疾本身有紧密关系，反而和某些事件或社会群体有关，而这些群体多半是隐没在人群里的无权者，我们知道，残障人士经常谈起他们是社会里的一群隐形人。在古早的时代里，人们甚至为自己的残疾感到羞耻，据说有的父母会把他们的残障孩子藏匿起来。一般而言，冥王星如果和个人行星成紧密相位，通常代表有残疾的可能性，但通常不是成年之后造成的。如果冥王星是落在三宫里，那么兄弟姐妹就可能有学习上的困难。有时残障的原因是在一个人尚未诞生之前就种下的，也许是因为母亲受孕时做了一些违背自然的事，或者父母做了一些搅乱自然律法的事，因而造成了损害。

黑人文化和人类的根源

爱上黑人的白人，多半有金星、尤其是火星与冥王星的紧密相位。在比较不开放的年代里，这种关系往往被视为禁忌，不过当然，与黑人谈恋爱的白人不一定都有上述的相位，这使得我开始认为冥王星或许和黑人文化有关，当然还有许多证据都足以支撑这个观点。首先，毫无疑问地，全球的黑人文化都遭到白人文化的压制，而且当冥王星进入它自己的星座天蝎座时，黑人便开始争取到更大的政治权力。此外我还产生了一种联想，我发现英国女演员霍纳尔·布莱克曼（Honor Blackman）的冥王星与太阳及上升点（太阳和上升点都跟一个人的名声有关）都呈现紧密的45度角。太阳一向代表男人（man），而她的太阳和上升点部落在狮子座这个与“荣耀”有关的星座（译注：这位女演员的名字也可意译为“荣耀黑人”）！

冥王星也和史前史有关，因此那些从事考古或族谱研究的人，或是搜集化石的人，星盘里多半有明显的冥王星能量。有些科学家追踪人类的基因历史，发现人类共通的祖先原来是20万年前居住在非洲的一名妇女，科学家为她取了“线粒体夏娃”（Mitochondrial Eve）这个名字。换句话说，不论是黑人或白人，所有人类的DNA都可以追溯到最早的非洲这个源头。

冥王星似乎跟边界破除掉之后的核心状态有关，因此这个星体和水星都关切基因密码的议题（请参阅119—132页），应该不是毫无根据的猜测。当一切都被排除掉之后，剩下的就是我们的DNA了。本书无意探索这方面的细节，不过很奇妙的是，许多从事同类疗法的人都能证实，那些测试钚药丸的人，往往会重复地做一些和几千年前的时代有关的梦，有的人甚至梦到自己曾经是非洲人、毛利人或其他地方的原住民，而且身边总是带着一只狗。

冥王星与狗

1930年当冥王星被发现的时段里，沃尔特·迪斯尼的米老鼠被赋予了一只宠物狗，这只狗的名字就是冥王（Pluto），后来它陆续地出现在48部电影里。它不像以往迪斯尼卡通里的狗，因为它从不发出人类的声音，只是发出狗吠声！我的意思是，冥王星一向是代表狗的象征符号——请留意那些养狗或训练狗的人，以及当冥王星推进时出现的与狗有关的故事。同时它也跟哈得斯冥府里的地狱之犬有关。那些不喜欢狗的人经常抱怨狗的排泄物很难处理，而冥王星的确可能主宰气味以及对气味的直觉，大部分的直觉都是要确保物种能存活下去。

破产和裁员

从集体层面来看，冥王星和极致的财富有关，但是就一般人而言，我认为它代表的比较是破产，数个世纪以来这一直是人类的禁忌之一。从字源上来看，破产（bankrupt）是由拉丁文的bancus（桌子）以及ruptus（破）组合成的，这是因为在罗马时代讨债者会把欠债者的工作桌打破，以达到杀鸡儆猴的效果。古时候的人认为破产是非常丢脸的事，破产的人甚至会被剥夺公民权，而冥王星一向和公民权被剥夺有关，也和真正的死亡有关。同样的，冥王星也和被裁员的经验有关（如果冥王星是落在第六宫和第十宫，或主宰第六宫和第十宫，就有这种可能性），因为被裁员而失去工作是毫无选择权的，所以往往会觉得无能和无力，甚至觉得蒙羞。事实上被裁掉的是一个人的工作以及受雇这件事，因此和那个人本身并没有直接的关系。其实势力被缩减的是这些人的老板。总之，冥王星一向代表裁减、降低、脱掉或者暴露到只剩下骨头的程度。

冥王星与谐星

喜剧谐星的星盘里经常有明显的冥王星能量，而且可能跟四个基本点（上升、下降、天顶、天底）成合相。欢笑是一种宣泄机制，通常人们会大笑，是因为看见某些人（尤其是掌权的人）遭到了贬抑。其实笑话的内涵里多半有打破禁忌的成分，因此谐星诉说的通常是一些不宜公开说出的事。

金属和矿物

冥王星主宰着钚这个金属，它是在 1940 年由柏克莱的格伦 · 西博格（Glenn Seaborg）和另外几个人共同发现的。钚埋藏在天然铀矿里，1 千克的钚相当于 22 亿瓦特的热能。冥王星也主宰着石油和煤，以及那些在地球上存在了数百万年、后来被压缩到岩层里面的物质。经过长时间的演化，加上不断增加压力和热能，使得这些物质被转化成了煤和石油。

大范围

冥王星似乎主宰着那些真正掌权的组织、个人及企业，包括跨国公司、媒体巨子或制药公司。冥王星带来的巨富和权力往往是隐形的，如同地下犯罪组织里的人也默默地掌握着大权。这些帮派分子都属于冥王星的管辖范围，其他如深渊、沟渠、管道装置、地铁及隧道也在它的管辖范围之内。

冥王星入十二星座

冥王星入巨蟹座♇♋

最近一回推进的时段：1913/14 至 1937/39

以前推进的时段：1423/25 至 1447/48，1668/70 至 1692/94

上一回的时段里出现了许多战争，所以带有相信“炮弹的力量”（the power of shell）的特质（巨蟹座的确和贝壳类有关）。人类在这个阶段里目睹了苏联的革命、第一次世界大战、西班牙内战，以及部分的第二次世界大战。由于战争四起，因此有许多男人死在战场上，女人——特别是母亲，因而变得非常有力量。女性在这个阶段不但在田地里耕作，而且促进了工业的发展，在许多国家里，女性首度得到投票权。这时家族、家以及国家都不再被视为理所当然，人们必须努力捍卫，它们才能继续存在下去。这个阶段也出现了世界性的经济大萧条，此外 4000 万人因为全球性的流感而死亡。基于某些理由，人们在这个阶段开始看到家庭生活的终止。

冥王星入狮子座♇♌

最近一回推进的时段：1937/39 至 1956/58

以前推进的时段：1447/48 至 1464/66，1692/94 至 1710/12

最近一回推进的时段被称为“我的这一代”（the me generation），这时有许多人刚刚克服了冥王星落巨蟹座时的生存威胁感，所以自然会从潜意识里冒出一种“我存活下来”的感觉，因此冥王星入狮子座，关切的是自我在对抗家族或国家的强权时的无力感。人们在这个阶段里目睹了原子弹的爆炸以及令人惊骇的残酷暴行（纳粹集中营、广岛和长崎的原子弹爆炸），处在这些残酷暴行的阴影下，个人往往觉得自己的力量非常渺小，而促成这类事件的人却有极大的权力。总之，人类在这个阶段目睹了一些极为有权力的独裁者的锋芒，包括希特勒、墨索里尼和斯大林。电视的出现是另外一场革命，因为它完全改变了人类追求娱乐的方式，而人们之所以会崇拜名人或渴望成名，有一大部分是电视节目造成的。

冥王星入处女座♀♍

最近一回推进的时段：1956/58 至 1971/72

以前推进的时段：1464/66 至 1478/79，1710/12 至 1724/25

在最近一回推进的时段里，冥王星和天王星大部分的时间都合相在处女座。这个阶段里有许多小型的东西改变了流行的风潮，譬如迷你裙、迷你汽车开始流行，而"披头士"也从"小"昆虫得到乐团名称的灵感！避孕丸的出现等于颁发了一张性上面的许可证给人类，人们突然在性行为上得到了前所未有的自由。同样的，小小的硅芯片和电脑也制造了一个崭新的世界。许多农业传统在这时不幸遭到摧毁。冥王星通过某个星座，似乎代表一些人或事物注定会遭到灭绝，譬如人们在 20 世纪 50 年代目睹了所谓的害虫和杂草被化学杀虫剂歼灭。雷切尔·卡森的著作《寂静的春天》在 1962 年出版问市，唤醒了社会大众对大自然面临的危机的关注，环保运动也是从那时开始兴起的。同时人们在那个阶段里目睹了强效清洁剂的盛行。电视广告不断教导家庭主妇在浴室和厨房里使用清洁剂：人们开始过度注重杀菌和保持清洁，而这些行为都造成了对大自然的毁坏。

冥王星入天秤座♀♎

最近一回推进的时段：1671/72 至 1983/84

以前推进的时段：1478/79 至 1490/91，1724/25 至 1736/37

天秤座是跟平等、平衡及婚姻有关的星座。冥王星入天秤座的阶段，人们对权力的平衡变得非常执著。美国和苏联竭力避免造成彼此的敌对，因此在权力的消长上相当不安。男性与女性之间的不平等待遇，在西方促成了女权运动，使得人们朝向两性平权的方向发展。女权运动加上避孕药的发明，意味着婚姻不再是社会最主要的结构，情侣们可以自由选择结婚与否。20 世纪 70 年代初期，选择婚姻的人开始逐渐减少，而离婚率却明显然提高了，人们在婚姻关系中经验到的困难已经无法再压抑，因此许多人不再接受婚姻制度。美国这时也开始注意到残疾人士面临的不公平待遇，或许是因为有许多受伤的军人从越战返回家园。

冥王星入天蝎座 ♇♏

最近一回推进的时段：1983/84 至 1995

以前推进的时段：1490/91 至 1502/03，1736/37 至 1748/49

在上回推进的时段里，全世界开始注意到艾滋病的流行。为了不受到感染，文明社会开始学习这方面的性知识，性这个主题也在这时被大众公开地探讨。在英国，乡间的荷兰榆树得了类似艾滋病的一种病虫害，几乎所有的榆树都受到波及。非洲或许是最受冥王星入天蝎座影响的地区，而非洲也是艾滋病流行首当其冲的大陆。1990 年卢旺达爆发了内战，继而导致 1994 年的大规模种族灭绝。南非最后一任的白人总统德克勒克（F.W.de Klerk）举起了南非非洲人国民大会（ANK）的旗帜，纳尔逊 · 曼德拉从监狱里被释放，所有的种族隔离政策都被废除。1994 年南非开始由黑人组成的政府执政。

冥王星入射手座 ♇♐

最近一回推进的时段：1995 至 2008

以前推进的时段：1502/03 至 1515/16，1748/49 至 1762

上一回推进的时段里，出现了许多道德和信仰上的十字军，以及宗教和种族界分带来的紧张局势。英国这时兴起了一种新的赌博风潮，原因是国家彩票开始发行，赌博方面的法令也有了改变。人们在这个阶段里开始对冒风险的事感到恐惧，譬如英国许多学校不再为学生组织校游，因为无法承担意外事件带来的诉讼费用；某些地方议会提出报告，说明他们在道路修建的预算上，有 1/3

都花在赔偿因路面不平而造成的伤害。到处都有人害怕被控诉，因此射手座象征的宏观视野开始变得晦暗，冒险精神也逐渐降低。冥王星通过的星座，往往能描绘出社会的哪些成员会遭到严厉的惩罚，或者至少会面临一些困境，而冥王星入射手座，代表面临这些情况的往往是教会、伊斯兰教的基本信徒、教育机构及旅行者。“9·11”事件和伊拉克战争，都透露出对外国人以及“非白人”宗教的信仰者的偏执态度。这个推进的时段，也让人目睹了移民者、吉卜赛人及追求庇护的人遭到迫害，我们可以说冥王星入射手座与种族的清除有关。这时教会和教育领域里的伪善作风被大量揭露出来，因而提供了许多新鲜的故事，这代表某些教会或教会领袖的“死亡”，可能会造成宗教界的大幅度震荡。政客们则因为不遵守道德准则，或因为他们的性偏好，在金钱及交通费上的不诚实，而纷纷被罢职。人们对政府、政客和教会的信仰在这时也被推翻，以往天真的盲从倾向变为质疑态度。在哲学和宗教上，冥王星入射手座可能要人们学会不再相信表面的包装，而必须发现他们的信仰的精髓是什么，当外围的东西被摧毁之后，还有什么东西是永远无法毁灭的。最后值得一提的是，射手座是一个与夸张有关的星座，而冥王星象征的则是恐怖，因此以我的观点来看，恐怖主义带来的危机可能有点被夸大。

冥王星入摩羯座♀♑

下一回推进的时段：2008 至 2023/24

以前推进的时段：1515/16 至 1532，1762 至 1777/78

谁都不知道冥王星进入摩羯座的下一个阶段会出现什么现象，不过有一个可能性，那就是各地都会有人想推翻政府，或者推翻代表社会根基的大公司或机构，而温室效应也可能带来巨大的天灾。大公司里的主管在这时可能会变得相当脆弱，因为天王星和冥王星将会形成 90 度角，因此许多个人会起来挑战跨国企业。冥王星进入摩羯座势必会揭露各种体制的脆弱本质，而且这股能量不可能为传统带来支撑力。父亲的角色也可能被重新评估，而且会出现影响年长男性的疾病，而防止男人老化的药物也可能出现。

行星的显达理论

在 1981 年天王星被发现之前，只有 7 颗行星（包括太阳和月亮）是为人所熟知的，而这 7 颗行星却掌管了黄道十二星座，其中除了太阳和月亮之外，每颗行星都主宰着两个星座。比较传统导向的占星师目前仍遵循这个法则，但以心理学为导向的现代占星师，则开始将天王星、海王星及冥王星视为宝瓶座、双鱼座及天蝎座的共同主宰行星。长久以来，大部分的占星师都主张，行星落在某些星座会比其他星座更有力量（有的甚至说更幸运），这些观念考量的，多半是行星能量的强弱与否——行星“显达”（dignified）或“衰弱”（debilitated）的原因，而且是从行星与星座的相称性来着眼。举例而言，太阳与火星的本质相似，因此太阳如果是落在火星主宰的牡羊座上，就可以说是它显达或强势（exalted）的位置，反过来看，火星如果是落在金星主宰的星座上，就是它衰弱或弱势（detriment）的位置。同样的，金星如果是落在火星主宰的星座上，也是它弱势的位置。

主宰行星

行星与它主宰的那颗星座之间有一种和谐性，因为这两个元素有一种共通面向，所以会让这颗行星比较舒服自在，就像每个人在家里都会觉得比较安全而有力量，因此行星落入自己主宰的星座上，的确比较容易支配那个星座的能量，但不必然会展现最好的一面。如果这颗行星和其他行星形成任何相位，通常这颗行星会掌控另一颗行星的能量。根据卡特（Charles Carter，1887—1968，英国占星学家）的说法，如果一颗行星主宰着两个星座，那么落在阳性（火与风元素）

星座上面，会比落在阴性（土与水元素）星座上更有力量，他举例来说：如果火星落在天蝎座，木星落在双鱼座，土星落在宝瓶座，比较容易发生意外。

行星	被主宰的星座	强势	弱势	失势
太阳	狮子座	牡羊座	宝瓶座	天秤座
月亮	巨蟹座	金牛座	摩羯座	天蝎座
水星	双子座、处女座	处女座	射手座、双鱼座	双鱼座
金星	金牛座、天秤座	双鱼座	天蝎座、牡羊座	处女座
火星	牡羊座（天蝎座）	摩羯座	天秤座（金牛座）	巨蟹座
木星	射手座（双鱼座）	巨蟹座	双子座（处女座）	摩羯座
土星	摩羯座（宝瓶座）	天秤座	巨蟹座（狮子座）	牡羊座
天王星	宝瓶座	天蝎座	狮子座	金牛座
海王星	双鱼座	巨蟹座	处女座	摩羯座
冥王星	天蝎座	牡羊座	金牛座	天秤座

强势位置

擢升（exalt）这个字真正的意思是“提升”，因此居强势位置（exaltation）的星座通常能把行星最佳的一面带出来。 Exaltation 在宗教上代表的是进入更高的天堂，故而更接近上主一些，或许这多少也说明了落在强势位置的行星为何比较不自私、不带个人色彩，而且更容易朝着良善的方向发展。更具体地说，行星落在强势的星座上面，往往会以它最典型的方式运作。威廉 · 勒力把落在强势位置的行星形容成一个备受重视的贵宾，而这个贵宾会得到主人最佳的款待和关注。

弱势位置

行星如果落入它主宰的星座对面的那个星座上，就是落在弱势位置，但并不包含好或坏的意思，只是这颗行星通常会以与原先的目标相反的方式运作。

例如，太阳本来关切的是此生英雄之旅的达成，但是若落在与英雄最不合且最拥护平民百姓的宝瓶座，显然是不利的位置。落在弱势位置上的行星，会以不利于它原先的角色的方式运作，所以在某种程度上它的力量会被削弱。这有点像足球比赛时，回到自己半场的这个球队，往往会被视为居于有利的地位，而对立的那个球队则居于不利的地位，因为他们来到了一个陌生的领域，进入了对手的势力范围内。

失势位置

如果行星是落在它强势星座对面的星座上，就是所谓的“失势”(fall)。根据传统的看法，这比弱势更不利，甚至被描述成失去恩宠，或是从天堂坠落下来，如果强势暗示着与天堂比较接近，那么失势就意味着离天堂最远，如果说行星落在它主宰的星座像是回到自己家里，那么居弱势位置就是不在家里，而失势则可以说是到了一个非常遥远的地方。当我们远离家园移居到一个异国文化里，我们最主要的考量就是如何生存下去，我们根本没有足够的资源可以为他人着想，而必须专注在生存这件事上面。因此我认为落在失势位置的行星之所以会显现自私倾向，是因为这颗行星进入了一个陌生环境，因此感觉很不安全。

必须留意的部分

从事件派占星学的角度来看，考量行星的显达与否可能是很有用的做法，但是在个人本命盘的解析上，其作用却没那么明确，其中有好几个原因，最主要的是跟这种概念盛行的时代有关。在古早时代里，个人没有太多能力可以超越眼前的情况，也不太能选择适合自己的生活方式，但今日的男性已经不再需要去打战或狩猎，女性也不再是命中注定要结婚、生子或管理家庭。如果现今的社会仍然认定女人必须扮演妻子和母亲的角色，那么一个女人的月亮若落在巨蟹座和金牛座，的确很适合扮演这样的角色，而一个男人如果能吸引来这样的伴侣，当然是很有利于他的。基于这样的看法，行星落在显达的位置上，仍然是个强而有力的重点，但是依我看来，行星落在强而有力的位置上，并不代表它就能展现出最优质的一面。

行星的互融

如果两颗行星落在其主宰星座的对分相位置上，譬如月亮落在摩羯座，而土星落在巨蟹座，便是一般所谓的“互融”（mutual reception）。有的占星家认为在这种情况下，这两颗行星也算是居于显达的位置，而且带有合相的味道。但以我的观点，这其实带有月亮和土星形成相位的意思，所以可以说是一种能量“双重撞击”（double whammy）的情况。

第五章　相位及行星的组合

一个人也许会朝着完美奋斗，但必须在相反的那一面受足了苦，才能使自己变得完整。

——荣格

第一部分　相位

“相位”（aspect）这个词意味着“可以从某种角度来看事情”。在占星学上，相位这个词是用来描述行星之间的关系，以及行星和四交点（上升点、下降点、天顶、天底）的关系。每一颗行星或四交点如果与其他的行星或四交点出现某种距离（以经度计算），而这个距离在整张星盘的圆周里形成了特定的度数，我们就可以说双方组成了某种相位。相位代表的是行星之间以及和四交点的互动方式，譬如，它们可能彼此支持、增加能量，也可能彼此压制或干扰。

以下介绍占星师最常采用的 6 到 10 个相位：

这些相位可以区分为主要或次要，或是划分成 5 种基本类别：

一、合相（conjunction）或中性相位，亦即两个星体占据了同样的经度位置（或者近乎同样的位置）。如果从地球来观察，它们是并列在一起的，这是最容易被发现的相位，但不一定是最容易诠释的相位。

二、困难相位（hard），有时也被称为“挑战”（challenging）或“活跃”（dynamic）相位。若采用等宫制，那么一个相位把圆周划分成两半，就是所谓的对分相（opposition）；把圆周划分成 4 个部分即四分相（square）；划分成 8 个部分就会创造出八分相（semisquares，或八分相），亦即占据了圆周 1/8 的位置；若是占据了 3/8 的位置，便是所谓的八分之三相（sesquiquadrates）。这些困难相位是非常有能量的，它们会带来挣扎、奋斗，带来巨大的成长潜力和成就。

三、柔和相位（soft），也称做“流畅”（flowing）或“轻松”（easy）相位，它意味着圆周被划成 3 个等份（三分相 trine）或 6 个等份（六分相 sextile）。

四、如果一个相位把圆周划分成 5 个部分，便是所谓的五分相（quintile），划分成 7 个部分就是七分相（septile），划分成 9 个部分就是九分相（novile），或者也可以把 5、7、9 再加倍，而形成更多的度数。星盘的圆周被划分得越细，就越可能带来更明确的讯息（譬如基因上有不正常的遗传），但还是需要更深入的研究才行。一般而言，圆周被划分得越细，形成的度数就越精细，而往往显现出不寻常的特质和情况。

五、还有一些相位不会使圆周形成任何形状，譬如十二分之五相（quincunx，在美国称其为 inconjunct，代表两颗行星距离 5 个星座之远），以及很少用到的半六分相（semi-sextile，或十二分相，代表两颗行星距离 1 个星座之远）。

相位名称		角距	容许度	相位性质	圆周划分
合相	☌	0°	8°	主要—中性	0
对分相	☍	180°	8°	主要—困难 / 活跃	2
四分相	□	90°	8°	主要—困难 / 活跃	4
三分相	△	120°	6°	主要—柔和 / 被动	3
六分相	⚹	60°	4°	主要—柔和 / 诱使	6
八分相	∠	45°	2°	次要—困难 / 活跃	8
八分之三相	⚼	135°	2°	次要—困难 / 活跃	3/8
半六分相	⚺	30°	2°	次要—刺激	12
十二分之五相	⚻	150°	2°	次要—刺激	5/12
五分相	Q	72°	2°	次要—创造力	5
七分相	S	51.43°	2°	次要—创造力	7

容许度

所谓的容许度（orb），指的就是两颗行星并没有形成正相位，但彼此形成的角度已经造成一种能量感。其实容许度是一个颇受争议的命题，前文表格中标示的容许度是一般占星师喜欢采用的，我则比较倾向于用度数较小的容许度。事实上并没有一种特定的度数会让人产生感受或不产生感受，但可以确定的是，一个相位的影响力会随着容许度的放宽而减弱，那些紧密相位一向能带来强烈的感觉。我们不妨将其想象成交响乐团的演奏情况，紧密的行星相位就像乐团里的铜管乐器一样，主宰着整个乐团的演奏活动，而容许度较宽的相位，则像乐团后方的三角铁发出的声音。当一个乐团有许多乐器同时在演奏时，三角铁的声音是不容易被听到的，但如果很仔细地去听，或许还是可以听得到它的声音。同样的，一张星盘里容许度较宽的相位，也能够借由专注的觉知而被意识到。成紧密相位的合相、四分相和对分相，往往会带来强烈的能量，就算是一个骑着马在奔驰的盲人，也无法忽略其中的能量。凡是涉及太阳、月亮或上升点的相位，传统上都会把容许度放宽一些。

容许度宽或窄的标准

要看涉及的行星是什么。通常十二分之五相、五分相、八分相和八分之三相的容许度不可大过 2 度。其实赋予这些相位 2 度的容许度都嫌太宽了，而赋予合相、对分相或四分相 2 度至 3 度的容许度，则被视为太窄。

相位的重要性

大部分的星盘都有许多相位，因此初学者很难决定哪些相位重要，哪些是不重要的。答案端看特定相位的本质是什么，或者有多紧密。无疑的，初学者本来就该把注意力放在合相和困难相位上面，因为它们代表的是一个人主要的性格特质和生命基调。此外，如果三分相和半三分相的角度很紧密（大约在 2 度内），而十二分之五相的容许度也在 1 度之内，也值得加以关注。五分相和七分相除非是正相位，否则初学者可以不去理睬。

简而言之，你应该把重点放在：

// 合相。

// 最紧密的相位。

// 困难相位。

合相

相位之间的星座数目：0个。

角距：0°。

建议的容许度：最大到8°，除非涉及太阳、月亮或上升点。

合相永远是一张星盘的重点，因为它会带来巨大的能量和驱动力，我们可以说，这等于是把好几个鸡蛋放在同一个篮子里，所以是应该非常值得关注的部分。至于一个人对合相的感觉是轻松的或困难的，就得看这两颗行星的本质是什么了。举个例子，月亮和金星都带有柔和的女性特质，所以加在一起的感觉是舒服的，但月亮和土星加在一起就显得困难了。

对分相

相位之间的星座数目：6个。

角距：180°。

建议的容许度：最大到8°，除非涉及太阳、月亮或上升点。

一张星盘里的对分相，可以看成是政府的反对党角色。举例来说，左翼和右翼政党扮演的角色，就是在防止对立的那个党变得太极端，虽然实际运作的时候，双方都可能把对方推往更极端的方向。对分相大部分是透过关系而显现出来——人和人的关系、人和团体的关系，或者人和社会的关系，我们会把自己的另外一面投射到他者身上。其实四分相也有投射的成分，不过它投射的对象大部分是事物、金钱或物质世界。对分相的作用就在于促进觉知，也就是要觉知事情永远有正反两面，而大部分的情况都带有悖论（paradox）的成分。对分相可能会增强冲突和极端化倾向，但也可能带来犹豫不决，因为它容易使人看到对立的两个面向，所以缺乏和谐性。

对分相通常涉及对立的星座，所以在元素上也往往有一种对立性，譬如，火元素对立风元素，土元素对立水元素。但是正的对分相会出现在相同的星座模式之间（譬如变动星座与变动星座的对立），这时紧张的能量就会出现。总之，行星之间或是与四交点成对分相，在某种程度上还是彼此矛盾的。

四分相

相位之间的星座数目：3个。

角距：90°。

建议的容许度：最大到8°，除非涉及太阳、月亮或上升点。

四分相是在两个不相称的元素但模式却相同的星座之间发生的，譬如牡羊座（创始星座与火元素）和巨蟹座（创始星座与水元素）成冲突相，或是牡羊座与摩羯座（创始星座与土元素）成冲突相，因此，四分相代表的是人生的困境和挑战。它虽然也可能透过关系而显现出来，但投射的生命领域往往带有物质性，因此这种相位多半会造成健康、金钱、工作或其他现实层面的问题。

当两颗行星形成四分相的时候，我们通常会对这两股能量的结合产生不确定感，这股不确定感会带来恐惧、紧张和窘迫的反应，而且是不易被充分觉察到的。成四分相的两颗行星会因为彼此排斥、互相干扰而带来紧张，也可能造成自我意识过强和罪恶感，但那种挣扎和不确定的感觉往往会促使我们改善自己，给我们一个发展潜能的机会，如果我们不去转化这股能量，那么四分相就会带来阻碍，它涉及的生命领域会让我们有一种用头去撞墙的感觉。虽然如此，我们仍然会在这些领域里获得成长，难怪它会被视为自我成长和发展上最有利的相位。

四分相是不容被忽视的，因为它代表的就是我们和世界相遇、影响外在世界以及被世界影响的部分。但四分相也会带来焦虑，而且会促使一个人做出过度的行为，来证实自己能达成这些行星的目的，所以这个相位涉及的行星内涵必须加以留意。四分相同时也代表我们会陷在其中以及停滞不动的部分（尤其是两颗行星都落在固定星座上面）。如果出现了这种情况，那么外界往往会驱迫我们动起来。四分相是能量最高的相位，就好像皮肤很痒必须搔到痒处似的，它永远会引起我们注意。

八分相和八分之三相

角距：45°和135°，圆周被划分成8份或3/8份。

这个度数是由占星家约翰尼斯·开普勒（Johannes Kepler）引介的，但传统的占星师很少采用它，因为他们比较注重合相、对分相、四分相、三分相、六分相以及十二分之五相，而往往把八分相和八分之三相视为次要相位。

建议的容许度：2°。

以我的观点来看，这两种相位仍然有其重要性，虽然它们比四分相的能量要弱许多。它们代表的是物质世界带给我们的困难和挑战，它们的领域比较特定，也比那些重要的困难相位的范畴要窄一些。在个人星盘里面，它们的确可以被忽略，但是在事件的层次上，它们却显得很重要，尤其是跟四分相或对分相有所联结的话。它们之所以很难被观察出来，主要是因为它们代表的多半是无意识底端的问题，虽然在心理层面它们不会带来太明显的特征，但却会造成戏剧化的事件。如果我们意识不到某个心理问题，这个问题就可能被压抑下来，日久之后往往会以戏剧化的方式爆发出来。换句话说，这股能量会阶段性地被迫释放出来。

三分相

相位之间的星座数目：4个。

角距：120°。

建议的容许度：有许多占星师喜欢采用8°的容许度，但我认为6°已经算是最大了。在咨商时我甚至会忽略三分相，如果它的容许度超过3°的话。

成三分相的行星似乎有握手言欢的意味，它们会允许彼此畅然无阻地表现自己，也似乎能支持和促成对方的表现，但三分相并不是能带来成长的相位，因为成长不可避免地涉及奋斗和挣扎。虽然它被看成是主要的相位之一，但根据我的经验，除非它的容许度很紧密，否则在诠释星盘时是可以被忽略的，因为它的能量太被动或太缺乏活力，而且不会示现成具体的现象。

三分相会带来满足和愉悦感，因为我们在表达这股能量时比较不会有自我怀疑和罪疚感。虽然三分相会免除掉辛苦的努力，但我们还是不该把它当成完全没问题的相位，就像四分相不该被看成是坏相位一样。由于它会带来自满，所以在集体意识的层面或关系的面向上——也就是在别人的感受上，并不是一种良好的相位能量。此外，三分相也会造成最少阻力的情况，所以我们会变得比较被动；它也往往会带给我们好运，而且不会遭到别人的挑战，因此能够让我们逃脱一些压力，或者把事情视为理所当然。它代表的是生命较为轻松的领域，但由于大部分人都想过轻松日子，所以它也能提供一些线索，使我们了解是什么力量在推动着一个人。

六分相

相位之间的星座数目：2个。

角距：60°。

建议的容许度：某些占星师会把容许度放大到5°，但3°可能是比较符合现实的度数。

六分相虽然也被称为柔和相位，但它比三分相要积极一些。六分相是发生在不同但相称的元素之间，譬如水和土或火与风形成的六分相，因为水需要土，火需要风。比尔·蒂尔尼（Bil Tierney，1940—，美国占星学家）采用了“诱使”（coax）这个词作为六分相的关键词，我觉得这是非常贴切的说法，因为这两个星体都会诱使对方采取行动。这个相位之中可能存在着一种才能，但这种才能是可以被善用的，它不像三分相那么幸运，却能带来许多机会。这两个星体彼此可以有效地合作，而且带有一种先天的能力，不过必须付出一些努力。

十二分之五相

相位之间的星座数目：5个。

角距：150°。

建议的容许度：2°

成十二分之五相的两个星座彼此没有任何相似之处（元素或模式），但它们可能有相同的主宰行星，譬如金星同时主宰着金牛座和天秤座，火星同时主宰着牡羊座和天蝎座，而这可能就是问题所在，因为有关联的两股能量不认识彼此。十二分之五相一向与紧张、压力及摩擦有关，而且也缺乏对分相和四分相的活力和成长潜力，它不像主要的困难相位那么容易被意识到，也不具有那么大的力量，但却会导致成败分明（make or break）的情况。其中的一颗行星似乎干预了另一颗行星的表现，但还未到阻挠或带来挑战的地步。我们不妨想象一下一个情况：你的住家在医院附近，你不幸出了点意外，所以跑到医院去缝合你的伤口。这时十二分之五相代表的就是当你正跑步时，发现鞋子里有颗石子令你非常不舒服。星盘里的十二分之五相的确可能令我们非常不舒服，但压力还未大到必须采取行动来解决这个问题。

此相位一向与健康问题有关，卡特甚至认为它和死亡有关联。这可能是因为六宫及八宫的宫头本来就和上升点（一宫的宫头）成150度。或者它代表生活里有一种潜在的压力，但我们往往会忽略它，于是久而久之就造成了健康上的问题。有趣的是，伴侣的星盘之间经常有这个相位，这或许是因为这个相位落入的星座能够提供机会让彼此学习，譬如巨蟹人可以从宝瓶人那儿学会不执著，而宝瓶人则可以从巨蟹人那里学会重视家庭等特质。

请留意六分相及八分相都属于同样的相位系列，但是它的作用力却比较微弱。如同十二分之五相里的星座一样，距离30度左右的星座在模式和元素上也没什么共通性，所以和前者有相似之处。

诠释十二分之五相的诀窍

在本书后续章节里探讨的行星相位，将不包括十二分之五相，因为这个相位的压力似乎是源自星座而非行星，若想解决这个相位带来的压力，最好是从它相关的星座来着眼，看看需要作出什么样的调整，才能让它们之间的感觉变得比较舒服一点。例如，狮子座与双鱼座之间的压力是源自狮子座的需求比较自我中心（需要被认可、被瞩目），而双鱼座则比较倾向于无我。解决这个难题的方式可能是先采取无私的行动，来促进自我认同和更大的价值感。此外，这两个星座都跟戏剧有关，因此演戏可能是一个很好的纾解压力的方式，因为演员融入角色时会完全忘我，而且又能获得掌声和赞美。十二分之五相的星座之间的问题，多半在于自由与亲密、个人与伙伴或人与世界的矛盾，这个相位通常会加重星盘里已经存在的问题，但它们本身并不代表重要的人生议题，因此在诠释星盘时是可以被忽略的。

五分相

角距：72°。

圆周被划分成：5 份（360÷72=5）。

与 5 相关的度数包括双重五分相（Biquintiles 144°）、十分相（Decile 36°）、二十分相（vigintile 18°）以及三重十分相（Tridecile 108°）。

建议的容许度：五分相和双重五分相的容许度是 2°，其他的几个相位则不超过 1°。

这是一个代表创造力的相位，它描述的是我们会被吸引的艺术形式（广义的艺术），而且我们可能在上面发展出卓越的技艺。我们会对这个领域着迷，而且会在世界上展现这方面的能力。举例来说，我的星盘里有木星和土星的双重五分相，你可以说身为一名占星师，我非常执著于和时间（土星）有关的哲学（木星）。本书并无意进一步地探讨这个相位，但是研究“泛音盘理论”（**译注：harmonic theory，由约翰·艾迪首创的占相技法，其理论源自音波的共鸣特质**）的占星家已经发现，这个相位描述的是一个人的工作，甚至是行事风格的特质。

七分相

角距：51.43°。

圆周被划分成：7 份（360÷51.43=7）。

与 7 相关的度数有双重七分相（Biseptile 102.86°）以及三重七分相（Triseptile 154.29°）。

建议的容许度：七分相的容许度是 2°，其他相位都是 0.5°。

七分相是另一个和创造力有关的相位，但它大多带有浪漫、情绪化和感受深刻的特质。七分相代表的是我们想象的世界，以及人生在哪个面向能够启发我们，或者我们将如何启发别人。我们对自己以及对世界的想象往往缺乏现实上的基础，因此这个相位也有它危险的一面。探索者和发现者的星盘里时常有这个相位，因为这类人最关切的就是发现。它之所以和启发有关，是因为在发现的那一刻会有受启发的感觉。

无关联性相位

无关联性相位（dissociate aspect）只可能发生在行星、四交点或其他星体落在星座的开端或尾端的情况下，这时元素和模式的准则就被打破了，而这个相位就等于是脱离了星座模式形成的影响力。例如，某颗行星是落在金牛座，与射手座成对分相。通常金牛座与天蝎座或双子座与射手座是对分的，但那个星体如果是落在 29 度的金牛座，另一个是落在 2 度的射手座，也会形成相当紧密的对分相。有的占星家会把这种无关联性相位排除掉，但我们在学习时必须明白重点是在角距而非星座之间的关系。一般而言，无关联性的三分相可能比元素相同的三分相还要有利，因为比较不那么被动，而无关联性的困难相位，也可能比模式相同的困难相位更柔和一些。

入相位和出相位

入相位（applying aspect）指的是运行速度比较快的行星，正在接近速度比较慢的行星——换句话说，它们快要形成正相位了。出相位（separating aspect）则代表正相位已经形成了，但走得比较快的那颗行星正在脱离另一个速度比较慢的行星。在事件占星学派里，了解这两种相位的差异性是很重要的，因为出相位意味着事件已经发生了。在本命盘的诠释上，出相位代表的是一个人还未诞生之前某些事件已经发生了，而入相位则代表事件可能会在未来发生，不过这种观点其实会造成误导，最重要的是，入相位可能比出相位更有力量，其他还得再深入探究才能下定论。

欠缺的相位

占星家就像艺术家一样必须学会观察，他必须发现是什么元素使得一张星盘有别于其他的星盘，这其中的一个着眼点就在于相位的欠缺或特别有能量。另外我们必须留意的是哪一颗行星形成了最多的相位，而哪一颗没有任何相位。

// 星盘里没有合相：这是经常会出现的情况，但是否值得研究仍有许多争议。由于合相往往能够驱动一个人，而且是一张星盘的焦点，所以完全没有合相，可能代表缺乏动力和方向，不过也代表解释上比较有弹性。

// 星盘里没有对分相：此人会倾向于极度主观，往往无法从别人的角度来看自己，也不能接受别人的意见或回馈。这可能是源自无法觉知自己和他人的本质。

// 星盘里没有四分相：这类人可能缺少动力或活力，而且会选择容易的路走，但如果有其他的要素，或许会减轻这种倾向。这类人的童年生活通常很稳定，而他们的本能就是维持固有的状态，所以不会去顶撞他的根源。

// 星盘里没有三分相：如果一张星盘里有许多四分相而完全没有三分相，那么此人容易跟自己或世界对立。他会有凡事过度的倾向，而且精力旺盛，喜欢推翻原有的基础。这类人会习惯性地认为事情很困难，而且真的很容易造成困难。

相位最多的行星

值得留意的是，相位最多的那颗行星，经常是整张星盘里能量最强的部分，这代表那颗行星能够完全统合到一个人的内心和生活里，而且这颗行星的能量有许多表现的管道。

没有相位的行星

如果我们把次要相位也纳入进来，那么也许没有任何行星是没有相位的，但如果只专注在重要的相位上面，那么某些行星的确可能没有相位。事实上，占星师用的容许度如果比较窄，就会有较多的行星是没相位的，可能只有两三颗行星有相位，其他的就没有了。杰弗里·迪安（Geoffrey Dean）和他澳大利亚西部的同僚们于 20 世纪 70 年代在这方面做了一些研究，他们发现那些独自运作的行星，或是两三颗没有相位的行星，每每会显现出一些重要的信息。举例来说，他们发现如果一个人的火星没有任何相位，那么这个人就会“一直在忙碌”。多产作家的水星经常是没有任何相位的，包括阿加莎·克里斯蒂在内。没有相位的行星几乎像是在独自运作，有一点像次人格的状态，它们的本质并没有统合到整个人格里面。这不一定是好或不好，通常这颗行星（或多颗行星）带有一股想要表现自己的渴望，而其他行星的能量似乎都无法干扰到它的表现。

第二部分　相位的图形

历代以来的占星家赋予了相位构成的图形一些意义和名称。占星学子只要一发现这类图形，多半会觉得很兴奋，但实际上它们并没有太大的重要性。当我们在诠释一张星盘时，必须分别检视所有的行星相位、星座和宫位，然后再将它们组合成一个更完整的画面。这些图形之中最重要的就是星群（Stelliums）、T 形相位（T-square）以及大十字（Grand Cross），因为它们代表的是最沉重的问题和最大的成就，接下来就是大三角（Grand Trine）和上帝的手指（Yod）。

星群

这是很容易被注意到的图形。当四个或更多的星体合相在一起的时候，就会创造出能量集中的状态，而当能量这么集中在同一区域内时，相关的那个宫位（或几个宫位）以及落入的星座的能量就会变得很强。星群能显示出一个人存在的理由，特别是涉及的行星可能都主宰着星盘里大部分的宫位，就像有许多的鸡蛋放在同一个篮子里的重要性一样。星群显然和一个人的动机、焦点及人生目的有紧密关系。其中的每两颗行星之间的距离多半在 8 度内，即便头一颗和最后一颗行星没有形成合相，也还是应该被视为同一个星群，如果涉及的行星全部是 8 度内的合相，就是最强而有力的星群。这类人的专注态度既可能是一种恩宠，也可能是诅咒，说它是一种恩宠，因为这类人的目标很明确，不过由于视野狭窄和偏颇，所以往往也会变成诅咒。

T 形相位

如果两颗行星彼此对立，而且有第三颗行星与它们成 90 度，就形成了 T 形相位。那两颗形成 90 度的行星结合的点就是所谓的顶点（apex），它的作用是促使两颗行星产生更多的觉知，来解决这个图形造成的两难之局。而顶点对面的那个虚点（有时称为“空的腿”empty leg），则会带来一种解放，提供一个能排解压力的生命领域，居于顶点的行星则能将这个图形的潜力释放出来。大约有 1/3 的人星盘里都有 T 形相位。如果有这种情况的话，那么这个带有巨大能量的图形，势必会掌控这整张星盘以及此人的生命。T 形相位象征的是一个人最紧迫的生命课题，如果能面对这些问题，就能有所成长或带给世界一些显著的贡献。因此 T 形相位暗示着必须克服的问题和需要学会的功课，同时也提供了巨大的成长潜力。

如何诠释 T 形相位：

1. 仔细考量这个相位里的行星、星座、宫位及宫位的主宰行星。

2. 观察一下这些行星、星座及宫位里有没有“双重撞击”的情况，因为这能让我们了解此图形最主要的议题是什么。例如，如果与水星形成 90 度角的那颗行星是落在双子座和处女座（水星主宰的星座），那么其中就带有双重的水星特质。

3. 请把这些行星想象成人或能量的类型，看看这三个人关在一间屋子里会怎样，或者这三颗行星的法则凑在一起会产生什么样的故事。

行星落在相同模式的星座上面，往往会形成 T 形相位，我们不妨从星座模式三分法来思考，或许能更了解 T 形相位的意思：

// 由创始星座构成的 T 形相位：以目标为导向，充满着驱力和活力，这类人总是在忙碌，很善于完成和推动事情，但因为缺乏耐性和坚持要有行动，也可能导致太快作决定或是与人正面冲突。这类人通常会挣扎在自我、家庭、伙伴和事业之间。

// 由固定星座构成的 T 形相位：有耐力、有决心、有目的性，这类人不容易在压力下妥协，但顽固、缺乏弹性、停滞不前以及墨守成规的特质，却是不可避免的缺点。这会阻碍成长和行动，能量也会因此而锁住，并且会有阶段性的情绪失控。

// 由变动星座构成的 T 形相位：这类星座关切的是思想、理解力和沟通，因此 T 形相位或大十字若是涉及变动星座，将十分有利于教育、沟通，以及和健康有关领域的工作。这个相位的特质是伸缩性高、多才多艺，但也可能缺乏毅力、逃避问题或过度配合他人。这类人往往不安于室，很难达到目标。

有关 T 形相位的诠释可以参阅第九章。

大十字

有时也被称为“宇宙大十字”（Cosmic Cross）。当四个对立的行星交叉在一起而形成四个 90 度角的时候，就是所谓的“大十字”了。根据《本命盘最新解析》(*Recent Advances in Natal Astrology*)，只有 5% 的星盘里有这个图形，显然这是相当罕见的。和研究 T 形相位一样，首先要考量的是这个图形的星座模式，然后才是行星落入的星座、宫位以及宫位的主宰行星，同时也要观察行星、星座或宫位里有没有“双重撞击”的情况。其实 T 形相位的许多诠释都可以用在大十字上，其中比较显著的不同就在于大十字较为复杂，而且带来了更多的可能性。T 形相位比较能提供明确的焦点，大十字则有一种同时被四个方向拉扯的感觉。这个图形带有一种成败分明的特质，而且十分有才华，能够成就伟大的事业，往往带有明显的土星特质。这类人的生命历程里充满着障碍，但成就很大，而且通常是辛苦赢来的。以下提出几个简略的要点：

// 由创始星座构成的大十字：充满着企图心和竞争性，可能会过度努力或过于强求。会坚持以自己的方式来做自己想做的事，有时极为缺乏耐性，故而导致挫败感或是容易遭到意外。建立清晰及谨慎规划的目标，往往能帮助这些人免于作出错误的决定或发展方向过多的情况。他们必须培养耐性、定力和平衡性。

// 由固定星座构成的大十字：意志力强、不肯屈服，有惊人的力量、决心和毅力，能够帮助别人渡过危机。但是强烈的欲望和缺乏弹性的态度，却可能导致情感上的痛苦，而且容易产生忌妒、愤怒和占有欲，所以必须学习认识及释放这些情绪。这类人必须发展出某种程度的伸缩性，并且要认清“放下”并不是一种脆弱的表现，而是正确的行事态度。

// 由变动星座构成的大十字：这类人会觉得时间和兴趣被四面八方的力量不断拉扯，他们有强烈的担忧倾向，容易不安于室、犹豫不决、意志不坚、停滞或过度沉潜，以及不愿意为任何事或人作出承诺。这类人会觉得活在不断变动的状态里比较安全，因此必须培养某种程度的持续力，而且要落实下来才能有所成长。

大三角

当两颗行星彼此形成120度，并且和另一颗行星也形成120度时，就构成了“大三角”。这种情况除非是无关联性相位，否则这三颗星体都会落在同样的元素上。有大三角的人生活往往受到保护，无忧无虑，而且很幸运（和涉及的元素及宫位的生命领域有关），但是缺乏挑战以及被动的态度，也会让这类人很难成熟，因为他们在相关的生命领域里学不到什么东西。

// 由火象星座构成的大三角：这类人很难意识到危机，处在危险情况时似乎会得到保护，生活的节奏总是很快。

// 由土象星座构成的大三角：这类人在物质上十分幸运，可能会继承一大笔钱或是嫁给有钱人，也可能有别的原因令他们能免于贫穷。

// 由风象星座构成的大三角：通常兴趣很广泛，总是有许多机会，但学习态度不积极会导致肤浅的理解。

// 由水象星座构成的大三角：会展现出水象星座常见的依赖性，但需要的东西很容易获得，所以不易认清或克服这些需求背后的欲望。

大三角能提供稳定度，但是太稳定也会导致不活泼：这类人完全不想变动，但停滞不动则无法带来成长，也不能促进对事物的企图心，因此大三角虽然代表有潜力和才华，以及能够享受生命，但却无法提供必要的纪律来展现这些才华。这个图形的活力可能会在别的地方表现出来，但前提是必须仔细研究整张星盘才行。

上帝的手指

有时也称为“命运的手指”（finger of fate）。当两颗行星形成一个60度的相位，而且和另一颗行星形成两个 150 度相位时，就是所谓的“上帝的手指”。居于 60 度相位对面的那个点上的行星，一向是最需要留意的，因为它就像是一支笔的笔尖一样，在某个领域里进行着非常特定的活动。有时它也象征一个人命中注定要做的事，包括必须发展出来的技艺和必须追求的目标。

大风筝及神秘矩形

当一颗行星落在大三角的三颗行星的对面时，这第四颗行星和这个大三角就会串联成一个对分相和两个六分相，也就是所谓的“大风筝”（Kite）。神秘矩形（Mystic Rectangle）则是由两个交叉的对分相及两个六分相和三分相组成的。这个图形很不容易出现，它大致的意义还有待观察。这两个图形的重点就在于其中的对分相及柔和相位，它们都不代表行动力或是在世上的特定显化情况，基于这个理由，我们可以不需要太关注它们。它们和大三角比较不同的地方，或许在于它们带来的才华和机会比较容易觉察到，而且有更大的可能性可以去运用这些才华，特别是这两个图形如果有一个或多颗行星和另一个 T 形相位联结的话。这两个图形的行星要不是落在火象或风象星座，就是落在水象或土象星座，这也许能提供比较有用的着眼点，来诠释整张星盘，因为这代表此人若非具有明显的阳性能量和外向性格，就是有明显的阴性能量或内向性格。大风筝和神秘矩形都能增加稳定度和连贯性，因此能帮助一个人维持住原有的基础。

第三部分　行星的组合

如何利用以下的提示

以下的简短提示是为了增加占星师的研判速度。如果相位很紧密，例如成合相或困难相位，这些提示就会更贴切。柔和相位通常可以忽略，但如果相位很紧密的话，那么诠释者就可以将这些提示结合他们对三分相或六分相的理解，来作出更贴切的解释。虽然这些内涵主要是在诠释个人本命盘，但也能促进我们在其他占星派别上的分析及预测能力。这些提示只有在运用于主要相位时才有用，所以不包括十二分之五相、五分相和七分相（这些相位都需要个别研究）。如果想在行星组合方面了解得更仔细，请参考我的另一著作《占星相位研究》（*Aspects in Astrology*）。

太阳与月亮的组合 ☉☽

这个组合的所有紧密相位都代表某种形式的创造力（由星座可以看出其内涵）。柔和相位会为这类人的人生或性格带来某种程度的稳定性，困难相位则代表父母之间有分歧，而个案的基本需求与渴望的事物之间也会有矛盾。这类人过往的家庭背景造成的心理需求，可能会阻碍他们往前进展。这两个星体形成的合相如果是落在失势位置，那个位置的星座和宫位就是必须关注的重点。诞生在新月时分的孩子往往有特质非常相似的父母，而且其中之一可能扮演双亲的角色，或者此人是由单亲扶养，甚至可能是在孤儿院里长大的。

太阳与水星的组合 ☉ ☿

这两颗行星的距离不可能超过 28 度，因此只可能形成合相。这类人很难意识到大部分人都有的主观倾向在自己身上也有，他们也很难和自己的意念、概念及观点保持距离，如果他们和别人有不同的意见，往往不易从别人的角度来思考，而且容易被触怒。但如果有其他相位与这个合相联结在一起，而这个合相落入的星座是有利的位置，就可能为思维的过程带来能量，而且能认识到教育的重要性，言语的表达上也比较有信心。

太阳与金星的组合 ☉ ♀

由于太阳和金星的距离不可能超过 48 度，所以只可能形成合相或八分相。

这个组合会带来温暖、受欢迎及柔和的性格，但也可能有懒惰、自我耽溺及奢华的倾向。这类人会渴望取悦别人，或是过于期待受人欢迎和被爱，而这会导致太容易妥协或让步。他们的关系很可能是他们最重要的部分，但金星往往会减低太阳的活力。这类人很爱他们的父亲，而父亲也可能是性格温和有爱心的人，甚至可能不惜一切代价都要维持和谐。

太阳与火星的组合 ☉♂

这两颗行星如果成紧密相位就会增加力量、勇气与活力。这类人通常有明确的目标，也有采取行动的胆量，他们可能很想为某个人或某件事奋斗。困难相位则会带来不必要的竞争性、过快的生活步调、总想立即行动，或者极想获得自由。冲动、不耐烦、以自我为中心的倾向，则令这类人成为制造麻烦的人，但也可能变成专门解决问题的人。这个组合十分有利于必须展现果决力和力量的工作。这类人可能与父亲或其他的权威人物处不来，也可能有意无意地和自己过不去。

太阳与木星的组合 ☉♃

乐观，有信心，兴致高昂，慷慨大方，想要尽可能地经验这个世界。这类人性格逍遥自在，喜欢探索，渴望成长，有幽默感、有愿景、有哲学倾向，但困难相位可能带来过度的自信心和自傲，或是对自己和他人有过高的期待。他们也可能有掩饰错误和问题的倾向，或者承揽过多的责任。这类人的父亲往往被视为神一样的人物，或者很难亲近、遥不可及，也可能太过于成功而不易赶上他的成就。

太阳与土星的组合 ☉♄

这个组合会带来实际的或阴郁的人生观。这类人对自己和人生都抱持严肃认真的态度，不容易相信人，防卫性很强；他们早年缺乏自信心，因而导致害怕失败或定下太容易达成的目标。这类人的原生家庭管教通常很严格，因此要花一辈子的时间才能摆脱掉“自己不够好”的信念，不过他们年纪越长越有信心，也越能自给自足，而且往往会变成指导他人的权威。自我否定、自我防卫以及自律的能力都可能带来历久不衰的成就，除非星盘里有其他相反的要素。这个组合也代表父亲懦弱，或者早期的生活有很多制约，但制约往往来自母亲或别处。

太阳与天王星的组合 ☉♅

这类人会觉得与家庭或社会格格不入，而比较认同圈外人或异乡人。这个组合代表的是独立自主的精神、叛逆的本质和坚强的意志力，不过年纪越大，性格越和缓。他们年长之后会发现拒绝或接受的权力是在自己手里，故而解决了早期被排拒的感觉。他们通常会坚持拥有个人的自由，不喜欢别人干预他们或指导他们，而且有强烈的渴望想要发现真相或分享自己的发现。这个组合非常有利于科技和科学幻想。这类人的父亲可能给人冷淡疏离的印象，或是喜欢自定法律。

太阳与海王星的组合 ☉♆

这个组合很渴望活出理想，有逃避现实的倾向，卡特将其描述为“超脱平凡或具体事物的细腻觉知”。如果形成的是紧密相位，那么无论柔和相位还是困难相位都意味着慈悲、友善、敏感以及对精致事物的欣赏能力；但薄弱的自我感和美化自我的需求，也可能导致自欺、缺乏现实性或丧失一些机会。这类人的敏感度和精致的本质，非常适合投入艺术和慈善工作。认同受害者会使他们变成受害者，或是成为救赎者。他们可能会把父亲过度理想化，但父亲往往是懦弱的或消失不见了。这类人本身或是生命中的男性，也可能有酒瘾或毒瘾方面的困扰。

太阳与冥王星的组合 ☉♇

这个相位代表的是专注力、强烈的驱动力、清晰的目标及残忍的本质。这类人有许多会执迷于自我改善和自我发展，因而带来了巨大的成长和转化，他们可能从一贫如洗变得相当富有，或是从犯人变成圣人。他们在人生的某个阶段必须作出生死之间的抉择，可能在过程中经历绝望和自我毁灭，继而揭露了深层的自卑感。在这种转化未出现之前，他们通常会倾向于自我打击，而且会投入最困难的情境里。他们其实和父亲有很深的联结，然而父亲却是个遥不可及的人物。父亲的死亡可能造成极深的痛苦，但同时也会揭露许多真相，带来深刻的转化。

月亮与水星的组合 ☽☿

这个组合很适合谈论日常事宜，有理解、探讨和感觉的潜力，可能每一个有月亮与水星成紧密相位的人，都能透过写日记来获益。这个组合在写作上有丰富的想象力，可以写一些肥皂剧类型的剧本。这类人一方面会展现出同情心，一方面却喜欢谈八卦。这个组合与丰富的常识有关，但也可能缺乏常识。困难相位代表理性和感性之间的冲突，或者有记忆力上面的问题。这类人的母亲往往很喜欢说话，有可能过度理性或过度不理性。这类人和母亲的兄弟姐妹很有缘分。

月亮与金星的组合 ☽♀

这个组合提供了强烈的女性特质，困难相位却代表两种女性法则之间的冲突。这个组合也意味着有爱心、善于关怀和体恤别人，或者渴望被关怀、被体贴地对待，不过要看其他的相位才能决定。四分相代表的是被宠坏的小孩，从小就不断地得到礼物，却一直渴望找到值得被爱的证据。母亲可能喜欢享乐，却又觉得没尽到家庭或母亲的责任，所以有罪恶感，而这类感觉有时是想象出来的，有时是真实的。这类人很想逃避物质和身体上的困境，渴望一切都很顺利，因此在压力下会展现出过度退让或妥协的特质。这个组合也会使人热衷于消费购买，有物质主义倾向，而且比其他的人都享受得到礼物的快乐。

月亮与火星的组合 ☽♂

有这类相位的人行为非常直接而真实，感受或行动通常是合一的。他们极少会满足于当个旁观者，有一种渴望投入的冲动。他们之中有许多人在年幼时经历过家庭的不和，有的甚至是在炮弹轰炸区里长大的。这类人对威胁很敏感，有强烈自保倾向，情绪很容易被激起。这个组合意味着勇敢、易怒、多变，特别是困难相位。这类人的母亲性能量通常很强，或者缺乏当母亲的经验，很年轻就有了孩子。这类人很可能对母亲光火，也可能有强烈的想要保护她的欲望。这个组合也跟“速食”有关联（包括匆匆忙忙地用餐，吃东西很随性，或是一生气就想吃东西），同时也和家庭装潢及 DIY 的活动有关。

月亮与木星的组合 ☽♃

强烈地想要保护自己和他人，本质是慷慨和充满关怀的。领域感经常伴随着温暖热情的特质，也常常饮食过量或食物煮得过熟，而且有贪婪和浪费的倾向。困难相位代表的是夸大的感觉，容易情绪化，日常生活情感的起伏很大。他们带有一种大婴儿的感觉，而且这种状态会一直持续到成年。他们的饮食模式与他们的信仰及信念有关，这类人在异国文化里觉得很舒服，甚至可能住在国外。与母亲的议题会被夸大，而且会把母亲体认成缺乏理性、歇斯底里或攀龙附凤的人。在事件占星学派里，这个组合象征的是集体的歇斯底里状态，或是强烈的情绪释放。

月亮与土星的组合 ☽♄

困难相位代表的是早期家庭里缺乏温暖或情感上的温柔互动。这类人的父母必须辛苦地工作，把工作看得比家庭生活更重要，或者原生家庭贫穷，带给他们一种萧瑟感。这个组合有利于和时间及管理有关联的状况，但也带有吝啬的特质。有这类相位的男人在女人面前显得很害羞，甚至有点畏惧女性。男女两性都害怕在情感或家庭层面上负起责任，不过有些人却会变成这类议题的权威，职业往往涉及照料他人、餐饮、外汇或营造业。

月亮与天王星的组合 ☽♅

这个相位代表高度的意志力和瞬息万变的情绪，同时也暗示着童年发生过难以预料的事，父母的照料可能中断过。这类人对于被排拒特别敏感，所以行为表现上显得难以取悦。他们渴望独立自主的倾向，也会导致不易妥协、拒绝接受帮助的行为模式，而这又会带来一种孤立感。他们经常改变家庭生活的方式，譬如换伴侣、换居所、换国家，或是喜欢改变家里的装潢。如果这类相位的能量很强，便可能偏好自给自足或独立的生活方式。如果女性的星盘里有这两颗行星形成的四分相，则可能由单亲扶养长大。

月亮与海王星的组合 ☽♆

这个组合代表敏感，容易受外界影响，愿意配合别人，渴望无条件的爱、滋养和安全感。同时也代表渴望拥有理想的家和情感经验。这个组合也意味着想要拥有一个理想的居家环境，但家里却往往很混乱。在童年时遭到弃养是这类相位经常发生的事，他们的母亲会被体认成脆弱、不稳定或是受害者。这类人的关系带有相互拖累的特质，或者他们本身有上瘾倾向，但这个组合十分有利于艺术、慈善和志愿者的工作。

月亮与冥王星的组合 ☽♇

这类人比较喜欢强烈而短暂的关系，有的会觉得独居比较舒服。他们有一种强烈的被母亲侵犯和干预的感觉，因此非常渴望拥有私密性。这类人对被背叛和欺骗特别在意，但人生很少是轻松的，往往有处理危机的能力，这是因为早年就经验过悲剧、死亡，或是家族里有人罹患精神病。月亮和冥王星形成相位的人很善于鼓舞别人、转化家庭的负面情况，或是有能力让家和花园起死回生。

水星与金星的组合 ☿♀

这个组合会让沟通变成一种艺术，譬如字体很美或是很善于运用语言文字。他们有美好的歌喉和嗓音，说话得体讨人喜欢，具备外交上的技巧。他们需要谈论爱，也对别人的亲密关系十分好奇，所以适合做媒人，建立联系的网络，写情书或情歌。这类相位也对音乐、诗歌、文学、艺术有兴趣，或是有才华。这两颗行星的距离不可能超过 72 度，所以不可能形成四分相、对分相或三分相。

水星与火星的组合 ☿♂

在思想和沟通方面非常果断、敏锐、快速和直接，很少找借口或绕弯子。这类人不害怕说出一般人不敢说的话，在言语、学习的环境里带有竞争性，往往是在充满着争执的环境里长大的，或者兄弟姐妹之间经常对立。他们对理论性的探讨很不耐烦，在学习和说话上也缺乏耐性，善于嘲讽，思维机敏，喜欢玩字谜和智力测验之类的游戏。这类相位也有性上面的好奇倾向，性关系有明显的年龄差异，喜欢开快车，容易出现交通事故，或者会剽窃他人的文章，甚至有窃盗的习性。

水星与木星的组合 ☿♃

乐观以及说话积极正向，可以为别人带来信心，同时也有促销和倡导宣传的才华。这类人认为事实不应该是精彩故事的障碍，而以幽默感或说故事的才华闻名。不过他们也可能太快下结论，有虚张声势的倾向，所以容易造成误解和缺乏正确的判断。他们的兴趣很广泛，特别会对异国文化、政治伦理和宗教感兴趣。这个组合代表一生中有许多旅行的机会，至少每天都会进进出出的。这个组合十分利于营销、旅游，有幽默的言谈和书写能力。

水星与土星的组合 ☿♄

这类人总是在预期自己会被人批评（尤其是对分相），因此他们会控制自己的言论，很怕说错话或犯错，因此这个相位和思维的自制力有关。他们会为特定的主题进行深入的研究，而且有能力不落入肤浅的思考，能够在知识和专业领域里成为达人。其中有的人会拒绝一直受教育，而比较倾向于在实际生活中学习，有的人则会成为文化、编辑和书写方面的权威，或在必须运用手眼的高度协调性的领域里工作。这个相位也涉及严格的学校教育、年长的兄弟姐妹或是必须为兄弟姐妹负责，也可能代表兄弟姐妹早逝。这类人中有多数都缺乏基本教育，或是早期生活里缺乏书籍和交谈，但也可能是相反的情况，譬如被送到非常高等的学府里受教育。不论如何，这两颗行星的组合都需要证实自己的智力，方式是获得某些资格或奖励。

水星与天王星的组合 ☿♅

这类人有独立思考的能力，富原创性，他们不惧怕建立自己的想法，能够诚实地表达自己独特的观点。他们最糟的情况是抱持错误的观点不放，和别人的意见对立，甚至觉得想法必须不同于别人，连自己上一分钟的想法都可能不再认同，所以和他们达成协议很困难。他们很难妥协，也很难理解别人的观点。水天相位的能量很明显的话，往往会把事情本末倒置，而且缺乏说话技巧，一不小心就把真话说了出来，在沟通的过程里很容易带来障碍。这个组合也和学业中断、反叛学校或辍学有关。这类人可能有同父异母或同母异父的兄弟姐妹，也可能因距离或主动的选择而和兄弟姐妹分离。

水星与海王星的组合 ☿♆

这个组合代表把事实理想化，把讯息曲解或浪漫化，因此这是诗人、歌曲创作者、新闻记者及科学家的相位。这类人有能力渗透到别人的心念里，而且能以正向的方式呈现讯息，所以非常有利于广告业或宣传工作。这类相位是最擅长扭曲讯息的，也就是说谎（水星与土星的组合虽然很渴望给出正确的答案，但是在文宣上的技巧也相当不错）。水海的组合也可能造成思维混乱、健忘、缺乏方向感、阅读困难，或是能直觉而细微地理解别人。

水星与冥王星的组合 ☿♇

有利于任何一种形式的研究，心智带有侦探的特质，总是不停地在分析、探究和搜集资讯。知识对这类人而言就像是生存工具一般，他们永远想知道更多，因此不会轻忽任何讯息，而且本质里有怀疑倾向。但是有这类相位的人，最后也可能不得不把讯息埋藏起来，为他人保守秘密。这类相位也可能涉及中伤的信件。他们对心理学或玄学都很感兴趣，但也可能出现精神问题，或是兄弟姐妹有残疾，甚至早逝。

金星与火星的组合 ♀♂

这个组合会造成竞争性与取悦的渴望之间的矛盾。这类人必须学会何时妥协，何时坚持己见，他们也经常挣扎在战争与和平、爱与斗争之间。这个组合会带来浪漫和情色的倾向，而且往往把爱和肉欲混淆在一起，或者会很冲动地投入一份关系。这个会快速结婚以及快速后悔的行星组合，也跟两性之间的典型战争有关，这类人很容易涉入三角关系的习题中。当我们的魅力遭到别人的挑战时，似乎也只能为爱而竞争了。这类人从很小就开始了爱与竞争的议题，可能是兄弟姐妹之间或孩子与父母之间存在着强烈的竞争性。这也是极富有创意的组合，他们的才华通常会展现在服装设计、发型设计或针织技术上，而且有极佳的服装美感（有时设计的服装带有雌雄同体的感觉）。这类人在购买东西时除了会显现冲动的特质之外，也会有强烈的领域观。

金星与木星的组合 ♀♃

这个喜爱热闹的组合，通常拥有广大的社交圈和忙碌的社交生活。这类人慷慨大方，过于配合别人，有强烈的取悦倾向，而且会粉饰问题。渴望攀登到很高的社会地位，往往是他们行为背后的动机。他们也可能过度耽溺、奢华及浪费，甚至可能欠下巨额的债务。他们把爱情上的理想看得比实际经验更重要。有些人会认为别处的草总是比较绿一些。

金星与土星的组合 ♀♄

能够很明显地感受到爱的痛苦，不愿让别人太接近，有强烈的自保倾向。这类人常意识到责任和奉献的重要性，而无法全心全意或毫无罪恶感地投入享乐，总觉得自己应该为别人的快乐负责。随着年龄增长，有的人会成为性爱方面的权威。有这类相位的女性对自己女性的部分缺乏信心，这是源于童年时的孤独感，或是很少有机会与父亲亲近。衣着方面，他们若不是非常低调，就是非常高调。这个组合同时也代表可能靠性来赚钱、寡居、贫穷、为他人理财或处理金钱。

金星与天王星的组合 ♀♅

这类人必须将自由与空间的需求统合到爱里面。他们对社交和性刺激的渴望容易导致关系的变化或是不断地换伴侣，旁观者根本不知道他们会带什么人回家，或者下一个要甩掉的是谁。如果他们的关系能保有空间或各自的独立性，同时能维持住不可预测的兴奋感，就可能朝着正面的方向去改善。这类人很重视关系是否诚实，非常不喜欢玩游戏，可能在别人还未拒绝他们之前就把对方排拒在外，其实在他们毫不在乎的外表之下，埋藏着害怕被拒绝的敏感心态。这个组合意味着选择非传统式的伴侣，因为他们连选择伴侣都是一种反叛的表现。这类人吸引别人的地方往往是他们的诚实、独立和原创性，但不合作的态度可能会令别人裹足不前。这类相位有利于外汇交易，好运会突如其来地出现，但仍然要观察星盘的其他元素而定。

金星与海王星的组合 ♀♆

这类人会借由他人来寻找神圣的融合感。这个组合是浪漫的理想主义和童话式幻想的结合，轻易就能引诱别人，或是被别人引诱。他们对无法达成的境界非常渴望，而且总是朝着最好的面向去想别人，因此很容易上当受骗，或是很难面对爱人和关系的真相。有的人则会因过度专注于爱人的不完美之处，而失去了改善关系的机会。这类相位容易有幻想出来的或柏拉图式的关系，而且其中往往带有牺牲的成分和各种形式的渴望。有的人会因脆弱易感或糊里糊涂的特质而吸引人，或者他们本身会被脆弱不幸的人吸引；他们可能在关系里变成受害者，也可能成为救赎者。渴望美、和谐与和平，会强化他们想要逃离现实的渴望。这类相位非常有利于艺术发展，特别是舞蹈中的芭蕾舞。

金星与冥王星的组合 ♀♇

这类人会被深不可测或黑暗的特质吸引，他们本身也会因为这些特质而吸引别人。他们非常善于施展魅力，很知道如何取悦人。这类相位代表有强烈的几乎像是命定的亲密关系，或是因为害怕在关系中受伤、遭到排拒，所以一直保持独身状态。这类人有时会突然爆发出强烈的情绪，很容易有不知足、贪婪或嫉妒的倾向，也可能激起别人的嫉妒或涉入混乱的三角关系。这类相位最佳的一面，就是能够在关系里创造出诚实和深刻的对待方式。有的人也可能进入带着禁忌成分的关系，譬如同性恋或是与不同种族的人恋爱。这类人深深地感觉到，美就是一种力量，因此喜欢改造自己的或他人的外表，很适合投入整形或美容行业。他们有能力把旧衣物改头换面，让它起死回生。这是一个金钱和权力组合成的相位，因此和股市交易、银行或金钱勒索之类的事有关。

火星与木星的组合♂♃

有利于营销、运动或政治，往往显现出机会主义、企业精神及热切的态度。这类人喜欢冒险和找麻烦，也会热衷于观赏相扑、政治辩论或实际的暴力活动。他们也可能到国外出征，包括和外国人打仗或是为外国人而战，这是个代表十字军东征的行星组合，这类人会为了宗教信仰、哲学或政治理念而抗争。他们也喜欢性方面的冒险，可能拥有各式各样的爱人，沉溺于胡闹的活动里。在事件占星学派里，火木的组合通常和大型抗议活动有关，譬如参加政治性的街头运动。

火星与土星的组合♂♄

这类人的生命经常遭到力量和勇气方面的试炼，生理或情绪上都会经历一些毅力的考验。这个组合很适合攀岩、挖矿、焊接、从军，或是任何一种磨炼力量的工作，也可以从事劳力工作、与重金属有关的行业，或必须控制性能量及精力的锻炼，如武术或瑜伽等。这类人的父亲可能在军队或运动领域里工作，或从事的行业必须用到特殊的工具及耐力。就女人而言，有这类相位意味着可能会跟粗犷而带有暴力倾向的男人产生关系，这个组合有施暴或是被暴力威吓的倾向。这类人在早期曾在性好奇心上受到压制，家庭氛围里有一种关于性的禁忌感，因而导致他们对性有恐惧。无力或无能感可能会导致抑郁，但他们若能勇敢地面对恐惧就能改变这种情形。

火星与天王星的组合♂♅

这类人不喜欢任何类型的制约，因此可能变成为自由而战的人、革命家或是外籍佣兵。他们也可能促进改革和进步，但性格极为不耐烦、胆大包天、多动以及行事风格极端。这类相位也代表突发的暴力，特别是枪战或受到枪伤。这类人热爱速度，对危险的事感到兴奋，可能在性上面做许多试验，甚至会选择变性或性解放，他们在这类议题上的态度是非常前卫的，或许会到达令人震惊的程度。这两颗行星的组合也涉及机器、纵火、消防员、烟火以及模特儿行业（冷静地卖弄性魅力）。

火星与海王星的组合♂♆

这类人会勇敢地追求自己的理想，但自我怀疑也可能使他们无法达到目标。他们容易担忧自己缺乏男性魅力，所以会特别强调阳性的一面，对勇气和力量抱持着一种幻觉，也会让这类人热衷于健身、展现自己的雄风。这两颗行星的组合有利于各种类型的运动，特别是游泳、钓鱼以及各种水上运动。女人可能会跟那些上一代不赞同的男人在一起——酗酒、嗑药或犯罪的男人，因为这男人表面上看起来非常强壮，但骨子里可能很需要被人拯救。有这类相位的人性取向的界限很薄弱，他们往往不知道自己想要的是什么，也不知道该给出什么样的信号。这个组合与引诱以及被引诱有关。这两颗行星的能量都很温和，但仍然和大部分的火星相位一样，这种组合也可能有暴力倾向，原因是自觉无能，或者会把愤怒投射在任何人、任何事情上面。

火星与冥王星的组合♂♇

有这类相位的人不会被任何人或事情征服，他们是不退缩和不屈不挠的，而且拒绝被压榨。即使在温和的情况下，他们也有生存竞争和想获得胜利的冲动。这类人早期也许经历过暴力，包括性或是与性无关的层面，而这会导致一种愤怒，但可以善用这股愤怒来促成行动，反之则会有无能的感觉。这个组合与行动的勇气有关，也可能害怕面对冲突（“如果失控的话，我会杀人或被杀”）。其中有些人已经适应了“暴力能战胜公理”的态度。有些人则必须面对社会的性禁忌带来的制约，他们也许会成为同性恋者，或者与不同种族的人形成亲密关系。

比较缓慢的周期循环

由于冥王星的轨道相当古怪，所以涉及到它的周期循环时间会有很大的变化，举个例子，它可能在某个星座上停留 12 年，但也可能在另一个星座上停留 30 年之久。

木星与土星的组合♃♄

这两颗行星大约每隔 20 年会在同一个元素上形成合相，如果四个元素都通过一遍，则可能得花上一个世纪的时间。从事件派的角度来看，它们和经济的巅峰或谷底状态有关，也代表立法上的重大变化。这两颗行星都和政府及政要的死亡有关，基于此理，占星师一向将其与美国总统在任上死亡的周期作联结。从 1840 年之后，每次当这两颗行星合相在土象星座时（大约是总统就职的时间），那位被选出来的美国总统，都会在任上死亡（不是自然死亡，就是被暗杀）。唯一的例外是里根，因为他就职时，木星与土星正好合相在风象星座的天秤座上，所以他虽然中枪，后来还是康复了。

在个人星盘里，这两颗行星的相位代表稳定的经济成长，但这类人可能会摆荡在乐观与悲观、信心和缺乏信心之间。他们会努力地想找到对生命的信心，一旦丧失时，就会变得十分沮丧。他们经常会吸引来一些情况，迫使他们遭受到对生命、上主或自身信念的挑战。这两颗行星的组合与道德法规、宗教教育或宗教修持有关。这类人往往有宗教上的训练或身份，但一直想找到背后的意义是什么。他们有强烈的对错观念，如果无法活出最高的标准会有内疚感。他们也可能成为宗教事务的权威。

木星与天王星的组合 ♃♅

这两颗行星都跟自由有关，所以从事件派的角度来看，它们每 14 年形成相位的周期循环，往往会影响到资本主义及自由经济市场。这个组合喜欢改变、探索、发明和发现（1969 年 7 月 21 日人类登陆月球，就是在正合相时发生的）。这个相位也代表新的宗教派别或新的宗教狂热现象会出现，教会里也可能发生预期之外的事。

在个人层面上，它代表的是从原先的宗教信仰和政治理念脱离出来。这个组合基本上特别需要寻找生命的意义，也需要靠自己来发现真理。如果这两颗行星和个人行星产生关联，就会坚持拥有个人的自由。癌细胞的生长突变情况，也可能在这两颗行星形成相位时出现。

木星与海王星的组合 ♃♆

在事件占星学派上，这两颗行星形成的困难相位或和谐相位，都代表会揭露一些骗局。这两颗行星每 13 年形成的相位周期循环，也可能涉及赌博、赛马、媒体，以及制药业的合并或接管，同时也跟各种类型的慈善及人道关怀有关。

它们也代表奢华的海上长途旅行和音乐工业的损失，或是出现一些航海故事。

个人星盘里如果有这两颗行星的组合，则可能对海洋、航海或上述的行业有兴趣。这两颗行星都带有慈善意味，因此这类人通常有宗教信仰或精神生活，至少会寻找生命的意义或寻找上主，有这类相位的人很适合练习冥想。

木星与冥王星的组合 ♃♇

这两颗行星每 12 年形成的相位及周期循环，通常和巨大的权力及财富有关（比尔·盖茨的本命盘里就有这两颗行星的合相）。简而言之，这两颗行星的组合带有财阀的意味。它们也象征赌博的冲动、博弈、法律及税收的改变（在英国，当这两颗行星成合相时，政府建立了有奖储蓄公债制度，并且开始发行国家彩票）。在这些时段里会出现残酷的政治领袖、权力斗争、矿业上面的事件和垃圾回收，各式各样的地下组织也会变得活跃起来。在个人星盘里，尤其是跟个人行星或四交点有关联的话，那么这个组合就代表渴望达成超人般的成就。这类人有强烈的信念，能够让不可能的事变成可能，方式是借着内在的果决力。这个组合也代表深刻的宗教或政治信念。

土星与三王星形成相位的周期循环

这些缓慢推进的相位周期循环，代表的是政治和经济上的变化，通常会涉及保守的理念和改革理念之间的冲突，因此这些阶段里人们会渴望维持现况，但又有一股想要突破的冲动。

土星与天王星的组合 ♄♅

这两颗行星每 45 年形成的相位周期循环，涉及的是科学、占星学或其他旧瓶装新酒的议题。它们代表科学或科技上的洞见终于变成了现实，也可能代表科学被迫倒退，或者科学的突破遭到延误，知名的科学家也可能在这些阶段死去。这些时段也和右翼政治及中东有关，也代表脱离传统或推翻旧有的秩序。卡特将这两颗行星的组合描述成“精神很民主，但手段很独裁。”那些权威者将改革的理念强加到大众身上，因而遭到了严重的抗拒。这阶段也出现罢工或是对异议分子的控制。

个人星盘里如果有这两颗行星的相位，可能会一方面想服从传统，但另一方面又想活出更激进的反传统模式。

土星与海王星的组合 ♄♆

这两颗行星每 36 年形成的相位周期循环，代表的是安德烈·巴鲍德（André Barbault，法国占星学家）所谓的与社会主义及共产主义的关联性，而已故的查尔斯·哈维（Charles Harvey，英国知名占星学家）则将这两颗行星的组合与英国皇室联结在一起（皇室强调的不外是责任与牺牲）。这段时间媒体上经常出现食物中毒事件和健康上的问题，而艺术界、演艺界和音乐界也有许多知名人物死亡。如同三王星的周期循环一样，土星与海王星的组合也会造成社会的动荡不安，那些掌权的人会被视为懦弱的父权人物，因此他们的权威性很容易遭到推翻。

在个人星盘里，这两颗行星的组合很容易成为药物学、同类疗法或医学上的权威，也有利于酒类、电影、音乐或灵性上的事宜。在这个阶段里，人们会把责任议题扭曲或逃避责任，有的则完全避开社会规范。还有的人则因为无法活出自己的标准而感到内疚。

土星与冥王星的组合 ♄♇

这两颗行星每 33 年一次的相位周期循环，代表的是社会的偏执倾向和困境，同时也代表收缩、困难及毁坏。大体而言，这些时段里会有一切从简、裁减以及揭露真相的现象。这时人们很想知道如何以最低的条件存活下去。在这些阶段里，许多事都得重新来过，因为社会发生了一些悲剧和破坏，因此要学习的都是和生存有关的功课，并且要消除防卫机制，建构新的东西。这些阶段也跟铁路、印度、巴基斯坦、以色列有关，因为这些国家全是在 1948 年这两颗行星成合相时独立的。

在个人星盘里，这两颗行星的组合会带来一种无力感，所以很想创造出无法穿透的防卫机制。

三王星的周期循环

三王星的周期循环很慢，可能会持续许多年，因此会长期地影响一大群人。它们象征的是巨大的文化变迁，但背后的意义往往得等它们离开之后才会被意识到。在个人星盘里，如果这些外行星与个人行星形成紧密相位，就会有重大的意义，否则只代表个人诞生的那个时段里社会发生的事。

天王星与海王星的组合♅♆

天王星与海王星每 172 年形成相位的周期循环里，会出现艺术和科学之间的明显互动，譬如文艺复兴运动和启蒙运动就是一个例子。在近代，我们期待的是音乐和艺术领域里的新发现，如电子乐或任何一个由艺术和科技结合的发明创造。数码摄影技术的兴起，和天王星推进由海王星主宰的双鱼座有密切关系。这两颗行星的组合也跟灵性上的觉醒及阻碍有关，例如新时代运动。同时，它们也和冰山，冰原、暴风雪或冰激凌有关联。

天王星与冥王星的组合♅♇

这两颗行星每 127 年形成相位周期循环，影响的往往是医学、科技和科学方面的事。譬如 20 世纪 60 年代中期，当这两颗行星合相在处女座的时候，这个星座象征的微小事物便掀起了巨大的革命，其中的避孕药及硅芯片都引发了集体性的革命。同时这两颗行星也和原子能有关，譬如 1986 年 4 月 26 日发生的切尔诺贝利核电厂事故，当时这两颗行星正形成八分相，分别和太阳成对分相及八分之三相。这个最暴力、最具有转化作用、影响力最大的行星组合，也可能造成突然意外死亡。希特勒的星盘里就有这两颗行星成紧密的八分之三相，正好落在他的太阳和月亮的中点上，而且土星也涉及了进来。

海王星与冥王星的组合♆♇

这个组合影响的是文化理想上的变迁，以及宏观视野遭到质疑。这两颗行星每 492 年形成的相位周期循环，与最深的文化及心灵转化有关，也代表集体意识的梦想及幻想的死亡再生。这时跨国企业或跨国药厂会发生一些问题。这两颗行星都很喜欢神秘的事物，因此 1890 年后，当这两颗行星合相在双子座的时候，诞生了好几位侦探小说作家。

涉及四交点的相位

涉及四交点的相位（请参阅第六章）都很重要，特别是合相及困难相位。我觉得读者在这方面不该只是阅读一些占星工具书就算了，而应该更进一步地去探究。举个例子，在思考上升点、下降点、天顶及天底的相位时，也应该同时考量落在一宫、四宫、七宫和十宫里的行星，但由于四交点行进的速度很快，所以出生的时间必须非常精准，才能确定这四交点的相位的确存在。读者可以在我的《占星相位研究》一书中找到更多这方面的资讯。

第六章　宫位

一个未经检视的人生是不值得活的。

——苏格拉底

由于十二星座在黄道上的分布区域是固定的（一种虚设的太阳路径），而黄道在北半球每一年的起始点是春分，所以宫位的划分乃是根据地球依其地轴自转一天的周期循环。基于此理，所有的行星通过十二个宫位都是在一天内完成。

分宫制方面的棘手问题

将每日的周期循环划分成十二个区域的分宫制有许多种，由于天上并没有这些宫位的界限，所以占星师才会质疑是否有所谓的正确划分方式。目前大约有 12 种常用的分宫制，全是按照时间、空间或两者的混合来制订的。或许每一种划分方式都可以达成不同的占星任务，但我个人的观点是，学习者没有必要去思考不同的分宫制的原理和出处，当我们在试图诠释一张星盘时，应该寻找的是星盘里重复出现的主题——这是唯一能保证带来深刻理解和精确度的方式。当占星家在试验不同的分宫制时，往往会发现即使运用的是不同的制度，相同的主题仍然会出现，只是这些主题和故事显现的方式稍有差异罢了。

等宫制被视为最古老的分宫制，也是最容易计算的制度，因为它很简单明了，所以英国最重要的几个占星学院都采取这个制度。按等宫制的算法，所有的宫位宽度都一样，皆是按照上升点的角度平均推演的，因此如果一宫的宫头是金牛座 4 度，那么二宫的宫头就是双子座 4 度，三宫的宫头就是巨蟹座 4 度，以此类推。等宫制看似过于简单，但根据我的经验，它并不亚于其他更复杂的分宫制，不过它会造成一个问题，那就是它无法像其他的分宫制那样，令天顶、天底与十宫及四宫的宫头对准。以时间或空间为准的分宫制，也会造成一些问题，譬如一个人诞生的地点若是在赤道附近，天顶就会接近十宫宫头，但随着纬度的增加，两者的距离会越来越大。如果是在苏格兰北方这样纬度极高的地方，宫位的宽度就会变得相当离谱，有的宫位会变得很大，有的则变得非常小。在最极端的纬度上，以时间为准的分宫制甚至会瓦解。显然这一类的问题都不会在等宫制里发生，这就是大家喜欢采用它的原因之一。尽管如此，诞生在纬度极端地区的人，有的还是不喜欢用等宫制，他们仍然采用以时间和空间为准的分宫制。

如果采用的是等宫制，我们就可以拿两个部分的元素（十宫和天顶）来描述十宫的议题。同样的，我们也可以拿两个部分的元素（四宫和天底）来描述四宫的议题。这么做好像会制造一些焦虑，但其实不然，因为学习者会发现十宫、四宫以及它们的主宰行星，都能正确地描绘出他们的事业、家庭和父母的情况。因此等宫制的确有效。即便如此，我们仍然需要把天顶和天底都加进来，因为四交点永远是非常重要的元素。在等宫制里面，落在天顶和天底的宫位往往可以提供额外或明确的讯息，举例来说，如果天顶是落在九宫里，就可能代表此人或他们的父母比较看重那些有旅游经验、来自异国、受过高等教育或是有哲学训练的人，而比较不会重视那些企业主管（十宫代表的），同时这也意味着此人的事业是在九宫的领域里。如果天顶是落在十一宫里，则代表此人想得到朋友、扶轮社友或某个慈善团体里的人的重视，也可能很重视这类人，或者此人很渴望加入某个团队，为社区带来一些利益。占星师可以从天顶和天底作出各式各样的研判。

此外，“普拉西度斯制”（Placidus House System）可能是最被广泛运用的分宫制。这个制度的名称是源自圣本笃会修士兼数学家普拉西度斯 · 提托(Placidus de Tito，1603—1688)，虽然在他之前的占星家，如托勒密（Ptolemy，100—178)，似乎已经在采用类似但不尽相同的分宫制。普拉西度斯制是以时间为基准的分宫制，由于时间和时机本来就是占星学的重点，所以这个制度那么受欢迎可说是理所当然的。根据我的经验，普拉西度斯制的宫头很明确，所以有利于预测工作，因为推进的行星经过宫头带来的影响是不可否认的。如果读者想进一步地了解不同的分宫制，以及它们的用法和相关历史，可以上德博拉·霍尔丁（Deborah Houlding）的网站浏览：www.skyscript.co.uk。

宫位的诠释

光是依赖行星的相位，而把宫位和星座置之一旁，仍旧可能对星盘作出一些正确的诠释，但是对大部分的占星师来说，宫位仍然是解析星盘时最重要的基础，因为它能增添分析时的乐趣和方便性。

我们可以把行星看成一出戏里的演员，星座则是这些演员的服装和性格。举个例子，太阳描述的是剧情里的英雄人物，但英雄的类型到底是什么？是纳尔逊·曼德拉、侠盗罗宾汉（Robin Hood），还是伊娃·贝隆（Eva Peron，阿根廷第一夫人）？答案可以透过太阳落入的星座及宫位看出来。我们可以说，宫位描述的是一出戏的活动发生的地点，譬如这出戏是发生在厨房里、卧室里或森林里。在一张天宫图里，宫位是我们投射出来的生命领域，我们既可能是接受的一方，也可能是给予的一方；我们本身可能是罗宾汉，而罗宾汉也可能进

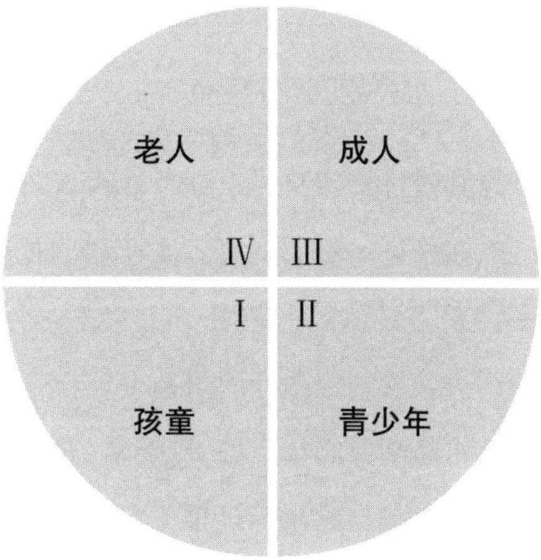

入我们的生命里。宫位里的行星代表的是，这股能量将在何处或何人身上显现它最强的一面。让我们再回到戏剧的类比上面，由于相位描述的是演员之间的对话和活动，因此相位也会强烈地影响角色的性格。

诠释十二宫位之前，可以先认识一下将星盘划分成上下两半，以及四个象限的解释方法（大部分的分宫制都要靠四交点来划分，除了等宫制之外）。

// 在第一象限（一、二、三宫）里，我们诞生、发现自己有副身体、学习走路和沟通，然后去学校上学。

// 在第二象限（四、五、六宫）里，我们开始扎根于世界，知道什么能带给我们乐趣，我们的才华是什么，而且开始懂得照料身体。这也是我们发现浪漫爱情和工作的学习阶段。

// 在第三象限（七、八、九宫）里，我们学会与他人合作及探索关系的真相，也明白了死亡和性是怎么回事，而且有机会更深入地探索这个世界。我们开始质疑自己为什么会诞生到这个世界、上帝究竟是什么，人生到底是怎么一回事。

// 在第四象限（十、十一、十二宫）里，我们努力地在世上占有一席之地，为社会带来一些贡献，接下去就准备要消融掉自我了。

虽然一至十二宫是以逆时钟方向开展的，但按照我的观点来看，太阳、月亮及其他行星似乎是以顺时针的方向在行进。

在任何一张星盘里，太阳落入的位置都可以让你立即知道一个人诞生的时间。太阳是从第一象限升起的，它会通过上升点往地平线上方（日出）攀升，然后进入第四象限（清晨），它会在中午之后通过天顶进入第三象限，然后再朝着地平线的方向往下推进。当它通过地平线（大约是日落时分）的下降点之后，就会进入第二象限（晚间）。到了子夜（太阳在天底的位置），则会从第二象限进入第一象限（太阳从天空图的底部开始朝地平线攀升，于是新的日出又出现了）。

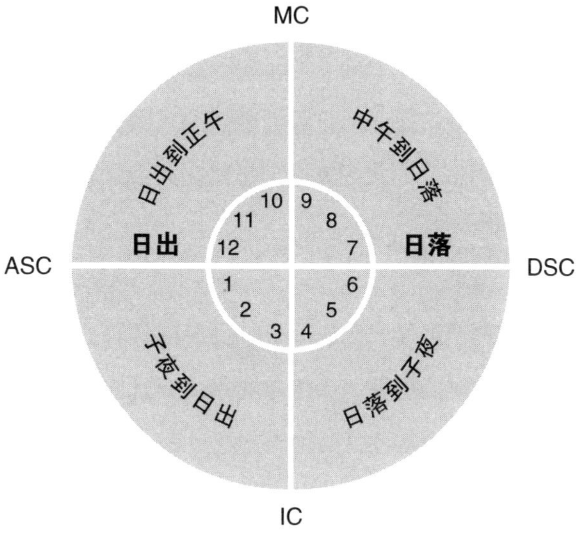

因此，太阳如果是坐落在地平线的上方（包括三宫与四宫的象限），我们就可以确定这个人是在白天诞生的，而且是在日出和日落之间；如果太阳是坐落在地平线的下方（在上升点与下降点的轴线下方，也就是第一象限和第二象限的位置），那么此人一定是在日落之后和日出之前诞生的。

整张星盘也可以划分为四个时区：

// 在日出和正午之间出生：太阳是落在第四象限内（包括十、十一、十二宫）。

// 在中午和日落之间出生：太阳是落在第三象限内（包括七、八、九宫）。

// 在日落和子夜之间出生：太阳是落在第二象限内（包括四、五、六宫）。

// 在子夜和日出之间诞生：太阳是落在第一象限内（包括一、二、三宫）。

请记住，日出和日落的时间可能会随着地区的改变而有很大的不同。譬如在英国，日出的时间大约是早上 8 点，但是冬季里太阳却会在下午的中段时间西沉。仲夏时段里，太阳在早上 3 点 45 分左右就升起了（英国的夏令时间上午 4 点 45 分），然后会在傍晚日落。同时，你也得留意日光节约时间的问题。举例来说，如果你是在夏季的月份诞生的，那么时钟通常会调快 1 小时，所以你就必须减去 1 小时才行。最后请留意的是，天顶和十宫很少会在等宫制里形成吻合的情况。

另外请检视一下，看看整张星宫图的度数是否正确。例如你如果是在早上 10 点生的，你的太阳就必定是落在第四象限内（十、十一、十二宫的范围内）。

如何利用以下的工具式宫位诠释

这种“工具式”（cook book）的诠释方式必须谨慎地使用，它们大部分是简短而浅显的解释，因为这种方式只是要带给读者一些概略性的观念，所以星盘里的其他元素还是必须串联在一起思考（包括一个人的年纪和文化背景）。因此每一颗行星的诠释方式都会因案主的不同而有很大的差异，尤其是三王星落入的宫位，因为这里面带有很复杂的意义和影响：三王星的星座位置及相位，往往会改变这三颗行星显现的方式。

落在宫头上面的行星

许多占星师包括我在内，都觉得接近宫头的行星会同时影响两个宫位，因此一张星盘里如果有海王星落在五宫和六宫的交接处，那么这颗行星就可以看成是同时落在五宫和六宫里面。

如何看待空宫的议题

因为一张星盘里有 12 个宫位和 10 颗行星，所以一定有某些宫位是没有行星的，亦即所谓的“空宫”（empty house），但空宫并不意味这个宫位不重要。举个例子，如果你没有任何行星落在二宫里，绝不代表你从未赚过一文钱或是花过一文钱！在这种情况下，你必须观察什么行星主宰这个空宫的宫头星座，然后才能弄清楚与这个宫位有关的活动是什么。即使一个宫位里有行星落入，这个宫位的主宰行星落入的星座、宫位及相位也值得研究；但如果一个宫位里没有任何行星，那么关键点就在它的主宰行星了。宫头星座也会为一个宫位的活动带来重要的讯息。

第一宫和上升点

如同对星盘里其他要素的观察一样，第一宫和上升点也代表一些复杂的观察方式。事实上，每当你看到上升点这个词的时候，就必定涉及以下的这些复杂联想。

// 必须同时观察与上升点形成相位的行星，以及落入一宫里的行星。

// 上升点的星座。

// 上升点的主宰行星——落入的星座以及形成的相位。

// 上升星座也能提供概略性的讯息，其主宰行星则会带来更明确的信息。举例来说，如果你的上升星座是巨蟹座，就意味着你到世界上与人互动时，会渴望照料与你产生关系的人事物，但是巨蟹座的主宰行星月亮是落在十宫里，所以这股想要照料和保护的驱力，通常会显现在事业领域里（十宫代表事业）。

// 与上升点及下降点形成的任何相位，特别是出生的时间很精确而相位很紧密的话。上升点和第一宫代表我们面对世界以及迎接世界的方式。我们会透过上升点去看这个世界，世界也会透过它来观察我们。你不妨想象戴上了一副蓝色镜片的眼镜，当你透过这副眼镜看世界的时候，外面的每一样东西都会带点蓝色调，而别人看你也会觉得你带有蓝色调。你可能未察觉到别人也一样在看这个世界，而且由于他们也是透过不同颜色的镜片在看世界，所以看到的东西和你不太一样。

上升点以及第一宫里的资料，往往会被童年时的重要关系人所影响，我们会从周遭的人身上接收一些信息，来表达这个宫位象征的特质。第一宫，特别是上升点附近的相位，通常能描绘出一个人诞生时的状况，包括诞生时旁边有什么人，曾经说了什么话等。同时它们也代表早期的童年经验，包括发生过什么事，感受为何。这些早期的经验会感染我们对世界及其他人的态度，就好像我们永远以这种方式期待着世界似的。

也许我们不太了解早期经验如何影响我们迎接世界的方式，但它们的确有明显的关联性。想象一下，你诞生的那天正下着大雨，这代表你可能会撑着雨伞去面对世界！

上升点和第一宫有时也被描述成“人格面具”（persona），它真正的意思就是“演员的面具”，这意味着第一宫代表的是虚假的自我，但实际情况并不尽然如此。事实上，它代表的是我们准备好要显露出来的面向，这是我们性格的一部分，有点像个武士站在他盾牌后面的情况。你可以把第一宫想象成你的标签或标记，也就是我们带给别人的第一印象。第一宫甚至和我们的名字有关，尤其是我们的小名、在姓氏之前的名字，或是我们惯用的称谓。

打个比方，你的整个星盘就是一栋屋子，里面有卧室、起居室、厨房、浴室等。你的整个人格就像这栋屋子一样，里面有许多房间，有一部分的你在玩耍，另一部分在工作等，而这些都可以从行星和宫位看出来。其中的第一宫代表的是你的大门，但大门可能也可能无法真正代表屋子里的状况，而且我们必须穿过大门才能进入屋内，这道门同时也是我们回到自己内在，以及让别人进入我们内在的关卡。请切记，一宫和对面的七宫代表的就是我们在关系中的作风。从大门的隐喻上面，我们可以了解为何一宫代表的是我们生命之旅的起点，同时也代表身为载具的我们。如果用载具来描述上升点和第一宫是很贴切的说法，那么星盘里的太阳代表的就是我们这个驾驶的角色，而月亮代表的则是乘客的角色，甚至是乘客携带的行李！

第一宫为整张星盘拟定了剧情的场景，而且是以精确的出生时间为基准的。出生的时间是人、动物或任何一项计划在世上开展的那一刻。此外，第一宫也代表我们的肉身（肉身就是我们的载具），因此也是与我们的健康有关的一个线索，尤其是上升点的相位本身。

太阳、月亮和上升点的差异性

请把人生想象为一段旅程：

太阳	月亮	上升点
驾驶	乘客或行李	载具或旅程本身
我须往之所	我所来之处	我上路的方式
未来	过去	现在及过去的交界点
我想要的	我需要的	我期待的
性格／觉受／核心	人格／行为 内建的行为模式 我自动产生的行为	人格面具／人格 显现出来的状态 学习来的行为模式 我面对人生的方式／ 我进入世界的点
我想要具备的品质／ 我努力想达成的状态	我本能地会运用的特质	我被教导成或应该变成的状态
我想知道的	我已经知道的	我通往世界的窗口
被赏识／英雄主义／荣耀	慰藉／安全感	

太阳在第一宫

会增强自我信心和领导能力，但必须看太阳落入的星座和相位而定。如果上升点和太阳都落在同样的星座上，那么这个星座的能量就会被强化——此人会跟这个星座特别相应。总之，这是一个富有自信心和自我意识的位置。这类人在童年时特别能得到家人的重视（但要看太阳的星座和相位，才能决定此人喜不喜欢这种情况），基于这个理由，他们可能会无意识地期待世界把焦点放在他们身上。他们的态度会因为自我意识过强而显得不自然，他们绝不会让人看见自己带着发卷的样子。我认识的一个人星盘里的太阳是落在上升点的双鱼座，他因为是在某个闰年诞生的第一个婴儿，所以上了报纸，变成大众关注的焦点。奇怪的是，他长大之后非常不喜欢成为别人瞩目的焦点。

月亮在第一宫

这类人有丰富的想象力，面对世界的态度非常敏感。他们对环境和人的觉知都很敏锐，因而发展出一种适应别人和满足别人需求的能力。这个位置的关键词就是“反应灵敏”（responsiveness），其实他们的灵敏度是源自对母亲的需求有强烈的感受，也许母亲很情绪化，所以孩子必学习解读她的情绪、配合她，甚至学会照料她。这类人和母亲的长相十分相似，他们的言行里面都带有照料别人的意图，也可能激起别人的母性特质。

水星在第一宫

这类人对世界充满着好奇，显得不安于室、善于交流及多话（必须看水星落入的星座和其他情况而定）。这类人总是喜欢到处走动，我认识的几个水星落一宫的人，从事的都是邮差的工作！更常见的是他们的好奇心和不断打探的倾向。他们有一种想要分析自己和世界的需求，也很希望从别人那里得到反馈，因此他们会提出许许多多的问题。这类人的态度和外表都很年轻。

金星在第一宫

很善于创造和谐的氛围，会以迎合的态度面对世界。这个位置代表的是和事老以及取悦人的倾向。他们会戴上友善的人格面具，童年时他们被教导成彬彬有礼、举止友善、注重外表的孩子，小时候他们经常因外表而得到大人的赞美。

金星落在某些星座上的确和美有关，譬如金星落在摩羯座，往往有美好的骨骼构造和牙齿。不论是否貌美，金星落在第一宫都代表会尽量打扮得很体面，也喜欢珠宝或其他装饰品。这是一个有利于充门面的位置，这类人可以在柜台服务，因为他们会让人觉得很舒服，创造出良好的第一印象。

火星在第一宫

这类人十分急于开拓新的计划，而且急于采取行动。他们很渴望把事情完成，但是他人缓慢的速度以及物质世界或肉身的局限，令他们感到相当挫败。直接、真实、坦诚和果决，会令他们看起来比真实的状态要粗率一些，但仍然得视整张星盘而定。他们早期接收的信息令他们觉得自己必须强壮，像个勇士一样将人生掌握在手里，因此很难向人求助或呈现脆弱的一面。他们也容易出意外，或是因童年的意外脸上留下疤痕。

木星在第一宫

这类人的心智有先天的哲学倾向，总是怀着热切的心情走出家门，尽可能地拥抱世界，喜欢旅行和探索。从童年起他们就觉得自己很幸运，似乎拥有各种的可能性。这个木星的位置显然会增强活力及乐观心态，而且觉得人生就是一段旅程。这类人倾向于活在未来，不断地寻找新的目标。有的人很关注最新的时尚和潮流，有的则急着规划下一次的旅程。他们可能兴趣太广，过于奢侈、做计划不谨慎，在金钱和承诺上有些粗心大意，但还是必须仔细研究整张星盘和相关的行星后才能下论断。这类人父母的兄弟姐妹在他们的童年扮演了重要角色。自我耽溺的倾向可能会带来体重上的问题。

土星在第一宫

这类人会以强烈的责任意识面对环境和其中的人。他们对人生的态度十分严肃认真，往往带有谨慎焦虑的成分，通常起步得比较晚。经常面临困境，令他们觉得每一步都不能走错，不可以冒任何危险，而这会带来一种想要掌控的欲望。他们注重形象，有明显的防卫机制，可能很年轻就必须负起沉重的责任。他们可能因父亲死亡、生病或被迫离开祖国，而扮演父亲的角色。他们的身材多半瘦长，骨骼构造很突出。

天王星在第一宫

这类人的长相往往与众不同，或是与家族成员有明显的差异。他们的身材可能特别高大，或是在其他方面显得很特别。如果没有明显的差异性，也意味着他们是怪异的局外人，因此很早就有疏离和拒绝别人的倾向。其中有许多人会展现出“我是不折不扣的个人主义者”的调调，他们好像很不想加入任何团体，渴望以独立自主的方式面对世界。有明显天王星倾向的人，一向是不肯妥协的，因此天王星在一宫的人之中，有许多是一整个世代的拓荒者，但是到了中年之后，这种叛逆倾向却会变得越来越趋向主流。即使是年少轻狂的时期，这些天王星在一宫的人实际的状态，也比表面的叛逆性要和缓一些。

海王星在第一宫

细致、富有想象力、有艺术和音乐上面的才华。这类人就好像摄影机的镜片或镜子一样，如实地反映出对面的那个人或情况。这个位置的海王星的关键词是敏感、容易受影响和觉知细腻，这类人缺乏强烈的自我意象，因此会以各式各样的面貌呈现自己，而且会游走在事物之间。这类人在童年时经常接收到一种信息，认为自己是脆弱的、不妥当的或无法处理问题的，或许这是因为健康方面的问题——他们的身体通常很娇弱。有时他们会觉得被环境逐渐侵蚀，却无法坚强地面对外在世界，因为早期的生活弱化了自己的力量和解决能力。他们的父母可能会把他们当成王子或公主一般看待，而他们的脆弱无力也许就源于此。如果海王星与上升点合相在水象星座上面，便可能带有先天的感应能力。

冥王星在第一宫

这类人面对世界的方式会有许多伪装的成分，但却很难被旁观者看透。那些有这个冥王星位置的人，容易把世界看成是不安全的地方，至少不能透露真实的自己。他们必须行事谨慎来增加存活的概率，他们有自我控制的需求。这类人一生中至少会经历一次重大的蜕变。举个例子，我认识的一位有这个冥王星位置的女士，竟然从修女变成了心理治疗师，她的整个外表或所谓的人格面具，都产生了极大的变化。这类人在出生时可能有濒死经验，或是母亲有濒死经验。他们也可能在幼年时经历了令人羞于启齿的事，譬如因遭到强暴或其他的伤害而有过精神病，所以使他们无意识地想躲藏起来。有的人则会努力地掩饰他们的同性恋倾向。总之，这个位置的冥王星等同于“虚假的自我”，也许是没有出柜，或者对根本不该有羞耻感的事感到羞愧。

第二宫

代表的是我们的金钱、对金钱的态度、赚钱的方式、花钱的方式，以及会花在什么东西上，不过最重要的还是我们的价值观。传统上这个宫位象征的是我们的动产，但不代表我们的房子，因为不动产是由四宫掌管的。同时二宫也包括我们认同的东西，这些东西可以说是自我的延伸。金钱和财物往往是我们用来支撑自己的东西，因此我们对金钱、财物或资源的态度以及花钱的方式，都能直接显示出我们最重视的是什么。

从我们对资源的态度，也可以看出自我价值有多高。如果我们的工作收入很高，自然会有一种价值感，如果收入很低，就会觉得被低估了。因此第二宫往往能道出我们对自己的评价。它同时也代表我们的本钱，不只是物质上的本钱，也包括我们这个人本有的长处，因此落在二宫里的行星，通常能描绘出我们值得别人仰赖的专长，也就是别人重视我们的那个部分，以及我们认为自己有价值的地方。再回到刚才所说的自我价值这件事上面，“价值”这个词的确很符合二宫的性质，当我们在面对特定的任务或选择时，经常会问自己：“这件事值得做吗？”我们会质疑那件事是不是值得被重视。

人类第一个拥有的条件就是它的身体。拥有一副身体会让我们有一种扎根在世界的感觉。同样的，我们的财物也为我们带来一种安全感，使我们觉得踏实稳定。

太阳在第二宫

这类人的自尊心和信心，往往和他们赚钱的能力联结在一起，他们会觉得自己拥有的东西就代表自己的身份，因此财物会被看成是支撑自我的东西。这类人的父亲若不是相当关切赚钱的议题，就是在银行里工作，或者做的事与金钱有关。太阳落入的星座代表的则是这个人赚钱和花钱的方式。物质的保障，能够带给这类人一种幸福感。

月亮在第二宫

经济上的保障是这类人获得安全感的必要条件。他们从事的可能是餐饮业、房地产或照料别人的行业，也可能负责照顾别人的资产。他们额外的钱大多花在家庭和家事上面。他们对家和物质有一种情感上的执著。这类人的经济情况可能有很大的变动性，但通常能适应这些变化。男人的星盘里如果有这个月亮的位置，代表可能会因为女人而损失金钱或赚到钱。

水星在第二宫

这类人很重视教育和知识，因此会把钱花在书籍、课程或上课的交通费上面。

如果星盘里其他的元素也显示出这种特质，而且如果水星落入的星座也带来影响的话，那么他们往往是非常好的营销人才，赚钱的方式可能涉及阅读、写作、电话交谈等。文字上的才华、语言的表达能力及好奇心，是这类人最值得仰赖的本钱。他们很重视每个与人交谈的机会，对兄弟姐妹也很重视，甚至能从兄弟姐妹那儿获得金钱上的帮助。这是十分有利于商业的位置，如果星盘里还有其他支撑的元素，此人就会对商业世界的运作感到好奇。他们也有可能因为被偷窃而损失金钱。

金星在第二宫

这类人会把钱花在服装、装饰品、美容产品和娱乐上面，也可能在上述的领域里赚到钱，而他们想赚大钱的原因是渴望过奢华的生活。这类人很重视美和艺术，愿意花钱来换取美好的生活。他们往往很大方（必须看星座和相位是什么），喜欢买礼物给爱人，本钱之一是他们的人格魅力，以及外交手腕和老练的态度。

火星在第二宫

这类人花钱的方式很冲动，但是在投资方面相当果决，能够快速地达成交易。他们获得金钱的速度很快，也渴望很快地拿到钱，特别是火星呈困难相位时。换句话说，他们很渴望能立即满足欲望，因此储蓄的能力不明显。他们也许借由工具、汽车、金属和热力来赚钱。另外有些人则会借着勇气或面对暴力的能力来营生（警察或军人）。但大体而言，火星落二宫代表愿意为自己的价值观而战，火星落入的星座则显示出此人重视的是什么。

木星在第二宫

这类人会以宏观视野看待自己的资源，所以显得很慷慨。他们总认为上帝及宇宙会提供一切，因而显现出乐观、慷慨或愉悦的人生态度。但也可能有奢华的习惯，或者即使拥有得很少，也觉得自己很富有，不过也可能有贪婪的倾向。如果星盘里还有其他类似的要素，则可能钱财来得容易去得也快，或是在金钱的开销上不懂得节制，更普遍的情况常是慷慨奢华到只顾眼前的满足，不管未来有没有收入。他们也可能拖延支票兑现的时间！这类人十分重视旅游和高等教育，因此会把钱花在这上面，有的则会透过旅行、出版或教育来赚钱。

土星在第二宫

这类人很怕穷，但不一定会经历贫穷。他们对拥有资源感到罪疚，所以对东西有一种责任意识。土星在二宫的人会很骄傲地告诉你他的衣服已经穿了N年了，这类人对金钱和财物的责任意识是很明显的。他们的事业可能是管理公司或大面积的土地。缩紧荷包会使他们觉得安全，因此到了老年多半有非常稳固的经济基础。他们的长处是具有强烈的责任感，尊重年长的人和传统。他们的父亲可能损失过大笔的金钱，或者整个家庭因父亲的死亡而遭逢物质上的困境。不过，享受物质的满足也要付出代价，因此这类人的自由可能因物质短缺而被剥夺，但也可能源自物质的富足。

天王星在第二宫

天王星落二宫的人往往从一贫如洗而突然致富，但相反的情况也会出现。他们的钱大多花在科技或机械装置上面，也可能在这上面赚到钱。这类人重视的是自由和进步，因此喜欢把钱花在能帮助他们进步和省时的事物上。或许每一个有天王星落入二宫的人都会把金钱看成能带来自由的东西。有的人完全不想拥有什么，因为这会造成负担和丧失自由，有的人则渴望透过财富来换取自己的或他人的选择权。这类人的长处可能是原创性、独立性以及对真相的重视。

有的人会借由自己的原创性和发明天分来获得财富。

海王星在第二宫

这类人在钱财上有高度的理想主义倾向，但也非常缺乏现实感，甚至容易在金钱上面受骗，他们有可能损失金钱或是在财务上闹丑闻，不过要观察整张星盘才能决定。他们财物的分享上没什么界限感，所以往往觉得有权力分享你的钱！他们会觉得“我的就是你的，你的就是我的”，这种态度也会延伸到外在世界，而不只是针对身边最亲近的人。他们的钱会花在音乐、艺术、神秘学、梦的解析、催眠、酒精等事物上。他们的长处可能包括对痛苦的觉知、慈悲心和敏感度。他们比较不重视世俗的事物和世俗之人。这类人有的在经济上很有斩获，这是因为他们对周遭世界的运作方式有一种感应力。

冥王星在二宫

这类人可能会把金钱视为魔鬼，因为冥王星坐落的宫位代表的是，我们把邪恶投射出来的生命领域，因此，这类人可能有极端的反物质倾向，但也可能极为擅长在经济拮据的情况下存活。金钱对冥王星落二宫的人而言，往往代表权力和生存能力，换句话说，金钱是一种生死攸关的东西。这个位置十分有利于为他人争取福利，因为他们会努力确保别人有生存下去的最低收入。他们很渴望把旧有的东西全部抛掉，重新来过。冥王星落二宫也意味着花钱很冲动，可能无意识地想把资源全部扔掉，但也可能有储蓄的冲动，甚至可能破产。他们对金钱的态度一生中至少会有一次巨大的转变，例如，有一位很有钱的商人把钱全部扔出去之后，开始过起非常简单的生活，他变成了一名烘培师，而且把自己的劳斯莱斯换成了一台脚踏车。这些人的特质之一是近乎残忍的决断力，其工作可能涉及到生与死（在医院或葬仪社工作），也可能从事园艺、矿业、掌握大权的金融业或是废物处理的行业。

第三宫

传统上，三宫与各种形式的沟通有关——说与写，以及一般的消息报道。它同时也管辖短途旅行、兄弟姐妹、邻居、眼前环境里的其他人、堂或表兄弟姐妹、甥或侄、学校以及小学教育。三宫也可以总结为从 A 到 B 的距离，包括物质和心理层面在内。在物质层面，三宫包含了交通和短途旅行，但不涉及探索与冒险；它也和信件、电子邮件及通电话有关，同时也代表书籍、杂志或这一类的媒体。落在三宫里的行星可以描绘出一个人感兴趣的事情，包括此人喜欢阅读和撰写的书籍，可能会订购的杂志和谈及的话题。要留意的是水星的星座、宫位及相位也代表这一类事物。

三宫和血亲有关，父母则是由四宫和十宫来代表。三宫也代表同一个教会里的教友，不过最主要的还是兄弟姐妹。落在三宫里的行星往往能描绘出兄弟姐妹的各个面向、特质以及和我们的关系，因此天王星落在三宫里可能有同父异母的兄弟姐妹，或是兄弟姐妹和我们的关系有一个时期会中断。火星落在这一宫里则代表兄弟姐妹容易反目，或者兄弟是军人。月亮落在这个宫位里意指我们得照料兄弟姐妹，或是被他们照料。

我们上学的日子也是由三宫管辖的，因为这一宫最关切的就是讯息的累积和消化。学校是我们学习以及和人事物联结的地方，而联结就是这个宫位最主要的活动，亦即今日所谓的互联网。即使是成年之后，三宫仍旧代表各种知识的撷取。三宫、水星或任何一个落在双子座的行星，都和我们的学习或资讯及知识的转化有关。

太阳在第三宫

这类人在学校里会有耀眼的表现，可能成为班长。不论属于哪个年龄层，这类人都可能在学习的环境里活跃地表现自己。他们也会在原生地的环境里进进出出地活动，忙着与人沟通交流，特别是太阳落在变动星座上面。这类人可能不停地写信、发电子邮件。他们的父亲对学习也很感兴趣，但不一定是知识分子，除非星盘里有其他的要素显示出这一点，他通常非常关注新闻，或是经常有短途旅行，工作甚至可能和运输业有关。这类人也容易在写作或沟通方面得奖，或者他们的亲戚因这类活动而得到奖励。

月亮在第三宫

这类人在教室里觉得很自在，他们的写作技巧和想象力发展得很好，也可能善于演讲。阅读和学习能带给这类人慰藉，只要拿起一本书来阅读，他们就觉得眼前的情况是可以忍受的。扮演执行者的角色令他们觉得很自在，与人通电话会有一种被滋养的感觉。他们能够在忙碌的办公环境里协调人事物。他们的兄弟姐妹很会照料人，或者他们必须照顾兄弟姐妹。他们也可能在住宿学校里求学。父母或主要的照料者可能情绪不稳定。

水星在第三宫

水星落在自己的宫位里，代表有广泛的兴趣，在眼前的环境里来来去去地活动。这类人喜欢质疑，重视沟通和学习，他们的思维流畅，充满着机智，表达很精确，往往很难放下电话筒。他们有频繁的人际关系，很善于联络交流。他们也通常有语言方面的才华，和兄弟姐妹之间也有频繁的互动。

金星在第三宫

这类人热爱知识和学习，特别是艺术、音乐或歌唱，他们经常参观画廊，欣赏摄影展。他们的好奇心、知识和交谈能力，往往是吸引人的特质。他们能够优雅而技巧地沟通交流。他们的爱情通常是借由信件、电子邮件或电话交谈来进行。这个位置的金星和情书也有密切的关系。有的人会爱上隔壁的邻居，或者在课堂、夜校里遇见情感的对象。他们往往和姐妹的关系很紧密，但也可能出现乱伦或兄弟姐妹反目的情况，不过必须检视星盘里的其他要素才行。这类人很喜欢短途旅行，或是周末到郊外去散心。

火星在第三宫

这是心智上带有竞争性的火星位置，但是对学习很热衷，也有良好的表达能力。这类人的领域观往往伴随着敏锐、果决和机智的思考能力，因此在所有的学习环境里都缺乏耐性。如果他们对某种知识无法立即了解，可能会很气自己。他们在开车或搭乘交通工具时也没耐性，因此会有开快车的嗜好，而且很善于赛车，他们也喜欢惊悚的冒险故事。他们容易和兄弟姐妹反目，也可能在学校里被同学威吓，求学的过程对他们而言相当艰辛。他们的兄弟姐妹容易发生意外，或者兄弟是军人。如果星盘里有其他的元素支持，兄弟姐妹之间的乱伦情况也可能发生。这类人也容易和邻居起争执。

木星在第三宫

在英国，这个木星的位置代表的是上教会学校求学，或者教育涵盖的范围很广。除非木星的相位很紧张，否则求学阶段或学校的环境通常是令人愉悦的。这类人对知识和讯息的撷取很热衷，对学习也很饥渴，什么书都想读，而且很健谈；如果星盘里没有其他元素，那么理解的程度就会比较肤浅。这类人会努力地想看到某个议题的全貌，但容易被过多的资讯或细节阻碍，而无法达成这个目的。如果木星的相位不佳，则可能对自己的智力过于自豪。这类人对政治、宗教或哲学也很感兴趣。木星落三宫是一个有利于教育、出版或旅行的位置。这类人经常到邻近的国家旅行，或者兄弟姐妹住在别的国家里。他们能够从兄弟姐妹那里学到许多东西。

土星在第三宫

对这类人而言，学校经常会带来许多制约和惩罚。他们在童年时就埋下了许多必须克服的恐惧，因为只要一开口就遭到严惩；他们害怕自己被当成傻子看待，所以知道正确的答案变成一种护卫自己的方式。这类人早期可能有口吃或其他的语言障碍，也可能因为自己的口音而被取笑。这个位置也代表居住的国家使用的语言和自己的母语不同，而造成了语言障碍。还有的人因为害怕自己被误解，所以在沟通上显得特别小心，喜欢咬文嚼字。他们早期受教育的过程可能中断过，但却养成了终生学习的习惯，最后可能在某个知识领域里成为权威。他们的兄弟姐妹可能会变成负担，或者兄弟姐妹年纪较长，但也可能缺乏兄弟姐妹。这类人通常很晚才学会开车，而且手脚的协调性不佳。

天王星在第三宫

这类人的想法相当原创，意见和观念很独立，不喜欢追随他人的脚步。由于热爱真理，所以他们不怕表达相左的意见，甚至有非常极端的观点。有这个天王星位置的人很难与别人看法一致，而且喜欢做出令人震惊的举动，他们会被邻居（或者更广义的邻人）视为意见特异的人。他们可能有一段时间和兄弟姐妹或亲戚失去联络，也可能有同父异母的手足，但或许多年来都不知道有这回事。他们也可能骤然被迫离开原有的就学环境，因为家从城里搬到了乡下。

海王星在第三宫

这类人对艺术通常很感兴趣，特别是音乐、摄影和电影，也可能喜欢研究神秘学，或者有写诗的才华。这些人基本上需要借着阅读或聆听来提升灵性，逃离日常生活的粗糙面。他们可能非常敏感，对别人的思想和感觉有敏锐的感应力。他们往往有能力表达难以言喻的观点。海王星落三宫的小孩可能有幻想出来的玩伴。他们的父母也许会领养或过继别人的孩子。学校教育必须富有想象力和创造性，才能让他们觉得求学是一种享受。

冥王星在第三宫

这类人的思想相当深刻，不会从表面去看任何事情，所以很适合做研究或从事侦察工作。他们有强烈的学习驱力，会追根究底地探索下去，他们对心理学或玄学通常很感兴趣。他们会觉得学校是一个惩戒人的地方，或者自己可能被老师、兄弟姐妹、同学或邻居惩罚。他们或其兄弟姐妹可能有学习障碍。他们之中有的人具备和残障人士沟通的才华，这里的“残障”指的是生理或心理上的残疾。

第四宫和天底

在等宫制之外的所有分宫制里，天底（IC）代表的都是第四宫的开端。

传统上第四宫象征的一向是我们的根源、祖先、家和不动产，以及和过往历史有关的事物，这个生命领域和月亮一样代表我们的源头。和第四宫相关的复杂内涵（落在四宫里的行星、天底的星座、四宫宫头的主宰行星，以及这个主宰行星落入的宫位和相位），都代表我们的祖先及种族根源，譬如你的祖先如果是务农的人，就可以从上述的元素看出来。我们的家族历史是非常久远的，甚至可以追溯到山顶洞人及更古早的时代，基于此理，我不禁联想起荣格所谓的“集体潜意识”，也许它和四宫及天底也有密切关系。

当然原生家庭也是我们的根源之一，因此第四宫也可以道出原生家庭的氛围和情感状态。第四宫加上其他的要素，可以使我们知道父母的状况以及我们体认到的他们。如果我们是被领养或过继的小孩，那么第四宫一定会显示出这类的信息，包括生理及心理层面。四宫描述的是我们生命的基础和平台，由于它坐落在星盘的最底端，所以和天顶刚好对立。天顶代表的是我们最外显的一面，而四宫则是隐藏在最底层的部分，除了四宫之外，月亮也代表我们的情绪及生理上的觉受。我们在家总是穿着最舒服的旧衣裳晃来晃去，因此家就是一个庇护所和退守的地方。

或许我们可以用大树来比喻天顶和天底的轴线。第十宫或天顶代表的是大树的顶端，它所有的枝干都是朝着天空的方向在发展；天底或四宫则代表这棵树的树根，而树根往往是深埋在地底下的。如果一棵树的树根很牢固，就能长出丰盛的枝叶和果实，同样的，一个无家可归的人似乎也很难拥有真正的社会地位或事业。传统上第四宫也跟生命的末期或结尾有关，一棵树的果实最终一定会掉落到地面，再度滋养它的根部。白天通常是我们到社会上追求事业（十宫）的时段，晚上则是回到家里过自己生活（四宫）的时段，如果从人的一生来看的话，四宫代表的是退休之后的晚年生活。但退休之后的生活也可能很忙碌，只是外在的活动会减少许多，以便放慢脚步、休养生息。

四宫也代表我们家居生活的方式，譬如我们会住在哪里——屋子里、拖车里或船舱里，还是在海边或加油站的对面？也可能是酒吧附近？此外我们是住在原生地还是外国？甚至我们可以从四宫看出住家的街道名称。举个例子，我的月亮落在射手座，第四宫，当我在写这本书的时候，我住家的街道仍然是“教会路”！我以前的那个家也在修道院旁边。由于我的天底落在天蝎座，所以我住家附近的戏院名称恰好叫做“凤凰”，而且附近有两个坟场，甚至在 5 分钟的距离内有好几家葬仪社。天宫图的四宫加上月亮也能显示出我们和谁生活在一起，以及对方和我们生活在一起是什么感觉，它也能显示出我们在家里会制造什么样的情绪氛围，甚至能部分地说明我们更琐碎的家居情况，譬如装潢的风格等。

太阳在第四宫

有这个太阳位置的人，很需要一个令他感到骄傲的家，有的人甚至会创造出值得炫耀的房子。这类人就像君临天下的国王或王妃一样，有一种管辖自己房子的需求。他们对土地或家族传承特别关注和重视，家庭和家族背景能够带给他们信心和身份认同。有的人很喜欢夸耀自己的族谱，甚至追溯到数个世纪之前的根源。

月亮在第四宫

这类人与大自然、土地或家族传承都有很深的联结，而且有强烈的爱国意识。乡间的景致往往引起这类人的情绪反应，家在他们眼中是个避难所，这个避难所的风格和类型，则可以从月亮落入的星座和相位看出来。落入四宫的行星则能描绘出一个人的父母，月亮落四宫代表和父亲有强烈的情感联结。这类人在童年可能搬过许多次家，特别是月亮落在变动星座上面，但中年之后却生活得比较稳定。

水星在第四宫

这类人有的会在家里受教育，有的则被送到寄宿学校念书。他们往往来自高智力的家庭背景，譬如家人喜欢在晚餐时探讨一些思想观念，家里总有些进进出出的人，或是有频繁的沟通交流，譬如经常打电话、听收音机、阅读报章杂志，或是每个房间都有电视，他们很可能来自这样的背景，但也可能为自己创造出这样的家。他们的工作也许涉及房地产买卖，不过要看整张星盘才能决定。水星落四宫会增添不安于室的特质，所以很适合住在拖车里，或是其他带有机动性的住所。他们的父母从事的可能是教育或沟通方面的工作，兄姐或许会代替父母的角色。

金星在第四宫

这类人必须拥有和谐的家以及生活，家往往能反映此人的良好品味。他们的原生家庭也有艺术倾向。这类人对父亲或母亲有强烈的爱，父母之一的工作可能与艺术、外交或美容有关。他们的原生家庭通常很富有，即使没有钱，父母之一也可能耽溺于物质享受。这类人退休之后应该活得相当舒服自在，但仍然得看其他的元素才能下论断。他们很喜欢在家中宴客，而且会把钱花在这上面，或者花在美化家庭环境上面。

火星在第四宫

这个位置的火星代表父母经常争吵，或者父母之一有别的性关系，或是在军中服务。这类人经常与父母竞争，而且对他或她有一种愤怒。有时这个位置的火星也代表来自被战争摧残的地方。这类人的祖先可能曾经为自己的家园而战，或者家被征召用于军事目的上。他们的家里可能有许多活动在进行，看上去就像是被轰炸过的地方一样。这类人的家容易着火，至少曾经把锅子烧坏过。这也是十分有利于园艺和农业活动的相位，因为他们的父母或其他祖先曾经在土地上耕种过。这类人到了晚年依旧很活跃。

木星在第四宫

这个位置的木星意味着祖先有雄厚的财富或道德意识。这类人往往有良好的家庭背景，祖先可能来自外国，或者有好几代的辉煌族谱。这类人的家空间通常很大，家里的每个人都需要有自己的空间。他们的家可能改装自教会、宗教建筑物或马厩。他们有明显的好客倾向，一生中可能有一段时间是居住在国外。有的人不只是受了族谱的影响，而且可能受到过去世的观念影响，而对自己的源头非常感兴趣。

土星在第四宫

这类人可能有意无意地害怕变成无家可归的人，因此很渴望拥有一个家。反之，他们也可能觉得缴房屋贷款或住在一个固定的地方是一种限制。他们的祖先可能工作辛劳，但饱受贫穷之苦。有的则可能丧失过家园，因此潜意识里有这方面的深层恐惧。他们的家族可能来自务农或采矿的背景。他们的父亲也许为家人带来沉重的负担或是罹患疾病，因此他们无法把家看成带来欢乐的地方。为家负起沉重的责任或者必须照料年迈的父母，都是土星落四宫的议题。

天王星在第四宫

这类人容易和他们的源头失去联系（例如，父母不详，或者父母之一从这类人的出生地移民到别处），不过他们也许很享受这种从家族背景里解放出来的感觉。有的人可能幼年时父母无预警地变换住所，或是突然脱离了原先的根源，天王星落四宫也意味着有继父或继母。这类人无法期待家是一个永久的居所。他们的家里可能充满着高科技产品，他们喜欢独居，或者从小就被教育成一个独立的人。

海王星在第四宫

这类人经常渴望回归自己的源头，这意味着他们曾经脱离过自己的出生地，也许是住在离出生地很远的地方，或者有过被领养之类的经历。他们总是渴望有一个理想的家，譬如梦想住在一个河边的小木屋里，门前种了许多玫瑰花等；或者梦想自己的家是一个能收容别人的庇护所，一个供人灵修的地方。他们的父母之一带有海王星特质，可能是温和而慈悲的人，也可能是受害者或救赎者；他也可能消失不见了，或者很难与他们有所接触。这个位置的海王星意味着父母之一有深刻的灵性倾向或是在海边工作，但也可能有酗酒的习惯。这里面有无数的可能性，所以必须看整张星盘才能下论断。花一些时间创造出一个带有庇护所特质的家（通常是在水边），是一种善用这个位置的生活方式。

冥王星在第四宫

这类人和土地及大自然有紧密的联结，他们对史前史或人类最初的根源都很有感觉。他们可能很小就被迫脱离原来的环境（尤其是那些诞生在 20 世纪 60 年代中期，有天王星与冥王星合相的人），被放在一个截然不同的、令人畏惧的新环境里。有时冥王星落四宫也代表此人诞生的那个文化背景和时代，将他们的宗族或父母视为禁忌。冥王星落四宫意味着祖先是混血，或者家族里有人犯过罪，罹患精神疾病，因此有这个位置的人最好弄清楚家族里有哪些深埋的创伤，才能避免无意识地重复其中的悲剧。这个位置的冥王星十分有利于考古人类学、心理学及族谱学。这类人可以从挖掘自己的根源中获益。

第五宫

传统上第五宫一向和孩子、浪漫爱情、玩乐、嗜好、赌博及投机有关。这个宫位关切的是创造和娱乐。占星家罗伯特·汉德（Robert Hand）在他的《占星学的象征符号》（*Horscope Symbols*）这本书里曾说过，第五宫代表的就是“做自己喜欢做的事”——为金钱、爱情、子女、名望或其他动机去做一些事。进入第五宫基本上就是要玩乐，而每个人喜欢的玩乐的方式都不一样；第五宫描绘的是我们每个人对玩乐的概念，而非我们喜欢玩些什么，同时也代表玩得是否轻松自在。

“创造”（create）这个词意味着带来成长或加强能力，而“消遣”（recreate）则意味着重新储备能量以便恢复到良好的状态，或是借着愉悦的活动来恢复精力。因此，第五宫代表的就是借由玩乐和做自己喜欢做的事，来恢复生命力。同时五宫也意味着将内在孩童重新创造出来。五宫也是代表子嗣的宫位，对许多人而言，小孩就是他们重新创造的管道，这里指的不仅仅是生育这件事，还包括小孩诞生之后的所有剧情。借由生养小孩或是进行创造性的工作，我们可以达成某种程度的不朽。

第五宫这个代表浪漫爱情的宫位，强调的是享受爱情游戏以及其中的欢乐。在这个成长阶段里，年轻人开始外出约会，但不一定会发生性行为。对小孩而言，玩游戏是他们学习社交互动的方式，因此不论是大人和小孩，游戏都是一种为生命进程做排演的方式。我们在五宫里为了享乐而冒险去探索一些事情，如同把脚趾放到水里，试试看是什么感觉——当我们交男朋友或女朋友时就是在做这件事。我们试着弄清楚对方究竟是怎么一回事，同时也在学习如何与他们互动。第五宫也是跟剧场有关的宫位——一个供人们观赏戏剧的地方。在所有的文化里，戏剧自古以来一向是我们认识人生和关系的地方，观赏演员饰演某些角色和道出一些故事，可以让我们知道行为的后果是什么，这有点像是一种替代式的排演。

五宫也包含任何一种形式的创造活动，不妨把自己想象成一位陶艺家，如果你想销售自己做的陶器，就必须以自己的方式亲自下去捏陶，而你做的陶器就是你独创的，因此第五宫往往是我们表现自己，告诉别人“这就是我”“这就是我做东西的方式”的宫位。有人曾经说过，小说家不论写的是什么题材，里面都带有自传的成分，如果我们懂得观赏的话，也能从一幅画看出那个画家的许多特质，因此五宫也是我们揭露自己的地方。揭露自己意味着冒险将自己摊开来给别人看，因此五宫也涉及各种形式的赌博和风险。

由于五宫是四宫的下一个宫位，因此我们的家一旦上了轨道，就可以到外面去享受和冒险了。在四宫里面我们建构了一个庇护所，进到五宫就可以拥有自己的小孩。有了安全的基础之后，才能到外面去历险和创造。

太阳在第五宫

太阳在第五宫的人有强烈的被瞩目的需求，而且很不喜欢被忽略。在浪漫爱情上面，这类人选择伴侣是基于被爱的感觉，而不是因为被对方吸引。这也是一个非常有创造潜力的太阳位置（创造力的品质是由星座代表的），而且对戏剧有强烈的爱好。这类人也很爱孩子，他们和年轻人相处时最有活力。

月亮在第五宫

这类人有创造的需求，他们创造的本质是由月亮落入的星座所代表的。举例来说,落在处女座意味着喜欢某种类型的手工艺,落在双子座代表有写作才华，落在金牛座可能有按摩或捏陶的才艺等。这类人的母亲也可能富有想象力和创造力，因此童年的环境里充满着艺术氛围；这也是一个有利于在艺廊工作的相位,也很适合艺术品保存的工作。这类人往往来自大家庭(尤其是落在水象星座)，跟孩子以及年轻人在一起令他们觉得自在。他们很懂得以各式各样的方式玩乐，在爱情关系里他们扮演的是父母或孩子的角色。

水星在第五宫

这类人可能会变成作家。这个位置的水星意味着喜爱文学和阅读，而且有演说才能。这个位置的水星也有利于为儿童写书，或是表达有关爱情及运动方面的概念。任何一个涉及手眼的协调性的运动或游戏，都很适合这类人。他们很享受玩牌、猜字及填字游戏，也很热衷爱情的游戏。这个位置有利于各种类型的社交活动，包括做媒在内，这类人对谁和谁交往十分感兴趣，他们本身的爱情故事也可以写一整本书，但仍然要看整张星盘才能下论断。他们和爱人之间往往有显著的年龄差异，他们的爱人可能多话或是永远在忙碌。

金星在第五宫

这个金星的位置很喜欢浪漫爱情和享乐，这类人会为了爱而爱，而且很懂得享受人生，喜欢去艺廊看画或欣赏音乐会。有许多人本身也可能成为艺术家，但必须看金星落入的星座和相位而定。有的人会把钱花在奢华的物质和美容产品上面。这类人和小孩的关系良好，比较容易生女儿。

火星在第五宫

这类人热爱速度、行动和冒险，所以有利于各式各样的运动。他们可能喜欢骑摩托车，不过要看火星落入的星座是什么。这类人在浪漫爱情方面偏好的是追求的过程，以及达成性享乐的目的。他们会尽情地玩乐，所以有不顾后果的倾向。在爱情方面他们的竞争性很强，容易涉及三角关系。热衷于浪漫爱情令她们很早就怀了孕，或者可能会流产，而且生男孩的概率较高，但必须看其他要素才能下论断。

木星在第五宫

这类人热爱生命、喜欢享受，骨子里有赌徒倾向，可能把钱赌在赛马、纸牌游戏或股市上，他们也喜欢比较细致的冒险游戏，譬如浪漫爱情、艺术创造和长途旅行。他们也可能有骑马的嗜好。木星落五宫是一个有利于艺术的位置，而且会把慷慨的心胸延伸至儿童或儿童福利的议题，这可以说是一个最有利于扮演阿姨、叔舅、教父及教母角色的位置。这类人可能有许多小孩，而他们本身也往往是别人眼中的大小孩。

土星在第五宫

这类人对浪漫爱情抱持谨慎和冷漠的态度，也可能失去许多谈恋爱的机会。

土星落五宫也代表一个人在爱情上面花过多的精力，或是以认真的态度对待各种形式的玩乐。在艺术方面，这类人对自己的表现缺乏信心，所以必须学习自发地表现自己。有的人会觉得孩子令他们有落实感，有的则强烈地感觉当父母会限制享受。孩子往往能教导他们游戏的本质是什么。他们有营造、建筑、雕塑、规划和组织的才华及嗜好。

天王星在第五宫

这类人的才华和原创性会展现在电脑、网页设计及其他科技上。他们不会依循正规的学习途径，跟叛逆的年轻人可以相处得很自在。他们可能有继父或继母，也可能与自己的孩子隔离或切断关系，许多有这个天王星位置的人往往会在拥有小孩或拥有自由之间作出选择。他们的浪漫爱情可能是反传统的，而且可能突然形成关系或突然分手。

海王星在第五宫

这类人有艺术家的本质或是带有浪漫特质，最糟的情况是耽溺在逃避式的享乐之中（譬如酗酒及嗑药），或者有过度发展的幻想倾向。他们有能力进入想象世界里，因此很适合与孩子互动。在艺术方面，这类人喜欢的是音乐、戏剧、舞蹈和电影。他们的爱情里多少带有幻觉和牺牲的成分。海王星落五宫有时也代表会领养小孩。这类人很同情孩子，往往把孩子看成社会的受害者。

冥王星在第五宫

这类人执著于某种形式的创造活动。他们倾向于把每颗石头都搬开来看一看，而且渴望有各式各样的享乐经验，虽然最终他们会发现这些经验都不尽然像表面那么愉悦。有的人则不认为有所谓的禁忌，甚至有一股冲动想要突破所有的性禁忌。他们很渴望拥有小孩，但必须十分小心，因为这个位置也意味着容易流产或堕胎，他们也可能会领养小孩。这类人早期的浪漫爱情经验，令他们对情感非常老到。

第六宫

传统上第六宫和工作、健康、仆人、员工、服装及小动物有关。六宫基本上关切的是生活的维护，譬如付房租、吃饭、穿衣等的琐事，如果我们不会照料日常所需，很容易生病或出问题。

第六宫关切的是工作，这和事业或人生的召唤不太一样。它涉及的是日常琐事、每日实际进行的工作，以及我们对待它的态度。六宫也能描绘出我们如何进行手上的事情，喜欢做的事是什么。六宫象征的是每日的例行公事、琐事以及和健康之间的关系——任何一个过修行生活的人应该都不会反对这一点。养育小孩的过程里，我们也会很重视这些琐事。六宫代表的工作能够为我们的人生建立具体结构，提供这些琐事必要的开销，如交房租、维持生计等的费用。

六宫也能描绘出我们照料地球的方式，以及我们对服务他人这件事的态度，从这点我们可以看出六宫不一定代表领薪水的工作，而我们也不一定是雇员。从六宫也可以看出我们工作上的关系，而且通常是不平等的共事关系，它不但代表我们与同事的互动方式，也代表身为员工的感觉。如果我们本身是老板，那么六宫也能描绘出我们对员工的态度。工作是我们活出他人的意志的场所，而我们的仆役或家畜也是臣服于我们的意志之下的，因此即使我们不雇用仆役，也经常会在餐厅里接受服务员的服务。其他如洗衣房里的员工、送比萨的年轻人或店员，也都是属于第六宫管辖。因此我们的六宫描绘的就是我们对服务抱持的态度，包括施与受两方面。

工作也是一种将自己的心理特质带到物质世界里的方式，如果我们无法成功地协调这两者，就可能导致疾病，因为疾病往往是内在世界与外在世界无法顺利统合的结果。六宫和身心之间有密切的关系。

六宫也代表我们维护健康的方式，包括我们的饮食、衣着、卫生习惯等。饮食习惯通常可以从月亮看出来，但是六宫也能描绘出我们和这些例行活动的关系，譬如我们吃东西的习惯为何，因为摄取食物也是维护身体的方式之一。传统上，这个宫位代表的多是导致健康受损的因素（譬如工作太辛劳，或是过度耽溺与享受），因此不要只把第六宫当成和健康有关的宫位。其实整张星盘都能让我们了解我们的健康和疾病的情况，不过本书并无意探讨健康方面的专业占星知识。

六宫同时也主宰着宠物或小动物。医学研究已经显示，照料宠物或小动物，包括照料它们的饮食、抚摸或安慰它们，的确能使我们长寿。由于它们能为我们带来健康，所以从这个层面来看，它们仍然是我们的仆役。

太阳在第六宫

这个太阳的位置意味着借由工作来找到自己的身份认同。这类人能够借由工作获得自信心及自我认同，因此很希望自己的工作表现良好，是老板不可或缺的帮手。他们也认为良好的服务是非常重要的事，基于这个理由，他们的英雄之旅就是全心全意地达成眼前的任务，不论那个任务是什么。他们的父亲可能有意无意地灌输他们一种观念：人必须以工作为荣，而父亲本身也可能一直忙于工作。这类人也许因童年健康状况不佳而得到父母的关注，所以这个位置也可能对保健方面的工作有兴趣。

月亮在第六宫

这类人如果觉得自己是有用的，自我感觉会比较良好，因此非常需要工作。他们会以母性特质照料工作伙伴，当伙伴们哀伤时会提供支持和抚慰，或者可能在办公室的抽屉里放些零食，不时地拿出来和同事分享。那些情绪上比较不成熟的人，则可能在工作岗位上扮演婴儿的角色。这类人的工作带有月亮的某种面向，例如，他们的工作可能和照料人有关，也可能任职于房地产业、保险业、餐饮业、服务业或是当管家。这个位置的月亮也意味着家是由老板提供的，有的人真的是“生活在工作里”，有的则会把工作的环境弄得像家一样。这类人的母亲很重视工作，或者他们选择的工作强烈地受原生家庭影响。有这个月亮位置的人容易有消化不良的问题，而且是情绪引起的，所以在饮食上必须十分小心。

水星在第六宫

这类人的工作涉及写作、沟通或运输（譬如以开车为业），而且经常旅行。他们喜欢在工作时和伙伴们聊天，或者以说话为业。他们很容易为健康担忧，但神经紧张和担忧倾向才是导致疾病的主要原因。他们也很适合当经纪人（可以开旅行社、从事进出口业或版权代理的行业）。总之，这个位置很适合扮演中间人角色，包括所有的商业和营销在内，即使是店员，扮演的也是顾客和制造商的中间人角色。

金星在第六宫

这类人非常重视工作，有志趣相投的工作伙伴是他们相当看重的事。他们不但喜欢自己的工作，也喜欢自己的工作伙伴，其工作本身经常需要用到外交或社交技巧，而且不会是粗重的工作，除非星盘里有其他因素的影响。他们的工作可能涉及艺术或美容，也可能与外汇交易有关。他们的亲密伴侣也许是在职场里认识的。他们很喜欢养宠物，而且比较偏爱那些温柔的小动物，譬如代表和平的鸽子。这类人的健康问题往往源自耽溺的生活习惯，譬如懒惰或吃太多甜食。

火星在第六宫

这类人的工作和金属、汽车、热力、刀子、机械或工具有关，因此可能当屠夫、外科大夫、焊接工等。他们的工作环境里有很高的竞争性。他们喜欢行动，所以不喜欢被绑在办公室里，如果必须被绑在办公室里，往往会有挫败感。如果火星有困难相位，则容易在工作或职场里与人发生争执。这个位置的火星十分有利于抗争活动，譬如，为工作伙伴抗争或是在工会里服务。女性如果有这个位置的火星，可能会在属于男性的工作环境里服务，爱人也可能是在职场里认识的。这类人的健康问题通常是源自压力或工作过度，比较极端的情况是在工作中误用精力，甚至发生意外。这类人容易有发炎的情况或是罹患性病。

木星在第六宫

这类人的工作似乎和未来性有关，譬如在出版业、教育界、法律界或是在与旅游有关的行业里服务。他们的职业也可能和赌博有关，譬如在股市或赛马场工作。不论这类人从事的是什么工作，通常在求职方面是十分幸运的。他们的工作伙伴往往来自不同的文化背景，能够提供他们许多成长的机会。他们的健康问题多半源自饮食或饮酒方面的沉溺倾向，而导致肝脏不胜负荷。这个位置的木星也暗示着像癌症这样的疾病，因为木星代表的是过度的成长与生长，不过治疗效果通常很正向。这类人也可能很爱马。

土星在第六宫

土星在这个位置最极端的情况是忧郁症。由于担忧自己的健康瓦解，所以这类人会努力地健身，甚至可能变成狂热的健身者，希望把身体锻炼得像石头一样坚硬。这类人的父亲也许因健康的关系而影响到工作。土星落六宫有潜力成为工作狂，亦即在工作上不怕辛苦，愿意全心投入。他们有高度的组织力，工作形式涉及规划、效率、守时以及组织力，所以从火车驾驶员到建筑师都有可能。有时这类人在工作岗位里只能升迁到某个位置就上不去了，这或许是源自害怕居高位要负更多的责任。土星在六宫里也代表害怕失业或害怕负责。这类人的宠物可能是爬虫类、两栖类或甲壳类动物。

天王星在第六宫

这类人不适合朝九晚五的工作，因为例行公事令他们不耐烦，他们最理想的老板就是任由他们独立作业的人。这类人对别人的干预或过多的规范缺乏耐性，他们独立作业时表现得最好，因此不适合坐办公室。他们的工作会无预警地出现变化或是经常更换。最极端的情况是遭到解雇，也可能很快就辞职了。有的人很厌恶自己的个人自由被工作剥夺。他们的工作往往和电子及高科技有关，而且特别适合自由业，或者允许他们保持有自由及个人风格的行业。他们通常会被另类疗法吸引。

海王星在第六宫

这类人的工作必须符合他们想要逃避现实的倾向，所以工作往往涉及媒体、艺术、广告、餐饮、酒、药物及麻醉药。他们的工作形式带有拯救、帮忙和照料的成分，而且必须培养慈悲心，或者必须作出某种程度的牺牲，譬如报酬很低、不受重视。他们对西药和麻醉药很敏感，如果海王星有困难相位，则容易中毒，或体内有大量的寄生虫。许多有这个海王星位置的人对工作伙伴或大众的痛苦极为敏感，可能像海绵一样地将他们的负面能量吸纳进来，但如果星盘里有其他支撑能量的元素，就可以提供一些屏障。如果他们的工作涉及精微能量（译注：这里指的是气），反倒能善用海王星的能量。他们的健康问题可以透过灵疗来改善。

冥王星在第六宫

这类人的工作涉及调查或研究，不论从事的是什么行业，他们都会以专注、投入和热情的态度来面对，他们很需要有一份可以执著的工作。有的人会被禁忌领域吸引，譬如在殡葬业或性服务业里工作，还有的则会在污水或垃圾处理场服务。这个位置的冥王星也有利于照料残障人士。这类人喜欢在一个组织里扮演默默无闻的幕后角色，或是投入比较低下的工作以便将自己藏起来。这个位置也有利于当警察或便衣刑警。他们对工作底层的暗流很有洞察力，但必须避免在事情变得紧张时出现偏执反应。不论他们从事的是什么职业，都必须学会在职场上正确地运用权力。这类人比一般人容易遭到裁员。他们喜欢的宠物是狗。

第七宫及下降点

第七宫代表的是私人或职业上的一对一关系。它能够描绘出我们对待关系的方式，以及我们被吸引的人。基本上，第七宫代表的是别人会“勾住”我们，或是我们会勾住别人的特质。七宫不但和婚姻伴侣及重要关系人有关，也跟事业伙伴有关；它涉及的是所有签过约的伙伴关系，或是带有映照成分的关系，因此也包括治疗师／案主以及律师／委托人的关系。七宫也代表对方的状态及我们与其相处的情况。我们看待对方的方式往往会决定自己的反应和对待方式，也就是所谓的映照作用，由于七宫是“非我”的宫位，所以能描绘出我们在每个人身上的投射，因此一个土星落在七宫的人，经常会指责别人（包括他们的伴侣在内）喜欢掌控，或是会习惯性地害怕对方，以为自己可能会遭对方惩罚。

基本上，七宫象征的是我们有意无意地给予对方的东西。我们会无意识地将自己的特质投射到对方身上，而将对方体验成七宫里的行星或星座代表的那种人。我们也真的可能嫁给七宫里的元素代表的那种人。七宫也能显示出我们与他人互动的方式，因此我们会把其中的行星或星座的能量给出去，有时我们也会透过工作投注能量。例如，我有一位熟悉的美发师，他星盘里的金星落在七宫里，这可以诠释成他将美和价值给予他人。我还认识一位名演员，人长得非常有吸引力，但总是扮演一些寒酸的角色，她告诉我说别人得到的永远是美人的角色——这是由于她没有把金星的能量拥抱进来，所以就借由他人来发现金星的能量。因此，七宫代表的是与我们的上升点对立的状态，除非我们发现自己身上也有这种特质，才能将其包容进来。由此可知，我们在别人身上发现的特质，最终都会在自己身上找到。

传统上七宫也代表公开的敌人，十二宫代表的则是秘密敌人。有趣的是，我们的婚姻宫竟然是公开敌人的宫位，但如果能了解投射的机制，就不会感到惊讶了。因为公开敌人这个概念里，包含了与上升点的特质相反的面向，或是自己无法接受的那一面。七宫也包括过往和目前的法律诉讼及法律纠纷。面对任何一份关系时，我们都必须在自己的需求和他人的需求之间取得平衡，因此七宫提供了一个机会，让我们发展出更完整的觉知，使我们借由一对一的关系学会合作的艺术。

从七宫我们也可以看出父母的关系，因为这是我们第一个认识的关系，所以会强烈地影响我们成年后对待关系的方式。占星家曼尼李奥斯（Manilius）称下降点为“死亡的门槛”（the portal of death）。在实际的咨商经验里，我的确发现下降点与死亡有关，当行星推进下降点时，可能会出现与这颗行星及下降点的星座有关的疾病。如果我们考虑到下降点是一个与上升点对立的交点，就不难明白下降点为何与身体有关了（译注：上升点在第一宫的宫头，而第一宫代表的就是我们的身体结构）。很悲哀的是，人们很少意识到疾病与自身的状态有关，总以为是外来的影响力。

请记住，上升点与下降点会构成一条轴线，因此七宫的宫头往往能描绘出我们诞生时的情况，以及当时涉及进来的人，譬如母亲旁边病床上的人、助产士或产科医师。

太阳在第七宫

这类人会借由与他人的互动来重拾自己的身份认同，这是个典型心理治疗师的位置，因为他们能帮助别人透过一对一的关系发现自己。他们有一种内在驱力，想要为他人或关系本身带来洞见。这类人有意无意地想扮演父亲的角色。关系在他们眼里是人生最重要的部分。比较内向的人则可能吸引来自我中心或自大的伴侣，而他们也可能赋予伴侣过多的权力。

月亮在第七宫

这类人会创造出相互照料的关系，也许双方都喜欢扮演照料者，或是被照料的小孩。这类人在心理上等于是跟自己的母亲结婚，至少在成年后的早期阶段是如此，他们在选择婚姻伴侣上也容易受母亲影响。这类人之中有许多会按照传统的方式结婚成家，但必须检视月亮的星座和相位才能下论断。他们的整个家族系统对他们而言都是非常重要的。

水星在第七宫

这类人在思想上会依赖别人，容易把伴侣看成是比自己聪明或能言善道的人。他们认为关系之中最重要的是沟通交流，而且可能吸引来有思想、能言善道的伴侣，或是吸引来非常爱说话的伴侣！还有的人会嫁给司机或是在运输业工作的人。这类人也可能有孪生兄弟姐妹，因而渴望找到孪生灵魂伴侣。还有的人扮演的是发言人的角色，或是负责调解仲裁的人，他们也很适合扮演当事双方之间的合约拟订人。他们也可能透过婚姻介绍所找到自己的对象。

金星在第七宫

这类人会把伴侣看成有价值或美好的人。这是一个有利于当美容师、发型设计师或艺术家的金星位置，而伴侣也可能从事这类行业。他们会透过婚姻或伙伴关系改善经济状况，也可能吸引来温暖有爱心的伴侣，但可能因过度配合而显得缺乏果决力。这类人本身也可能太取悦别人，或者需要一个伴侣来教他们如何分享，如何把别人放在第一位。不论是男性或女性，金星落七宫都代表工作伙伴是女人。这类人的亲密关系带有自我耽溺和懒散的成分。

火星在第七宫

这类人很急于找到一个伴侣，就好像有许多竞争者似的，他们可能因此而早婚。他们很容易和带有火星特质的人结成亲密关系，这意味着对方的性格也许轻浮善变，或者关系容易生变。他们的伴侣的工作方式往往带有火星特质，因此可能是军人、警察、焊接工、运动行业里的人，或者对方的工作带有高度的竞争性（譬如销售员）。这类人得透过关系学会获胜、竞争和确立自己。他们也得学习让自己的愤怒有个出口，譬如和伴侣一起运动。他们很容易在性上面和伴侣起争执，或者任何事都可能起争执，学习处理愤怒，就能把这类困难降低。不论是男性或女性，工作伙伴都可能是男人。这个火星的位置会把愤怒的感觉投射到对方身上，也容易遭到攻击，或是自认为遭到了攻击。

木星在第七宫

这类人会把伴侣看成几乎和神一样伟大的人。他们对伴侣关系往往抱持乐观态度；他们可能有好几次婚姻，或是总认为别处的草比较绿一些。他们也可能从哲学的角度来看婚姻的起起伏伏，而对自己的婚姻感到很满意。伴侣则可能因为与他们结合而变得富有，或是体重比以往要重。他们的伴侣可能是哲学家、教育界人士或外国人。这个位置的木星意味着婚姻能带来物质资源及社会地位。

土星在第七宫

这类人对婚姻抱持认真严肃的态度。他们比较重视婚姻契约，所以往往不会选择同居。他们可能既害怕结婚，也害怕没有婚姻。他们会把婚姻看成一种牢笼，而这是源自父母对婚姻的感觉，或是出于自己的想象。也许他们会迟婚或否定婚姻，也可能因害怕失去结婚的机会而早婚，那些选择早婚的人或许会在土星第一次回归原位的28岁左右，遭到婚姻上的挫败。有的人会选择像父亲一样的长者结婚，因为对方比较有责任意识，但是等自己成熟且有能力负责之后，却可能发现伴侣掌控性过强，反之，这类人也可能在年长之后选择比较年轻的人结婚，以便掌控自己的亲密伴侣。这类人可以借由关系来解决心理上的父亲议题（father issues）。其中有的人是经由父母安排而结婚，或者有一种选择不多的感觉，所以只好让周围的人来安排了。

天王星在第七宫

代表的是突然形成伴侣关系，但很快又分开了。他们的婚姻可能是突然成立的，而离婚也可能是瞬间决定的。他们的伴侣会觉得自己像个局外人，或许真的是局外人，譬如来自不同的文化背景。这类人也不容易付出长期承诺，往往把自己的独立性看成是最重要的东西，但也可能无预警地在中年后决定愿意被拴住。这类人比较适合开放式的关系，如果伴侣能不断地带来意外的惊喜，就更理想了。他们希望所有的一对一关系都很诚实友善。

海王星在第七宫

这类人会选择需要被拯救的伴侣。他们会被那些需要帮助的人吸引，他们也会创造出敏感、慈悲以及相互理解的关系。有的人则会被专业治疗师、艺术家或音乐家吸引。最糟的情况是在伴侣的选择上容易受骗，因为他们会透过粉红镜片去看对方，往往把对方看成像神一样的人。海王星的星座、相位和主宰行星，都能描述这类人的关系进行的方式。如果一个人的觉知比较敏锐，那么海王星就不会带来太大的问题，但如果觉知力不够，便可能形成相互拖累的关系（譬如嫁给酒鬼之类的人）。这类人对商业上的合作关系必须十分谨慎，因为有可能损失金钱、牺牲奉献或是幻灭。

冥王星在第七宫

这类人可能会完全避开亲密关系，或是畏惧一对一的关系。还有的人会渴望投入亲密关系，但关系一形成之后，却有一种想要摧毁它的冲动。还有的人会发现自己必须帮助伴侣经历忧郁症、心灵创伤、精神疾病，甚至死亡，不论情况是什么，他们通常会觉得自己的关系是一种宿命，好像没有选择只能投入特定的关系里。冥王星落七宫基本上代表关系非常紧密而强烈。这类人可能会跟带有冥王星特质的人结合，譬如，对方在警界服务，或是在垃圾处理场、废水处理场工作，也可能在葬仪社服务，或者伴侣是病理学家。

第八宫

第八宫和生、死、性有关，同时也涉及业力或遗产。这个宫位一向和他人重视的东西，譬如财产和资源有关。这里的“资源”指的不但是我们伴侣的钱财，同时也包括每一个人的钱财，因此八宫一向是保险、税务及遗产的领域。透过买彩票得来的钱，也和这个宫位有关联，因为我们得到的是别人的钱，所以八宫意味着借由他人而获利或损失金钱，包括税收、赡养费、保险费或遗产。八宫的范围也包括股票市场及所有的投资行为。每当我们把自己的钱储蓄起来的时候，我们就是在做一种投资的动作，但我们获得的利息并不是自己赚来的。同时八宫也包括与他人的共同投资，在情感上和经济上的共同资产，当然房屋贷款与银行贷款也归于这个宫位。

更重要的是，八宫一向代表生命的根本议题，如生、死及性。这个宫位也代表所有无法逆转或不能改变的事物，与这个宫位相关的议题都带有无法再回头的特质。八宫同时也说明了从父母的关系那里承继过来的心理模式，包括他们曾经有过的行为，或指涉已经达成或尚未达成的自我治疗。所以“遗产”（bequeathed）这个词真正的意思是：祖先或前人遗留下来的东西。

八宫也是亲密关系的宫位，里面当然带有性的成分。虽然五宫也暗示着性，但五宫的性比较是一种浪漫的享乐，而且带有传宗接代的欲望。八宫里的性则包含着对金钱和财物的占有欲，我们不妨归纳一下夫妻俩在卧室里吵架的原因，其实涉及的议题大多和金钱有关。痛苦真正的源头和本质，往往是非常不文明的，而这些负面情绪大多被扫到了地毯下面。

虽然八宫的关系都带有性的基调，但最主要的还是如何与另一个人融合。在亲密关系里我们必须将自己的价值观、生命体验、过去和未来的情况，与另一个人的价值观及体验结合在一起，因此这个生命领域是我们必须学会分享的地方。二宫代表的是“我”拥有的东西，八宫代表的则是“我们”拥有的一切，因此我们对生命各个面向的态度，尤其是跟亲密伴侣及事业伙伴有关的态度，都会在八宫里遭到一些挑战。我们的这些态度大部分源自父母的价值观，以及他们对生命的态度，我们会在八宫的领域里发现父母的关系残留下来的一些东西，而且是我们必须面对的。我们生命里第一份亲密关系就是和父母的关系，成年之后进入到自己的亲密关系里，就势必得面对早期和父母互动的一些心理议题了，难怪八宫会被称为“业力宫位”，因为父母关系的果的确会在此宫里呈现出来，而且承受果报的人是我们。占星学家霍华德·赛斯波塔斯（Howard Sasportas）在他的《占星十二宫研究》（*The Twelve Houses*）这本书里曾提道：“童年时的断壁残垣会在八宫里被挖掘出来。”因此亲密关系使我们有机会清理这些断壁残垣。象征亲密关系的第八宫，一向是我们心理阴影面的曝光之处，这些东西在八宫里是无处可藏的。当我们深入地和另一个人生活在一起时，根本没有躲藏的空间。我们会在这个宫位里发现自己既是人类，也是一种动物，因为我们都有强烈而不文明的基本需求及欲望。身为文明的成年人，我们很想把这些本能欲望埋藏在地毯底下，但是每当生存议题浮现出来的时候，这些东西也会跟着曝光。

我们可以说七宫描绘的是我们的婚姻，或是摆在橱窗里展示的关系，而八宫代表的则是储藏室里的东西。

八宫也和玄奥的事物有关。“玄奥”（occult）这个词的意思就是深埋在底层的东西，因此我们八宫里的行星、宫头的星座及主宰行星，都能说明我们对那些阴暗的、深不可测的事物的态度。深度心理学的目的就是要挖掘潜意识里的东西，所以也是八宫掌管的领域。

这个宫位也代表我们对死亡及各种经验转化的态度，包括对重大变故的态度。八宫同时可以说明死亡或诞生时的情况，但必须看整张星盘的其他元素而定，因为死亡就像我们的工作、健康及主要的关系一样，不是单凭一个宫位就能描绘出来的。八宫不但和死亡有关，同时也跟危机和蜕变有关，代表从一种状态蜕变成另一种状态。至此我们又必须回到刚才谈到的亲密关系，因为只有借着亲密关系我们才能真的蜕变。亲密伴侣是我们生命里的一个新人，他或她会为我们带来各式各样的新鲜事物，我们会因为对方而改变衣着，听不同类型的音乐，接受新的价值观，调整我们老旧的信念。危机之所以和八宫有关，是因为八宫一向掌管保险方面的事物，因为保险就是一种预防危机发生的举动。保险制度提供了一个安全的网络，以便我们在危机发生时能够借由别人的资源渡过难关，获得再生。

太阳在第八宫

这类人渴望活出生命的极致状态，所以其人生往往充满着危机、多彩多姿的剧情和强烈的感受。从太阳的相位可以看出父亲那一方的财务状况和家族背景。这个位置的太阳也意味着和父亲有强烈的精神及性方面的联结，也可能会从父亲那里得到遗产。这类人也许会在银行里工作，或者对治疗感兴趣，他们觉得能转化别人的生命是一件值得兴奋的事。

月亮在第八宫

这类人对照料他人的资源很有本领，因此适合当股票经纪人、经济学者或会计。他们很需要和另一个人结成亲密关系。他们对自己的关系以及他人的关系潜在的暗流非常敏感，对危险的察觉也很敏锐，所以不会以理所当然的态度面对人生。当你面临危机的时候，月亮落八宫的人会愿意陪伴在你身边。这类人也可能从母亲那里得到遗产（金钱和房地产），或者透过女人而得到金钱的利益，他们也可能从母亲那里承继文化上的素养，譬如沿袭母亲的宗教信仰。

水星在第八宫

这个位置非常利于当股票经纪人或税务员。这类人对大规模的金融活动很有兴趣，对卧室里的亲密关系也很好奇，或许对心理学或玄学议题也有兴趣，譬如喜欢研究死后是什么情况。这个位置的水星很适合加入像“撒玛利亚组织”（Samaritans Organization）这样的团体（译注：一个救助穷困者的慈善团体）。这个团体里的人借由咨商来帮助穷人渡过危机，使他们打消自杀的念头。水星在八宫也可能和电话性挑逗有关！它同时也代表与兄弟姐妹的性关系，或是兄弟姐妹的亲密关系或死亡。

金星在第八宫

这类人会借由婚姻及其他私人关系获得金钱上的帮助。他们的事业伙伴也可能带来经济上的利益。这个位置有利于各种类型的遗产，而且和保险公司及税务员的关系良好。那些在性服务业工作的人，也往往有这个位置的金星。在亲密关系里面，这类人很善于抚慰伴侣。这个位置的金星也很懂得享受神秘的事物，以及感官上的快乐。

火星在第八宫

这类人可能会在共同资产上与合伙人起争执，也可能冲动地花你的钱！他们容易和保险公司、税务员或是与遗产有关的事起冲突，也容易和伴侣为了离婚而打官司。他们很适合当地方官。他们的愤怒表面上源自金钱议题，其实是源自性关系的瓦解。这类人在性上面非常热情和直截了当，热衷于征服的过程，如果达不到目的会十分恼怒。这类人不畏惧死亡，能够以勇敢的态度面对一般人不愿面对的状况。如果火星还有其他的困难相位，便可能不顾后果地冒险。他们也渴望了解和探索玄学及心理学议题。

木星在第八宫

这类人可能透过遗产或投机而致富（譬如赢得彩票头奖），也可以借由伙伴关系和亲密关系增加财富。一般而言，这是一个在物质上比较幸运的位置，这类人相当慷慨，但也可能因花费过度或过于贪婪而损失金钱。他们往往把死亡看成是令人兴奋的旅程终点，所以不怕面对死亡，同时也会以乐观的态度看待各种危机。他们在性上面的胃口很大，但目的通常是为了探索关系或心理的隐秘面向。这类人对法人团体背后的经济情况也感兴趣。他们可能被异国人士吸引。

土星在第八宫

这类人害怕亲密，不敢面对危机，会尽可能地逃避各种创伤，甚至日常生活里与伴侣互动都会感到焦虑紧张。或许他们害怕的是在性上面被对方掌控。这类人可能会从父母那里继承许多心理议题，但随着时间也可能变成亲密关系及危机处理专家。在卧室里若是能掌控对方，他们会觉得比较自在一些，因此他们需要认识自己最深的情绪和感觉。他们可能会害怕死亡，但也有潜力成为这方面的专家。这个位置的土星有利于性、死亡及金钱有关的工作，特别是保险业。他们也许会掌管别人的金钱资源，但也可能觉得为别人的钱负责很受限制。这类人的责任感背后有一种莫名的罪疚感。他们很适合扮演遗嘱执行人的角色，或是掌管一家人的花费。在金钱方面他们会控制得很严格，因此能带来安全的生活保障。

天王星在第八宫

这类人在财富上会经验突如其来的改变，如果天王星和木星有相位，便可能有好运，譬如在彩票或金钱投机上获利，但也可能造成损失，譬如股市突然崩盘。有的人会因为充当别人的经纪人，而为别人的钱带来巨大的变化。这个天王星的位置也意味着突然死亡，但星盘里必须有其他元素才能下论断。这类人有的非常想发现死亡的真相是什么，因此对玄学或心理议题都感兴趣。他们也可能在性上面抱持开放态度，甚至会跟变性人交往，或者本身有双性倾向。这个天王星的位置代表的是突发的、带有转化效果的性经验。

海王星在第八宫

这类人容易被引诱，也善于引诱别人，因为他们在性和亲密关系上非常浪漫或混乱。有的人因为渴望与另一个人融合，所以界限不太清楚。这类人在亲密关系上一点都不想回到现实层面，有的人则必须牺牲掉性生活。他们经常有柏拉图式的关系，尤其是还有其他要素支撑的话。他们能够敏感地觉知自己的伴侣，甚至能侦测到更精微的面向。他们可能偏好性幻想。在金钱的开销上他们必须十分小心，有关金钱的契约也要十分谨慎。

冥王星在第八宫

这类人对金融业抱持怀疑态度，甚至可能把自己的钱藏在床垫下，而不是存在银行里，还有的人会觉得金融界很迷人，这是一个有利于探索“金权”的位置。这类人的家族里可能有人破产过，而且是在他们未诞生之前。如果有这种情况，他们在金钱上就可能变得十分精明。这类人的原生家庭或许埋藏着谋杀或强暴等不可告人之事（仍然得检视整张星盘才能决定）。还有的人喜欢将每块石头都掀开来检视一番，但却不知道自己为什么想去做这件事。他们必须认识自己不文明的那一面，然后以社会允许的方式将其表达出来。

第九宫

传统上九宫是跟长途旅行、高等教育、哲学、法律、政治、宗教、教会及国家有关的宫位。九宫最关切的就是探索人生和追寻意义，它带有一种向外延伸的特质，目的是为了拓宽意识、增强理解的能力，因此包含了地理上的、形而上的以及隐喻上的探索。三宫代表的是身心的短途旅行，九宫代表的则是身心的长途旅行，我们会在九宫里发现旅行的确能拓宽心胸和理解力，也有利于高等教育的追求，而这样的学习方式使我们脱离了撷取事实的肤浅次元。在九宫里我们质疑的是特定的讯息背后的意义是什么。不只是个人性的意义，也包括集体性的意义。九宫关切的是更大的画面，它使我们有机会了解知识的精髓及核心，因此知道事实为何并不是它最重要的目的，也不是它的重点。

九宫里的行星也代表我们旅行的目的、方式及目的地，同时也代表我们对外国人的态度，以及我们身为外国人的感受是什么。如果这个宫位里没有行星，就必须观察宫头星座的主宰行星落入的宫位和相位，九宫里的行星及宫头星座的主宰行星，也能描绘出我们在高等教育上的经验（我们研究的主题，在哪里做研究，以什么方式来进行），以及对我们的重要性有多大，还有我们的道德观及人生哲学是什么。

九宫关切的是社会及其建构的方法。在个人星盘里，九宫描述了我们对社会的观点，以及我们对法律结构的适应性。社会的稳定性是靠着价值观、伦理道德和信念来维系的，而形塑这些信念的组织往往是教会、政府及立法单位，因此九宫里的行星也代表我们和整个社会的关系。我们自己的道德观和是非观念，也能从九宫的情况看出来。这和土星的“应该怎么样”不太相同，因为土星着重的是法律规范的实施及维护，九宫关切的则是个人真正的信念是什么，或是什么促使一个人做出了不同于他人的行为。

九宫里的行星（或是九宫的主宰行星）描述的则是我们投射出来的神，以及我们和神的关系，它同时也代表我们对特定的教会、组织或精神修持方式的态度，从这个角度来看，在九宫之外还有一些要素得考量，包括木星以及任何一颗落在射手座的行星。与九宫有关的行星、星座及相位都代表我们会在何处扮演上帝，以及如何扮演、为何扮演。其实给别人建言也是一种“扮演上帝”的方式。

九宫也和姻亲有关，九宫里的行星则能描绘出姻亲的状态。

太阳在第九宫

这类人对教育非常重视。对他们而言，英雄就是行万里路读万卷书的人，也可能是一个善于教育别人的人。他们之中有的人会在高等教育上表现卓越，或者在遥远的异国受到重视。旅行对这类人而言也是非常重要的事。这是一个有利于当人类学者的位置，因为他们可以从其他的文化和信仰中获得启发。

月亮在第九宫

这类人有哲学上的本能，在学习和撷取知识时有一种被滋养的满足感。他们可能住在国外，在国外拥有第二个家，或者有来自异国的女性伙伴、亲戚或朋友。他们和外国人在一起觉得很舒服，也可能扮演照料外国人的角色，譬如为难民寻找居所，或是在旅馆里服务。简而言之，这类人会帮助他人维护信仰及文化。

水星在第九宫

这是一个有利于教育、广播及出版的水星位置，亦即有利于理念的传播。“理念”这个词可能意味着宗教，但是在现代世俗社会里，传播宗教的可能性已经越来越小了。这类人对其他文化或生命的大哉问都很好奇，例如“上帝是什么”“什么是对或错”之类的问题，都是他们很关切的议题。这不是一个带有批判性的水星位置，这类人比较带有盘问倾向。

金星在第九宫

这个位置的金星很容易和其他文化里的人形成亲密关系。有的人会以自己的异国作风吸引他人，或者被住在国外的人吸引，他们也可能会在长途旅行中遇见恋爱的对象。他们与姻亲相处得很和谐。这也是一个有利于外交事务的金星位置，因为这类人很善于将来自不同信仰或文化背景的人结合在一起。在教育方面，他们往往会对艺术及人际关系的议题感兴趣。

火星在第九宫

这类人在人生的某个阶段里，可能会接收到一种为自己的信念而战的召唤。这是一个有利于圣战士的火星位置。在信仰和教育议题上他们的态度是积极的，譬如可能在大学里和教授争辩，或是对宗教、哲学及道德方面的教育感到不耐烦。他们有强烈的想要探索生命意义的驱动力，而且很难忍受太落伍、太传统的观念。他们也可能为上主而战，或者起而对抗神及宗教。他们的人格面具里带有先天的好战特质，往往会投入好战的宗教信仰，譬如锡克教或救世军。在旅行方面，这类人很勇于冒险，所以很适合露营、扮演童子军队长的角色，或是成为背包族，懒洋洋地躺在沙滩上并不是这类人喜欢做的事。他们也可能在国外旅行的途中，与外国人进行性上面的冒险。

木星在第九宫

木星回到自己的宫位，意味着热爱探险、旅行和学习。这些喜欢扮演上师的人，十分热衷于探索生命的意义、接触各种不同的人，而且认同世界就是一个地球村的概念。这类人如果遇到法律诉讼，最后的结果往往对他们有利，他们本身也可能扮演法官的角色。这类人有强烈的道德意识，认为上主应该是自由开放的，这种观念会鼓舞他们做出慈善和爱国的举动。

土星在第九宫

这类人的教育里可能有严格的道德观及宗教制约。他们眼中的上帝往往是严厉的、会处罚人的神，这类人本身也有严苛的道德观或强烈的良知，所以很怕做错事。他们必须靠自己来探索上帝和对错的议题，因此是一个有利于法律及政治的位置。这类人也可能成为老师或牧师，或是变成终身学习、不断搜集证书的人。他们也许在年轻时曾错失受高等教育的机会，所以很迟才接受高等教育。这类人在心智上或身体上都不太敢冒险，不过随着年龄的增长，也可能在自己最困难的领域里变成权威。

天王星在第九宫

这类人认为每个人都应该有探索世界或任何一种信仰的自由，对教育的观念往往是强烈而激进的，认为教育的作用就是要解放人心。他们有强烈的哲学观，渴望将真理和信仰结合在一起，而且很想脱离从小接受的信仰和道德约束，所以可能从原有的文化和家庭背景抽离出来，确立自己的独立性和自主性。他们也可能偏爱新时代思想及占星学，在政治上的观点也相当激进。他们时常会有意料之外的旅行机会，而且喜欢到令人兴奋的地方去探险。

海王星在第九宫

这个海王星的位置有利于神秘学和心灵上的探索，但也有利于犯罪行为！这类人在接受高等教育的过程里，可能会去尝试迷幻药和酒。他们在对错的议题上非常开放，甚至认为对错的观念是没有意义的。他们心目中的上主是宽宏大量的而非喜欢严惩的神。音乐可能是他们探索和表达信仰的重要工具。他们非常渴望将现实琐事与更美好的东西融合在一起，因此会被神秘学和宗教形式的生活吸引，甚至可能逃避到海外去过日子。他们很喜欢搭船旅游。在宗教或政治上有理想主义倾向，很愿意为自己的宗教、政治、哲学或信念牺牲奉献，甚至会过度理想化，最后却发现自己崇拜的对象仍然是个凡人。

冥王星在第九宫

这类人的信仰和生存本能是结合在一起的。冥王星落九宫意味着最深的宗教信念，也可能意味着必须把所有与神有关的事物全都淘汰掉，才能以理性的态度活在世上。这类人多半厌恶伪善的态度，甚至认为应该把所有的伪装连根拔除。那些投入高等教育领域里的人，容易被人类学或史前史所吸引。这也是个有利于心理学、研究及探索的冥王星位置。这类人喜欢去有过创伤历史的地方旅游，譬如原子弹爆炸的地点，或是火山爆发的地区。他们有强烈的信念，但也可能因为自己的信念而受害。在 20 世纪 50 年代遭受“麦卡锡主义”（McCarthyism）迫害的人就是一个显著的例子。这类人也可能因为自己的文化背景而遭到迫害，或者对种族歧视有直接经验。

第十宫和天顶

在等宫制之外的分宫制里面，天顶（Midheaven 或 MC）都是在十宫的宫头。

MC 在拉丁文里的意思就是“上层天堂”(upper heaven),因此第十宫和天顶代表的是我们的人生目标和最高的企图。如果说一棵大树的树根是落在天底和第四宫，那么十宫象征的就是这棵树的顶端，以及会生出果实的部分，亦即我们最渴望变成的状态。要达成这个目标可能得花很长的时间，因此十宫与四宫的轴线一向代表未来与过去两个方向，有点像是太阳象征的未来和月亮象征的过去历史。“渴望”这个词是对十宫很贴切的描述,因为我们的“事业”或“天职”都意味着人生的深层召唤与渴望。和上升点一样，天顶和十宫也必须从较为复杂的面向去审视（十宫里的行星和星座，以及宫头的主宰行星落入的星座和相位），这些复杂的内涵都能描绘出我们的志业或事业（其实整张星盘都得纳入考量，因为一个宫位还不足以完整地涵盖一切），以及我们将如何活出自己的社会角色和专业身份，还有我们进入的事业领域的开端。

十宫代表的是我们渴望被尊重、被众人记住的成就及贡献，同时也代表我们获得这份尊崇的方式，而这又和我们留给世界深刻印象的方式有关，同时它也代表令我们尊敬的行事风格。现在请思考一下什么样的人能激起我们的仰慕之情？想象一下你在一个宴会里，有个陌生人走到你身边问你：“你是做什么的？”事实上这个问题包含的范围很广，其重点并不在于你的工作是什么（六宫），它可能涉及你的声望、地位、阶级以及在社会扮演的角色，而你给出的答案也能道出你真正憧憬的状态，因此十宫象征的是我们想要让世界看到的状态。天顶是一张星盘里最高的点，所以它代表的是我们的声望和地位，而和天顶最接近的行星一向被视为最高地位的行星。在对面的第四宫里，我们往往会展现自己最私密的部分，譬如穿着舒服的旧衣裳在家里自在地走动，但是在十宫里我们却会穿戴整齐，展现出最专业的公众形象。

人生中我们首先要争取的就是父母的器重，因此十宫也代表父亲或母亲。它同时也能描绘出父亲或母亲的事业企图心（有没有达成，是否能意识到），同时也代表父母对我们的事业发展的期许。由于父母之一可能整天都在外面追求事业，所以我们也会在十宫里经验到父母在社会扮演的角色。如果你的父亲或母亲是在警界里服务，那么你的冥王星便可能落在十宫里。十宫也代表训练你适应社会的主要照料者。她或他也许会告诉你世界是个令人兴奋的地方，或是艰困和恐怖的地方。因此，十宫显现出的讯息有各种的可能性，换言之，父母带给我们的信息是非常复杂的，而这些都可以从十宫里看出来。这个宫位也能描绘出我们身上的社会制约。

十宫也代表我们生命里所有的权威人物，以及我们自己扮演的权威角色，因此它不但能描绘出你的上司，也能显示出你会如何扮演上司的角色（第六宫代表的是下属的角色）。此宫也代表我们和父母的关系，因为我们会把对父母的印象投射到外在的权威人物身上。我们心目中的上司，往往是对父母的观感的投射。同样地，十宫也代表社会投射在我们身上的形象。举例来说，黛安娜王妃的海王星是落在十宫里，所以社会大众对她的印象是王妃、圣人、救赎者、受害者、有魅力的女性。而十宫同时也代表我们带给社会的贡献，以黛安娜为例，她为社会带来的是慈悲心，方式是促进社会大众去关注那些受苦及迷失的人。

太阳在第十宫

代表的是此人可能有强大的企图心，想要获得成就和声望，而且很可能成名，至于是好名或坏名，就必须看太阳落入的星座和相位了。这类人十分认同他们在社会上扮演的角色，事业往往能带给他们一种独特感，但过度认同社会地位或事业也可能带来一些问题，因为一旦被裁员或失去了原有的地位，势必会觉得非常失落。他们的父母之一可能很有成就。太阳落十宫的女性必须活出自己的事业企图心，否则她们很可能只是不断驱使先生追求事业成就。这类人无论男女都喜欢扮演上司而非下属的角色。

月亮在第十宫

这类人在社会上扮演的是母亲或照料者的角色，我们可以说月亮落十宫的人是职业母亲，譬如在孤儿院里照料孩子，他们在办公室里也可能扮演抚慰别人的角色，再不然，其职业也可能要求他们具备管家的能力。这类人对社会声望很敏感，若是遭到一点批评，就会有一种不被父母认可的感觉。这种敏感度也会显现成十分理解大众的需求，所以能贴切地予以回应。如果月亮是落在变动星座，那么此人的社会形象或事业就会有明显的起伏。

水星在第十宫

事业里的沟通活动非常频繁，需要不断地阅读、书写、谈话或开车。这类人经常需要公开演讲，工作可能涉及各种形式的协商、谈判、交易、运输和电信沟通。这类人在学习上的企图心很强，愿意借着高等教育来获得事业上的技能。他们的父母也可能是善于沟通、好奇心重、喜欢说话、智力很高的人，他们的兄弟姐妹之中也有人以沟通技巧著称。

金星在第十宫

这个位置的金星涉及的是艺术或美容事业，也会有社交方面的技巧，更明显的特质是善于在公众面前展现美好的一面，包括友善的态度和吸引人的外表。这类人不会在公共场所骂脏话，也不可能不考虑装扮就外出，他们会利用魅力来达到最高的成就。有时金星在十宫也代表为了金钱地位而结婚，他们的婚姻和事业往往是交织在一起的。他们的父母也可能具有金星特质，譬如善于社交、讨人喜欢、性格柔顺或是爱慕虚荣。

火星在第十宫

这类人会为了事业努力打拼、爬到最高的地位，因此这个火星的位置象征的是力量和野心。他们的事业可能涉及金属和热力（焊接工、消防员、机械工、外科医师或屠夫），或者和速度、勇气及面对危险有关。他们也可能在军队中服务。身为上司的人如果有这个位置的火星，往往缺乏温和的态度，如果是雇员，则极容易和上司起冲突。不论这类人的职业是什么，早期可能和父母之一竞争，长大之后则可能把这种倾向延伸到职业领域里。这类人也会因为性上面的本领而成名或变得声名狼藉。他们的父母也可能有性魅力。

木星在第十宫

这类人在事业上面非常幸运，很容易在某个领域里获得成就。这个木星的位置会使人渴望成就大事业，而且容易得到权威人物的赏识，尤其明显的是早期可能被视为在道德上有卓越表现的孩子。他们在职业上扮演的是上帝的角色，这意味着变成老师、牧师、广播界名人或是给予别人建言的人。他们的父母也可能是努力爬到社会最高层的人，或是情绪上带有歇斯底里的倾向，作风过度张扬。

土星在第十宫

这类人对自己的事业非常负责，他们觉得自己必须有成就，受人敬重，被人认真看待，同时有强烈的领域观。有的人会把世界投射成严苛的父母，继而觉得世界在监督他们，若是犯错就会遭到惩罚。有时父母之一在事业上遭到了挫败，而必须由子女完成父母的野心；或者父母有非常成功的事业，因此孩子觉得很难达成父母的期望。他们也许很迟才决定事业的方向，因此发展得比较缓慢，这可能源自害怕尝试不同类型的工作。他们之所以选择不多，就是因为无法借由试验来发现各种的可能性。他们的事业涉及的是结构、法则、规范、时间或是被强加的领域观，如同土星落在六宫一样，他们从事的工作也可能是火车驾驶员、建筑师，或是国家领导人等。这个土星的位置代表工作的形式非常辛苦，或是很善于和年长的人一起共事。有时他们的工作必须负极大的责任，或是很迟才得到升迁。这个土星的位置和幸运无关，因为必须凭着自己的努力和其他条件来完成工作。

天王星在第十宫

这个位置的天王星很利于科技、科学及科技产品的制造，或者适合投入反建制、带有前卫性或是不寻常的事业。这类人往往以自己的发明创造才华著称，而且必须独立作业，所以不适合在大型组织里工作。如果是在传统的职场环境里就业，也许会觉得上司就像是掌控性极高的父母，而产生叛逆的反应。

海王星在第十宫

这类人的事业可能涉及艺术、媒体、广告策划等。他们经常幻想自己成为公众人物，因此有许多变成名人的事业机会。如果他们本身无法变成名人，就可能反过来对名人过于着迷，甚至让自己落入到不幸的情况里。这类人可能会把母亲看成是受害者，譬如他们的母亲可能为了扶养小孩而放弃了成为艺术家的机会，而他们往往会把拯救母亲的渴望延伸到外在世界。

冥王星在第十宫

这类人可能投入与心理学、殡葬、医药、废物处理、原子能有关的行业，或是任何一种涉及研究的领域。他们很怕被权威人物掌控，这是源自早期父母的掌控性过高，或是有别的权威人物令他们感到恐惧受威胁，而这又会导致将外在世界投射成是一个恐怖的地方，继而想要避开被众人瞩目的场合。总之，冥王星坐落的宫位会让我们变成被迫害的对象，或是成为迫害别人的人。它会使我们努力爬到掌权的位置，让自己觉得所向无敌，其他的人则仍然受社会体制的压榨。暗地里破坏上司或是被上司阴谋破坏（如果是名人的话，便可能遭到大众的破坏），是这个位置的冥王星的主题。这类人一生中至少可能遭到一次的解雇。

第十一宫

传统上第十一宫是跟朋友、团体、希望及愿望有关的宫位。我们在十宫里追求的是社会地位、渴望活出父母的野心，而且不一定是能够意识到的。基本上我们在十宫里达成的事，大部分是基于自我膨胀的需求，但是在十一宫里我们开始有能力为整个社会考量。如果我们在十宫里已经有了事业成就，到了十一宫就可以出外结交一些好友，譬如加入扶轮社、妇女会、环保团体、乐团或抗争团体。在十宫里我们除了达成某种社会地位之外，也可能成为某个领域里的权威，到了十一宫我们就会利用这份权威性来服务社会。

十一宫也带有政治的基调。在对面的五宫里我们可能是一位陶艺家，到了十一宫我们则会加入陶艺家的团体，我们可能在这里和别人一起做陶，为陶艺界作出一些贡献，里面的参与者也都很热衷这个主题，因此这里面有一种共同的目的，共同的价值观，一种同盟的感觉。当人们为了共同的目的结合在一起的时候，也会希望别人能加入这个团体，于是政治的特质就出现了。团体里的成员分享着未来的希望和愿望，这份使命感或目标往往会变成一种向心力。

十一宫里的行星或是宫头的主宰行星，通常能描绘出我们被吸引的团体的类型，以及我们在其中扮演的角色。太阳如果是落在十一宫里，代表我们可能会变成领导人；天王星如果是落在十一宫里，则代表过于独立的特质很难在团体里顺利地运作；月亮落在十一宫里则意味着喜欢照料朋友，或是热衷于社区生活。罗伯特·汉德在《占星学的象征符号》里把十一宫的朋友描绘成“与我们共享相同理想的人”，这真是非常正确的说法。我们的第七宫代表的是我们的昵友，十一宫代表的则是与我们有相同意识形态或嗜好的朋友，所以十一宫的关键词是“同道者”，也就是一群有相同目的和兴趣的人结合在一起。

第十一宫同时也代表我们在一个团体里的情况，这也包括工作的环境，因为在工作场所里我们也是团队成员之一，因此十一宫能让我们看出一个人在团队里扮演的角色。十一宫里既没有上司，也没有下属，大家都是平等的，所以也和同辈带来的压力有关，因为我们和组织成员的价值观及标准是绑在一起的。

五宫和十一宫都和娱乐有关，但十一宫代表的比较是大型的娱乐活动，譬如全国性的运动比赛或演唱会。十一宫一向和群体有关，包括小型和大型的群体。在第五宫里艺术家的活动是以自我为中心的，但十一宫里的活动却带有去中心化（decentralized）的特质。

如果五宫和玩乐有关（记住“玩乐”指的是孩子透过这个方式来学习社交），那么十一宫代表的就是玩伴。在五宫里一个人会关切自己的独特性和重要性，但十一宫却强调没有一个人是独特的。十一宫里的行星显示的是我们对社会或小团体的贡献。

太阳在第十一宫

这类人早期结交的一些朋友，往往能提供他们一种身份认同。他们在任何一个团体里都是天生的领导者。这个位置的太阳也有利于扮演团体里的英雄人物，因为这类人会把社会或朋友放在自己前面。这类人的父亲经常和伴侣外出（如果有海王星涉及进来的话，则会在酒吧里流连忘返）或者父亲是某个团体的成员之一。那个说出“团队精神”这句话的人，很可能就有太阳落在十一宫里，因为这句话已经把此宫的特质作了总结。

月亮在第十一宫

这类人很可能住在像公社一样的环境里，而且一生中至少有一次这样的经验。他们有一种持家的才能，深知各种的社交关系都可以创造出家的感觉。他们在团体里很自在，而且很需要团体的支持，其本身也善于支持或照料别人。反之，朋友也会提供他们情绪上的安慰。有这个月亮位置的男人比较偏爱女性朋友，而且渴望他们的伴侣关系带有一种好友的特质。

水星在第十一宫

这个水星位置有利于读书会之类的团体活动。有这个水星位置的人喜欢与人交谈，分享各种理念。这类人是典型的团体发言人，但他们的言论通常相当前卫和带有政治性。他们并不想谈论纯个人性的议题。兄弟姐妹是这类人最好的朋友，或者朋友能提供这类人从未有过的手足情谊。

金星在第十一宫

这类人可能有女性密友，而且往往有活跃的社交生活。他们渴望拥有貌美的朋友，而且会选择能够和自己匹配的朋友圈子。对女性而言，这个金星的位置也许会带来女性敌手。这类人的爱人可能是朋友介绍的。这个金星的位置有利于与志同道合的人结合在一起，也能促成人与人合作的意愿，帮助大家找到彼此的共通点。

火星在第十一宫

这是一个有利于运动团队的火星位置，因为它能带来健康的运动，朋友之间的竞争性也比较属于良性的。但朋友可能会变成性伴侣，性伴侣可能变成朋友。就女性而言，这个位置的火星意味着朋友大多是男性。这类人往往为了朋友而和别人起冲突，或是和朋友一起对抗别人。那些不容易确立自己的人如果有这个位置的火星，便可能选择果决而坚定的朋友，至于那些本身有决断力的人，则可能会过度操控朋友以及所属的团体。这类人并不一定是合群的玩伴。在比较深的层次上，火星落十一宫意味着为团体而战，譬如代表贸易工会出来抗争。有的人则会为别人或所属的团体对抗不公不义的事，而且更容易展现愤怒的情绪。

木星在第十一宫

这类人的社交生活范围很广，和各种不同的团体都有关系。他们所属的团体可能是宗教组织、哲学研讨会或是做善事的协会。他们经常和朋友在赛马场和赌博的场所聚会！他们偏好团体旅行，在朋友圈中被视为外国人。有的人会在所属的团体里扮演老师的角色，而且朋友大多慷慨而正直。这类人容易交到位高权重的朋友。有的人会觉得结交与他们地位相称的朋友是很重要的事。

土星在第十一宫

这类人在生命的某个阶段里会尽量避免和社会接触（通常是感到忧郁的时候），他们在早期可能害怕无法打入同侪的圈子里。这个位置也代表和朋友之间有明显的年龄差异。许多有这个土星位置的人必须学习更自发地与朋友或团体互动。土星造成的严肃态度既是他们的恩宠，也是一种诅咒。有的人会在团体里扮演秘书的角色，而这会令他们觉得在团体里是有用的。

天王星在第十一宫

这类人不会加入主流团体，比较会被激进的政治团体或新时代团体吸引。他们虽然相信打破藩篱是很重要的事，但缺乏为了团体的和谐而妥协的意愿，他们也可能觉得消弭团体成员的嫌隙并不是容易的事。天王星落十一宫的人，虽然可能因为太独立而无法在团队里顺利地运作，但因为天王星回到自己的宫位里，仍然有一种大家都是一体的概念，因此可以和别人一起推动人道关怀或其他的先进观点及理想。有许多天王星落在十一宫的人会被古怪的人或局外人吸引。

海王星在第十一宫

这个海王星的位置意味着以忘我的精神融入于团体之中。他们可能属于某个音乐团体、慈善组织或灵修团体，加入这些团体意味着牺牲个人，但也有一种与更大的东西融为一体的感觉。这类人往往能接纳来自各种不同背景的人。他们的开放性和不批判的特质，令他们成为朋友圈子或团体里的理想主义者，但也可能上当受骗。这个位置的海王星比较困难的显现方式，就是被朋友欺骗或是加入错误的团体。

冥王星在第十一宫

这类人在团体里可能觉得很不舒服，这是因为他们能意识到团体里面的负面能量或破坏性，不过他们也能觉知到团体里的良善意图，故而展现出超凡的热情和奉献精神。这类人也可能为了生存的需求而加入某个团体，因为这会带来更大的福祉，或者他们会觉得团体对他们的威胁性过高，甚至到达威胁生存的程度。有的人可能会加入各式各样的权贵团体，而且愿意为这类的组织做一些低下的服务工作，而有的人则会在团体里扮演掌权者的角色。不过这些都要看整张星盘才能决定。还有的人和朋友的关系非常深刻而复杂，或者朋友的死亡会强烈地影响他们的情绪。

第十二宫

> 反对党占据的是你前面的席位，敌人则是坐在你的后方。
>
> ——丘吉尔

位于第一宫之前的十二宫，带有一种明显的“幕后”特质。那些有许多行星挤在十二宫里的人，具有一生都隐身在幕后的能力，譬如那些在电视台做幕后工作的人（灯光师或服装设计师），或是那些在博物馆、图书馆这类地方默默工作的人，他们的角色是在幕后支持那些有发言权的人。这个宫位的活动通常是隐秘的、不公开的。

和对面的六宫一样，十二宫也关切服务的议题，但这里指的比较不是日常的琐事，而是没有报偿的服务。在六宫里我们付的是此生的租金，在十二宫里我们偿付的是过去世的租金。许多人把业力的概念和十二宫连在一起，因为十二宫关切的就是还掉过去世的债。

跟十二宫有关的事往往是我们控制不了的，也是我们无法轻易理解的。此宫一向被称为自我消解或枷锁的宫位，因为这里面埋藏着我们的一些弱点——从小就被教导不该接受的一些特质。矛盾的是，我们的潜力也可以在这个宫位里发现。十二宫里的行星以及宫头的主宰行星，不但能显示出我们不为人所知的能力，同时也代表连我们自己都不知道的潜能。十二宫里的问题如果被否认的话，是最糟糕的事，这个一向被称为秘密敌人的宫位，最终会让我们发现最大的敌人就是自己不熟悉的某个面向，而这个不熟悉的面向会投射出来，变成我们的秘密敌人。举个例子也许能帮助理解，譬如火星如果是落在十二宫里，意味着此人从小就被灌输不能生气、不能自私，或是不该与人竞争的概念，导致他长大之后往往无法以直截了当的方式确立自己，如果他们真的有秘密敌人的话，那么这个人可能是在背后攻击他的一位男士。但这个位置的火星也代表内在埋藏着很大的力量，而且有潜力深刻地了解火星的能量。高魁林夫妇的研究显示出，善于和自己或他人竞争的那些卓越的运动员，大多有火星落十二宫的情况，因此这部分的能量也可以变成有用的燃料。高魁林的研究十分有趣，因为十二宫里的行星不但代表一个人的人格特质，同时也是事业的潜力所在，因此绝不是一个脆弱的宫位。

此宫也代表脱离主流生活的监管机关，譬如医院、精神病院或监狱，被关在这些地方的人某种程度上等于丧失了个人性，他们之所以被隔离出来，是因为他们多少被视为社会的敌人。或许这样的概念未曾公开地表达出来，但里面的确隐含着这样的结论。在监管机关里生活的人通常只有一个代号，而且必须穿上不带有个人性的制服。传统上，奴隶也属于这个宫位，因为奴隶也是没有权力的人。因此毫无疑问地，自我在十二宫里是没有什么意义的，但这不代表此宫里的能量应该被否定，或是一定会带来困扰，重点在于，这些能量不能用在自私的目的上，此宫的能量必须奉献给集体意识，而且是个人的意识无法掌控的。

十二宫里的行星并不一定暧昧难解，因为英国首相布莱尔（Tony Blair）、撒切尔夫人（Margaret Thatcher）、著名外交官基辛格（Henry Kissinger），以及其他的许多政治领袖都有太阳落十二宫的情况。这类人必须牺牲掉私人生活，把精力投注在群众身上，如果从这个角度来看的话，就不难理解为什么政治人物往往有太阳落十二宫的情况。事实上，政治领袖很像是群众手中的玩偶一般，他们完全被外在的巨大力量掌控，几乎是无法自主的。撒切尔夫人曾经派英军到福克兰群岛打仗，这也等于在对那些军人说："你们要准备好牺牲自己的生命。"我们也必须记住十二宫基本上是一个退隐的地方。因此太阳落在这个宫位里，等于把聚光灯照在自己的隐身之处，亦即否定了自己的私生活。

我们对十二宫里的能量，往往带有一种隐微的罪恶感，如果十二宫里没有行星，就必须观察宫头星座的主宰行星。从这个角度来看的话，太阳落十二宫意味着对自我中心或渴望被认同的欲求带有罪疚感，而不论里面的行星的本质是什么，似乎都得透过自我牺牲来释放那股罪恶感。

在十二宫里，我们必须把自己交给其中的行星代表的能量。如果我们能心甘情愿地带着觉知去做这件事，就会有一种心灵上的进化感。特蕾西·马克斯（Tracy Marks）在她那本精彩的《你的秘密灵魂》（*Your Secret Soul*）里曾说过："十二宫可以说是带来制约的宫位。"这意味着可能被送到监狱里或医院里，或者主动选择在医院或监狱里工作。我们也可能把自己的力量奉献给慈善工作，譬如在任何一种派别的宗教道场里服务。总之，十二宫是牺牲奉献和慈善活动的宫位，我们对此宫的评价和观点，完全取决于我们对无私的奉献抱持什么态度。

太阳在第十二宫

这类人最重要的任务就是把自己贡献给集体，有的人会成为掌权者背后的支撑力量。但我们在前面也曾经说过，许多政治领袖往往有太阳落十二宫的情况，不过这样的领袖势必得牺牲自己的私人生活。有的人则可能成为电视台的灯光师或其他的幕后角色。这类人在童年时有一种被父亲忽略的感觉，长大之后不易察觉渴望被认同的深层需求，因此他们的秘密敌人就是潜藏的自我。他们内在有一种声音不断地告诉自己说："你会被忽略，没有人会注意你！"于是便竭尽所能地引起别人注意，但也可能决定留在幕后。这类人在阴阳交接的时刻（译注：twilight hours，黄昏或黎明时分）特别有活力。

月亮在第十二宫

这类人的内在有一个被绑住的小孩，或者小时候母亲生病住在医院里，因此必须学会照料自己；有的人则是很年轻就生病住院，因此觉得孤独、脆弱、缺乏支持。我曾经遇到过一位月亮在十二宫的人，他小的时候被送进住宿学校求学，过了许多年不快乐的日子。还有的人是在人生的某个阶段被送进了精神病院。但这个位置的月亮不代表其中的经验一定是不快乐的，或者一定是被迫送到这些监管机关里，重点仍然在于整张星盘都得仔细地检视。这类人也可能照料那些被关在监狱、医院或疗养院里的人。他们也很可能在博物馆里当馆员。

水星在第十二宫

这类人在图书馆和资料室里做研究感到很快乐。这个位置的水星也代表在住宿学校或儿童之家里学习。童年时他们可能被暗示要保持沉默，所以逐渐学会了观察和聆听，发展出一种侦测别人心念的能力。他们对别人的动机很感兴趣，也善于隐藏内心真正的想法。他们的秘密敌人可能是内心里的一种声音："没有人了解你，没有人会听你说话，所以你必须闭上嘴，只跟自己交谈就够了。"这个位置有利于帮助别人沟通，或是帮助别人检视内心的动机。

金星在第十二宫

有这个金星位置的人不太敢展现虚荣心，他们被大人教导成不该注意外表的人。我认识的一位女士得到一份贵族学校的奖学金，但是她在学校里觉得非常孤立，因为家境比较贫穷，所以衣着完全无法和同学们相比。这类人的内心深处十分渴望拥有财富，也渴望自己有别人称羡的美貌，他们也许无意识地渴求别人的爱和赞赏，同时也真的爱好和平与隐秘的私生活。他们渴望自己是受欢迎的人的那份需求，会促使他们展现出乐意助人的态度。

火星在第十二宫

这类人从小就被教导成不可明目张胆地满足自己的需求，如果他们展现出自私、坚持自我及愤怒的能量，就会遭到大人的压制。或许是基于这个理由，他们反而会变成受害者，或者遭到集体意识的火星能量的压迫。他们往往会跟有精神疾病或是受虐的人一起工作。有一位我认识的女士就是在特殊教育学校里，教导那些因过度愤怒而无法适应主流教育的孩子，这些孩子在早期多半遭受过性侵害，因此经常把愤怒宣泄在眼前的人和事件上。这类人的内在秘密通常和性有关。他们在早期虽然遭到不同形式的压制，但通常有能力勇敢地面对其中的议题。有的人会透过运动改善自己的感觉，包括上健身房、跳舞或其他形式的运动。

木星在第十二宫

人们经常用“受守护天使眷顾”这样的形容词，来描述木星落十二宫的意义，因为这类人遭逢危机时经常会有救兵出现，这是能得到庇佑的木星位置，但也代表可能先出现危机。这类人从小就被教导成不该倚赖自己的幸运，或者在信仰、宗教修持及乐观心态上的发展曾遭到大人反对，故而学会了秘密地借由信仰来度过黑暗时刻。这个位置的木星也意味着暗中的赌徒——这类人会无意识地逼使自己进入危险的情况，来试探上帝是否能提供援助。这类人通常是很仁慈的，他们心中的秘密可能是对别人的慷慨付出应该到什么程度。

土星在第十二宫

这个位置的土星有许多显现的方式，首先这类人有一种倾向，总觉得自己必须为众人的苦难负责。他们会去照料那些有精神疾患的病人，或是被剥夺公民资格的人，以及需要帮助的人。有的人会把他人看成是孤独、抑郁的人，其实他们真正的秘密是内心有一种孤立感。他们很害怕混乱，害怕和另一个人融合会丧失自己，害怕像精神病人那样失控，但土星仍然会让这类人随着时间而变成这个领域里的专家。我认识几个有土星在这个位置的人，童年都受到严格的规范，但他们的敏感度都足以看透这些规范背后的真相。这类人也会有莫名的愧疚感，如果有这种情况，就很难建立自己的权威性和藩篱。反之，也可能因企图防止混乱而发展出很强的掌控性。他们也许意识不到自己的父亲很容易影响他们的心情，而且父亲可能藏身在幕后或消失不见了。

天王星在第十二宫

这类人的父母总是教导他们要适应社会，随顺传统，因此他们在公众面前显得很保守，但私底下的行为却相当反传统。这种情况会让他们有各式各样的秘密，譬如他们可能无意识地对抗自己表面认同的事情。他们可能非常渴望自由和独立，内心却觉得自己被绑住了。他们会一直抱怨自己的婚姻或工作，却无法作出任何令他们自由的改变，所以会一直停留在原来的状况里，但内心充满着反动的情绪。

海王星在第十二宫

海王星回到自己的宫位，使得这类人对发生在周遭的事有极深的感触和理解，但也可能因此而造成困扰。从正向来看，这类人有能力映照出每个人的真相，不过他们和别人之间的界限相当薄弱。他们缺乏保护的屏障，所以能充分感应到世界的苦难，而这会令他们对受害者充满着慈悲，继而促使他们扮演救赎者的角色，但也可能从主流社会退隐下来。他们有强烈的逃避倾向，或者有非凡的梦境。

冥王星在第十二宫

这类人对世界的苦难的感受力非常强，所以很容易演变成嘲讽的人生观。他们就像吸尘器一样，把外面的负面能量全都吸进来，包括所有未表达出来的痛苦和恐惧，或是隐藏在笑脸背后的各种动机。他们很容易怀疑自己或别人的生命濒临危险，甚至连日常的情况都会变成他们的秘密敌人，其实是他们自己有偏执倾向或破坏性。正面的说法是，这类人很少以退缩的态度面对现实情况，而且对别人的动机有很深的洞察。他们想探究生死奥秘的倾向，是他们做每件事背后的驱力。他们往往会从事和心理学或死亡有关的事。

宫位主宰行星的重要性

落在某个宫位里的行星和宫头的主宰行星之间,一向是有关联的。举个例子,譬如某个人的四宫头的主宰行星是落在九宫里，这意味着此人会在一生中的某个阶段到国外（九宫）居住（四宫），不过当然，这样的诠释还是太薄弱了，因为凡是可以被确定的论点，都必须在整张星盘里找到重复出现的主题作为支撑(这种论点成立的标准我称之为“三脚凳”)，因此，如果一个人同时有九宫的主宰行星落在四宫里，而月亮又是落在射手座上面，那么占星师就可以信心十足地预测这个人将会到国外居住。

宫位的主宰行星范例

// 第七宫的主宰行星如果落在九宫里，代表此人可能会嫁给外国人，或是和伴侣分享不同的文化及信仰。

// 第十宫的主宰行星如果落在七宫里，则意味着与伴侣共同创业，或者与父母的心理议题会显现在关系里。

// 第七宫的主宰行星如果落在十宫里，代表此人的婚姻或亲密关系就是他的事业，或者他或她的亲密伴侣是透过事业活动而结识的。

// 第二宫的主宰行星如果落在五宫里，可能会借由艺术或小孩而获得金钱，也可能在孩子身上花许多钱。

// 第六宫的主宰行星如果落在三宫里，意味着此人可能从事秘书工作，或是工作和运输及沟通有关。

// 第六宫的主宰行星如果落在九宫里，那么此人的工作也许在国外，或是在教育、法律、宗教领域里。

一个宫位的宫头星座代表的是概略的现象，其主宰行星落入的宫位却能提供更具体的讯息，而且能指出故事的走向。如果主宰行星落入的星座也包括进来，就可以作出更细腻的诠释。想象某位女士的冥王星是落在十一宫里，而三宫的宫头是天蝎座（三宫头的主宰行星是落在十一宫里），这代表她对团体抱持怀疑态度，但其对待朋友的态度是很深刻的，她也可能觉得遭到兄弟姐妹的朋友的背叛。不管剧情如何，她通常能透过学校或夜校结识一些朋友或加入某个团体。她喜欢研究的主题可能是心理学、人类学、玄学或族谱学。对这位女士而言，知识就是力量，但也可能在受教育的过程中发生了某些事，而造成她对团体不信任。如果能透过学习的环境发展出更深的智慧和理解，便可能转化这种负向的感觉。

第七章　次要星体

对世俗事物必须先有认识才能产生爱，对神圣事物则必须先有爱才能产生认识。

——帕斯卡尔

这一章要探讨的是10颗主要行星之外的其他次要星体，由于这些星体的数目繁多，所以应该先明了星盘里的基本要素——行星、星座、宫位及相位，再进一步去探究别的星体。这并不意味其他星体与我们不相干，而是它们代表的东西很有限，而且往往太琐碎或过于特定，如果把焦点放在这些次要星体上面，就像是在着火的房子里寻找掉到地上的别针一样。

英国的占星师最常采用的非行星星体，就是月交点（Moon's Nodes）和凯龙星（Chiron），欧洲其他国家的占星师则会连带采用一些小行星。

月交点的信息多半示现在内心而非外境上，再加上它们的意义经常在别处被描绘出来，所以初学者应该暂时把月交点搁置一边，直到星盘里的其他要素充分揭露了月交点的秘密为止。

凯龙星的本质似乎与主流的分类方式不太符合，因此企图按照僵固的法则来诠释它，是不太能生效的。最好的方式就是仔细聆听有凯龙相位的个案怎么描述自己的人生，然后再深入地领略它带来的意义。

我的建议是不要把月交点及凯龙星的相位画出来，只要留意它们有哪些相位就够了，因为这样才能快速地看出主要的元素是什么。如果我们把小行星也纳入考量的话，同样也应该将它们列在星盘的一侧，而无须将它们清楚地画出来。

第一部分　月交点

月交点也被称为龙头和龙尾，但是它精确的意义和重要性，在西方占星学里一直受到争议。印度吠陀占星系统一向重视南北交点（North and South Node），在梵书里它们被称为 Rahu 和 Ketu。

月交点指的是月亮绕地球的轨道与地球绕太阳的轨道交错时形成的点。由于月亮的轨道向黄道面倾斜了 5 度 9 分左右，所以形成了南北两个交点，其中的北交点是月亮从黄道面南方往北方升起时交叉出的点，南交点则是月亮从北方往南方下降时交叉出的点。

人们往往会从宿命的角度去看南北交点，这是因为日月食只会出现在月交点的路径上，也就是当太阳、月亮、地球形成一直线时。如果太阳和月亮都在南北交点之一的 17 度之内，这时形成的新月就是一种日食现象，但如果形成的是月圆，则是一种月食现象，这意味着太阳和月亮都在南北交点之一的 11 度之内。假如新月或月圆是发生在南北交点的 5 度之内，就是完全的日月食。

// 周期循环：每 18.6 年向西沿着黄道往后退转。

// 它们在每一个的星座上大约停留 18 个月，每天大约移动 3 分，每个月移动 1 度 40 分。

平均交点与真交点

当南北交点在行进时，月亮和地球形成的复杂引力关系，会导致南北交点的活动出现一种平均值，但“真交点”（True Node）的位置和“平均交点”（Mean Node）比较起来，只可能出现 2 度左右的变化，而且平均交点都是逆行的，真交点则是向前行进或静止状态。到底该采用平均交点还是真交点，占星家各有不同的看法，不过平均交点已经被沿用了数个世纪之久，直到近年来发展出一些新的技术，才让真交点有机会被绘制出来。从天文学的角度来看，真交点是否属实仍受到争议。

诠释方式

在占星学里面，南北交点或任何一个交集点都是主要的参考部分（譬如上升点和天顶都是交集点），尤其在关系的诠释上面，包括与个人及团体的关系。

为了对南北交点的意义有比较清晰的理解，我们不妨想象一下这个情况：当我们脑子里正在规划一些东西，这时走出家门就意外地碰到了某个人（也许是一位 19 年未见的老友），这个人一直有他特定的人生道路。你和他的相遇可能改变了你的人生方向，你觉得你和他的相遇好像是一种命定的事，但是当你们分手之后，又各奔南北地朝着自己的方向发展。当然这并不是一个非常正确的类比，因为南北交点的交集位置上，其实并没有真的行星存在，所以和两个具体的人相遇是不同的。更正确的比喻应该是，每一个交点以前曾经拥有过某个特定的位置，就像地球和月亮曾经在某个位置上，而且会再度运转到那个位置上。因此，南北交点代表的过去和未来，指的是我们对以往出现的交集存有一种记忆，而且会期待未来再度交会。这令我们不禁联想到命定的概念，难怪南北交点一向和业力及过去世有关。“交点”（node）这个词是源自拉丁文的 nodus，意思是“结”（knot）。在医学里面，node 这个词代表的是某种类型的组织被封锁在不同的组织里面。换言之，身体里面有两个不同的世界是相互抵触的。

“结”这个字经常被用来描述复杂的纠结关系，而这就是南北交点的关键点。莱因霍尔德·埃伯丁（Reinhold Ebertin，德国占星学家）在《星体的综合影响力》（*The Combination of Steller Influences*）一书中并没有把南北交点作出区分，反倒将它们视为息息相关的法则，这与我自己的经验十分雷同。的确，月交点是令事情产生交集的星体位置，因此南北交点轴线的关键词就是结合、加入、牵扯、相会、记忆或关联。在星盘比对中，紧密的南北交点相位（或是和南北交点星座的主宰星的相位）是十分常见的，而且当行星推进南北交点或是南北交点推进时，往往能显示出和另一个人的互动方式以及那个人的状况。举个例子，你的南北交点可能推近海王星形成合相，这代表你在这个时段会跟音乐家、神秘主义者或酗酒者有频繁的往来。

传统占星学认为南交点代表的是令我们产生执著的领域，因为南交点象征的是我们熟悉和经验过的生命领域，所以会产生执著，而那个生命领域可能和我们的家族、童年或过去世有关。很显然地，停留在我们熟悉的领域是比较轻松的方式，所以往往会深陷其中，每当我们遭逢困难的时候，就会退回到这个生命领域里。请记住南交点是龙的尾巴，所以里面含有“撤离”的意思。

北交点描述的则是我们不熟悉的生命领域，所以要达成北交点的发展可能得付出一些努力。如果我们发现自己是处在一个陌生的环境里，很自然会想要保持警觉，而且得用些脑筋才能顺利地运作。因此，北交点带来的是挑战和更高的发展，也就是一个让我们发展出潜能的地方。由于北交点是从南往北上升的点，因此它和往上攀升的概念有关，包括物质、社交或灵性各个层面在内。毫无疑问地，交点轴一向被视为和灵性相关的轴线，甚至带有越来越接近上帝的意思；反之，南交点这个龙的尾巴，则暗示着比较本能或原始的面向。龙头象征的是带着觉知的思考方向和决定，龙的尾巴由于缺少五种感官，特别是眼睛的作用力，所以会按照原始的本能运作。

无论南北交点的正确定义是什么，它们极少显现在世俗层面上，因为它们和内在经验比较有关联，特别是我们的心灵之旅。但如果南北交点和其他行星形成紧密相位，尤其是合相，就不尽然代表内在特质了，这类相位有时会表现成明显的外在现象。它们代表的是和我们有紧密关系的个人或团体，譬如许多占星师都有天王星（代表占星学的行星）和南北交点的紧密相位。

不论南北交点显现在内心还是外在次元，我们的主观经验都会让我们意识到，它们的确能为整张星盘的精髓作出总结。当我们试图了解南北交点的时候，必须把重点放在它们的主宰行星上面，如果只观察南北交点的星座或宫位，几乎永远会被误导。

第二部分　凯龙星和半人马星体（该部分为作者与梅兰妮·莱因哈特 Melanie Reinhart 合著）

当梅兰妮同意与我共同撰写有关半人马星体的内文时，我感到十分振奋。以下的文字内容大部分是她的想法，有关福洛斯（Pholus）和涅索斯（Nessus）的部分，则完全是出自她的贡献。为了节省篇幅，她原先的文章已经作了一些删节，读者不妨浏览她的网站 www.melaniereinhart.com，或阅读她的著作《凯龙和治疗之旅》（*Chiron and the Healing Journey*，Arkana 出版，1989 年），以及《土星、凯龙星和半人马星体》（*Saturn*，*Chiron and the Centaurs*，CPA press 出版，1996 年）。

凯龙星的发现及天文学

凯龙星是查尔斯·科瓦尔（Charles T.Kowal）在 1977 年 11 月 1 日早上 10 点左右发现的，地点在美国加州的帕萨迪纳。一开始凯龙星并不符合既存的行星类别，所以被重新归类了许多次，譬如曾经被视为小行星和彗星。到目前为止它仍然有两种身份，一是彗星 95P，另一个是小行星 2060。大部分时候它都是位于土星和天王星之间，但有时和太阳的距离比土星还要近，有时却比天王星要远。它有一条彗星的尾巴，可以长达 18.642 万英里（30 万公里），而且是忽隐忽现的。凯龙星被发现之后天文学家才意识到，早在 19 世纪晚期它就已经被拍摄了下来了，它一直存在于那里，只是没有被发现罢了。星盘里的凯龙星意味着我们视而不见的问题，因为太明显，反倒被忽略了。凯龙星的直径非常小，只有 110 英里（180 公里），它虽然很小，却非常有影响力。

柯伊伯带

柯伊伯带是在 1992 年被发现的，它是位于太阳系周围的一条环带，包含了大约数千万的小型星体，而且是最近才被发现和归类的。它的名称源自荷兰的天文学家杰拉德·柯伊伯，因为他预测出柯伊伯带的存在。柯伊伯带中也包含了许多新的星体，譬如半人马星群。在柯伊伯带中，某些较为大型的星体，譬如夸欧尔（Quaoar）、塞德娜（Sedna）、伊克西翁（Ixion）以及齐娜（Xena），在占星学上引起的注意多半一闪而逝，但半人马星群却一直受到占星家的关注。半人马星群是从冥王星附近的冰状废物中诞生出来的，它们被海王星的引力场吸引而进入了太阳系；有 20 个半人马星体被发现，但只有 12 个左右被命名。在希腊神话中，半人马是一个半神半马不受管束的族群，其中只有几个被赋予名称和故事，同样的，柯伊伯带里面也可能有无数半人马星体正等着被发现，但只有几个被赋予了名称，因此和神话剧情不谋而合。其中的凯龙星可能是最为人所熟知的。在神话学里面，只有凯龙、福洛斯和涅索斯具有人们熟悉的剧情故事，到目前为止，这 3 个半人马星体已经被证实是占星学中比较有用的星体。占星家和天文学家共同合作为好几个半人马星体命名，这是历史上首度出现的占星学与天文学的合作案例，而这正好反映出了半人马星体的主题：结合科学与直觉、理性与灵感，就像半人半马的形象一样，将两种对立和陌生的特质融合在一起。

轨道特征

半人马星群是次级行星，它们带有某些明显的特征。它们会穿过木星和冥王星之间的轨道上的一或多个星体，而且其轨道的形状非常椭圆，这意味着有时以很快的速度通过某些星座，有时则花较长的时间通过其他星座。举例来说，凯龙星在双鱼座与牡羊座上大约停留 8 年，在处女座和天秤座上则大约停留两年。凯龙星绕完黄道一圈大概是 50 年的时间，福洛斯是 90 年，涅索斯则是 124 年。凯龙星和太阳的平均距离是 13.73AU（译注：天文单位，1AU 约等于 1.496 亿千米），在近日点的距离是 8.453AU，在远日点的距离则是 18.899AU，其自转一周的时间是 5.9 小时，距离黄道的倾斜度大约是 7 度。

凯龙星象征的事物

凯龙星被发现的时段反映的是意识、信念、行为、生活方式及科技上的大跃进与革新。某种程度上，凯龙星为天王星（激进的改变、革命及推翻老旧的集体结构）和土星（既定形式的维护者、物质显化的主宰）搭起了一座桥，凯龙星把这两股冲动结合成一种更高的状态，而且比天王星和土星更带有个人的独特性，因此能帮助人类超越集体意识的压力，朝着个体化的方向发展。它使我们专注于自我治疗，也帮助我们治疗别人和外在环境。

在希腊神话里，凯龙被箭意外地射中，这根箭上面沾有海德拉（Hydra，九头蛇）的毒血。“毒素”这个主题的确和凯龙星及半人马星群有关，因为当它们被发现的那个阶段，人类正开始意识到地球的环境已经遭到严重的毒害。在那个阶段，媒体不断地报道核废料、化学废料和污染、工业意外，以及各种形式的毒害问题，我们也发现每日吸进来的空气、饮用的水以及牙齿里的汞，都在不断地侵害我们的健康。基本上土星象征的是我们的免疫系统，因此凯龙星穿过土星的轨道也许就是代表，免疫系统疾病在过去几十年里已经成为普遍现象。

与冥王星的关系

凯龙星的角色可能是要帮助我们整合天王星、海王星与冥王星带来的经验，而这三王星事实上就是柯伊伯带之中最主要的几个星体。凯龙星似乎是冥王星的使者、中介或逃亡者，而且某种程度上可以被诠释成冥王星的小一号版本。

半人马星群似乎和灵性的发展及进化过程有关，它们的出现使人类开始意识到灵魂的某些领域，而在过往，只有隐士、神秘主义者、萨满教徒及献身于内在旅程的修行者，才有能力意识到这些领域。

神话学

凯龙在神话学里和创伤治疗者这个主题有关。凯龙是克罗诺斯（土星）和海仙女斐莱拉生下的儿子。由于父母怀他的时候都是马的身形，所以他一生下来就是半人半马的样子。当斐莱拉看到儿子的那一刻，着实被他的长相吓到了，于是她赶紧祈祷孩子能变成不一样的长相。后来她还是抛弃了凯龙，幸好有一位牧羊人拯救了他，将他带到太阳神阿波罗的面前。在这里，斐莱拉代表的是制造痛苦的原始心态——无法如实接纳事情的真相，只是一味地反映出负面和抗拒的态度。凯龙被带到阿波罗面前，则反映了神话学与天文学的呼应关系，因为凯龙星和半人马星群都是向内朝太阳行进的。这部分的神话情节提醒了我们一件事，那就是内心的痛苦和冲动必须以慈悲的觉知加以观照，因为阿波罗象征的就是治疗、音乐、预言能力和其他的技艺。

凯龙赢得受创治疗者称谓的那个神话故事中，也提到其学生赫拉克勒斯意外地弄伤了凯龙。由于凯龙是带有一半神性的生物，所以是不死的，却因为伤口中了毒而无法治愈，基于此理，凯龙在占星学里代表的就是有能力救别人，但无法救自己。由于凯龙历经长时间的痛苦而无法成功地治愈自己，于是决定和普罗米修斯交换位置,后者因为愚弄了宙斯（木星）而被绑在岩石上接受惩罚。交换位置之后的凯龙和普罗米修斯都从痛苦中解脱了，凯龙最后终于求得一死，而且成为南十字星群里不朽的半人马星体。这个典故强而有力地象征着人类痛苦的解决方式——彻底地发展出同情心以及对痛苦的接纳度，同时要对他人的痛苦产生悲悯之心。

凯龙与放逐

在神话里凯龙一向和放逐的主题有关，星盘里的凯龙星代表的则是我们不被了解，或感觉被排斥在外的生命领域。从这个角度来看，凯龙星似乎意味着比较弱一点的天王星能量。我们可以把天王看成是叛逆及改革的力量，或许也代表唤醒他人的叛逆性的驱力，但凯龙星带来的经验，则是静静地在族群的圈子外面旁观。

凯龙、死亡与过渡期

星盘里和死亡有关的议题，主要是由土星、冥王星、八宫及天蝎座所代表，但凯龙星无疑地也和死亡有关，特别是安乐死、协助人自杀、立遗嘱以及死亡的权力等议题。这样的角色似乎意味着清醒地接受死亡，但这种接受性在治疗过程中是非常重要的。在推进法里面，凯龙星象征的是我们生命里重要人物的死亡，当然还得有其他元素指向同样的结果才行。它在疾病里也扮演着活跃的角色，因为它能促使我们面对自己的必朽性。在神话学里面，凯龙是被赫拉克勒斯意外射伤的，所以凯龙星似乎也和个人陷入双方人马交叉射击的情况有关。在巨大灾难的星宫图里，凯龙星通常也有明显的相位，特别是跟土星成对分相。

凯龙星与残疾

美国的占星学者金·罗杰斯·加拉格尔（Kim Rogers Gallagher）发现凯龙星的象征符号和轮椅十分类似。她指出当凯龙星进入象征开端的牡羊座 0 度（1968 年）时，轮椅的象征符号刚好开始被采用。凯龙星和冥王星一样代表某种形式的伤残，当它被发现的那个时段，人们才开始愿意探讨和认识有关伤残的议题，在美国为伤残者争取权力的高峰期就在 1977 年，当时的倡导者是住在校园里的一名严重伤残学生爱德华·罗伯茨（Edward Roberts）。20 世纪 70 年代之前，死亡这个议题和伤残一样，都是不能公开讨论的。举个例子，罗斯福总统从 1933 年掌权到过世时的 1945 年，这段期间他的下半身几乎是完全麻痹的（原因是他在 1921 年罹患了小儿麻痹症），但美国大部分的民众都不知道这件事。直到今日，你仍然看不到显示出他的下半身或轮椅的照片。在罗斯福的本命盘里，主宰他六宫宫头星座的水星，和冥王星形成了正 90 度角，而凯龙星是落在八宫里，前者象征的是伤残，后者代表的则是身为公众人物，但他的残疾却是一个秘密。他默默地承受着下半身麻痹的痛苦，很可能在性上面也有某种程度的无能现象，这是另一个必须忍耐和接受的功课。

凯龙星和冥王星一样都象征着伤残，而且可能得用到轮椅，或是未来有可能用到轮椅，特别是当事者如果羞于面对残疾事实的话。我有一位案主的太阳与凯龙星合相在射手座，落在第七宫里，她的先生就因为罹患了多发性硬化症而不良于行，射手座和其主宰行星木星都掌管身体的臀部一带。凯龙星除了象征心理和灵性的创伤之外，也代表遗传上的健康弱点。虽然疾病有许多显现的方式，但是从同类疗法的观点来看，很少能连根拔除，因为它们是代代相传下来的，就像神话里的九头蛇海德拉一样，头被斩掉之后立刻会长出两个头来。

凯龙、医药及音乐

伊芙 · 杰克逊发现足病治疗术（chiropody）、整脊疗法（chiropractice）以及手相术（chiromancy），全都跟凯龙（Chiron）一样源自希腊文的词根 cheir，意思就是“手”（hand），这也让我们联想到另外一个词“障碍”（handicap）。自从凯龙星被发现之后，主流医学及外科手术上必须用到手和眼的协调性的技术，都有了显著的进步，而另类疗法方面也有巨大的进展。从神话学来看，凯龙教导的不只是治疗，还包括兵法、狩猎及音乐。他除了传授如何杀人的方法之外，也协助人自杀，不过他也象征着音乐，至少是灌录下来的音乐。“灌录”是其中的关键词，因为凯龙有一种喜欢回顾的倾向。

凯龙回归到原位

由于凯龙星运行的轨道非常椭圆，而且周期循环很不规律，所以只能借由星历表来加以追踪。例如，凯龙星第一次和本命盘的凯龙星成 90 度角，可能是在 5 岁至 23 岁之间，这主要取决于它坐落的是什么星座，但是它大约每 50 年会回归到本命盘原来的位置，因此不论男女，这个年纪都是很重要的转折点。因为凯龙星回归原位之后的几年内，我们都可能重新回顾过往的许多年里发生的事情，并因而有机会治疗那些经历带来的创伤，而且生命也可能提供一些揭露这些创伤的机会。理解这个过程会带来很大的改变，因为这能帮助我们超越眼前发生的事物，深入地理解过往经历里的元素。

星盘中凯龙星的诠释

在研究凯龙星的时候，不要把它带来的治疗和受苦的议题，与其他的行星带来的议题相比，譬如水星和沟通之间的关系。换句话说，最好不要以诠释其他行星的方式来诠释凯龙星，你该做的应该是等待、观察、聆听、觉知和感受，并且要抱持开放和质疑态度，因为这会使你预留一些空间，让某些明显的问题自动显现出来，这些问题往往和凯龙星的宫位、星座及相位有关。例如听收音机时，如果你调对了频率，就能找到播放音乐的电台！因此理解凯龙星最佳的方式，就是观察行星推进它的时段里发生了什么事，特别是合相、四分相和对分相。

典型的凯龙星主题

把凯龙星纳入观察的元素之一，可以使我们更认清一个人的模式，找出他非常明显的问题，而且是其他要素无法反映出来的，因此，观察凯龙星往往有一种“啊哈！我终于明白了”的效应。那些无法意识到凯龙星象征的议题的人，通常可以分为两大类，其中之一是因为恐惧而遮蔽了灵魂最深的面向，另外一种人则是因为太贴近心理上的原型议题，所以无法意识到它们！

凯龙星坐落的位置象征明显而无法治愈的创伤，或是一些想逃也逃不了的情况，但却因此而得到长期做灵魂功课的磨炼机会。诚如神话带来的启示，问题永远有解脱和解决的办法，而这意味着接纳无法接纳的事实，或是接受无法理解而又不公平的遭遇，同时也意味着不再试图弄清楚问题所在，也不再试图处理它们，只是允许自己和那份经验共处。凯龙星也代表足以定义一个人的才华或卓越的特长，也代表令我们感觉像局外人、游离分子或自有主张的人的生命领域；我们在这个领域里会拒绝被沉重的社会制约捆绑，并展现出狂放、新颖和轻快的能量，但也带有一种往极端方向发展的不稳定性。它同时也可能造成除了我们之外其他人都能看出来的盲点。在心理层面上，我们可以说凯龙星象征的是从我们之中分裂出去的一个部分，这个部分由于创伤、痛苦或缺乏认识，或是缺乏适当的语言来分析个中的经验，所以才被解离了出去。当行星推进本命盘的凯龙星时，就像萨满教典型的招魂过程一样，跑掉的那一部分的魂魄会再度回来。

福洛斯——象征盖子被掀起来

福洛斯（Pholus）是在1992年被发现的，它被发现的过程就像是小小的事件引发了一连串的内在和外在的反应。在希腊神话里，福洛斯是狄俄尼索斯的神圣酒瓮的守护者，狄俄尼索斯是神话里的酒神，他掌管的节庆总是充满着混乱、暴力和酩酊大醉，所以和福洛斯相关的事件也经常涉及失控的情况，而对应福洛斯的方式就是采取一些必要的行动，直到事情完全平息下来为止。福洛斯守护的酒瓮长达四代的时间都没有被打开，因此在占星学里福洛斯象征的就是祖先的秘密被揭露的过程。在某种程度上，见证过往的历史的确能帮助我们了解祖先传承里的议题，而且必须做些事情去解决这些议题，譬如宽恕或是在坟前献花等，不过最主要的还是得在内心里意识到祖先承受的苦难，了解其中的悲剧是什么。

涅索斯——责无旁贷

涅索斯（Nessus）是第三个被发现的半人马星体，它似乎和滥用权力或其他的祖先议题有关。它似乎能让我们了解和释放内心深埋的无助感、被利用的感觉，以及被占便宜或受到压制的感觉，特别是那些少数民族，很容易有这一类的感觉。同时涅索斯也似乎真的会让我们解开和人、情况及地方的难解之结。借由它，我们可以分析自己的重要关系，努力地了断纠缠不清的捆绑，但只有在这份努力和灵魂更深的需求达成和谐状态时，我们才能真正解脱。当这种情况出现时，就会带来明显的疗愈，因此涅索斯会促成事情的了结，帮助我们转换到另一个层次，但往往得通过一段痛苦被强化的过程。涅索斯的推进会了断过于天真的期望，让我们发展出更深的智慧，有时也会造成皮肤上的发炎现象和过敏，譬如出现湿疹、荨麻疹、花粉过敏症等。在希腊神话里，涅索斯曾企图绑架和非礼赫拉克勒斯的妻子伊阿涅拉，当赫拉克勒斯发现妻子正要遭到强暴时，便放箭射向涅索斯，濒死的涅索斯把自己的血液和精液混合成的毒药给了一旁的伊阿涅拉，并且告诉她说这剂魔药能够让她的丈夫永远忠心耿耿。后来伊阿涅拉开始怀疑赫拉克勒斯有了不忠的行为，于是将这剂药擦在丈夫的衣服上，赫拉克勒斯因中毒而皮肤灼痛，为了逃避剧痛，最后跳到火葬堆里自焚而亡，伊阿涅拉也引咎自杀。

第三部分　小行星

小行星带位于火星和木星之间的太空里，这段距离有2000万英里（3200万公里），其间有无数的小岩块绕着地球运转。这些星体的大小不一，最小的就像个卵石一般，有的甚至还有卫星绕着它们运转，其中大约有30个直径达124英里（200公里）左右。小行星之中约有13万个星体已经被归类，其中约有1.3

万个被命名。其中的谷神星（Ceres）、智神星（Pallas）、灶神星（Vesta）及婚神星（Juno），代表的是女性的几个不同的面向，特别是女性的才艺。谷神星一向和大地有关，它促使我们察觉人类如何在谋杀地球，因此小行星近年来被提升为矮行星，而且被大众意识到，也是不足为奇的事。谷神星与月亮有相似之处，因为它也代表我们滋养和照料别人的方式，更精确一点地说，谷神星和不可避免的母子分离带来的痛苦有关。占星家认为，它和所有的分离都有关系，包括死亡在内。同时它也和农业有关，而且“谷类”(cereal)这个词就是源自谷神(Ceres)这个词。

小行星和其他次要的行星一样，代表的大多是生命的特定领域，但需要更深入地研究才能确定是什么领域。

去年我住在一栋小木屋里，厕所位于屋外。和我同住的那位友人很怕蜘蛛，每次我们打开厕所的门，都会有两只巨大的蜘蛛挂在它们的网上欢迎我们，我的朋友完全没胆量再进那间厕所，幸好我并不怕蜘蛛，所以就将它们移到了一个不太显著的位置。我落在天蝎座的土星与我朋友的蛛女星（Arachne）合相，这似乎代表我得负责把蜘蛛移走，而天蝎座当然和厕所有关，同时也跟蜘蛛有关。当时天体的蛛女星与我本命盘的太阳合相，与土星成四分相，因此也和我朋友的蛛女星成四分相。有趣的是，英国的电视当时正在播映《蜘蛛恐惧症》（*Arachnophobia*）这部影片（1999 年的 10 月 1 日），那一天太阳和蛛女星刚好成合相。请留意，这些小行星必须采用 1 度的容许度。

对小行星有兴趣的读者，可参阅由德梅特里 · 乔治（Demetry George）与道格拉斯 · 布洛克（Douglas Bloch）合著的《小行星女神》（*Asteroid Goddesses*），该书于 1986 年由 ACS 发行。

第八章　星盘的综合诠释

我所能体悟的，只有那些真正被我活出来的道理。

——克尔凯郭尔

以下章节要探讨星盘综合诠释的要点。

首先要摆脱好坏的概念

诠释星盘时根本没有好或坏这件事，也没有所谓的好行星、坏行星，或好星座、坏星座之分。人类经常主观地设定对错、可以接受或不可以接受的行为，但是从占星学的角度来看，这样的说法是没有意义的，因为某个人的偏好在另一个人的眼里可能有截然不同的意涵。不论是圣人或罪人，每个人的行为都能够为另一个人带来挑战和成长的机会。每个占星学的象征符号都有诠释上的作用，但如果过度重视或过度不受重视，都会带来一些问题。

接着考量时间、地点、内容及文化背景

由于本命盘代表的是某个时间点呈现出来的星图，所以它本身没办法显示主人是谁。一张星盘既可能是某只昆虫诞生那一刻的星图，也可能是出现某个念头的那一刻绘出的星图，或是在商业交易过程中与某人握手的那一刻设定的星图。在下一章里读者可以看到英王亨利八世的本命盘，光凭这张星盘，你根本无法看出这是国王的还是任何一个男人，甚至是否是人类的星盘，但我们一确定这是15世纪英国的某位白种男性贵族的星盘，这个人的性格和人生就可以被描绘出来。在看盘时，我们必须把文化背景纳入考量，同时要思考我们为什么要研究这张星盘。在观察一张本命盘的过程里，星盘及案主的人生是跟占星师联结在一起的，因此占星师本身也在成长。同时占星师在看一张星盘的时间

点也很重要，因为会选择这个时间点也不是意外。举例来说，当我在写这本书的期间以及过去的几个月里，天体的木星正跟海王星成四分相，这段期间来找我咨商的个案几乎都有这两颗行星的紧密相位。在 2006 年的 4 月间，天体的太阳是在牡羊座、火星是在双子座、木星则是在天蝎座，而这时我恰好正在研究奥林匹克选手凯莉·霍姆斯（Kelly Holmes）的星盘。我发现非常巧合的是，她的太阳正是落在牡羊座、火星落在双子座、木星落在天蝎座，而且她的相位也带有木星和海王星的基调。

请记住“三脚凳法则”

一张星盘里有些主题可以描绘出这个人及其人生经验。这些主题可以看成是一个人的次人格、心理情结、个人神话及人生故事，而占星师的工作就是要发现、了解和描述这些资讯。因此当我们在观察一张星盘时，最好从“三脚凳法则”入手，因为一张凳子没有三只脚的话，很可能会垮掉！换句话说，如果某个主题是可以确立的，那么它极可能会被重复三到五次以上。

诠释时必须有顺序和方法

一个经验老到的占星师可能会从任何一处下手，但是对初学者而言，最佳的策略就是按照某种法则有条不紊地加以诠释。譬如先列出一张清单，然后从上升点开始观察，接着观察上升点的主宰行星。占星师通常会把上升点的主宰行星视为一张星盘的大门，通过它，我们才能进入这张星盘的主要剧情。大约诠释到 2/3 的程度时，整张星盘重复出现的主体才会浮现出来，因此只是按照一两个元素来诠释，势必会导致错误的观察。譬如只看某颗行星落在哪个星座，是很难看出这个人的人格特质的。

不要认为自己什么都得了解

当我们在进行观察和作注解时，也许会遇上无法充分了解的象征符号，即使是经验老到的占星师，都可能发现某些象征符号是无法说明什么的。这时你只需要在这个符号旁边写下一些备忘的想法，等到有更深的发现时，再来研究它的意义。理解一张星盘有点像是猜字谜，当你了解了某些字谜之后，原先似乎很难看懂的部分也会变得明朗化。不过当然，占星学的符号不像字谜那么易解，因为我们要了解的是一个人最深的真相。虽然我们可以一无所知就开始诠释一个人的星盘，但我们必须明白，星盘里的象征符号可能以许多方式显现出来，所以案主能够提供某些有关他自己的讯息，将会使解盘的内容变得更丰富一些。

请记住……

// T 形相位、大十字其他的紧密相位，是一张星盘里主要剧情的象征符号。

// 最紧密的相位和紧密相位，都代表一张星盘的主题。找到最紧密的相位，往往能帮助我们发现一些重要的线索。

// 如果一张星盘的出生时间很准确，那么和四个交点形成合相的行星，也能显示出主要的剧情，特别是困难相位。

// 从星群的行星、相位和宫位，也能看出一个人的生命主题。

// 如果缺乏某个元素、模式、相位，或上述某要素占了优势的话，也会形成不平衡的情况，而且这种不平衡的情况会以各种方式显现出来。如果某个要素过于被强化，那么其他的部分便可能呈现出不足的情况，因此必须从各个面向来观察这种不平衡性。明显的不平衡性一向是非常重要的部分，也代表一张星盘的主题，这就像是一张油画的底色一般，决定了整张画布的基调。

观察主宰行星的路径

// 上升星座代表的一张星盘的概要，其主宰行星则会令这个概要变得更明确，譬如你的上升星座是巨蟹座，这代表你面对世界的方式是想要保护；如果其主宰行星月亮是落在十二宫里的双子座上，那么你的保护倾向可能会显现成维护图书馆里的书籍、博物馆里的档案，或是保护住在学校、监狱、医院或其他监管机关里的手足。

// 如果一个宫位是空宫，那么就要观察其主宰行星的宫位和相位。行星和它主宰的宫位之间一向有紧密关系，譬如七宫的主宰行星如果是落在九宫里，就可能嫁给外国人（请参阅 332 页）。

请特别留意……

// 行星落在自己的星座，能量上会有一种“双重撞击”的意味。

// 行星落在自己的宫位，也会显得更有力量。

// 形成最多相位的行星或最接近天顶的行星，都有特殊的重要性。

请忽略

// 容许度比较宽的三分相和六分相。

// 福点（Part of Fortune，或译为幸运点）虽然也有一些重要性，但其意义是放在最后才来考量的。

// 逆行的行星。在推进法里面，逆行的行星有助于我们作出一些预测，而且在事件占星学派上也十分重要，但是在诠释本命盘时却最好不要太强调。譬如水星每一年会逆行两个月左右，木星会逆行 4 个月，土星和三王星则会逆行 5 个月之久，这么长的逆行时间不可能提供什么精确的、纯属个人性的讯息。

为星宫图列清单

为一张星盘列清单，可以帮助我们留意到所有的重点。以下就是我为大家举出的范例。

星盘诠释清单表

观察整张星盘

// 首先要观察整张星盘的元素，先观察一张星盘里的阳性元素（火和风）或阴性元素（水和土）被强化的情况，因为它们能显示出一个人的性格是外向或内向。

// 星盘里最强势和最弱势的元素是什么？哪个模式最强势，哪个最弱势？

// 有没有明显的相位模式，譬如T形相位、大十字、大三角、大风筝等。

最强势的行星、星座和宫位

// 有没有行星和上升点合相？如果有的话，这颗行星势必会带来强大的影响力。

// 有没有行星和天顶、下降点或天底成合相？如果有的话，也必须加以重视，但其重要性略逊于和上升点形成合相的行星。

// 有没有行星是没有相位的？有没有互融的情况？

// 有没有任何行星是落在自己的星座上面？

// 有没有任何行星是落在自己的宫位里面？

// 有没有任何行星是落在强势或弱势位置？

// 有没有任何星座在星盘里特别被突显出来？

// 有没有任何宫位里面挤进了许多行星？

// 一～三、四～六、七～九、十～十二的星座和宫位哪一部分被强化，哪一部分缺少能量？

// 哪一颗行星是落在太阳和月亮的中点上面？如果星盘的出生时间很精确，也可以观察哪一颗行星是落在上升点和天顶的中点？

能量最强的相位

// 星盘里有无特别明显的相位类型（譬如有许多大三角），或者缺乏任何一种类型的相位（譬如四分相）。

// 把最紧密的相位列出来（包括所有类型的相位）。

// 把所有重要相位都列出来，包括合相、对分相、四分相、三分相和六分相。容许度在两度之内。

给预备当专业占星师的人

占星学的美妙之处就在于只要付出一点努力，每个人都可以将其运用在生活中，但只有少数人会选择进一步地钻研这门技艺，并且透过考试将其变成一门职业。当然这本书不可能用太多篇幅来探讨职业占星师必备的内涵，所以下文是针对初学者或是对占星学有兴趣的人做出的提醒。

除了上课和阅读书籍之外，学员们可以先借由周遭的熟人来研究星盘。如果我们很熟悉爱人的星盘，并且能仔细地聆听朋友和亲戚的故事，思考他们做过的事以及生活方式，就是研究占星学的最佳方式。如果你手上有某个名人的星盘，而且有机会阅读他的自传，也能认清许多占星学上面的事实。请记住自传永远比传记更深入，因为自传是作者用自己的话写出来的，而且是他亲自对自己的一生作出的诠释。

过程的重要性

许多学生在学习描述性格时往往会遭遇困难。大部分的读者可能都很熟悉以下的描述方式：某人有三颗行星落在金牛座，所以此人性格很可靠、很顽固，而且有一点冷淡。事实上，我们每个人都避免不了占星上面的性格描述，也不该避免。但我们必须清楚性格描述是过于笼统的做法，况且带来的帮助很有限（大部分的成年人都能精确地运用一些基本词汇来描述自己的性格），除非你能说出一个人为什么会有某种行为，在何种情况下会有这种行为。你必须有能力分析行为底端的动机，因为只有理解了动机之后，才可能获得自由与解脱。如果我们能觉知自己的行为，而且能理解行为背后的动机，那么下一次遇到同样的情况时，就可能以不同的方式产生反应。不过当然，我们在行为和人生上的选择性永远受星盘能量的制约，然而其中似乎仍有改变的空间。人并不是静止不动的，他在 5 岁、25 岁或 50 岁时反映出的星盘能量都可能截然不同，因此我们的占星学必须能反映我们的来处和去处。所有的人都在人生的旅途上不断地改变、发展和进一步地揭露，即使是看似倒退的情况，也可能有助于未来的发展。

家族遗传或灵魂及灵性的引力

占星学有一个攸关心理层面的重要辩证，那就是一个人的状态到底是源自天性，还是因为受环境影响？人究竟是受了家族遗传的影响，还是因为儿时经验和教育的方式，而形成了日后的人格？事实上，星宫图既能反映出我们的天性，也能说明我们受到的教育和养成方式，因此我们应该问的问题是：什么样的先天性格加上后天教育，制造出了眼前这个人的人格？由于星盘反映的是一个人的命运，所以是否在某种程度上这个人也“选择了”自己的身体、家庭、生长环境，以及其他和养育有关的经验，为的是活出他的命运，变成他应该成为的人？

詹姆斯·希尔曼（James Hillman）在他那本精彩的著作《灵魂的密码》（*The Soul's Code*）中作了以下的解释：我们每个人在诞生之前都被赋予了所谓的“元神”（译注：Daimon 一般译为恶魔或戴蒙，但似乎都不够精准。元神这个中国人惯用的词汇，和本书作者的意思较为接近一些），而且终生都受到它的守护。

这里所谓的“元神”指的是灵魂、灵性或守护天使，这跟心理学所说的无意识里的意象有关，但心理学的讲法是比较公约的概念。

即使我们不认为一个人的人格等同于他的成长背景，也不代表我们就应该忽略这个人的童年历史。诚如希尔曼所言，我们应该观察“元神”是如何在一个人的童年里运作的，这样我们才能够了解“元神”到底要我们做什么。以我来看,若是能瞥见一个人的童年,甚至他诞生的那一刻（如果有精确的出生时间）发生的事情，往往会对这个人深埋的无意识动机有惊人的发现，但显然在研究名人的星盘时，这一点很难办到，或许只能理解到某种程度而已。

认识你自己

自我发现是一生中摆脱不了的旅程。对所有的人来说，自我认识都是永远无法充分达成的任务。但身为个案咨商的占星师或试图扮演这种角色的人，应该很积极地去认识自己。我们越是有自知之明，越有可能认识另一个人的真相，否则很可能假设自己的经验和每个人的都一样，这可能是最常见的一种投射作用了。

在尚未与个案预约之前，占星师必须彻底研究整张星盘，这样即使不了解星盘的内容究竟意味着什么，至少已经对相位或其他元素有所认识。占星师基本上应该在个案未按门铃之前，已经有能力在脑海里描绘出整张星盘。此外，星盘里所有不平衡的元素应该都注意到，而且可以在推进法和移位法上面作出一些预测，对行星和相位也有一些印象。这些话或许会带给初学者一些压力，其实只要有了一些经验之后，通常都能在很短的时间内做好准备。

投射——把自己抛出去的艺术

“投射”（project）这个词的意思就是“投出去”（to throw），这有点像投影机将影像投射到对面的墙壁上，心理上的投射作用指的则是将无意识里的某种性格特质投射到外界，或是投射到个人及团体身上。换句话说，我们会在外面的事物、人或团体身上觉知到这份性格特质，继而产生反应。所有的人都有投射倾向，这就是为什么每一位占星师都得努力认识自己的理由，否则很可能把自己的性格、动机和剧情投射到个案身上，而忽略了个案真实的状态。最常见的投射形式就是假设对方会以我们的方式感觉或行动。

投射作用也是一张星盘里内建的特质之一。一张星盘里的所有元素都和这张星盘的主人有关，其中的行星、星座和宫位，也都代表此人生命里的其他人和遇到的一切状况：朋友、父母、小孩、伴侣、宠物、工作、学校、教会等。

你的个案比星盘更重要

“诠释”（interpret）这个词的意思就是解释、转译、厘清或找出意义来，inter 的意思则是居中或是在中间。基本上，占星师就是一个中介和诠释者，或是在个案和星盘之间的中间人，也可以说是星盘的解图者。占星师了解的象征符号越深入，越有能力清晰地解释，而个案也就能更了解自己的人生意义。初学者不可避免地会觉得无法掌握这么多的象征符号，或运用自如地进行咨商，但经过几次咨商之后信心就会增加，而比较有能力自在地反应了。由于占星师是透过一张星盘在协助一个人——不论是收费还是义务性地服务，所以必须把焦点放在个案而非星盘上面。占星师如果能提出正确的问题，并能贴切地和个案的话语交流，而不是一直花时间叙述预设好的诠释内容，往往会有比较好的效果。星盘诠释的方式有许多不同的方向，但不论方向是什么，都可以从个案的星盘、占星师的星盘、星盘比对以及咨商的时间定出的星盘看出端倪。某些个案基于各种不同的理由（害羞、希望证实或驳倒占星学、想要试探占星师的功力等）可能会想保持沉默或不愿意透露任何信息，而只是静静地聆听占星师解说。但大多数的人都会在某个时间点开始投入星盘的探讨，因此气氛会在这时变得比较放松。不论个案有多么沉默，到了某个时间点都会觉得比较安全，愿意或是有兴趣进一步地探讨；而会让个案有兴趣加入讨论的时间点，通常是在个案觉得自己完全被占星师了解的那一刻，这时就会产生非常美好的治疗经验。畅然无阻地沟通能够让双方都学到一些东西，但前提是占星师必须有能力聆听个案说话，而不是一直想证实占星学的准确度或炫耀自己的功力。

督导者

即使是经验老到的占星师，也能从其他的占星师身上学到一些东西。有其他占星师的协助，或许能看到自己所忽略的面向。督导者可以扩大我们的视野，帮助我们从错误中学习，获得更大的信心和觉知力。

第九章　星盘实例解析

没有任何一位占星家或心理学家能够以超越本身层次的角度，来诠释生命以及命运。

——丹恩·鲁依尔

实例解析　亨利八世的T形相位例解

如同我们在第五章探讨过的，紧密的合相及困难相位永远是一张星盘的重点所在，因为它们不但代表一个人的性格和动机，而且能显示出此人主要的生命故事。如果一颗行星形成了两个或多个紧密的困难相位，譬如T形相位和大十字，那么这颗行星无疑也是值得注意的。大约有40%的星盘会出现T形相位，5%会出现大十字相位，但必须看我们采取的是什么容许度。

我不知道占星学的统计学者对拥有两个T形相位的人做过多少调查，不过英王亨利八世（Henry VⅢ）的确有两个T形相位，其中的一个涉及木星、火星及海王星，另外一个涉及的是水星、土星及冥王星。

亨利八世是众所皆知的人物，他以娶了6个妻子、砍掉其中两人的头著称。他创造了英国国教会，将自己封为教会领导人，可以说第一个将君王和教皇的权力区分开来，并解散掉修道院的政治领袖。他的性格多彩多姿、胃口其大无比，脾气极坏。年轻时的他体力非常好，喜爱搏斗、狩猎、马上比武及其他运动，同时也是一位学者、音乐家、嗜赌之人、艺术鉴赏者，而且喜欢设宴以歌舞美食款待宾客。我的目的并不是想从特定的心理角度来诠释亨利的星盘，因为我对16世纪的英国或亨利早期的家庭生活所知甚微，我想显示的是他星盘里的困难相位，如何透露出他的性格和他生命中的事件。

我首先要从木星、火星、海王星的T形相位落在创始宫（一、四、十宫）说起。开始考量T形相位和其他相位的方式，就是留意有没有重复出现的能量。

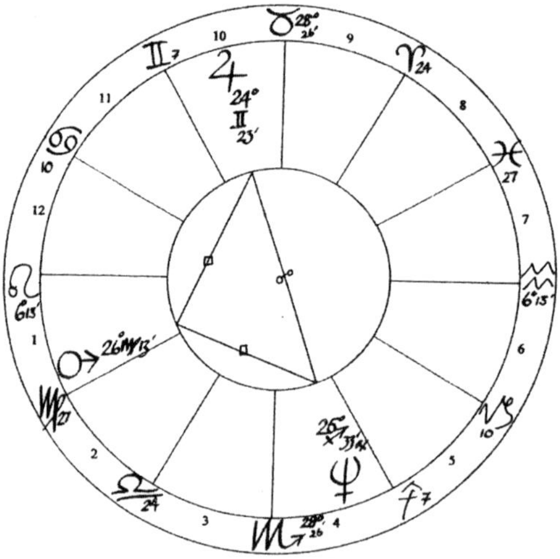

英王亨利八世的星盘中出现了两个T形相位，其一为木星、火星、海王星的T形相位。

亨利的木星带有三重能量：首先，木星和其他两颗行星形成了相位，接着海王星又落在射手座（传统上这是由木星主宰的星座），而火星又是第九宫的主宰行星。由于火星落在水星主宰的处女座，木星落在水星主宰的双子座，所以水星的能量也带有加倍的意味。水星、木星和这么多的变动星座，使得这张星盘无疑带有不安于室、喜欢探索和冒险的特质。这张星盘的主人很渴望探索各式各样的领域，包括心智和肉体的层次。由于七宫宫头的星座是双鱼座，而木星和海王星都是这个宫位的主宰行星，因此显示出亨利的婚姻受到这些因素强烈的影响，而有重婚的情况。同时，在他星盘里的T形相位对面的那个所谓“空的腿”(empty leg)，也是落在第七宫。

亨利八世建造了庞大的海洋舰队这一点，可以从T形相位的火星代表的战斗、木星代表的海外及海王星代表的海洋看出来，火星主宰九宫宫头的星座也代表到海外出征。亨利认为他的任务就是要保护他的国家，击败那些外国侵略者。

亨利从小信仰的是天王教，长大之后却跟天主教会决裂，并摧毁了修道院，创立了英国国教会，这是因为他渴望生个男孩来继承王位，但首先他必须有离婚的自由，才能达成这个目的。如果以占星学的语言来诠释，我们可以说亨利对教会（木星）很光火（火星），所以就把它解散（海王星）。海王星落在四宫里，这代表的是亨利瓦解了教会的房子——修道院。这个T形相位显示出宗教上的理想主义倾向，或是愿意为自己的信仰（木星）而战（火星），也会为了使梦想

(海王星)成真而战。这个T形相位同时意味着亨利对国家的未来有宏大的愿景，对教会也有同样的理想。火星落在处女座和木星成四分相，代表的是吹毛求疵、把小事夸大的特质，而且脾气很大。海王星则会带来扩大的效应，火星、木星、海王星的组合也会夸大男性的雄伟面向，将其视为一种理想。火星和海王星形成相位显然会梦想自己在运动场、战场或卧室里皆能获胜。以亨利的例子来看，这种梦想的确变成了事实，他生了许多小孩（虽然存活下来的不多），十分擅长运动。这个木星形成的T形相位能描绘出他对赌博的热衷。木星与火星的相位代表他的性欲很强，由于火星落在处女座，所以也可能难以取悦（同时也代表皇室对处女的偏好！）。火星与海王星形成的四分相，却可能让亨利在性上面和其他方面自觉无能。四分相往往会让我们对展现相关的行星能量产生怀疑，继而做出过度的行为，想证实自己在这方面是无所不能的。从亨利的例子来看，他一直想证明自己是强壮的、精力旺盛的，能够在所有的竞赛中获胜。这个T形相位和他喜欢威吓的行为举止也不谋而合。

亨利的木星与火星的相位，代表的是性上面的冒险倾向，再加上海王星的影响，就会更渴望去除所有的界限。这意味着他对各种的可能性都抱持开放态度，因此很容易被引诱或引诱别人。他甚至引诱了大部分的公民去接纳他主战和解散修道院的决定。如同贾斯帕·瑞德利(Jasper Ridley 1920—2004,英国作家)在《亨利八世》这本书里所言："当时伦敦的5万居民全都痛恨外国人。"当时嗜血的英国人渴望狠狠地打它一仗，难怪亨利会这么吻合一般人心目中的男性及男性君王形象。基于这个理由，亨利的庞大海洋舰队才会孕育出来。从星盘中也可以看出亨利的奢华倾向，他在金钱和饮食上不知浪费了多少资源。

由于射手座与身体的大腿部位相关，而火星和发炎及受伤有关，所以亨利的T形相位代表的是在马上长矛比武中（1536年）意外受伤，后来伤口溃烂而从此无法运动和锻炼，继而导致了他体重过重，健康恶化。历史学家从他遗留在伦敦塔里的盔甲，看出他当时的腰围大约是54英寸（137公分）。起先他的贪吃还不是个问题，因为运动量够大，后来无法再运动，贪吃便成了严重的问题。他的 T 形相位也代表容易得性方面的传染病，许多历史学家都认为亨利后来感染了梅毒。

亨利的第二个 T 形相位涉及的是土星、水星和冥王星，这里面也有好几个双重撞击的能量。由于他的五宫里有许多行星（代表小孩的宫位），而水星也落在代表孩子的狮子座，所以才会有那么多子嗣。狮子座和五宫都代表创造力。这个 T 形相位的另一个主题是死亡，因为涉及土星和冥王星。由于这个相位也涉及水星和第三宫，因此教育和沟通也是主要议题之一。如果我们把落在 2 度金牛座的凯龙星也纳入进来，那么这个 T 形相位就会变成大十字。

身为亨利七世的次子，亨利起初并没有希望成为国君，所以他接受的是准备进入教会的教育，后来亨利的哥哥亚瑟（1486—1502）染病身亡，亨利才继承了王位。亨利的星盘也显示出亚瑟（以及其他手足）的死亡，因为水星（代表手足）和土星成对分相，和冥王星成四分相（水星是这张星盘的主宰行星，而土星和上升点也形成五分相），冥王星则是落在第三宫里（代表手足的宫位）。上述的这些要素也显示出亨利自己的小孩夭折的原因。今日的占星学不再把土星落五宫看成是孩子的死亡，但 16 世纪婴儿的死亡率是很高的，所以土星落五宫在那时的诠释是子嗣容易死亡。此外，这张星盘五宫的主宰行星也是土星，而水星分别和土星及冥王星形成困难相位，甚至天王星也落在五宫里，和冥王星成四分相。天

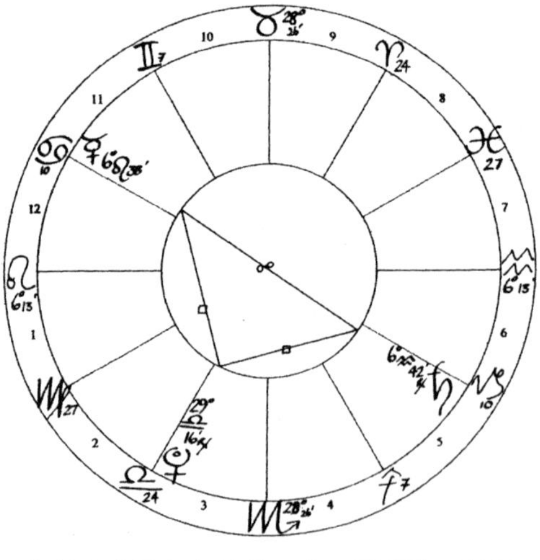

亨利八世星盘上的另一个 T 形相位，涉及的是土星、水星和冥王星，显示了好几个双重撞击的能量。

王星与冥王星虽然是世代行星，但仍然代表意料之外的死亡，包括亨利的哥哥（冥王星落在三宫）以及亨利的孩子的死亡。这个T形相位显示出亨利非常执著于生小孩这件事，也代表他不喜欢文书工作，以及他不容小觑的智力，因为土星和冥王星都会使人发展出专注力，排除掉不必要的念头。土星与水星成对分相，能够使人发展出非凡的智力和心智上的自制力；水星与冥王星的相位则会带来想要分析、搜查和认知的驱力。落在狮子座的水星意味着亨利以自己的知识为傲，而且绝不想被人当成蠢蛋。土星落五宫则意味着他对戏剧和艺术很感兴趣。这个T形相位也代表容易有负面思想，标准严苛，能够察觉任何的风吹草动。亨利年迈时变得非常多疑，甚至到达偏执狂的程度，况且那时的确有许多人变节和不忠。这个T形相位也代表对运动和其他的手眼协调活动有兴趣。

虽然我无意彻底诠释亨利的本命盘，但仍然值得说明这张盘里其他的一两个要素。首先，金星和天顶及南交点合相：亨利一向以跟许多（双子座）女人恋爱（金星）著称（天顶），他也喜爱享受，擅长写作和歌唱，《绿袖子》（*Greensleeves*）这首歌就是他唱红的，但显然不是他的创作。这个合相也显示出受大众欢迎的程度，在他统治的时期里，他一直广受人民爱戴。我对亨利的父亲所知不多，只知道他和儿子不一样，是位爱好和平的人，他很爱钱，不想把钱浪费在战争上面。这些特质都可以从亨利的金星与天顶合相看出来（**译注：因为第十宫可能代表父亲，也可能代表母亲**）。亨利八世的母亲，来自约克家族的伊丽莎白，其实比她的丈夫更有资格称王，但那个时代女性君王并不受欢迎（难怪亨利一直想生男孩儿）。根据瑞德利的说法，伊丽莎白人长得美，性情又温和，是一位有爱心的母亲和受人爱戴的女性——这些也都可以从亨利的金星与天顶合相看出来。

亨利娶了6个太太，其中的两个被砍头身亡，这可以从亨利落在八宫（死亡）和牡羊座（头部）的月亮（女人）看出来。他落在八宫里的月亮代表的是强烈地需要亲密关系（也需要子嗣），落在牡羊座则似乎代表急于开展一份关系，却

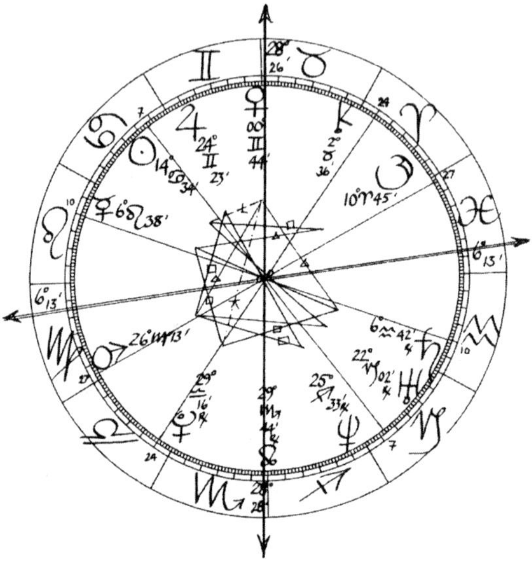

亨利八世出生时间：1491 年 6 月 28 日 8 时 45 分（早晨），LMT，英国格林威治（51N29，0W00）

不善于维持！即便如此，他和长兄的寡妻凯瑟琳的婚姻还是维持了 24 年之久，虽然中间他不断有外遇。亨利的月亮落在八宫也意味着他对死亡很敏感，他的家族史里面也经常出现死亡。月亮落牡羊座则可以诠释成月亮与火星的相位，再加上亨利的月亮和太阳成四分相落在巨蟹座，因此无疑地带有月亮和火星的意味，这会显示出过度敏感、易怒、容易被触犯、脾气一发不可收拾，战斗时反应敏捷，不易考虑以和平的方式达成和解等的特质。这个相位也跟贪吃、早产和流产有关。因为是落在天蝎宫里面，所以格外带有令人透不过气和忧思的味道。

除了高高挂在十宫里的木星之外，落在十一宫和巨蟹座的太阳，也显示出亨利喜欢设宴狂欢的倾向，因为这两颗行星的位置都代表：“要像对待贵族一样地招待你的朋友，同时要保护及照料他们，更重要的是喂饱他们！”在事件占星学派里面，十一宫代表议会，太阳落在这个宫位里，意味着亨利这位都铎王朝的君主带领的是一个集权政府。换句话说，他是一个团体的领导人，而团体在这里可以解释成他的友人们，或是经常和他在一起的贵族们。他的太阳和月亮成四分相，象征的则是，他的家庭传承和他渴望创造出的未来是相互矛盾的，换句话说，做他自己想做的事和他的家族历史是有冲突的。这个四分相再加上强烈的火星能量，代表他的家庭生活和他的国家都动荡不安。太阳与月亮呈四分相，也意味着他的父亲不喜欢他，而导致他缺乏安全感。

历史背景

由于亨利在位的时期外行星还未被发现，因此那个时代的占星师绘出的星盘可能和现代的很不一样，甚至可能没有 T 形相位。但即使在今日，某些占星家仍然会排除掉外行星，因为只要我们采用宫位的主宰行星，那么即使没有外行星也不会带来多大的改变，我们仍然可以看到亨利的人生大部分的面向，包括他在海外发动战争，跟教会及妻子之间的冲突。没有任何一个元素能够像海王星落在射手座及四宫里，这么完美地描绘出解散修道院这回事，而火星和木星成四分相代表的则是肆意破坏教会资产。由于那个时代婴儿的死亡率很高，因此与水星成对分相的土星落在五宫里，已经足以暗示他的小孩及手足的死亡，但在今日的西方世界里，土星与水星的对分相却不足以代表上述的命运，反而是土星和冥王星分别与水星成紧密相位，才是造成这个命运的主因。土水对分相可以描绘出亨利的学者倾向和负面思考的习性，但却不一定会造成偏执狂倾向，只有冥王星会造成此种结果。虽然那个时代并没有“偏执狂”（paranoia）这样的词汇，但亨利的晚年的确饱受这方面的痛苦。因此，是否应该将外行星纳入考量，完全取决于你从哪个角度在观察一张星盘。如果你很精通英国 16 世纪的历史，而且想从历史的角度来诠释这张星盘，那么就可以排除掉外行星，但如果你想从比较现代化或心理学的角度来观察这张星盘，就必须把外行星纳入考量。

实例解析　凯莉·霍姆斯的太阳/月亮中点例解

凯莉·霍姆斯在 2004 年的雅典奥林匹克运动会上，分别获得 800 米及 1500 米的田径金牌，她是第一位获得两项奥林匹克冠军头衔的英国女性。她的其他运动成就还包括获得英联邦 2 枚金牌、6 枚银牌及 3 枚铜牌，她同时也获得英国女爵头衔以及BBC年度杰出运动员的奖励。1998年她因为在英国陆军里的服务表现而被升为中士。虽然她在第二年度的田径赛中获得英国1500米的大奖，但仍然放弃了运动生涯选择从军。她在没有成为体育教练之前曾开过大型机动车。她被说服回到运动场之前，已经在9年的军旅生涯中服务了4年之久。

凯莉的自传一开头是这么写的：

> 我母亲生我时年纪才17岁……她将我生下来一定有某些深层的意义，因为她当时谈恋爱的对象是一名牙买加男子，这在（20世纪）70年代是不太体面的事，至少是肯特郡这样的白人区里的白人女孩不会做的事。我可以说是一个无人愿意面对的意外。

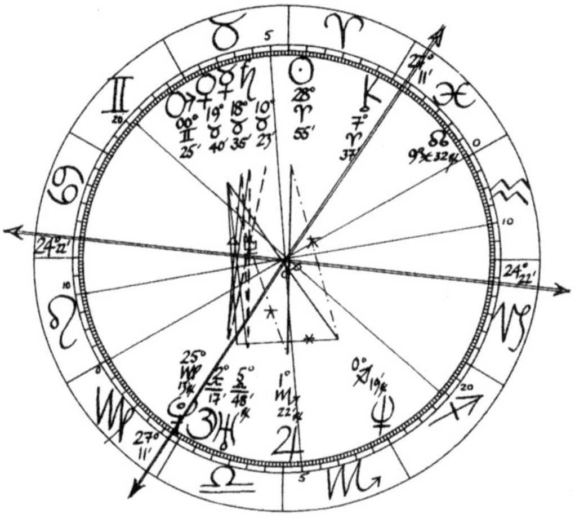

凯莉·霍姆斯出生时间1970年4月19日11时整（早晨），CET，英国潘伯瑞（Pembury，51N29，0E20）

只有木星和太阳有相位的人（或是有强烈射手座倾向的人），才会在自己的传记一开始就甘冒名誉受损的风险，或许木星落在天蝎座才会促使一个人以突破不利情况的方式来谈论自己的私事！无论如何，凯莉的开场白的确为她的运动生涯作了总结——她的金牌是突破种种困难才得到的。但这并不意味她不是天生的运动员（我敢说她绝对是天生的运动员，而且现在仍然是），她之所以困难重重，是因为她一再地在运动场上发生意外。她腿后的大肌腱曾经拉伤过，腿部骨折过，脚跟的肌腱曾断裂过，小腿后部的肌肉也扭伤过，同时她也有阶段性的下腹疼痛现象，后来发现是卵巢囊肿和其他并发症造成的。尽管有这么多的不幸，凯莉仍然实现了童年的梦想，成为奥林匹克冠军得主。

凯莉的童年可以从她四宫里的行星看出来。当时凯莉的祖父母告诉她的母亲说，如果不选择脱离家庭，就得找人收养凯莉，而她选择了飞往伦敦和凯莉的父亲生活在一起，但这份关系一年之后就破裂了。凯莉后来被暂时安置在儿童之家，她的母亲由于无家可归，身上又没钱，只好回到肯特郡寻找出路。后来凯莉的母亲被家人说服重新收养了凯莉，但社会服务机构派了一名女社服员将凯莉接走，她的母亲为此几乎抓狂。凯莉后来又回到儿童之家住了一段时间，那时她才 4 岁。受到天王星落在四宫的影响,凯莉到 7 岁才算是有了稳定的生活，因为她的母亲改嫁了一位旧时的校友，于是凯莉得到了一位继父，她认为继父米克才是她一生中真正的父亲。

星盘诠释清单表

观察整张星盘

// 看看星座的阳性元素（火和风）和阴性元素（水和土）有没有被强化，这意味着性格比较外向或内向？没有。

// 什么是这张星盘里最强而有力和最弱的元素？元素上没有被强化或缺乏的现象。

// 星盘里哪个模式是最强而有力或最弱的？创始星座是最强而有力的（太阳、月亮和上升点都落在创始星座上面）。

// 星座里有没有明显的相位类型（譬如 T 形相位、大十字、大三角、大风筝）？如果把四交点也纳入进来，那么上升点、天顶和海王星就会形成一个大三角。

最强的行星／星座／宫位

// 有没有行星和上升点合相？没有。

// 有没有行星和下降点或天底合相？冥王星和天底合相。

// 有没有行星缺乏相位？有没有互融的情况？没有。

// 有没有行星是落在自己的星座上面？金星。

// 有没有行星是落在自己的宫位里面？如果采用的是普拉西度斯制，那么月亮就是落在四宫里，土星则是落在十一宫里。

// 有没有任何行星处于强势或弱势位置？太阳落在牡羊座。

// 有没有任何星座在星盘里居于主控地位？有五颗行星（其中有三颗是个人行星）落在金星主宰的金牛座和天秤座上面，所以不能算是居于主控地位。

// 有没有任何宫位挤满了行星？如果采取的是普拉西度斯制，那么四宫、十宫和十一宫里面的行星算是比较多的。

// 一～三、四～六、七～九、十～十二的宫位或相位是否被强化或缺乏能量？七～九这个部分是空的。

// 有没有行星是落在太阳和月亮的中点上面，或者落在上升点及天顶的中点上面？火星和海王星是落在太阳和月亮的中点上面。

最强的相位

// 星盘里有没有占优势的相位（譬如有许多大三角），或是缺少的相位（譬如T形相位）？这张星盘里没有行星形成T形相位，占优势的主要是对分相和八分之三相。

// 请列出容许度最窄的相位。火星与海王星成紧密的对分相(只有6分的距离)，而土星和冥王星成八分之三相（只有10分的距离）。

// 列出所有在容许度二度之内的重要相位（合相、对分相、四分相、三分相和六分相）。太阳和木星成对分相，月亮和火星成三分相，月亮和海王星成六分相，水星和金星合相，如果出生时间很准确，那么冥王星和上升点也成六分相。

凯莉的上升点落在巨蟹座，这意味着她面对世界的方式是想要保护别人。她的月亮是落在四宫里面，无疑地她很善于保护家人、家、私生活和她的根源。

她传记里有一段描述自己有“强烈的保护倾向”，我认为这是因为月亮和火星有相位，同时太阳落在火星主宰的牡羊座上面，和上升点的巨蟹座成四分相，而且上升点的巨蟹座也代表她和母亲有强烈的联结。

月亮和天王星合相会增加敏感度和急躁的脾气。上升点落在巨蟹座也暗示容易觉得受到排拒，原因是不善于求救。月亮和天王星的相位也和父母的养育中断有关（父母不一定有什么错），这类人早年容易有情绪上的创伤，多半源自被排拒在外的感觉。月亮和天王星合相落在四宫里，意味着经常搬家而带来更强烈的不安感。

对凯莉而言，月天合相意味着她不喜欢被人围绕的感觉。她已经习惯独立和自给自足的生活，因此很需要一个随心所欲的空间。她渴望能随时改变居住环境和同居的人。月亮落在四宫里则代表有爱国主义倾向，这也代表无论她居住在哪里，她的家必须成为一个庇护所。冥王星和天底合相则意味早期的生命经验有一种失根的感觉。此外，冥王星（或是行星落在天蝎座）也可以看成是黑人的象征符号，她的生父是牙买加人，外祖父则是铁匠（blacksmith），同时木星又落在天蝎座和四宫里。

如果我们采取的是等宫制，则天月合相就会落在三宫里面，这意味着她的母亲嫁了（天秤座）一位老校友，而且母亲还是女学生时就当了妈妈。这也象征着凯莉会有同母异父或同父异母的手足——她的母亲后来改嫁，她的生父也成立了新的家庭（多年后凯莉和生父见了面）。月亮落在天秤座也代表凯莉的母亲很在乎良好的礼节和礼貌，而且喜欢整齐。天秤座的主宰行星金星的甜美特质也影响了她的月亮，因此她母亲的名字潘美拉（Pemela）的意思就是“蜜糖”（honey）。

凯莉的太阳落在牡羊座第十宫里，代表她很渴望获胜、有强烈的竞争性，因而促成她在雅典的奥林匹克运动会上获得第一名，太阳落在十宫则强化了她的身份认同。我们也可以把太阳和黄金联想到一起，而凯莉的确是第一位获得两枚金牌的女性，这一点也可以从太阳落牡羊座、主宰行星火星落在双子座看出端倪。海王星与木星成对分相（星座彼此没有关联）会增加十宫里的太阳的企图心，而且代表凯莉有能力预见未来的可能性，喜欢活在未来的愿景中。她在 14 岁的时候就梦想自己会得到奥林匹克的金牌，太阳和木星有相位的人往往有远大的目标，而且相信自己能达成这个目标，这两颗行星的组合添加了星盘的活力和热情，带来了高度的乐观精神和自信心。但这两颗行星也会使人过度扩张自我，因此不禁使人怀疑凯莉的意外受伤，可能是源自过度冒险或是太仰赖运气（加上土星与冥王星成八分之三相造成的影响力）。太阳落牡羊座和木星成对分相不但有高度的竞争性，而且很喜欢冒险，难怪她在军中那 9 年的时间里觉得非常自在。如同月亮和天王星合相一样，太阳与木星的对分相也有不安于室，以及不容易满足的倾向，这使得凯莉需要很大的空间去探索和成长。木星落在四宫里代表她有好几个阶段都住在国外，这也可能和九宫宫头的主宰行星落在射手座有关。火星与海王星的对分相是她星盘里最紧密的相位，也是她太阳和月亮的中点，所以非常重要。

由于她的十一宫里挤进了许多行星，所以她会跟一群有共同兴趣（水星）和价值观（金星）的人聚在一起。但金星和火星都在十一宫里，这代表朋友之间有竞争性，而这可能是每一个运动员都会有的倾向。

火星落双子座很精确地描绘出一群人（十一宫）共同参与短程（双子座）赛跑（火星）。从占星学的角度来看，800 米的距离应该被设定为短程。如果火星落在十一宫意味着很适合在运动团队中竞赛，那么火星和海王星成对分相可能就意味着凯莉童年的两个梦想，一是在军队里做体育教练，另一个是成为得奖的运动员。火星落双子座是一个消息特别灵通的火星位置，和海王星成相位则显示出解决问题上的想象力，火星落在十一宫和双子座上面，代表能够在运动团队里扮演串联者的角色。由于海王星是落在第五宫里、和火星成对分相，因此意味着有能力鼓舞别人，特别是鼓励儿童参与运动，追求运动方面的梦想。

火星落在十一宫里，也意味着凯莉会发现为团体而战比为自己奋斗要容易一些，因此凯莉参加田径比赛等于是为大英帝国而战。落在十一宫里的行星，一向会促使我们为自己及他人作出贡献。

当我们在研究一张星盘时，必须留意什么行星、星座和相位的能量在星盘里占有优势和劣势。如果从相位来看凯莉的星盘，我们会发现最重要的就是对分相和八分之三相。对分相也许代表她的人生像云霄飞车一样，起伏非常剧烈。由于土星没有和个人行星形成困难相位，所以星盘里没有令凯莉减缓下来的能量。太阳落牡羊座和木星成对分相，再加上火星强烈的能量，使得凯莉容易遭到意外，但这也是有利于运动员的能量，因为能增加勇气、速度和胆量。上升点落巨蟹座带来的是顽强的特质，土星落金牛座带来的则是稳定性，再加上木星落天蝎座形成的意志力、信心、果断力，以及金牛座／天蝎座的对立轴线之间有 4 颗行星通过，所以更强化了上述的运动员特质。凯莉的土星和太阳合相，但容许度很宽，而土星和冥王星形成八分之三相，容许度却只有 10 分，可以算是这张星盘里最紧密的相位，因此极为重要。这两颗行星的组合带来极高的自制力和持续力，几乎有一种自虐和不知疲倦的倾向。莱因霍尔德·埃伯丁将其描述为："有能力创下最高纪录。"再加上冥王星是在凯莉的天底，因此这个相位无疑能描绘出她的父母和外祖父母的特质，她的外祖父是一位铁匠，从冥王星的位置可以看出端倪。

由于金星是这张星盘里的主宰行星，而且是落在自己的星座上面，所以也十分有力量，这为凯莉带来了受欢迎的特质，而金星落在十一宫则意味着有许多好朋友。占优势的金星不但为凯莉带来受欢迎的特质，也使得她和运动伙伴们有良好的友谊，但是和天王星的八分之三相，却代表有激烈而容易产生误解的关系。天顶的星座是双鱼座、主宰行星落在五宫里，意味着凯莉对运动的专注奉献，某种程度上牺牲了她的社交生活。土星落十一宫里也意味着和朋友的相处时间有限，比较难和朋友形成表面上的友好关系，而且童年的窘境也可能是促使凯莉变成运动员的理由之一。在孩子的世界里，竭尽所能地争取注意力和温情是很常见的事，我对这部分的解释是，在比赛中获奖使得凯莉有机会得到手足或同学所不能得到的东西。此外，送凯莉去参加比赛，也可以让她的父母暂时放下所有的活动和责任，陪伴在她身边；况且变得强壮和善于跑步在其他方面也很有用，因为从孩子的观点来看，这可以使其发展出保护自己的落跑能力。也许月亮和天王星的相位也是关键所在，因为凯莉的母亲作风与众不同(和黑人谈恋爱)，她也认为凯莉之所以能成功，其中的一个原因是身为白人环境里的一名黑白混血儿，必须证实自己是优秀的。

凯龙星（请参阅 338—344 页）落在牡羊座、第十宫里，也意味着凯莉善用她的才华争取到第一名的位置，并且在事业上有拔尖的地位。凯龙星和月亮及天王星都成对分相，代表的是混血的家族背景在当年是相当不寻常的事。

由于凯莉的海王星是落在五宫里面，而且主宰着她的天顶，因此她很自然地成为年轻人的运动大使，为青年人带来追求运动方面的梦想及勇气。

什么是中点？

中点指的星盘里的任何两颗行星之间的中央点。举个例子，如果太阳是落在牡羊座 13 度，月亮是落在双子座 13 度，那么日月的中点就是 13 度金牛座，而这只是太月的中点之一，因为还有许多的可能性。其实太阳和月亮可以有 8 个中点，包括与 13 度的金牛座成对分相、四分相、八分之三相、八分相的点，都可以算是它的中点；基本上任何与其成 45 度角的点，都是它的中点。以上述的例子来看，所有落在 13 度的固定星座、落在 28 度的变动星座，都是这个例子中的日月中点。

如果我们采用的是 10 颗基本行星，再加上升点、天顶、南北交点和凯龙星（总共 14 个要素），就会形成 91 个中点。星盘里的任何两颗行星都会在它们的中点上形成强而有力的能量交流，并且会在那个点上结合两者的法则。如果还有第三个元素落在这个中点上面，那么这第三股的能量也会活化其他的两股能量。假设冥王星是落在 28 度的射手座，就像凯莉 · 霍姆斯的本命盘显示的那样，我们就可以说冥王星是日月的中点。大部分的中点都不会被另一个元素触及，因此可以说是“空”的中点，但是在推进法、移位法或正向推运法（direction）上，当行星推进这个空的交点时仍然会被暂时激活。请留意这里采用的容许度通常只有 1 度。以凯莉的星盘为例，13 度的金牛座和 13 度的天蝎座可以算是最直接的中点，其他的都是间接的中点。在实际咨商时我们会发现，所有的中点不论是直接或间接的，都同样强而有力。

仔细探讨中点不是我们这本书的目的，之所以谈到这个议题，只是要显示检查太阳与月亮中点的价值，因为行星落在这个中点上的影响力是非常惊人的。此外，上升点和天顶的中点也非常重要，但由于四交点运行的速度很快，所以星盘的时间必须精准，才有办法计算出来。

如何计算中点

最佳的方式就是把你感兴趣的那颗行星转换成绝对经度。譬如你想要把落在宝瓶座 18 度的行星转换成绝对经度，那么 0 度宝瓶座就是绝对经度 300 度，而 18 度宝瓶座的绝对经度就是 318 度。

因此凯莉的太阳转换成绝对经度仍然是 28 度 55 分，月亮则变成 182 度 17 分，这两者加起来变成 211 度 12 分，所以你得到的中点就是 105 度 36 分。

当你在作总结的时候，请记住 1 度有 60 分，一个星座有 30 度。如果你最后的绝对经度是大于 360 度，就要减掉 360 度。举个例子，绝对经度 105 度 36 分，转换之后会变成巨蟹座 15 度 36 分。由于凯莉的太阳和月亮其实有 8 个中点，而这些中点都是跟 15 度 36 分的巨蟹座成正对分相、四分相、八分之三相或八分相的任何一个点，因此意味着每一个成 15 度 36 分的创始星座，以及每一个 0 度 36 分的变动星座，都是她日月中点。由于她星盘里的火星落在 0 度 25 分的双子座，海王星落在0度19分的射手座，所以我们会发现这两颗行星都落在她的日月中点上面。

绝对经度表			
0°	牡羊座	180°	天秤座
30°	金牛座	210°	天蝎座
60°	双子座	240°	射手座
90°	巨蟹座	270°	摩羯座
120°	狮子座	300°	宝瓶座
150°	处女座	330°	双鱼座

日月的中点描述的究竟是什么？

太阳和月亮是星盘里极重要的两颗行星，它们代表的是对立但互补的法则：阳性与阴性、显意识与潜意识、未来和过去、我们渴望的和我们需要的，及麦克·哈丁（Mike Harding，英国艺术家）所谓的“左脑与右脑的活动”。

太阳和月亮的中点代表的则是这两组根本法则之间的融合点，因此是非常具有创造性的，它能描绘出一人会创造什么以及创造的方式。星盘里的这个中点是一个人能够全力联结的点，包括身心灵三个层面在内，这意味着凯莉透过运动或是火星与海王星的活动，得到了身心灵的统合。

中点的诠释并不是容易的事，但有一个很快能掌握住核心的方式，就是去考量凯莉的火海相位的意义。一般而言，有这个相位的人会努力地创造出一种超人和所向无敌的幻象，此人可能害怕自己会展露脆弱的一面，所以不会在面临挑战时退缩下来，而这显然是凯莉面对运动场的敌手时显现出来的态度。符合竞赛精神会被这类人视为最佳的展现，几乎带有一种属灵的意味。这两颗行星的组合，会以各种不同的方式理想化传统的男性特征。由于海王星和集体的渴望及幻想有关，所以有火星海王星相位的人，往往会变成整个社会投射出来的性偶像，或是运动场上的代表人物。一般人或许也很渴望在田径场上赢得冠军，但事实上他们永远不可能办到，而一个有火海相位的人，却可能为他们活出这个目标，因此会成为他们的典范。当然，火海的相位可能以各种不同的方式显现出来，譬如可能会对药物敏感或是有药瘾（包括注射进来的药物，不论有没有医师的处方），这类人也可能擅长音乐和舞蹈，在运动方面也许倾向于游泳或水上运动。这两颗行星也代表心理或身体层面的弱点，譬如肌肉（火星）比较无力。在女人的星盘里，火海的相位也代表与她结合的男性类型。

如果火星和海王星是日月的中点，那么这两颗行星就成了生命的焦点，它们代表的是一个人需要（月亮）去做和渴望（太阳）去做的事。这时火海就不再代表一般相位所象征的人格面向了，它们会变成一个人存在的理由，因为太阳和月亮在一张星盘里实在太重要了，尤其是它们融合在一起的那个点。火海的组合也意味着一个人的母亲（月亮）和父亲（太阳）组合成的英雄（太阳）形象。它代表的是超越父母的痛苦的英雄形象，这个人会竭尽所能地打破受害者的自我形象。凯莉想要获得奥林匹克金牌的梦想，一直是她生命的重点所在，让这个梦想成真，涉及极大的努力和勇气，而这完全可以从她的火星和海王星看出来。

实例解析 阿加莎·克里斯蒂

阿加莎·克里斯蒂比任何一个女人更能提供床上乐趣。

——南希·班克司·史密斯（Nancy Banks Smith）

占星学子有时喜欢将整张星盘划分成不同的领域，譬如工作、关系、健康、金钱等。虽然这个做法也行得通，但事实上一个人的性格特质，是无法被局限在某些生命领域里的。人格议题会在人生的许多层面上获得转化，每一个层面彼此之间都能提供一些讯息，同时，一个人的生命主题（关系、健康、工作等），往往会浓缩成一张星盘的心理重点，因此不会只局限在几个宫位里面。让我们以知名作家阿加莎·克里斯蒂的星盘为例，来检视一下里头有哪些元素和她的工作及职业有关，

阿加莎一共写了 77 本侦探小说，好几本短篇故事，并且以玛丽·维斯马科特（Mary Westmacott）的化名撰写了 6 本浪漫爱情小说，也出版过好几本剧本（包括历史上演出最久的一出舞台剧《捕鼠器》[*Mousetrap*]），还有一本自传和诗集。她的杰出之处不在于她写了什么或写了多少书，而在于她写的书比任何一位小说家都要畅销，她的著作已经销售了数十亿本，而且改编成无数的电视剧和电影。阿加莎并不是一位惊悚小说作家，她写的东西比较偏向轻松的犯罪小说。她的悬疑犯案故事里没有流血，没有令人毛骨悚然的细节描述，书里的人物通常是模式化的角色，所以能带给读者一种舒适的熟悉感。书里头的道德意识相当守旧，故事结尾总是好人战胜坏人，正义的一方获得了胜利。这类轻松的犯罪小说之所以能大受欢迎，主要是描绘出了一个井然有序、符合正义法则、令人感觉舒适安全的世界，而这正是月亮落在天秤座的人的理想世界。

除了阿加莎受欢迎的程度和多产之外，整张星盘里也有非常明显的成为作家的征兆。阿加莎写侦探小书很显然不只是一份工作而已（更像是她灵魂的使命，一种个人的治疗方式，也是她潜意识里的心理议题出口）。让我们先提醒自己什么是代表工作和写作的象征符号。与工作有关的宫位一向是二宫、六宫和十宫，与写作有关的宫位则是三宫。与写作有关的行星是水星和月亮，星座则是双子座。第九宫及木星也和出版有关，但象征犯罪行为的符号又是什么呢？犯罪活动，尤其是偷窃，大部分是由水星管辖的，火星则跟暴力有关。不过小偷多半有明显的火星能量，因为速度和胆量是偷窃行为中必备的条件。冥王星则往往与谋杀有关。天蝎座、海王星和冥王星全都和神秘的神话相关。翻开阿加莎的星盘我们会发现：

// 上升点是处女座，主宰行星水星是整张星盘的命主星，而水星又是太阳星座的主宰行星。水星落在第二宫里，说明了案主的个人收入和水星的活动有关。我们要留意的是水星不但涉及写作，也涉及其他的沟通活动。如果单从水星本身来看，则代表此人可能从事秘书工作、营销或是在运输业服务，同时这个位置的水星也代表此人会重视教育、阅读、沟通及书信往来，而且沟通得非常和谐（天秤座），因此可能从事的职业类型也包括记账员，水星落在天秤座带有平衡账目的意味。

// 金星是天顶（事业）的主宰行星，落在代表写作的第三宫和天蝎座——与神秘侦探及谋杀有关的星座，而金星又跟火星成八分相。由于三宫宫头的星座是天秤座，因此金星也是三宫的主宰行星。

// 代表事业的十宫里有成合相的海王星与冥王星及北交点，而且全部落在与写作最有关的双子座上面。冥王星则是代表谋杀最主要的象征符号。冥王星和海王星合相，显然意味着此人的职业和想象的谋杀案有关，或者可以说是把谋杀案理想化（也可说是美化，以脱离原来的恐怖现实）。透过电视和电影，阿加莎的谋杀故事的确变成了大众的逃避管道。海王星和冥王星合相在双子座一直维持了数十年之久，但是对大部分人而言，都没有显现在十宫这个事业宫位里，因此我们可以说阿加莎的著作等于为她那个世代的人“发言”，因为她的著作出现在英国历史上的某个特定的时段。

// 六宫是跟工作最有关系的宫位，阿加莎六宫宫头的主宰行星正好落在三宫里。三宫也是代表手足的宫位，阿加莎的姐姐可以是第一个说服阿加莎写作的人。

// 水星由于和上升点成紧密的八分相，所以带有更明显的能量。如果阿加莎诞生的时间比目前的时间早一点或晚一点，这个相位就不可能出现，因此对她而言是非常具有代表性的。同时水星还有一点很值得注意，那就是除了这个八分相之外，没有跟其他行星形成任何相位。

太阳落在处女座和火星成紧密的四分相，而月亮和火星也成比较宽的四分相，这代表阿加莎的小说是以社会能接受的方式来表现暴力。这类相位非常有利于犯罪，不过当然有这类相位的人大多不是罪犯。

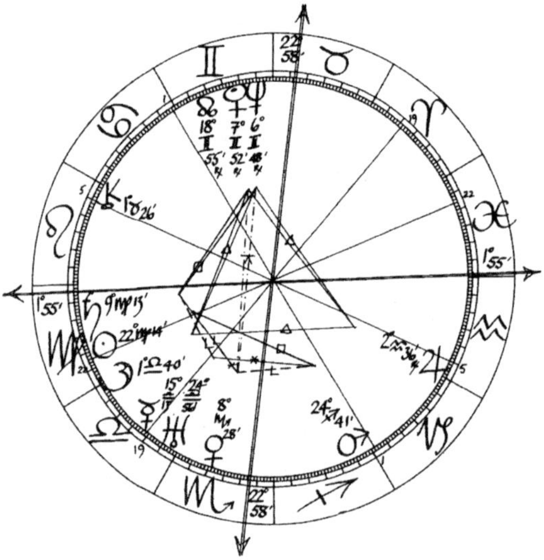

阿加莎·克里斯蒂出生时间：1890 年 9 月 15 日 4 时整（早晨），GMT，英国托基（Torquay），（50N28，3W30）

阿加莎星盘里的土元素和风元素的组合，代表了她的小说作品呈现出的枯燥风格，她不是一个喜欢沉溺在热情与情绪当中的人。她的土象特质再加上上升点附近的土星，意味着她的自我控制非常严格。即使是她的自传，虽然写得很长，都鲜少透露她真正的感觉，也没有说明她为什么会在 1926 年消失一段时间。她的土元素和风元素的组合以及火星落在射手座四宫里，代表她在沙漠里感觉非常舒服，因为风与土再加上处女座，都和沙漠有关。

阿加莎的金星落在天蝎座，第三宫里，意味着喜欢以神秘的方式沟通，即使谈到她自己，也明显地令人感觉她需要保有隐私——她不谈自己人生的某个部分，而且以同样的方式粉饰她小说里的恐怖谋杀案。

她的土星合相上升点落在处女座，代表她面对世界的方式带有某种程度的恐惧和不安，特别是年幼时期。她可能对自己很严苛，不断地批判自己，总觉得会遭到惩罚，结果是她很希望呈现出有自制力、负责和有效率的形象。最重要的是她很渴望服务别人，做个有用的人。阿加莎创造出来的两个角色，马普尔小姐及赫尔克里·波洛，的确是处女座的漫画版本，也代表阿加莎本身被夸大的次人格。这两个人物都有单调及格外注重细节的特质。马普尔小姐是一个典型的老处女姨妈，喜欢为自己的侄儿打毛衣和服务社区。她看似非常平凡，很容易被忽略，但是读者和书里面的警察，最后都会跌破眼镜对她肃然起敬。赫尔克里·波洛则是一个对自己的外表非常吹毛求疵的人，但相当具有观察力，善于分析，颇具理性，而且经常严格地批评警察的服务品质。

如果处女座是这张星盘里最突出的星座，那么最突出的相位就应该是土星与海王星及冥王星的四分相，因为这两个相位都很紧密，而且涉及的行星全都落在创始宫里面。土星和海王星的组合代表的是害怕中毒，或是变成毒物或化学方面的权威。由于阿加莎的星盘里有好几个处女座，所以难怪她会在第一次世界大战期间从事护理工作，在两次世界大战里充当药剂师，她也从其中获得了一些毒物学知识，这对她后来撰写侦探小说很有帮助。土星落在一宫里，代表阿加莎是个有强烈责任意识的人，她觉得她对别人的健康和疾病似乎有一份责任。

为了进一步探讨最后这个论点，让我们检视一下阿加莎的童年和双亲。本命盘往往能显示出许多有关我们的父母和手足的信息，因为这些人和我们早期的生活有密切关系。我们早期接受到的信息很难消失，它们是我们的言行举止背后的驱动力，但什么样的童年经验造成了后来的行为举止，却很难轻易地说清楚。从占星学的角度来看，每个人降生到这个世界都带来了自己的星盘，里面有许多的主题、神话和故事，我们的整个人生就是这些故事一连串的显化过程。我们是按照自己的年龄、资源和经验，来面对我们投射出来的世界。到底十宫代表的是父亲还是母亲，仍然是经常被争执的议题（请参阅 318—319 页），依我的观点来看，四宫、十宫、天顶及天底的星座及主宰行星，全都代表双亲，这意味着可以从相同的符号看出父亲与母亲的特质。任何一个落在巨蟹座的行星，往往能精确地描绘出我们的母亲，落在摩羯座的行星则能描绘出我们的父亲。阿加莎没有任何行星落在这些星座上面。

阿加莎星盘里象征父母的部分如下：

// 海王星落双子座，因为它是落在十宫里。

// 冥王星落在双子座，因为它也是落在十宫里，而且是四宫的主宰行星。

// 火星落在巨蟹座，因为它是在四宫里，而且是四宫的主宰行星。

// 金星落在天蝎座，因为它是天顶的主宰行星。

// 金牛座和天蝎座，因为它们分别落在天顶和天底的轴线上。

象征她母亲的一些符号：

// 月亮落在天秤座、二宫里，因为月亮和母亲有关。

代表她父亲的一些符号：

// 太阳，传统上这是代表父亲的行星，而且太阳和火星成四分相，和金星成八分相。

// 土星，传统上也是代表父亲的行星。它和海王星及冥王星都成四分相。

阿加莎的父亲弗莱德是一位喜欢迎合别人的人，因此很受人欢迎，“他有许多朋友，而且他很喜欢招待朋友”。由于阿加莎天顶的星座是金牛座，太阳和金星又成八分相，所以她的父亲也带有金星人的懒散特质。阿加莎说：“他没有特别明显的性格，也没有专业训练，智力也不算太高。”但是她觉得他的心非常单纯而富有情感。他的一生似乎没做出什么了不得的事：他有自己的收入，大部分时间都花在板球俱乐部里（担任会长），只有吃饭时才回家。阿加莎的太阳和火星成四分相，而火星是落在四宫宫里，主宰着四宫宫头的天蝎座，这意味着父亲对运动很感兴趣。火星落在射手座，则意味着父亲是外国人（美国人）。此外，他也有良好的幽默感，对别人的错误很宽容，性格平易近人。

阿加莎11岁的时候父亲弗莱德过世，这可以从土星和海王星及冥王星成四分相看出来：她的父亲是因为死亡而离开了她，但父亲活着的时候就是一个逃避责任的弱者，因为他对责任有一种扭曲的观点。弗莱德的死因大家并不清楚(土星与海冥的四分相，意味着父亲的疾病从未妥当地诊断过)，也许太阳和火星的四分相代表的是心脏病发。不论真相是什么，阿加莎一直认为父亲的健康不佳是因为不断地为金钱担忧，这听起来仍然是土星加海王星的议题。父亲觉得虚弱无力，因此无能力面对现实，他是一个不想面对挑战，也不想触犯别人的好人。阿加莎童年时的家庭经济情况相当富裕，但由于父亲运气不好，投资不当，接受了错误的建言，于是经济情况越来越差。弗莱德过世之后，家境就变得相当穷困了。

当一个孩子失去了身边的重要人或是情况变得很糟的时候，某种程度上孩子会觉得是自己的错，但可能意识不到这种自责倾向。阿加莎当时年纪太小，因此无能力改变父亲的疾病和死亡、家庭的贫穷或是母亲相继过世这些事，但因为土星与上升点合相，所以她一定觉得自己应该负责。这一直是侦探小说的重点所在，因为侦探永远想弄清楚谁在一味地搪塞找托词，亦即谁是有罪的，谁是无罪的。她好像花了一辈子的时间去弄清楚谁应该为父亲的死负责，来证实她是无罪的。或许她在内心深处一直觉得父亲是因为被下毒而身亡。我们也可以说，她的父亲借由死亡而逃离了犯罪现场：他再也不必面对家里缺钱这件事以及内心的罪疚感了。

阿加莎的母亲克莱拉是一个很容易感到乏味的人，她可以在同一时间里思考好几件事，谈话总是从一个主题跳到另一个主题，她对自己所谈的每一个话题都感到兴奋，这听起来实在太像海冥都落在双子座！后来我们才了解克莱拉天生就有神秘倾向，而且直觉很强，甚至可能有天眼通。让我们再回到刚才双子座的主题，克莱拉在72岁的时候过世，起因是支气管炎。行星落在四宫和十宫都代表双亲，阿加莎的火星落在四宫里和太阳成四分相，意味着弗莱德过世之后克莱拉也开始出现心脏病发的情况，而且发病的速度非常快。阿加莎经常在深夜里惊醒，以为母亲已经死了。土星与上升点合相落在处女座，代表此人面对世界时带有一种焦虑感，其实她早期就经常接收到他人的焦虑感，她对母亲健康的担忧也在自传里描述得很详尽，所以写作可能是阿加莎逃避的管道，也可能是平抚焦虑的一种方式。阿加莎的月亮是落在天秤座，代表她和她的母亲都喜欢维持和谐，她们就像维多利亚式的中产家族一样，很怕在公众场合出糗，总是竭力维持妥当的行为举止。阿加莎小的时候，她的母亲就有这种特质，阿加莎长大之后也有同样的特质，这从她的月亮可以清楚地看出这种心理倾向，而她的父亲也竭力维持表面的和谐。从阿加莎的自传可以看出她所体验到的母亲，一直带有典型月亮天秤座的性格特质，因为她母亲总是在取悦别人，而且倾向于从别人的观点来看事情。举例来说，弗莱德死后，克莱拉觉得应该把那幢老旧又难以维持的大房子卖掉，去买一个比较小的房子，但孩子们都反对，所以克莱拉就保留了原先的大房子。阿加莎的月亮是落在二宫里面，这显示出她的母亲是掌理金钱的人。同时木星和海冥形成了大三角，虽然这是我可能会忽略的相位，但因为月亮和木星也有一个紧密的三分相，因此代表阿加莎有能力保持乐观积极，而且相信宇宙的正义法则。在阿加莎的推理小说里，宇宙的天秤最终总是带来了正向结果，善良的人从此过着快活的日子，坏人则被捕入狱。她的书里虽然有许多犯罪事件，但从不会出现过于丑陋或暴力的场面。虽然她描写的故事都和神秘难解的事有关，但次要的剧情往往是爱情关系，这可以从月亮落在天秤座，水星也落在天秤座，再加上金星落在代表写作的三宫里看出端倪。

阿加莎的第一任丈夫的性格可以从她的火星落射手座与太阳成四分相看出来。他的名字是阿尔奇（Archie！），人很聪明，博学，胆子很大，一心想得到自己渴望的东西。阿尔奇和阿加莎的父亲一样都很热衷运动——阿尔奇喜欢打高尔夫，而且喜欢以自己的方式做事情。太阳和火星成四分相，可以从阿尔奇率先当飞行员这件事得到印证。那个时代做飞行员是需要很大胆量的，因为当时的飞机相当不安全。

阿加莎第二位先生是马克斯 · 马洛温（Max Mallowan），他是一位考古人类学家，和阿加莎结婚 35 年，这可以从阿加莎七宫里的情形及主宰行星和冥王星（和考古人类学有关的行星）合相看出来。马克斯比阿加莎小了 14 岁（七宫宫头的海王星落在双子座这个代表年轻的星座上），他写了许多论文和书籍，在考古领域里相当有成就。阿加莎对他的描绘很粗略，但大体而言他是一个友善、有技巧、富同情心的人，这些都很符合双鱼座的特质。他们结婚之后，她也开始对考古活动感兴趣，时常加入马克斯的团队一起挖掘古物，他们一年之中大约花 6 个月的时间在叙利亚和中东一带。阿加莎七宫宫头的主宰行星落在十宫里，意味着将婚姻和事业联结在一起。其实考古人类学家和侦探，都喜欢把时间花在挖掘事物上面，目的是为了揭露埋藏在底端的秘密。我们前面谈过沙漠是一个干燥的地方，因此阿加莎的风及土元素令她在沙漠里很自在，火星落射手座和太阳成四分相，则显示出她是一个有冒险精神的旅行家。直至今日也鲜少有女人敢只身前往异国，更何况是 20 世纪 40 年代了。阿加莎是在中东旅行时遇见马克斯的，火星落在四宫里的射手座，也能描绘出她可能住在海外，而且是住在一个热而干燥、经常发生战争、宗教气氛浓厚的地方。火星落在四宫里，也代表阿加莎伦敦的房子在大战期间曾遭到轰炸，同时她的家也被美国海军用在军事目的上。

1926 年 12 月，阿加莎消失了 10 天左右，那时她的母亲刚过世不久，阿尔奇又对外宣布他爱上了别人，想要离婚。这段期间阿加莎发生了什么事，消失的动机是什么，都没有说清楚，有许多书籍及影片皆以这一点作为题材。这件事其实和海王星与冥王星落在十宫里有关——以保持神秘著称！她声称自己是因为饱受压力和哀伤，而导致了短暂的失忆症。有的人认为她故意消失一段时间，让阿尔奇担忧她可能自杀身亡，作为一种报复的手段。这可能和阿加莎的天王星落在天秤座三宫里有关，她的婚姻（天秤座）破裂（天王星）带给她很大的刺激，使得她暂时丧失了理性，而且那个年代里离婚的人寥寥无几，但她的月亮落在天秤座则使得她可以假装自己的婚姻很快乐。无论事实为何，我们都可以推测她当时经验到了最大的焦虑感，而渴望暂时逃离现实。

综合分析 阿曼达的案例

当我们在研究一张星盘时，占星学子往往会面临一些问题：某人的星盘里有某种元素，这元素会不会消解掉星盘里其他的元素？答案永远都是否定的。譬如某甲的星盘里有 X 与 Y 的要素，虽然 X 对 Y 会造成了一些压力，但这两者不会彼此抵消，在最佳情况下这两种要素会彼此合作，相互依赖。以阿曼达的星盘为例，一方面里面有强烈的土星能量，但也有强烈的狮子及木星的特质。她的月亮落在摩羯座和土星成紧密的四分相，意味着她是一个认真、自制力很强、害怕自己不够好、羞于表达感觉的人，同时她除了企图心很强之外，这个月亮的位置也代表不炫耀、实事求是、踏实和辛勤工作的特质。太阳落在五宫里，与落在狮子座的木星合相，与海王星成四分相，则代表她另外的一些面向：兴致高昂、精力充沛、勇于冒险、非常外向，这些相位同时意味着她很喜欢盛大的仪式和聚会。太阳和海王星成四分相，代表她很想逃离现实，过多彩多姿的生活，而且渴望与众不同。以下要解析的是阿曼达整张星盘的要素综合起来的故事。

阿曼达的父亲是一位经过严格训练的音乐家和指挥家，她的母亲若不是因为家庭责任，很可能成为一位职业歌唱家。承继了父母音乐上的才华，阿曼达天生就有美好的歌喉，后来她甚至进入剑桥大学专攻音乐。不幸的是她在剑桥就学时，因为老师的教导不当而伤了声带，虽然那时她并未发现自己已经受伤。离开学校之后，她进入了广告公司工作，但如同星盘所显示的，她真正的天职应该是歌剧声乐家，后来她花了许多年的时间和努力达成了这个梦想。她动过声带手术，接受过严格的专业训练，她一边从事原先的工作，一边接受声乐训练，目前她已经是英国的一位卓然有成的歌唱家，经常到国外演唱。在我为她咨商的阶段里，她被选为英国皇家歌剧院当季的演出成员之一。

在星盘里与歌剧相关的星座是狮子座和天蝎座。个人星盘里如果这两个星座被强化，往往会热爱歌剧。狮子座代表的是多彩多姿的戏剧性，天蝎座象征的则是激情、悲剧和复仇（歌剧最偏爱的主题），再加上木星的能量，就会把原先的戏剧化和悲剧特质夸大。海王星这颗与音乐有关的行星落在六宫里，和太阳成四分相，形成了更显著的影响力。与音乐相关的另一颗行星金星则是落在处女座，意味着音乐上的才艺和技巧，而且是落在代表创造力的五宫。水星和木星合相与落在六宫里的火星成四分相，代表的则是工作涉及的歌剧情节带有戏剧化的愤怒和暴力情绪；即使是天王星与冥王星合相落在五宫里，也代表具有爆发性的创造技巧。读者应该不难从四宫、五宫、六宫里的行星及相位，看出阿曼达在歌剧方面的潜力，但星盘里的其他部分呢？

阿曼达的上升星座是双子座，代表她面对世界的方式是很渴望学习和沟通。双子座的主宰行星——水星则是落在四宫里与木星合相，这意味着她的父母（四宫）对她的教育有远大（木星）构想（水星）。他们在她身上展现了很大的野心，希望她能接受高等教育（木星），不，应该说是最好的（狮子座）教育。她对自己也可能

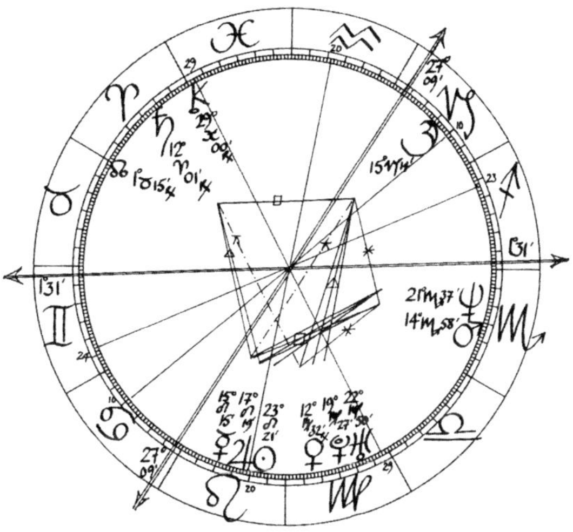

阿曼达出生时间：1967 年 8 月 16 日 11 时 30 分（早晨），GDT，英国利物浦（53N25，2W55）

有这样的期许，难怪她会进剑桥——这所数个世纪以来一向被视为英国的教育殿堂的学校，一开始是皇室贵族（狮子座的象征）受教育的地方，也是宗教庆典（木星的象征）的中心，而在15世纪的君主们创立了许多所大学，剑桥为其中之一。由于水星是这整张星盘的主宰行星，所以重要性不可忽视，而且它是落在象征家庭的四宫里，以及和皇室有关的狮子座上面。阿曼达就是在皇家歌剧院里演唱，而大部分的人都称皇家歌剧院为House。此外，这张星盘也清楚地显示出以戏剧化的方式（狮子座）在歌剧院里面（四宫）和观众交流（水星）。

由于月亮落在摩羯座（别忘了月亮和土星成四分相），而且落在象征高等教育的九宫里，因此代表阿曼达进入了英语世界最古老的大学就读。在这所学校里受教育需要付出极大的努力，必须接受极严格的学术训练，似乎只有土星能承受得了。这可不是一所普通的古老大学，剑桥大学是全世界（九宫）最受尊崇（摩羯座）的学术机构（摩羯座）。让我们再回到这张星盘的主宰行星水星。由于水星与木星合相在狮子座，因此代表剑桥大学和皇家歌剧院一样闻名于世。剑桥是一个有许多中世纪及都铎石造建筑物的老城，换句话说，星盘里的每个要素综合在一起，都象征着剑桥和皇家歌剧院之类的古老建筑物。我们会以为月亮落在摩羯座代表的是职业母亲或照料者的角色，但是在这张星盘里，月亮代表的却是阿曼达会到国外的“歌剧院”演唱，因为摩羯座也代表专业用途的建筑物。月亮落在九宫里以及四宫的主宰行星落在九宫里，都代表阿曼达可能会到海外居住，或至少在海外有另一个家。海外的那个国家也应该带有强烈的土星特质，她演唱的城市也应该有这种特质。

至于阿曼达本人，由于她的太阳、木星、水星都落在狮子座，所以绝对有能力以虚张声势的方式展现自信心。这三颗行星都和海王星成90度角，意味着她也可能是自欺欺人的人！她很善于做表面功夫和秀出自己。不论在真实生活里或是演唱时，她都是一个卓越的演员。我们同时要记住太阳在一张星盘里并不代表我们真实的状态，而比较是我们竭力想变成的状态，换句话说，阿曼达越是有成就，越受到别人肯定，就越能发展出真正的自信心。

她的音乐生涯有机会让她逃避粗糙的现实生活，由于太阳和海王星成 90 度角，因此她对这种粗糙性是很敏感的，但是她土星的特质却能面对这份粗糙性。身为一名歌剧演唱家，阿曼达唱出了背叛、报复、死亡和悲剧的主题，并借此逃避现实生活里的这些问题，但也可以说是因此而转化了它们。由于月亮落在摩羯座和土星成四分相，所以她一定对自己的能力有过许多怀疑，而且会一直出现这种感觉。但是落在狮子座的行星和木星的相位，却带来了足以防止她过度感觉挫败的乐观特质。

整合疗法占星学——彼得与印度眼镜蛇

我举这个案例有三重目的。首先我要证明的是，即便是非常简易的占星学，也能提供令人兴奋和带有整合性的解说，接着我想说明同类疗法和占星学的相似之处，而且想把同类疗法介绍给读者。最后，我要阐明第一章里略为提及的一些哲学观点，其中最主要的观点就是：在大宇宙示现出来的现象，全都会反映在小宇宙身上。这意味着从占星学可以看出所有的植物、动物、地质和各式各样的地理情况。查尔斯 · 卡特告诉我们："每一种生命都可以借由占星学来分类。"我很赞同他的说法。以鸟类为例，我们会发现它们的管辖星座是宝瓶座，但如果想了解其中每一个物种的管辖星座是什么，就必须进一步地细分：譬如，知更鸟是由牡羊座管辖，家禽是由巨蟹座管辖，天鹅是由狮子座管辖，麻雀是由处女座管辖，掠食的鸟类则是由天蝎座管辖。这种进一步细分的概念，和吠陀系统的占星师采用的技法很类似。在前面几个章节里，我介绍了国家、动物等的分类方式，接下来的案例解析是以我个人的观察为基础，其中有一部分和传统的观点相同，其他部分则有明显的差异。

同类疗法的原理是：呈现出某些病症的疾病，可用某些同类疗法的药物治愈，但若把这些药物给健康的人服用，却会制造出和那种疾病相似的症状。例如切开的洋葱会使我们流泪，但若把它制成药丸给有花粉过敏症的患者服用，却能治愈他们的过敏现象。希波克拉底（Hippocrates，公元前 460 年—公元前 370 年）是他那个时代伟大的医者和占星家，他被誉为西方现代医学之父。他最著名的观点就是："以引发同样症状的药物来治疗那个疾病。"但同样的话语，数个世纪前在希腊和印度都有人说过。

身为占星师的人往往会说，天上如是、地上亦然。我们可以说星宫图是一张地图，反映出了我们的外在情况和心态。占星师的角色就是拿起这面镜子，让眼前的个案更能看清楚自己，作出最后的抉择，至少它能帮助个案更了解眼前的情境。从这个角度来看，占星师就像同类疗法的医师一样，把潜伏的症状带到表面，以治疗个案的心病。

1988 年的一次例行健康检查，让 44 岁的彼得获知自己有先天性心脏瓣膜不全症。他小时候就罹患过支气管肺炎，10 年之后他肺部的功能几乎瓦解，这两种疾病都和他的先天性心脏病有关，但没有被及早诊断出来。彼得半生以来最危险的症状就是呼吸非常费力，早年他这个症状还算轻微，1998 年开始变得比较明显，我和他见面时是 2000 年，这时他的症状已经相当明显了。彼得一向不是运动型的人，因为他小时候根本无法参加这类活动，但是他很喜欢观赏比赛。虽然彼得的体力不及其他男孩，但这一直不是个严重的问题，别人也似乎没太注意这一点。

到了 2000 年的春天，彼得开始出现高血压和动脉血回流的问题。由于他完全无法深呼吸，所以人变得相当阴沉。医生告诉他必须做心导管绕道手术，而且愈快愈好，他在机场雷达站的工作资格也被取消，因为身心都处在极度的压力之下。

彼得的婚姻一直很稳定，有一个小女儿，而且他很喜欢自己的航管工作。健康出问题之后，他开始担忧失业和缺钱的问题，他被告知可以换别的工作，譬如变成地勤人员，但这意味着地位降低，薪水也减少了。

彼得对同类疗法没什么认识，也不怎么相信，但由于他的情况很紧迫，最重要的还是他想安抚姐姐的情绪（他的姐姐是我的朋友），所以才答应和我见面的。我们见面的地点是在彼得的起居室里，因为我出门前并没有作任何准备，所以对他一无所知。后来我才发现彼得是一个有恐高症的航管人员，他最常做的梦就是飞翔，很显然这是一个重要的线索。他说他另外有一个健康问题，就是脸上不断地冒出东西来。

彼得的星盘里有好几个宝瓶座和天蝎座的四分相。火星和上升点合相落在天蝎座上面，意味着这个男人到社会上与人竞争时，容易有一种被攻击的感觉，所以必须护卫自己。由于火星落在天蝎座上面，所以他特别善于保护自己的私生活。火星和上升点分别与冥王星成紧密的四分相，因而更强化了他的生存危机感。冥王星是落在与心脏有关的狮子座上面，很显然他真的有存亡议题（他的心脏问题多年以来都没有被发现，这非常符合冥王星的隐秘作风），所有的生物都必须面对适者生存议题，但这个议题在动物王国里格外明显。彼得的火星与上升点合相，又跟冥王星成四分相，代表他需要的同类疗法药剂可能是来自动物王国，也许是一种很容易觉得被威胁的动物，而它也会威胁到别的动物。

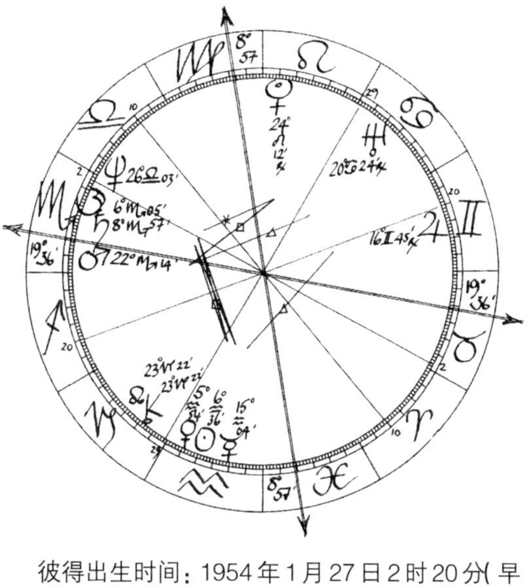

彼得出生时间：1954年1月27日2时20分（早晨），GMT，英国埃普索姆（Epsom），（51N20，0W16）

太阳一向和心脏有关，狮子座／宝瓶座的对分相也和心脏及循环系统相关。同时我们又发现彼得的太阳与金星合相、与土星成四分相，这意味着他在爱上面的功课有些困难，包括情感的表达在内。他这三颗行星都落在宝瓶座，因此土星是它们的主宰行星之一，更精确一点地说，他的太阳与土星、月亮与土星以及金星与土星，都有紧密相位，这代表彼得非常克己自制，而且有强烈的责任意识。他很可能觉得自己必须为一切事情负责，但又缺乏必要的自信心和体力，来承担这些责任，他的土星是落在天蝎座，这意味着彼得必须为死亡和危机负责，而且由于土星触及太阳和月亮，所以彼得也可能觉得必须为父母的健康负责。责任意识显然是他最大的心理议题，难怪他这么需要克己。但是落在宝瓶座的行星却十分渴望空间和自由，而责任意识显然无法和个人的自由并存。身为一名航管人员，彼得每天都得面对生死攸关的巨大责任，他的工作就是要避开危机。

我为彼得选出的药剂是 Naja：这是从印度眼镜蛇身上萃取的毒液制成的药物。这并不是常用的一味药，但确实会用来治疗心脏瓣膜闭锁不全的问题。我所谓的治疗，不代表他的瓣膜可以因此而变成正常的，也不代表他的健康可以恢复到和常人一样。但是他的病况在用了这味药之后的几星期内，的确有了明显的改善，他必须开刀这件事也不再是必要的。到现在已经 5 年了，除了不再需要开刀之外，他的病情一直在控制中。医生们对他的逐渐恢复健康感到相当狼狈，他们彼此暗指对方夸大了彼得的病情，此外，他的呼吸困难、失眠问题及焦虑感，也都有了明显的改善。服用 Naja 之后，他很快就觉得舒服多了，不久便回到原先的工作岗位继续服务。最后他决定不再从事航管工作，换到了压力比较小的单位服务，因此觉得更快乐一些。

再回到彼得呼吸困难这件事上面。他有三颗行星落在宝瓶座，显然代表他很渴望有呼吸的空间：这三颗行星和落在天蝎座的土星成四分相，则意味着一种窒息感。我们可以将其想象成彼得觉得女人（月亮加金星）令他感到窒息。他强烈的责任感和恐惧则会阻止他做自己想做的事，因而产生了呼吸困难的感觉。以蛇做成的药剂，在同类疗法上大多运用在心脏问题上面：呼吸困难通常会显现在有冠状动脉问题的人身上，况且蛇杀掉它猎物的方式也多半是让对方窒息。

印度备受尊崇的同类疗法大师拉姜 · 商卡拉（Rajan Shankaran）说过，Naja这味药和其他的蛇类制剂，对治的都是与责任意识有关的病症。他说Naja类型的人与眼镜蛇的行为模式很像，他们只有在遭到巨大威胁时才会反击。这也和有火冥相位的人十分类似，因为他们总认为暴力是一种禁忌。彼得的火星与冥王星分别落在天蝎座和狮子座，这代表他认为施暴是有失尊严的事。当他被问到最害怕的情况是什么的时候，他的回答是："我最不喜欢涉入与人争执的情况。"

彼得看起来很瘦，但是他告诉我以前他有体重超重的问题。他17岁的时候体重一度高达238磅（108公斤）。他姐姐告诉我说，他后来可能患了轻微的厌食症，他说自己必须在饮食上十分小心，因为很容易暴饮暴食。我问他如何把体重减轻的，他说他偶尔会做一星期的断食，而且每隔一段时间就做一次长期断食。这听起来是否很像蛇类的行为模式？蛇不需要经常吃东西，当它们进食时，整个身体会膨胀到和猎物一样大。

彼得说他有恐高症，但是他最容易做的梦却是飞翔。如同许多蛇类一样，眼镜蛇最大的敌人也是鸟类。让我再从动物王国的角度来看黄道十二星座，我们会发现蛇与天蝎座有关，而鸟和宝瓶座有关。彼得的星盘可以看成是宝瓶座与天蝎座的矛盾冲突，也可以看成是鸟与蛇的对立。鸟能够飞，这使得它可以不受蛇的威胁。身为一名航管人员，彼得管辖的是天空里的大鸟——飞机。很巧合的是，与Naja有关的症状之一，就是时常做飞翔的梦——这是让我选择这味药的理由之一。彼得经常做飞翔的梦，可能意味着他很想受人尊崇，而且想攀升到一个没有敌人的位置。

彼得喜欢永远很热的气候，是不足为怪的事，他喜欢摇滚乐也很正常。比较有趣的是蛇这种冷血动物经常在岩石上被发现，因为它喜欢晒太阳，而且我们会发现人格面具特别冷漠的人，经常有天蝎座与宝瓶座的组合。此外，心脏病患者也容易感觉身体发冷。拉姜 · 商卡拉说，需要用到Naja的患者，脸部看起来很像是眼镜蛇的头部，如果此人戴眼镜的话，就更符合这种形象。以彼得的例子来看，他脸部的皮肤非常干燥，而且会沿着发际、眉毛、鼻子的两侧脱皮，看起来就像是眼镜蛇的样子。他说有时还会红肿发痒。彼得星盘里与皮肤(土星)相关的行星是落在天蝎座（蛇），而且和金星有相位，这意味着彼得觉得自己缺乏魅力。Naja 这味药完全治愈了他的湿疹问题，他觉得许多方面都比以往有信心多了。

小时候彼得喜欢养蛇，有时也会把受伤的小鸟带回家，有趣的是他的姐姐很怕鸟（彼得落在宝瓶座的行星，是在第三宫这个代表手足的宫位里），而且他的中国生肖就是蛇!

这篇文章被刊登在《占星学会月刊》和《伦敦占星分会季刊》上，很感谢这两份刊物的编辑允许我将这篇文章纳入此书。

同类疗法药剂

同类疗法药剂可以从许多东西萃取出来，动物、植物、矿物，甚至是致病的物质本身，都是常见的药剂来源。由于这类药物的成分微小到连科学仪器都无法侦测出来，所以即使里面含有毒素，经过稀释之后仍可安心使用。譬如一只自然死亡的蜜蜂，竟然可以制成供应给全世界的 Apis 药丸，而且可以持续供应好几个世代，但制造这种药丸却是很复杂的事。简而言之，所有的物质都必须经过稀释震荡之后，才能变成带有疗效的药物。但究竟该稀释震荡到什么程度，就得按照这个药物的威力来决定了，威力越高，越需要稀释。换句话说，药的物质成分越少疗效越高。即使药剂本身已经没有任何物质成分，仍然有明显的疗效，不过重点是必须对症下药。同类疗法医师遵循现代物理学的发现，主张同类疗法药物最后留下来的是一种模式、精华或原来那个物质的记忆，是它的精华引发了治疗的效应。

印尼的立国星盘

占星学可以运用在许多主题上面。如果想把占星学用在诠释事件上面，就必须具备特定的占星技术，接下来我要举出一两个和非个人性主题有关的简略解析。

印尼和大部分的国家一样，总是有好几个版本的星盘，以下显示出来的星盘，是这个国家宣布独立的那一天由官方记录下来的时辰。

这个国家以前是荷兰的属地，大约有 2—2.5 亿人口。它包含了 1.8 万多个岛屿——是世界上最大的群岛，其中大约有 6000 个岛屿有人居住。它最大或最著名的岛有苏门答腊、爪哇、加里曼丹、巴厘和苏拉威西岛。它星盘的上升点是落在双子座，很显然反映了这个国家的多元化和分散的地理情况，而且它的国家座右铭就是“在多元中求统一”。它位于好几个板块断层的边缘地带，所以经常发生地震。它有 60 个活火山，最著名的是喀拉喀托火山。1833 年它曾经爆发过一次，造成了史上最大的一次火山爆发事件。此外，印尼的星盘上还有一个涉及太阳、月亮、火星和天王星的大十字图形，与这个大十字产生关系的还有冥王星，分别和火星及天王星成八分相。事实上，天王星与冥王星形成的八分相，是非常精确的八分相，而冥王星又和金星成对分相。太、月、火、天、冥的组合看起来非常令人兴奋，却带有爆发性的意味，所以印尼绝不能称为安全的地方。这个星盘带有强烈的暴力、突发的死

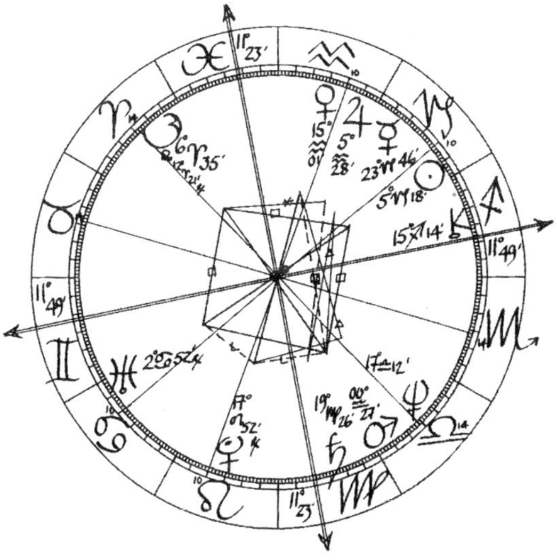

印尼建国时间：1949 年 12 月 27 日 5 时 22 分（下午），印尼雅加达（6S10，106E48）

亡和极高的煽动性，而这完全反映出这个国家极容易遭受地震、海啸和火山爆发的侵袭，这种不稳定性也会显现成政治上的动荡不安，以及种族之间的紧张局势。这个大十字图形也暗示着印尼最著名的物种和石油。

从这张星盘我们可以看出来，这个国家非常需要一个好的政府，特别是2008至2012年之间，因为这时的天王星落牡羊座，冥王星落在摩羯座，因此星盘里的大十字能量将会被启动。

一个意外事件的星盘

在看某个特定事件的星盘时，不妨将它想象成一个人的本命盘。下面这个案例显示出了与上升点成相位的行星力量，同时也带出了意义方面的议题。

请想象伦敦北方住宅区狭长的道路两旁，有许多大大小小的维多利亚式房屋，唯一有损美观的景象的就是来来往往的汽车和交通阻塞。1983年6月的某个清晨，大约是4点过后，一辆38吨重的重型卡车（译注：juggernaut，带有“巨大破坏力”的意思）驶进了这条路旁的几幢房子里。房子里的住户当时正在后面的卧室睡觉，所以没有受到伤害，但是这辆卡车的驾驶和副驾驶都重伤身亡。

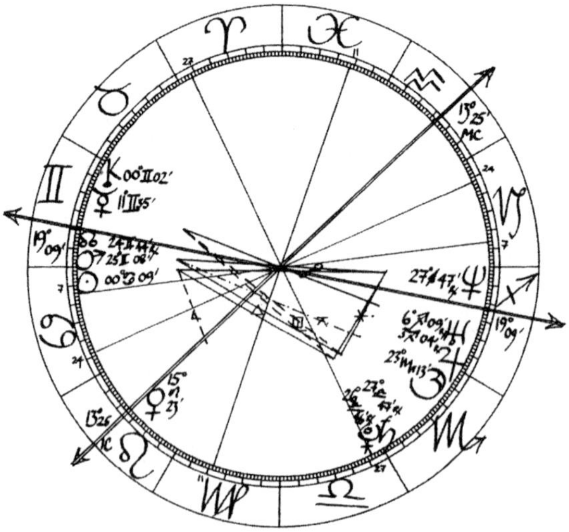

某意外事件发生时间：1983年6月22日4时5分（早晨），GDT，（51N33，0W06）

观察这张星盘时，你首先看到的是它完全没有土元素，这就好像卡车没有着地似的，星盘里的其他元素也带有同样意味。这张盘有三个紧密的合相以及好几个对分相，但没有四分相。如果这是一张个人星盘的话，我们可能会怀疑这个人有极端倾向，而且不见得有足够的力量脱离危险。上升点是落在代表短程旅行的双子座，火星和北交点及上升点合相，意味着它和眼前的环境及人之间的交流，是很有力量的，可以说是以惊人的驱力去进行交流。火星、北交点及太阳合相与海王星成对分相，意味着虽然有许多能量，却是不集中的（双子座）、缺乏方向，以及被消融掉（海王星）了。上升点的主宰行星是水星，与天王星成对分相落在十二宫里，似乎也没什么力量。如果这是一张小男孩的星盘，那么他可能是一个自有主张的小孩，有学习上的困难，或许他的沟通也是断断续续的；他的思维速度很快，但也可能反复无常，虽然他有能力掌握住重点，可不要期待他是精准明确的。他的父母或老师很可能认为他需要一些自制力！

在这个意外事件发生之前，当地的居民对附近的交通情况已经十分火大了，其中有一位妇女甚至能在二楼的房间里听出卡车的吨位有多大，有没有载满货物，但是在这个事件发生之前，居民们还没开始和邻居讨论交通的噪声问题。这些卡车载的是一箱箱的肉类，它们负责把肉运往当地的肉商，于是这些居民终于找到了可以抗议的目标。如同火星落在双子座的作风一样，这些愤怒的居民开始组成一个交通问题行动委员会，那个事件发生后的几个月里，这个行动委员会成功地向地方法院提出了诉讼。这张星盘里的土星和冥王星合相在天秤座，跟与海王星成对分相的火星及太阳成三分相，这意味着吨位过大的货车（土星加冥王星）不够平衡（天秤座），而且严重地威胁到人们的健康（六宫）。如果这个意外事件没有发生，当地的居民不会组成行动委员会；而这张盘的诞生时间若是早一点或晚一点，那辆货车很可能驶向截然不同的方向。这一切都可能带来一些哲学上的问题，让读者在余暇时间可以好好地深思。最后我要提出来的是，请观察一下这张星盘的图形，它看起来是不是很像一辆敞篷卡车，左右两边都悬挂着许多货物？当这辆车转弯的时候，挂在某一边的肉全都会往另一边倾斜，因而造成了这辆车的不平衡。此外，这辆车本来是要把货物从克尔布莱德（Kilbride）运往马赛（Marseilles）（译注：Kil代表死亡，Mars代表意外）。

参考资料

第一章

1. 读者如果想知道占星学的应用方式，以及如何从现代观点来看占星学背后的哲学，请参考 Dennis Elwell 所著 *Cosmic Loom*，Urania Trust 出版，1999 年。

2. 业力与轮回的概念，主要源自公元前 3500 年的印度吠陀经。

第二章

1. 史蒂芬·阿若优《生命四元素：占星与心理学》，简体中文版由云南人民出版社出版。

2. 玛丽莲·梦露出生证明书上的时辰：1926 年 6 月 1 日早上 9 时 30 分，PST，洛杉矶，加州。

第三章

有关天文学的资料，可以搜寻 www.nasa.gov 及 David Rothery 撰著的 *Teach Yourself Planets*

1. 罗伯特·肯尼迪的生辰为 1925 年 11 月 20 日晚上 3 时 11 分，EST，Brookline，马萨诸塞州。

2. Robert Graves 所著 *The Greek Myths*，Penguin Books 出版，1960 年。

3. Jean Shinoda Bolen 所著 *Goddesses in Everywoman*，Harper Perennial 出版，1984 年。

4. Stephen Arroyo（史蒂芬·阿若优）所著 *Relationships and Life Cycles*，CRCA 出版，1993 年。

5. Michel Gauquelin（高魁林）所著 *Written in the Stars*，Aquarian Press 出版，1988 年。

6. 更多天王星被发现的讯息，请参阅 Dava Sobel 所著 *The Planets*，Harper Perennial 出版，2006 年。

7. Jeff Mayo 所著 *The Plantes and Human Behaviour*，CRCS 出版，1997 年。

8. Liz Greene 所著 *The Astrological Neptune and the Quest for Redemption*，Red Wheel / Weiser 出版，2000 年。

第五章

1. Bil Tierney 所著 *The Dynamics of Aspect Analysis*，CRCS 出版，1993 年。

2. Charles Carter 所著 *The Astrological Aspects*，L.N.Fowler 出版，1967 年。

3. John Addey 所著 *Harmonics in Astrology*，Cambridge Circle 出版，1977 年。David Hamblin 所著 *Harmonic Charts*，Harper Collins 出版，1987 年。

4. Nick Kollerstrom 和 Mike O'Neill 合著 *The Eureka Effect：Astrology of Scientific Discovery*，The Uraria Trust 出版，1996 年。

5. Geoffrey Dean 和 Arthur Mather 合著 *Recent Advances in Natal Astrology*，The Astrological Association 出版，1977 年。

6. Michael Baigent, Nicholas Campion 和 Charles Harvey 合 著 *Mundane Astrology*，The Aquarian press 出版，1984 年。

第六章

1. Howard Sasportas 所著 *The Twelve Houses*，Flare / LSA 出版，2007 年。

2. Tracy Marks 所著 *Your Secret Self：Illuminating the Mysteries of the Twelfth*

House，CRCS 出版，1989 年。

3. Robert Hand 所著 *Horoscope Symbols*，Schiffer 出版，1987 年。

第七章

1. 人马星群与凯龙星的相关网址：www.expreso.co.cr/centaurs www.zanestein.com/chiron

2. 罗斯福总统的生辰：1882 年 1 月 30 日晚上 8 时 45 分，LMT，海德公园，纽约市。

3. 有关南北交点的古吠陀观点，请参考 Komilla Sutton 所著 *The Lunar Nodes：Crisis and Redemption*，Wessex Astrologer 出版，2001 年。

第九章

1. Reinhold Ebertin 所著 *The Combination of Stellar Influences*，AFA 出版，1994 年。

2. 有关“中点”请参考 Charles Harvey 和 Mike Harding 合著 *Working with Astrology*，Consider 出版，1998 年。

3. Charles Carter 所著 *The Zodiac and the Soul*，Theosophical publishing House 出版，1968 年。

4. Rajan Sankaran 所著 *The Soul of Remedies*，Homoeopathic Medical Publishers 出版，1997 年。

图书在版编目（CIP）数据

当代占星研究 / [英] 苏· 汤普金斯 (Tompkins, S.) 著；胡因梦译.
—昆明：云南人民出版社，2010.8
书名原文：The Contemporary Astrologer's Handbook
ISBN 978-7-222-06715-8

Ⅰ. ①当… Ⅱ. ①苏 ②胡 Ⅲ. ①占星术—通俗读物
Ⅳ. ①B991-49

中国版本图书馆CIP数据核字（2010）第158279号

著作权合同登记号：图字23-2010-026号

责任编辑：张 立 宁 琳
装帧设计：北京大诚艺术设计机构
责任印制：洪中丽

书 名	当代占星研究
作 者	[英] 苏 · 汤普金斯 著
译 者	胡因梦 译
出 版	云南出版集团公司 云南人民出版社
发 行	云南人民出版社
社 址	昆明市环城西路609号
邮 编	650034
网 址	www.ynpph.com.cn
E-mail	rmszbs @ public. km.yn.cn
开 本	787 × 1092 1/16
印 张	30.75
字 数	290千
版 次	2012年2月第2版第1次印刷
排 版	九章图文设计有限公司
印 刷	河北省三河市华晨印务有限公司
书 号	ISBN 978-7-222-06715-8
定 价	88.00元

尊敬的读者：若你购买的我社图书存在印装质量问题，请与我社发行部联系调换。
发行部电话：(0871) 4194864 4191604 4107628（邮购）